Professor Dr. med. H.-J. Holtmeier

Diät bei Übergewicht und gesunde Ernährung

Mit 126 Kostvorschlägen auch für Magen-, Darm-, Leber-, Galle-, Herz-, Zuckerkranke und bei Herzinfarkt

7., überarbeitete Auflage

31 Abbildungen, 63 Tabellen

1981
Georg Thieme Verlag Stuttgart · New York

Professor Dr. med. H.-J. Holtmeier
Leiter des Fachgebietes Ernährungsphysiologie der Universität Hohenheim (Stuttgart)
Professor für Innere Medizin der Universität Freiburg i. Br.
Facharzt für Innere Medizin

Adresse: Fruwirthstr. 31
7000 Stuttgart 70

Wichtiger Hinweis:
Medizin als Wissenschaft ist ständig im Fluß. Forschung und klinische Erfahrung erweitern unsere Kenntnisse, insbesondere was Behandlung und medikamentöse Therapie anbelangt. Soweit in diesem Werk eine Dosierung oder eine Applikation erwähnt wird, darf der Leser zwar darauf vertrauen, daß Autoren, Herausgeber und Verlag größte Mühe darauf verwandt haben, daß diese Angabe genau dem Wissensstand bei Fertigstellung des Werkes entspricht. Dennoch ist jeder Benutzer aufgefordert, die Beipackzettel der verwendeten Präparate zu prüfen, um in eigener Verantwortung festzustellen, ob die dort gegebene Empfehlung für Dosierungen oder die Beachtung von Kontraindikationen gegenüber der Angabe in diesem Buch abweicht. Eine solche Prüfung ist besonders wichtig bei selten verwendeten Präparaten oder solchen, die neu auf den Markt gebracht worden sind.

CIP-Kurztitelaufnahme der Deutschen Bibliothek

Holtmeier, Hans-Jürgen:
Diät bei Übergewicht und gesunde Ernährung : mit 126 Kostvorschlägen auch für Magen-, Darm-, Leber-, Galle-, Herz-, Zuckerkranke u. bei Herzinfarkt / H.-J. Holtmeier. – 7., überarb. Aufl. – Stuttgart ; New York : Thieme : 1981.
(Thieme, ärztlicher Rat)
ISBN 3-13-352907-2

NE: GT

1. Auflage 1964
2. Auflage 1965
3. Auflage 1967
4. Auflage 1969
5. Auflage 1972
6. Auflage 1975

1. spanische Auflage 1967

Printed in Germany –

Satz: Druckhaus Dörr, Inhaber Adam Götz, Ludwigsburg, gesetzt auf Linotype System 5 (202)
Druck: Gutmann + Co, Heilbronn

ISBN 3-13-352907-2

Meinen klinischen Lehrern

WILHELM LÖFFLER

Zürich

PAUL MARTINI

Bonn

LUDWIG HEILMEYER

Freiburg i. Br.

in dankbarer Erinnerung gewidmet

Geleitwort

Bereits in der Hippokratischen Medizin wurden die Grundsätze einer rationellen Ernährung für so wichtig erkannt, daß ihre Gesetzgeber zahlreiche Vorschriften darüber aufstellten, welche noch heute Erstaunen erregen. *Vielleicht läßt sich die Kulturstufe eines Volkes an der Pflege richtiger Ernährungsweise messen.* Die richtige Ernährung fängt nicht erst beim Kranken an, sondern ist Voraussetzung für Gesundheit und langes Leben. Sie hat größte prophylaktische Bedeutung.

Mit fortschreitender Kultur, insbesondere aber moderner Zivilisation und Industrialisierung, hat die Sorge um eine zweckmäßige Ernährung keineswegs abgenommen. Unter dem Einfluß moderner Medikamente, fortschrittlicher Hygiene und sozialem Fortschritt sind die Lebenserwartungen in wenigen Jahrzehnten beachtlich angestiegen und haben die Ernährungswissenschaften vor neue Probleme gestellt. Die Mehrzahl der älteren Leute stirbt heute an ernährungsabhängigen Erkrankungen, welche an der Spitze aller Todesstatistiken stehen. Solchen Gefahren können wir allein durch frühzeitige Aufklärung der Bevölkerung und Befolgung ärztlicher Ratschläge über eine gesunde Ernährung begegnen.

Obwohl gerade Deutschland noch um die Jahrhundertwende zu den führenden Nationen auf dem Gebiet der Ernährungswissenschaften zählte, ist dieser wichtige Forschungszweig infolge von politischen Wirren, Kriegen und Wirtschaftskrisen in den letzten Jahrzehnten nahezu verwaist. Diese Gründe haben mich bereits 1960 zur Gründung einer ernährungsphysiologischen Abteilung an meiner Klinik veranlaßt. Ich zweifle nicht, daß diesem Beispiel bald andere folgen werden.

Es ist das große Verdienst von Herrn Dr. HOLTMEIER, mit vorliegendem Buch ein fundiertes Werk geschaffen zu haben, welches die Behandlung der Übergewichtigkeit nicht nur Gesunden, sondern auch Kranken mit Magen-, Darm-, Leber-, Galleleiden oder Zuckerkrankheit ermöglicht. Die Vielzahl diätetischer Richtlinien und neuer ernährungsphysiologischer Erkenntnisse machten gerade letzteren eine fachgerechte Behandlung der Übergewichtigkeit sehr schwierig. Die vorliegenden Diätanweisungen haben sich seit vielen Jahren an den Freiburger Universitätskliniken hervorragend bewährt. Möge das Buch dazu beitragen, die Wertschätzung der diätetischen Behandlung zu vermehren, zum Segen unserer Kranken und zum Heil unserer Kunst.

Freiburg i. Br. 1964

Professor Dr. Dr. h. c. L. HEILMEYER
Direktor der Medizinischen Universitätsklinik
Freiburg i. Br.

Vorwort zur 7. Auflage

Unmittelbar vor der Drucklegung dieser Auflage wurde fast in der gesamten deutschen Presse (September 1980) unter dem Motto *„Dicke leben länger als Dünne“* bzw. *„Idealgewicht ist nicht mehr ideal“* die Lebensgefährdung von Übergewicht auf Grund einer Veröffentlichung der *„Framingham-Studie“* in den USA in Frage gestellt. *Vor derartigen Publikationen kann nicht genügend gewarnt werden.* Die besagte „Framingham-Studie“ erfaßte nur diejenigen Personen, bei denen alle typischen Nachfolgekrankheiten von Übergewicht wie Zuckerkrankheit, Herzkranzgefäßleiden, Schlaganfälle, Gefäßleiden usw. ausgeschlossen waren. Eine solche Statistik ist völlig untauglich. Es kommt ja gerade darauf an, welche Krankheiten infolge von Übergewicht entstehen können. Natürlich wird es immer einzelne Menschen geben, die trotz Nikotinabusus 100 Jahre alt werden und nicht an Lungenkrebs erkranken und die trotz Alkoholismus, Fettsucht und Bewegungsmangel ein hohes Alter erreichen. Aber für die Mehrzahl der Menschen stellen diese Sünden eine große Gefahr dar, und sie sterben vorzeitig an den bekannten Folgekrankheiten. Jeder Arzt weiß z. B., daß in über 90% aller Fälle die Zuckerkrankheit mit allen ihren Folgen durch Übergewicht entsteht und daß kein Einzelfaktor für das Auftreten von hohem Blutdruck so wichtig wie Übergewicht ist.

Zu den 23 wissenschaftlichen Werken, die im Georg Thieme Verlag 1979 die *Einhunderttausend-Auflage* überschritten hatten, gehörte auch dieses Buch. Der Verkauf der sechsten Auflage nach kurzer Zeit und die Verbreitung dieses Werkes im *In- und Ausland* beweist, wie brennend aktuell die Probleme der Ernährung und der Behandlung der Übergewichtigkeit sind. Wir glauben daraus aber auch den Rückschluß ziehen zu dürfen, daß unsere Diätempfehlungen nicht nur in Krankenanstalten und Sanatorien, sondern besonders auch beim Patienten und in den Haushaltungen Anklang gefunden haben. Die in vielen Jahren an Hunderten von Patienten erprobten Diätanweisungen zum Abmagern wurden in dieser Auflage überarbeitet und auf den neuesten Stand gebracht. Unter Anwendung einer modernen Computeranlage wurden alle einzelnen Nahrungsbestandteile in den Diätanweisungen neu ermittelt und die Nährwerttabelle auf den neuesten Stand gebracht. In den letzten Jahren haben die ernährungsabhängigen degenerativen Krankheiten weiter zugenommen und machen nunmehr über 47% der Gesamt-Sterblichkeit aus. Die Zunahme der Todesfälle bereits zwischen dem 40. und 44. Lebensjahr an Herzinfarkt ist nach Veröffentlichung des Statistischen Bundesamtes der Bundesrepublik Deutschland von *alarmierendem* Charakter.

Mehr denn je begegnet man Besserwissen und Halbwissen. Methoden der Ernährung werden mit großem Eifer und Fanatismus verteidigt und zum Schaden der Gesundheit verfolgt. Man darf sich nicht der Einsicht verschließen, die Bewahrung vor Gesundheitsschäden infolge unverantwortlicher Ernährungsweise als eine *ernste Pflicht* gegenüber seinen Mitmenschen und *sich selbst,* als Grundbedingung für die Erhaltung von Gesundheit und Arbeitskraft eines Volkes anzuerkennen. *Im Zwiespalt der Meinungen muß der Arzt entscheiden, welche Ernährungsweise die richtige und beste ist.* Er *allein* verfügt über Fachkenntnisse einer zweckmäßigen Ernährung, die Möglichkeit der *individuellen* Beurteilung bei Gesunden wie Kranken. Er allein kann mit maßgebendem Rat zur Seite stehen. Die Grundsätze der gesunden Ernährung sind heute wissenschaftlich und praktisch so umfangreich erforscht und erprobt, daß sie hinreichend Geltung besitzen und es bei gutem Willen der Verantwortlichen nicht schwerfallen sollte, sie durchzuführen. Die Ernährung des gesunden Menschen muß ungeschmälert seine Gesundheit erhalten, sein Wohlbefinden, seine geistige und körperliche Leistungsfähigkeit bis ins hohe Alter und soll einen vollwertigen Ersatz für die durch Lebensvorgänge bedingten Stoffwechselverluste geben. *Vor allem darf durch falsche Ernährung niemals die Gesundheit geschädigt werden. Richtige Ernährung fängt nicht erst beim Kranken an, sondern ist Voraussetzung für Gesundheit und langes Leben.*

Zu besonderem Dank bin ich Frau Gisela Lange, Frau Ingrid Röttger und Frau Renate Scheu, meinen Mitarbeitern in der ernährungsphysiologischen Abteilung an der *Universität Hohenheim,* zu Dank verbunden, die mit ihren großen praxisbezogenen Erfahrungen in der Diätetik mit zu dem Gelingen dieses Werkes beigetragen haben. Ebenso gilt mein Dank den übrigen Mitarbeitern in der Abteilung sowie dem Georg Thieme Verlag, Stuttgart, für die Drucklegung dieser Auflage.

Möge das Büchlein manche Anregungen und Erkenntnisse vermitteln. Vor allem aber soll es dem ratsuchenden Menschen einen Weg weisen, wie er sich gesund ernähren und erfolgreich sein Übergewicht verringern kann.

Hohenheim, im Dezember 1980 H.-J. Holtmeier

Vorwort zur 1. Auflage

Der Wert einer gesunden Ernährung für die Volksgesundheit und Leistungsfähigkeit sowie die diätetische Behandlung Kranker sind nur in den wenigsten Zeiten der medizinischen Wissenschaften verkannt und vernachlässigt worden. Berühmte Ärzte und bekannte medizinische Schulen haben ihr fast immer einen wichtigen Platz eingeräumt. Die Ernährung des Gesunden gewinnt gegenwärtig eine fast täglich zunehmende Bedeutung. Die Gruppe der ernährungsabhängigen Erkrankungen hat in unserem Jahrhundert infolge fehlerhafter Ernährung und unter Einfluß von Industrialisierung und Zivilisation bedeutend zugenommen. Diätetische Verordnungen dürften heute kaum bei irgendeiner Erkrankung fehlen. Verhütung und Bekämpfung von Übergewichtigkeit gehört mit zu den wichtigsten Aufgaben der Ernährungstherapie. Hier steht sie ganz selbständig da und ist durch keine andere therapeutische Methode zu ersetzen.

Das vorliegende Buch stellt eine für die Praxis bestimmte Ausgabe dar. Sie beruht auf der Erwägung, daß es für die praktische Anwendung von medizinisch wichtigen, der Gesundheit dienlichen Ernährungsregeln in der täglichen Arbeit der Krankenhäuser, Diätküchen und Haushaltungen nicht so sehr auf die streng wissenschaftliche Darstellung, sondern die praktische Nutzanwendung neuer Erkenntnisse ankommt, die in einer großen Reihe von Versuchen in der Ernährungsphysiologischen Abteilung der Medizinischen Universitätsklinik Freiburg entwickelt wurden. Die veröffentlichten Diätvorschriften wurden über mehrere Jahre in der Medizinischen Universitätsklinik unter Leitung von Herrn Professor Dr. Dr. h. c. L. Heilmeyer erprobt und mit Erfolg angewendet.

Herrn Professor Dr. Dr. h. c. L. Heilmeyer, Direktor der Medizinischen Universitätsklinik Freiburg i. Br., bin ich zu besonderem Dank verpflichtet, da er mir als mein klinischer Lehrer Gelegenheit gab, unter seiner Leitung die wissenschaftlichen Arbeiten für dieses Buch durchzuführen und damit eine Arbeit fortzusetzen, die ich bereits unter Herrn Professor Dr. Dr. h. c. P. Martini, ehemals Direktor der Medizinischen Universitätsklinik in Bonn, begonnen hatte.

Die finanziellen Voraussetzungen für die Durchführung der Arbeiten wurden durch die Forschungsstelle beim Amt des Ministerpräsidenten von Nordrhein-Westfalen (Leiter Professor Dr. Dr. h. c. L. Brandt), den Stifterverband für die Deutschen Wissenschaften und die Deutsche Forschungsgemeinschaft geschaffen, denen hierfür mein besonderer Dank gilt.

Für ihre Mitwirkung bin ich den Diätassistentinnen der Ernährungsphysiologischen Abteilung der Medizinischen Universitätsklinik Freiburg Fräulein F. Boden, Fräulein E. Hübner und Fräulein G. Thiele sowie Fräulein I. v. Vietinghoff, dem Chemiker meines nahrungsmittelchemischen Labors und den anderen Mitarbeitern der Abteilung zu großem Dank verpflichtet. Die technischen Zeichnungen wurden von Herrn HEINRICH BROCKMEIER (statistische Abteilung der Klöcknerwerke AG, Duisburg) durchgeführt, die photographischen Arbeiten von Herrn ROLF BAMBERGER (phototechnische Abteilung der Klöcknerwerke AG, Duisburg). Schließlich gilt mein aufrichtiger Dank Herrn GÜNTHER HAUFF sowie seinen Mitarbeitern im Georg Thieme Verlag, Stuttgart. Ich hätte kein verständnisvolleres Entgegenkommen als bei ihnen finden können.

Freiburg i. Br., im Juni 1964 HANS-JÜRGEN HOLTMEIER

Inhaltsverzeichnis

HIPPOKRATES (460–356 v. Chr.) lehrte, daß ein hohes Alter in Gesundheit vor allem derjenige erreiche, der „Maß zu halten in allen Dingen des Lebens" verstünde. PARACELSUS BOMBASTUS VON HOHENHEIM schrieb, daß es die Dosis mache, was Gift sei. Ich meine, wir dürfen *alles* essen, aber alles in Maßen.

Hohenheim 1981 H. J. Holtmeier

Allgemeines

Diätetische Empfehlungen gehören zu den ältesten Behandlungsmaßnahmen aller Völker und sind bereits in heiligen Schriften der Chinesen, Ägypter, Inder, im Orient und in abendländischen Glaubensbekenntnissen zu finden. *Diätetische Verordnungen* in Klinik, ärztlicher Praxis und Ernährungsempfehlungen bei Kuren *fehlen heute kaum bei irgendeiner Erkrankung,* handle es sich um Magen-, Darm-, Leberleiden oder Herz-, Nierenkrankheiten usw. Auch heute noch gilt der Ausspruch des Engländers THOMAS SYDENHAM, „daß viele Krankheiten allein durch Diätetik geheilt werden können". Dies gilt im besonderen Maße für die Behandlung der Übergewichtigkeit.

Vor dem Aufschwung der chemischen und pharmazeutischen Industrie in Europa, Mitte vergangenen Jahrhunderts, mit Einführung wirksamer Medikamente (z. B. in Deutschland Gründung der *Bayerwerke AG,* Leverkusen 1863, Einführung von Phenacetin als Grundsubstanz der meisten Schmerzmittel 1888, ebenfalls 1863 Gründung der Fa. *Hoechst AG* und zahlreicher anderer bekannter pharmazeutischer Firmen), spielte die sog. *„Ernährungstherapie"* eine dominierende Rolle. Solange es an modernen Medikamenten mangelte, ließen sich über das frühe und spätere Mittelalter bis zu den Schriften des griechischen Arztes HIPPOKRATES umfangreiche Werke über Ernährung als wichtigsten Bestandteil medizinischer Therapie nachweisen.

Die Werke (sog. *„Corpus Hippokrates")* des griechischen Arztes HIPPOKRATES aus dem vierten Jahrhundert vor Christus, Begründer der griechischen Heilkunde und Ärzteschule von Kos, enthalten maßgebende klinische Grundprinzipien mit dem von ihm formulierten Eid, welcher noch heute gültiges sittliches Gebot der Ärzte darstellt. In etwa 72 Schriften, von denen auch eine *„Über die Diät"* lautet, sind die medizinischen Erkenntnisse der antiken Ärzteschule zusammengefaßt. Daneben finden wir zahlreiche andere Schriften über *Diät* bei akuten oder chronischen Erkrankungen, aber auch die Ernährung bei Gesunden. Der Begriff *Diät* (= Lebensweise) war wesentlich umfassender als heute, indem auch Bäder, Schwitzkuren, Sport und allgemeine Maßnahmen einer gesunden Lebensweise einbezogen waren. Hierin ist die große Bedeutung zu erkennen, welche die antike Medizin der *„Ernährungstherapie"* beimaß. Diese Ansicht spiegelt sich auch in den Behandlungsempfehlungen von CELSUS, Repräsentant der lateinischen Literatur, wieder, daß eigentliche *Medikamente nur bei heftigen Krankheitserscheinungen* verwendet werden sollen, in allen anderen Fällen aber *diätetische Mittel genügen.*

Die Heilung geschehe durch die Kraft der Natur, die durch Zufuhr geeigneter Nahrung unterstützt würde. In Ermangelung einer uns heute geläufigen wirksamen Therapie mit Medikamenten erblickte man in ernährungstherapeutischen und hygienischen Maßnahmen den wichtigsten Bestandteil der ärztlichen Kunst.

Eine ungesunde Lebensweise (fehlerhafte Ernährung, Bewegungsmangel, kein Maßhalten usw.) im Sinne der antiken Medizin gilt auch gegenwärtig in erster Linie als *Ursache des Anstiegs der Wohlstandserkrankungen.* Die griechischen Ernährungsrichtlinien sind heute, 2000 Jahre später, verständlicherweise weitgehend wertlos. Eine große Rolle spielten bei Fieber *Abkochungen von Gerste,* Ptisanen, Honigwasser, welche im Volksbrauch heute noch zu finden sind, oder Schleimsuppen aus Hafer usw. Neben verschiedenen Getreidearten waren alkoholische Getränke in Form gegorenen Honigwassers, leichter Weine, bei akuten und chronischen Erkrankungen Milch verschiedener Tiere – Schaf, Ziege, Kuh – gebräuchlich, insbesondere Eselsmilch, welche abführend und bei Darmkatarrh heilend wirken sollte.

Die Hauptträger der *wissenschaftlichen Heilkunde des Mittelalters* waren die *Araber,* welche mit großer Gewissenhaftigkeit mittels diätetisch-hygienischer Therapie Erkrankungen behandelten. Auch sie schöpften aus dem antiken griechischen Schrifttum der Hippokratiker. Als bedeutende medizinische Schule galt im *späteren Mittelalter* die von Salerno, in welcher relativ unabhängig von Kos eigene klinische Prinzipien und diätetische Anweisungen entwikkelt wurden. Die Nahrungssubstanz tritt weniger als mögliche *Ursache* der Erkrankung in den Vordergrund des Denkens, sondern als lebensnotwendige Nahrung, welche der Kranke wie der Gesunde benötigt. Es wird auf ausschließliche Diätempfehlungen mit Getreidesuppen und Honigwasser häufig zugunsten einer leichten Nahrung verzichtet, um den Wünschen des Kranken mehr entgegenzukommen. Auch das späte Mittelalter wird weitgehend durch arabische Schriften über diätetische Therapieempfehlungen bestimmt.
Der Anfang des *17. Jahrhunderts* überliefert uns ebenfalls zahlreiche Schriften über diätetische Krankenbehandlung, so z. B. die des portugiesischen Arztes L. Nonnius oder des Venezianers Luigi Cornaro, welcher wie Hippokrates auf die große Bedeutung einer *mäßigen Lebensweise* als Voraussetzung für ein gesundes langes Leben hinweist. Nicht nur die Ernährungstherapie, sondern die gesamte Medizin wie Physiologie, Anatomie, die systematische Lehre der *genauen Beobachtung am Krankenbett* werden zu dieser Zeit durch gewaltige Fortschritte und Umwandlungen bestimmt. Neben C. Barbeyrac in Montpellier wurde besonders sein Schüler, der Engländer Th. Sydenham bekannt, welcher auf dem Boden eigener Beobachtungen und wissenschaftlicher Richtlinien für eine Vertiefung der diätetischen Therapie im Rahmen der medizinischen Heilkunde wirkte. Berühmtheit erlangte seine Schrift über die diätetische Behandlung der *Gicht,* in welcher das Übermaß an Ernährung, besonders an schwer verdaulichen Speisen, der Genuß von Spirituosen oder großen Mengen Fleisch als schädlich erkannt und genaue Richtlinien gegeben wurden. Von Sydenham stammen grundlegende Hinweise über eine gesunde Ernährungsweise wie Verzicht auf voluminöse Abendessen, Einschränkung von Alkohol usw.

Ärzte, welche die naturgemäße *diätetische Seite* der medizinischen Therapie *bevorzugten, galten geradezu als „Hippokratiker"*. Neben einer genau regulierten Diät, oft in Kurform, unterstützt durch balsamische Pillen und Essenzen, spielen als Abführmittel gekochte Pflaumen, Äpfel (mehr geschätzt als Medikamente) eine Rolle. Tabakrauchen wird verpönt, Bewegung des Körpers intensiv empfohlen. Zur Stärkung des Kranken wird Bouillon mit Zusätzen von Kalbfleisch, Gemüsen, Krebsen gereicht, gegen Übergewicht zum Frühstück nur kalter Tee usw.

Erst im 19. Jahrhundert mit den epochemachenden Fortschritten der Naturwissenschaften, wie Physik und Chemie, der physiologischen Chemie, der pathologischen Physiologie in der Medizin, dem Durchbruch zum exakten Experiment, welches von den traditionellen *Hippokratikern* unterschätzt werden mußte, fand ein Wandel statt, indem in den Vordergrund des medizinischen Heilplanes *neben die Ernährungstherapie* im vermehrten Maße rationellere und medikamentöse Maßnahmen rücken, die im 20. Jahrhundert gänzlich überwiegen. Die *„Ernährungstherapie"* verlor mit Recht ihre isolierte und überlegene Stellung und bildete nunmehr einen wichtigen Bestandteil der gesamten medizinischen Therapie.

Die *Ernährungswissenschaften* erleben unter J. VON LIEBIG, dessen *„Chemische Briefe"*, 1865 veröffentlicht, über Jahrzehnte richtungsgebend wirkten, und ungefähr ein Jahrzehnt später mit PETTENKOFER und VOIT, als Begründer der rein stofflichen Eigenschaften der Ernährungslehre, *in Deutschland ihren Höhepunkt,* während es M. RUBNERS Verdienst war, vom physikalischen her durch die von ihm begründete Kalorimetrie die Grundlagen über Energiegehalt und Verbrennungswärme der verschiedenen Nährwertträger (z. B. Klärung „spezifische dynamische Eiweißwirkung") und ihre Stoffwechselwirkung zu ergründen. Umfassende exakte Berechnungen über den Nahrungsbedarf und -verbrauch (s. Abb. 17, Tab. 24) der Bevölkerung aus dieser Zeit erregen noch heute Bewunderung, die mit dem Begriff des *„Rubnerschen Kostmaßes"* verbunden bleiben. Im *Handbuch der „Ernährungstherapie und Diätetik"* (G. Thieme, Leipzig 1897) von E. v. LEYDEN bekennen sich nahezu alle führenden Repräsentanten der Inneren Medizin und der anderen Disziplinen, wie FRIEDRICH V. MÜLLER, F. V. WINCKYEL (München), W. V. LEUBE (Würzburg), J. BOAS, C. A. EWALD, P. FÜRBRINGER, F. JOLLY, F. KRAUS, O. LASSAR, G. KLEMPERER, H. NOTHNAGEL, M. RUBNER, E. STADELMANN (Berlin), C. V. NOORDEN (Frankfurt a. M.), P. DETTWEILER (Croneberg, Falkenstein i. T.), A. HOFFMANN (Leipzig), PH. BIEDERT (Straßburg), H. KEHR (Halberstadt), O. MINKOWSKY (Köln) zu dem *Leitwort* dieses hervorragenden Werkes, „daß die Ernährungstherapie den ‚therapeutischen Anordnungen' nicht gegenübergestellt und gleichsam untergeordnet werden darf, sondern *eine eigene therapeutische Methode ist, die ihre eigenen Indikationen und ihre eigenen Leistungen hat"*. Neben Ernährungsproblemen im Bereich der inneren Medizin behandelt das Werk die Ernährungstherapie vor und nach *Narkosen,* in der Chirurgie, der Gynäkologie, der Dermatologie, der Hämatologie usw. Als ich Anfang der 60er Jahre zufällig dieses Handbuch antiquarisch entdeckte, war ich fest entschlossen, dieses Werk neu und zeitgemäß herauszugeben und fand für diese Idee die lebhafte Unterstützung des Verlegers, aber auch von L. HEILMEYER und der später hinzugekommenen Mitherausgeber. So präsentiert sich dieses Werk heute mehrbändig als Handbuch der „Ernährungslehre und Diätetik" im Georg Thieme Verlag Stuttgart.

Die Worte M. RUBNERS, *„wir wollen hoffen, daß auch in kommender Zeit Deutschland seine angesehene Stellung als Pflegerin der Ernährungswissenschaften in der Welt behaupten wird"*, haben sich nicht erfüllt. Die Ernährungsphysiologie erlitt durch Abtrennung von Teilgebieten wie der Nahrungsmittelchemie, der Arbeitsphysiologie Einbuße und geriet bereits infolge des ersten Weltkrieges gegenüber Nordamerika u. a. Ländern in Zeit- und Geldnot. Große Arbeitsgebiete wie die Vitaminforschung wurden unterbrochen. Mühsam Errungenes wurde durch neue Wirtschaftskrisen und Kriege verloren und die Förderung dieses wichtigen Wissenschaftszweiges zunehmend vernachlässigt. Unter beachtlichen Schwierigkeiten versuchen die wenigen Institute und Wissenschaftler unseres Landes heute den Anschluß an die ausländische Forschung wieder herzustellen, aber es fehlt an Mitteln, Gerätschaften, Räumlichkeiten usw. Bereits zeigen sich tiefgreifende Auswirkungen auch im Stand der ärztlichen Ausbildung über Ernährungsfragen und der Wertschätzung einer fast verwaisten Ernährungstherapie selbst in Universitätskliniken.

Vielleicht ist für unsere Situation heute bezeichnend, daß es in *Deutschland* 11 Lehrstühle für Tierernährung gibt, aber nur fünf (Abb. 1) für *menschliche Ernährung*. In *Argentinien* gibt es 9 Lehrstühle für Ernährungswissenschaften, 2 davon allein an der Universität Buenos Aires mit Pflichtvorlesungen für Medizinstudenten (in Deutschland nicht vorgeschrieben). Die Ernährungswissenschaften sind ein warnendes Beispiel, wie schnell ein Wissenschafts-

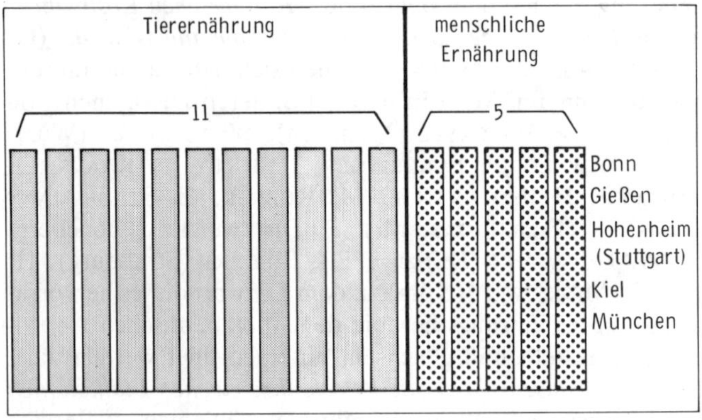

Abb. 1 *Die Anzahl der Lehrstühle für Ernährungswissenschaften an deutschen Hochschulen* (Stand 1979) zeigt die gegenwärtige *Notsituation auf dem Gebiet der Ernährungswissenschaften* in Deutschland, auf welchem dieses einmal Weltgeltung besaß. Welche verheerenden Folgen muß bei einem derart großen Mangel an *Forschungsstätten* eine plötzliche atomare oder bakterielle Verseuchung von Feldern, Nahrung und Trinkwasser für die Überlebenschancen unseres Volkes haben?

zweig eines Landes, in welchem dieses Weltgeltung besaß, mangels Forschungsförderung verwaisen kann, denn auch ein wissenschaftlicher Ruf muß durch mühsame Arbeit täglich neu erobert werden. Wenn wir gegenwärtig auf so vielen Gebieten der Wissenschaften Not leiden, das muß hier gesagt werden, *mangelt es nicht an den Fähigkeiten der jungen Generation von Wissenschaftlern von heute,* sondern nur an Uneinsichtigkeit und an äußeren Bedingungen.

Ernährungsprobleme der Neuzeit

Seit der Jahrhundertwende wurden die Ernährungswissenschaften vor ungeahnte Schwierigkeiten und Probleme gestellt. Folgen des Fortschritts brachten den *einen* Überfluß, den *anderen* aber Hunger und Not. Durch rapide Zunahme der Weltbevölkerung und höhere Lebenserwartungen stiegen in den hochentwickelten Industrieländern ernährungsabhängige Erkrankungen, insbesondere Übergewichtigkeit, stark an. Gleichzeitig leidet mehr als die Hälfte der Weltbevölkerung, welche weiter jährlich um etwa 50 Millionen anwächst (ohne daß ihre Ernährung gesichert scheint), an Fehl- und Unterernährung.

Während die Menschheit bis Anfang des *19. Jahrhunderts* Jahrtausende Zeit benötigte, um 1 Milliarde Menschen auf der ganzen Erde zu schaffen, wurde infolge Entwicklung der Wissenschaften, Industrialisierung und Zivilisation seit *Mitte vergangenen Jahrhunderts* bis ca. 1930 eine weitere Milliarde Menschen geboren und im Verlauf der letzten 50 Jahre (von 1930 bis 1980) durch zunehmenden Fortschritt die *3. und 4. Milliarde.* Ein *weiterer Zuwachs* um 3 Milliarden in den nächsten 40 Jahren vorwiegend der gelben und schwarzen Rasse wird folgen, und die Not an Nahrung wird wachsen. Die wenigsten ahnen heute, welche Probleme für die weiße Menschheitsgruppe hierdurch nahen. Daß die Entwicklung dieser Nöte nicht aufzuhalten ist, haben die letzten 30 Jahre eindeutig bewiesen. So stiegen die Lebenserwartungen der *Russen* von 32 Jahren vor dem letzten Krieg (1939 bis 1945) auf 68 Jahre an, während sie in *Indien* vorerst noch 32 und in *Ägypten* 38 Jahre betragen. Die Bevölkerung der hochentwickelten Industrieländer wie in den *USA* mit 220 Millionen, *Westdeutschland* mit 60, *England* mit 52 und *Frankreich* mit 45 Millionen dürfte sich kaum mehr wesentlich vermehren. Aber bis zur Jahrhundertwende wird die asiatische Bevölkerung von 1,3 auf 3,6 *Milliarden – nicht Millionen – anwachsen* und werden ca. 1,5 Milliarden Chinesen und 1 Milliarde Inder die Welt bevölkern.

Die Behebung der Hungersnöte wird erst durch weitere Fortschritte auf ernährungswissenschaftlichem Gebiet möglich und zeigt, wie wichtig die Förderung ernährungswissenschaftlicher Institute auch in Deutschland ist.
Die *Zunahme der Menschheit* ist vor allem Folge verminderter Säuglings- und Kindersterblichkeit, Bekämpfung der Infektionskrankheiten, Einführung modernen Impfmethoden und allgemeiner Hygiene. Verständlicherweise wächst die Bevölkerungszahl, wenn die Lebenserwartungen um das Doppelte ansteigen (Abb. 2).

Welch ungeheuren Einfluß die moderne Medizin auf diese Entwicklung hatte, zeigen folgende Zahlen. Noch im Jahr 1349 *erlagen* 25% der europäischen Bevölkerung der

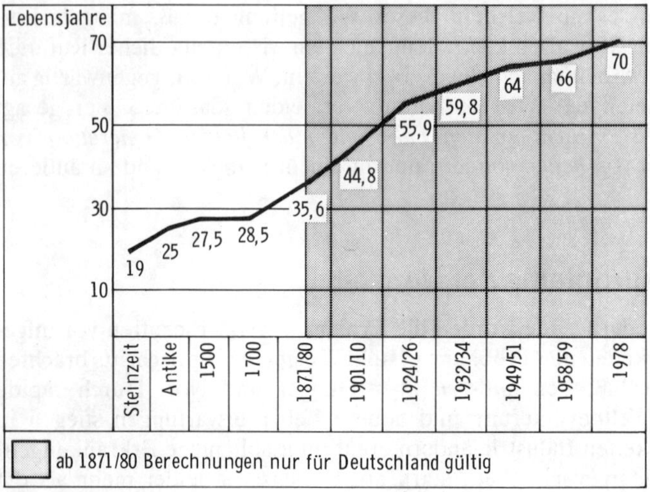

Abb. 2 Die Abb. zeigt die mittleren Lebenserwartungen in Jahren. Während die Menschheit bis Anfang des 19. Jahrhunderts Jahrtausende benötigte, um 1 Milliarde Menschen zu schaffen, wurde infolge Entwicklung der Wissenschaften, Industrialisierung und Zivilisation seit Mitte vergangenen Jahrhunderts bis ca. 1930 eine weitere Milliarde Menschen geboren und im Verlauf der *letzten 30 Jahre* durch zunehmenden Fortschritt die 3. Milliarde. Der enorme Anstieg der Lebenserwartungen in Deutschland seit Mitte vergangenen Jahrhunderts ist vor allem Folge verminderter Säuglings- und Kindersterblichkeit, Bekämpfung der Infektionskrankheiten, Einführung moderner Impfmethoden und allgemeiner Hygiene.

Pest, an Pocken starben 10% aller Menschen, viele an Syphilis, Tuberkulose. In *Kriegen überwogen* bis Anfang unseres Jahrhunderts *nicht* die Verluste durch Waffeneinwirkungen, *sondern* Tod an Sepsis, Fleckfieber, Starrkrampf und Darminfektionen.

Während die seuchenhaften Erkrankungen des Mittelalters in hochentwickelten Ländern heute kaum noch eine Rolle spielen und das Lebensalter bedeutend verlängert wurde, sind für die Ernährungswissenschaften andere Probleme entstanden, welche sie früher kaum kannten. *Ca. jeder Zweite stirbt heute in Deutschland an ernährungsabhängigen Erkrankungen.* Die Zunahme der Lebenserwartungen hat auch die *älteren* Jahrgänge betroffen. Heute gibt es in Deutschland bald doppelt soviel alte Leute wie vor 100 Jahren (Tab. 1). Moderne Medikamente und sozialer Fortschritt schützen vor Krankheiten des Alters. Aber die meisten Alten sterben an ernährungsabhängigen Gefäßkrankheiten wie Arteriosklerose, welche als die größte Seuche der Zivilisation bezeichnet wird. Während es einerseits gelungen ist, gefährliche Epidemien zu beherrschen, sterben nun zahllose Menschen der besten und leistungskräftigsten Jahrgänge unseres Volkes an Herzinfarkt (Abb. 12), Bluthochdruck (Abb. 3 und 11) infolge übermäßiger und falscher Ernährung (s. Abb. 16, 18), die einen wichtigen Risikofaktor darstellt.

Nach neueren Untersuchungen steigen Lebenserwartungen der Männer im 50. Lebensjahr nicht mehr an, sondern fallen ab. Von 120 000 Invalidenren-

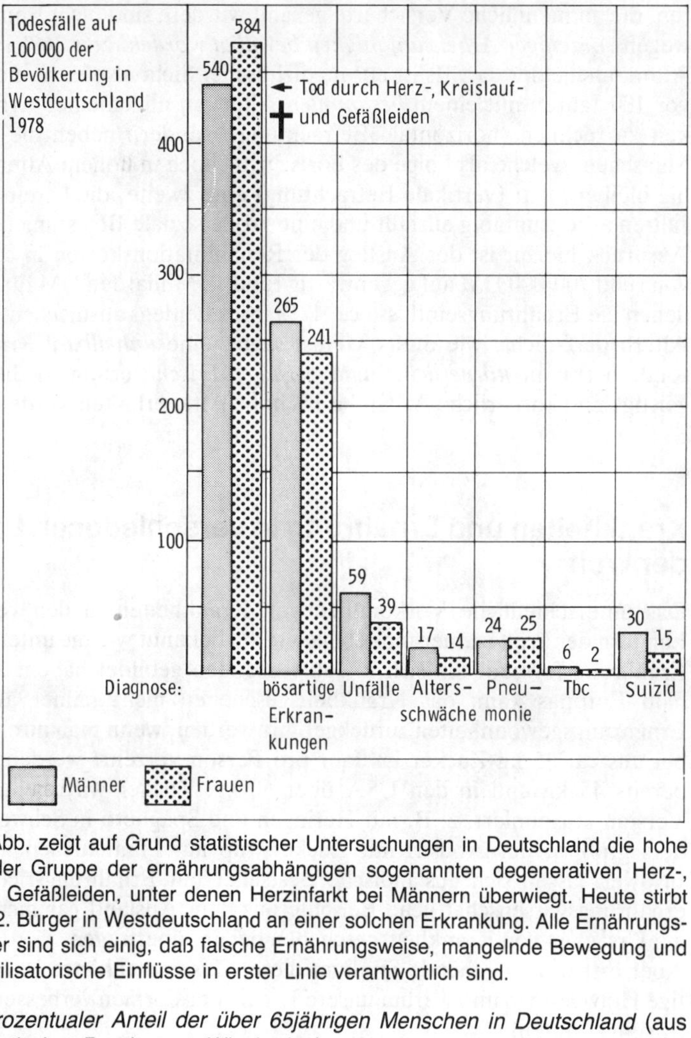

Abb. 3 Die Abb. zeigt auf Grund statistischer Untersuchungen in Deutschland die hohe Sterblichkeit der Gruppe der ernährungsabhängigen sogenannten degenerativen Herz-, Kreislauf- und Gefäßleiden, unter denen Herzinfarkt bei Männern überwiegt. Heute stirbt nahezu jeder 2. Bürger in Westdeutschland an einer solchen Erkrankung. Alle Ernährungswissenschaftler sind sich einig, daß falsche Ernährungsweise, mangelnde Bewegung und allgemeine zivilisatorische Einflüsse in erster Linie verantwortlich sind.

Tabelle 1 *Prozentualer Anteil der über 65jährigen Menschen in Deutschland* (aus *Leutner,* Statistisches Bundesamt, Wiesbaden).

Jahr	Gebietsstand	Auf 100 Einwohner insgesamt	männlich	weiblich
1871	Reichsgebiet[1]	4,6	4,4	4,8
1910	Reichsgebiet[1]	5,0	4,4	5,5
1939	Reichsgebiet[1]	7,8	7,3	8,2
1950	Bundesgebiet ohne Berlin	9,2	8,9	9,6
1961	Bundesgebiet ohne Berlin	10,8	9,2	12,2
2000	Bundesgebiet ohne Berlin	12,6	10,3	14,7

[1] Jeweiliger Gebietsstand: 1939 in den Grenzen vom 31. 12. 1937

ten, die an männliche Versicherte gezahlt wurden, sind nicht weniger als 64% wegen *vorzeitiger Arbeitsunfähigkeit bewilligt worden.* Nur 36% stellten echte Altersruhegelder dar. Es ist aus medizinischer Sicht also nicht mehr wie noch vor 100 Jahren mit einem *bestimmten* Alter mit allgemeiner Arbeitsunfähigkeit zu rechnen (horizontale Betrachtung), sondern neben die Gruppe der Menschen, welche als Folge des Fortschritts noch in hohem Alter leistungsfähig bleiben, tritt (vertikale Betrachtung) eine zweite, die bereits in früheren Jahren arbeitsunfähig ausfällt und eine große soziale Belastung darstellt. Der Ausdruck hierfür ist der Anstieg der Rehabilitationskosten in ca. 20 Jahren von rund 700 000 DM auf gegenwärtig rund 18 Milliarden DM für Kranke, bei denen die Ernährungseinflüsse ca. 47% ihres Leidens ausmachen.
Altern darf nicht, wie SENECA einst sagte, eine *unheilbare Krankheit* sein, sondern soll in *körperlicher und geistiger Frische* erfolgen, die nur durch geistige und körperliche Arbeit bis ins hohe Alter erhalten werden kann.

Krankheiten und Ernährung in verschiedenen Ländern der Welt

Das unterschiedliche Vorkommen von Krankheiten in den verschiedenen Ländern der Welt ist meistens ebensowenig bekannt wie die unterschiedlichen Ernährungsformen, die sich in Jahrtausenden gebildet haben. Selbst innerhalb Europas kann das Krankheitsgeschehen nicht immer auf dieselben Ernährungsgewohnheiten zurückgeführt werden, wenn man nur bedenkt, daß bei uns ca. 35 kg Zucker im Jahr pro Person verzehrt werden, in England bereits 45 kg und in den USA über 60 kg. Zucker wird beinahe in jeder Version konsumiert, z. B. mit Heringen und Spaghetti in Schweden. Besonders groß ist der Abusus mit Zuckersirup auf Pfannkuchen in den USA. Insoweit lassen sich ausländische Bestseller mit Ernährungsrichtlinien oder ernährungswissenschaftliche Berichte aus dem Ausland gar nicht so einfach auf Ursachen von Krankheitsgeschehen bei uns übertragen.
Aber erst das eingehende Studium dieser Zusammenhänge bringt uns wichtige Hinweise wo und warum unsere Ernährungsformen verbesserungsbedürftig sein könnten.

Andere Länder, andere Ernährungsformen, andere Krankheitsformen

Ich möchte dies an *einigen Beispielen* erläutern. Lassen Sie mich zunächst auf den Kontinent Australien eingehen. In keinem anderen Land der Welt erkranken soviele Menschen an *Hautkrebs* wie gerade dort. Infolge der hohen Sonneneinstrahlung bei sehr trockenem Klima, welches wenig Strahlen absorbiert, findet man im mittleren und höheren Alter bei zahllosen Menschen Keratosen (bräunliche Hautverdickungen), die in Hautkrebs übergehen. Obwohl jedermann dort die Gefahren intensiver Sonneneinstrahlungen kennt, werden bei uns in den verschiedensten Kureinrichtungen „Solarien“

eingerichtet, ohne daß man sich über die möglichen Gefahren bei Überdosierung bewußt ist.

In der Bundesrepublik Deutschland sterben jährlich ca. 140 000 Menschen an Krankheiten der Herzkranzgefäße; über 400 000 erkranken daran. Junge Männer sind bereits frühzeitig vom Herzinfarkttod bedroht. Obwohl Japan hochindustrialisiert ist, sind in den Kliniken Japans Herzinfarkte auch heute noch eine Rarität, die nur in einigen Gegenden mit europäischer Ernährung zunahmen. Selbst in Städten wie Tokio und Yokohama, die ineinander übergehen und zusammen fast 30 Millionen Menschen ausmachen, mit einem ungeheuren Streß und einer großen Hektik, die mit europäischen Verhältnissen kaum vergleichbar sind, finden sich selten Herzinfarkte. Sobald Japaner in die USA oder nach Europa übersiedeln *und die dortige Ernährungsweise annehmen,* erkranken sie nach einigen Jahren genauso häufig an Herzinfarkt wie die einheimische Bevölkerung.

Dagegen erkranken jährlich in Japan ca. 100 000 Menschen an *Magenkrebs,* der für die Japaner die größte Volksseuche darstellt. In manchen Ambulanzen von Großstadtkliniken sieht man Ärzte, die den Patienten mit Kameras, an denen eine in den Magen reichende bewegliche Schlauchoptik angebaut ist, auf Magenkrebs untersuchen, weil die Röntgenabteilungen überlastet sind. Bei uns ist der Magenkrebs in den letzten Jahren stark zurückgegangen. Sobald ausgewanderte Japaner in den USA oder bei uns *unsere Ernährungsformen* annehmen, erkranken die Kinder *ebenso selten an Magenkrebs* wie wir oder die Amerikaner.

Ähnlich verhält sich die Situation in *Finnland,* wo besonders häufig Herzinfarkte vor allem in Karelien vorkommen. Nach *Norddakota* in die USA ausgewanderte Finnen sterben seltener an Herzinfarkt als in ihrer Heimat, aber noch genauso häufig wie die in dieser Gegend lebenden Amerikaner.

Die Ursache des gehäuften Auftretens von Magenkrebs in Japan ist leider noch nicht geklärt. Die Japaner besitzen eine schlechtere Lebensmittelgesetzgebung als wir. Das Verbot von Farbstoffverwendungen in Lebensmitteln hat bei uns nach 1950 u. a. zu einem stetigen Rückgang an Magenkrebs geführt.

Auch in Grönland findet man eine ähnliche Häufung von Magenkrebs wie in Japan. Eine Häufung in der Bundesrepublik findet sich z. B. in Württemberg in einigen Gegenden des Schwäbischen Oberlandes. Als Ursache vermutet man in Japan und Grönland u. a. den Verzehr von rohem Fisch und den Einfluß von Pökelsalz, ohne daß die weiteren Ursachen sonst geklärt sind. Vieles spricht dafür, daß die *Belastung mit Nitrit* durch Fischkonservierung eine Rolle spielt. Japan ist ein Inselreich und deckt seinen Eiweißbedarf überwiegend durch Fisch. Jedoch ist die Umweltverschmutzung stärker als bei uns. An einigen Küstenstreifen in Ostpreußen war gehäuftes Auftreten von Magenkrebs nach häufigem Genuß von gegrillten Flundern, die mit der Haut verzehrt wurden, bekannt.

Merkwürdigerweise tritt in China im südlichen Küstenbereich und in Taiwan wenig Magenkrebs, dafür aber häufig Speiseröhrenkrebs auf. Ihn findet man auch entlang des südlichen Himalayagebietes bis hin zum Gebirge am Kaspischen Meer im Iran. In der fruchtbaren Ebene am Kaspischen Meer wird

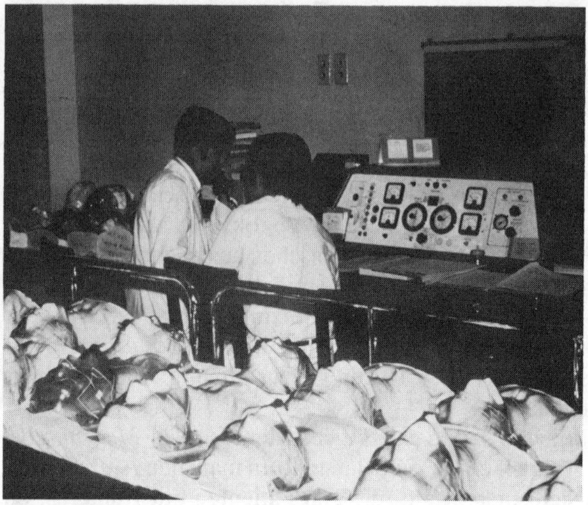

Abb. 4 Diese Photographie zeigt aus einem Krankenhaus in Hongkong die Aufbewahrung von Schalen aus Plastik für eine vereinfachte Justierung bei Röntgenbestrahlungen von Köpfen chinesischer Patienten, die zu Hunderten an Rachenkrebs leiden.

diese Krebsform nur selten gefunden. Für die Entstehung des *Rachen- bzw. Speiseröhrenkrebses* wird u. a. der Genuß der weit verbreiteten Betelnuß in diesen Ländern verantwortlich gemacht. Auffallend ist, daß gebirgige Gegenden betroffen sind. In *Taiwan* (China) tritt der Rachenkrebs derart gehäuft auf, daß man in einer Klinik dazu überging, von den zu bestrahlenden Köpfen der Chinesen einen Plastikabguß anzufertigen, um rationeller die Röntgenbestrahlungen durchführen zu können. Abb. 4 zeigt die Anfertigung solcher Schalen.
In Japan treten im Gegensatz zu Deutschland sehr viel mehr Kranke mit Bluthochdruck und mit Schlaganfällen auf.

Ernährungsunterschiede und Herzinfarkt

Da für die Bundesrepublik Deutschland, die DDR aber auch die nordischen Länder das gehäufte Vorkommen von Herzinfarkt besonders gravierend ist, möchte ich kurz auf die unterschiedlichen Ernährungsformen in infarktarmen und -reichen Ländern eingehen.
Das Statistische Bundesamt in Wiesbaden hat sog. *„standardisierte Sterbeziffern“* errechnet (s. Das Grundheitswesen, Kohlhammer Verlag, Stuttgart). Danach sind *die drei Industrieländer, in denen der Herzinfarkt am seltensten auftritt,* Japan gefolgt von Frankreich und Italien. Während die Bundesrepublik Deutschland eine Mittelstellung einnimmt, finden sich die häufigsten Herzinfarkte der Welt auf der nördlichen Erdhalbkugel, nämlich in Finnland (besonders in Karelien), Schottland und Wales, Norwegen, Schweden, Irland, Dänemark usw. Während auf 1000 Tote in Heidelberg 2,3 an Herzin-

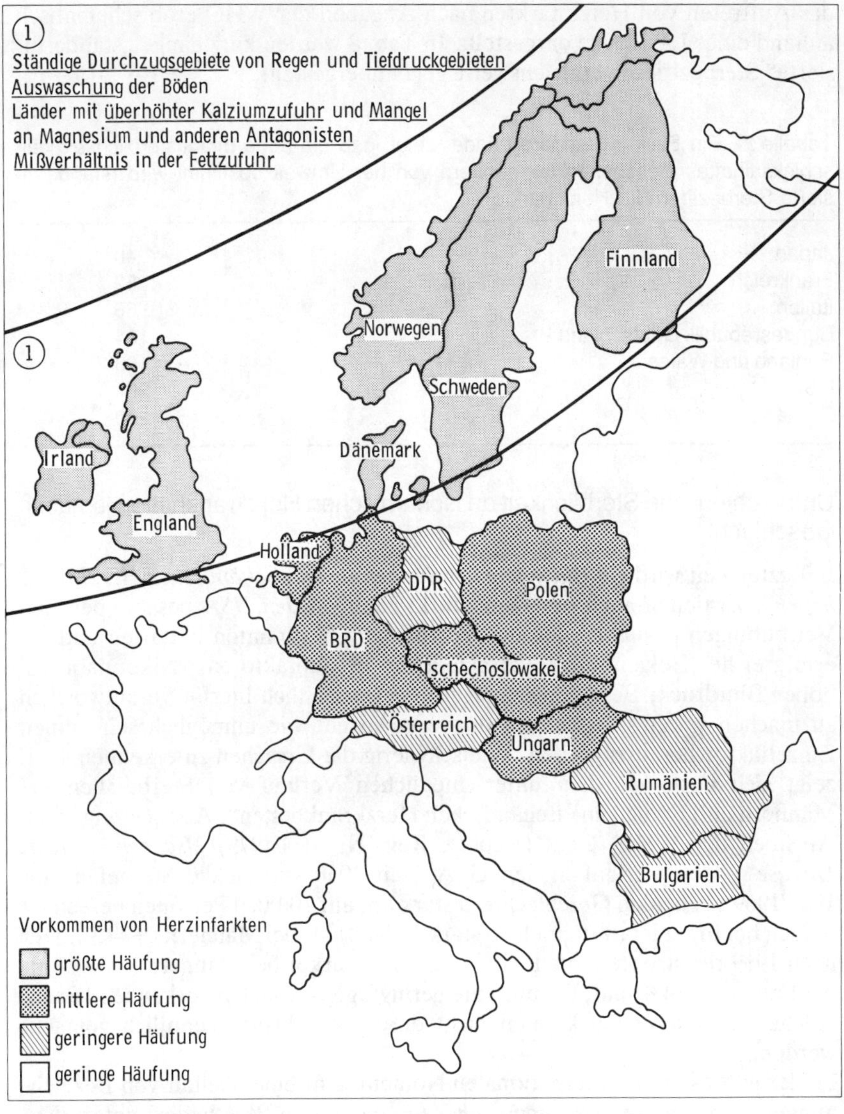

Abb. 5 Länder mit unterschiedlichem Vorkommen an Herzinfarkt (nach WHO).

farkt Gestorbene kamen, waren es in Helsinki 6,3. Im besonders betroffenen Karelien spielt als Risikofaktor der Wohlstand durch überhöhte Zivilisation kaum eine Rolle. Selbst unter den Landwirten sterben zahllose Männer in jungen Jahren an Herzinfarkt.

Für uns erhebt sich die Frage, ob wir aus den *unterschiedlichen Ernährungsformen* Rückschlüsse auf das Infarktgeschehen ziehen können. In Abb. 5 ist das Auftreten von Herzinfarkten nach Angaben der WHO grob schematisch anhand einer Landkarte dargestellt. In Tab. 2 werden kurz einige „standardisierte“ Sterbeziffern vergleichsweise gegenübergestellt.

Tabelle 2 Ein Blick auf andere Länder zeigt, daß die hohe Infarktsterblichkeit kein schicksalhaftes Geschehen ist, sondern von der Umwelt bestimmt wird (standardisierte Sterbeziffern für Herzinfarkte).

Japan	40
Frankreich	52
Italien	66
Bundesrepublik Deutschland	104
England und Wales	183
USA	264
Finnland	290

Unterschiedliche Sterblichkeit an ischämischen Herzkrankheiten je nach Geschlecht

In letzter Zeit wird ein *Rückgang der Sterbefälle an „ischämischen Herzkrankheiten“*, zu denen auch der Herzinfarkt zählt, *in den USA* beschrieben und Vermutungen geäußert, daß der Verzehr von bestimmten Fettarten und die erfolgreiche Bekämpfung verschiedener Risikofaktoren (Nikotinabusus, hoher Blutdruck, Bewegungsmangel usw.) ursächlich hierfür verantwortlich zu machen wären. Tatsächlich dürfte es so gut wie unmöglich sein, einen Einzelfaktor herauszugreifen. Wie schwierig die Ursachen zu erkennen sind, zeigt sich auch aus dem unterschiedlichen Verlauf von Sterbefällen bei Männern und Frauen an „ischämischen Herzkrankheiten“. Abb. 6a zeigt nach Angaben der *WHO,* Genf (Report: Reg. Nr. 064/1979) *„Ischaemic Heart Disease“),* den Verlauf in den USA. Seit 1950 stiegen die Sterbefälle bis 1965/1969 bei beiden Geschlechtern stark an, auf 100 000 Personen berechnet jedoch bei Frauen fast doppelt so stark (+84,4) als bei Männern (+44,9). Der nach 1969 registrierte Abfall tritt wesentlich stärker bei Männern (−45,2) als bei Frauen (−14,4) auf, die nur eine geringfügige Abnahme erkennen lassen. Solche Veränderungen können nicht durch Mittelwerte kenntlich gemacht werden.

Leider gibt es in der internationalen Nomenklatur eine Vielfalt von Bezeichnungen. So spricht das *Statistische Bundesamt in Wiesbaden* unter dem *Oberbegriff „Krankheiten des Kreislaufsystems“* auch von Sterbefällen an „akutem Herzmuskelinfarkt“, „sonstigen ischämischen Herzkrankheiten“, „chronischen nicht rheumatischen Herzmuskelkrankheiten“, „mangelhaft bezeichneten Herzkrankheiten“ usw., so daß Vergleiche oft schwierig sind. Im genannten Zeitraum ging in *Kanada* nach Angaben der WHO (1979 s. oben) die Sterblichkeit an „ischämischen Herzerkrankungen“, bezogen auf 100 000 Männer, von 280 auf 271 zurück, während sie bei den Frauen von 166,2 auf 174,6 anstieg. In *Japan* erhöhte sich der Anteil beim männlichen

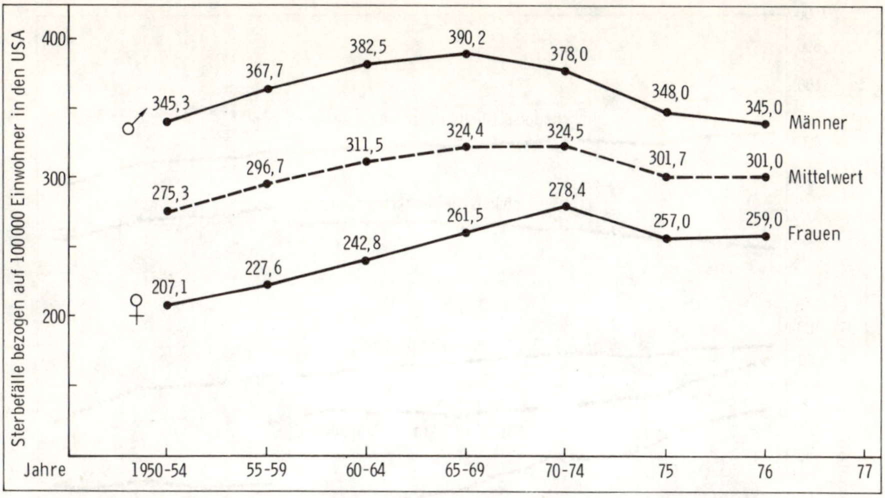

Abb. 6a Die Sterbefälle an „ischämischen Herzkrankheiten" betrugen, auf 100 000 Einwohner in den USA berechnet, von 1950–54 = 275,3, 1955–59 = 296,7, 1960–64 = 311,5, 1965–69 = 324,4, 1970–74 = 324,5, 1975 = 301,7, 1976 = 301,0. – Auffälligerweise nehmen die Sterbefälle bei Frauen relativ stärker zu, während sie bei Männern mehr absinken (Daten aus: Ischaemic Heart Disease, WHO, Genf 1979, Reg. Nr. 064/1979).

Geschlecht von 41,9 auf 44,7, während er bei den Frauen von 42,2 auf 35,0 abfiel.

In *Österreich* bestand bei beiden Geschlechtern eine Zunahme an Sterbefällen, jedoch starben 1977 fast ebensoviel Männer wie Frauen an „ischämischen Herzkrankheiten", nämlich 278,2 Männer und 266,5 Frauen, während in der BRD die Männer überwogen.

Besonders auffällig ist der Rückgang dieser Krankheiten in der hochindustrialisierten *Schweiz* von 1955 bis 1977, bei Männern von 232,3 auf 165,7 und bei Frauen von 224,9 auf 98,9, bezogen auf 100 000 Personen. In diesem Fall haben die Sterbefälle bei beiden Geschlechtern abgenommen.

Abb. 6b zeigt die besonderen Verhältnisse für die USA auf, in denen in den letzten 25 Jahren ein *Rückgang an allen Todesursachen* um ca. 25% bei einer Zunahme der Lebenserwartung feststellbar war. Nicht nur die kardiovaskulären Krankheiten, sondern auch die Hirngefäßleiden (Schlaganfälle), Rheuma, Bluthochdruckleiden (als mögliche Erklärung für den Rückgang an Herzkranzgefäßleiden in den USA) usw. waren rückläufig. Angesichts dieses Verlaufes dürfte es sehr schwierig sein, nur eine *einzelne* Ursache, wie etwa eine geringere Cholesterinaufnahme, mit der Nahrung oder den Minderverzehr an tierischen Fetten oder die Bevorzugung pflanzlicher Fette hierfür verantwortlich zu machen. Deshalb ist es dringend notwendig im Vergleich zur Abb. 6b auch eine *Analyse der amerikanischen Ernährungsverhältnisse* von 1945 bis 1977 vorzulegen. Tab. 11 erlaubt einen Vergleich mit den Ernährungsverhältnissen in der BRD.

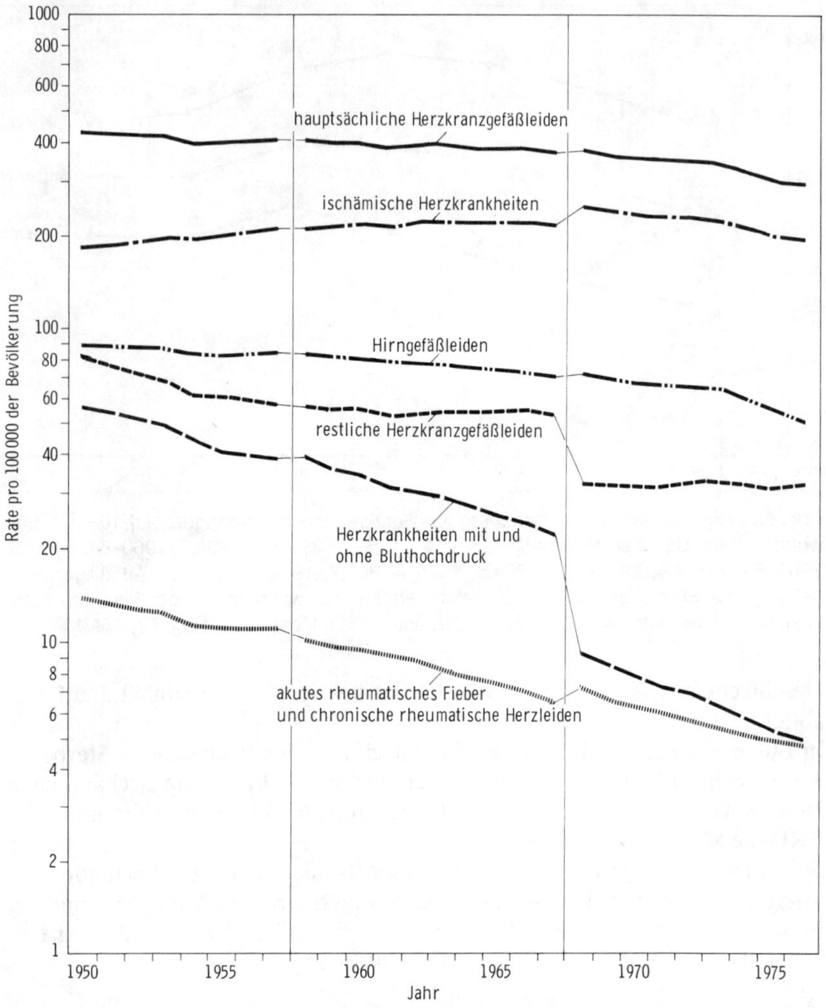

Abb. 6b Altersangeglichene Sterbefälle an den hauptsächlichen Herzkranzgefäß- und Hirngefäßleiden, Herzkrankheiten mit und ohne Bluthochdruck sowie rheumatischen Herzkrankheiten in den USA von 1950–1976 (Quelle: Department of Health, Education, and Welfare. Public Health Service, National Institutes of Health 1979).

Zwischen (*) 1957 und 1958 und 1967 und 1968 fand eine Änderung bzw. Angleichung („Reklassifikation") der statistischen Auswertungsmethode gemäß dem Vorgehen der WHO statt. Unter den Todesfällen in den USA nehmen diejenigen infolge von Koronarkrankheiten gegenüber allen anderen Sterbefällen den wichtigsten Raum ein. 1977 starben infolge von ischämischen Herzkrankheiten in den USA 427 Personen.

Eiweiß

Nach Wirtschaftsberechnungen erhalten die Bundesbürger ca. 91 g *Eiweiß* täglich pro Person, davon 65% durch tierisches Eiweiß und die Finnen ca. 87 g Eiweiß, davon 64% durch tierisches Eiweiß; auf den ersten Blick kein wesentlicher prinzipieller Unterschied. Auch der Japaner erhält 85 g Eiweiß, aber nur 38% aus tierischem Eiweiß. Untersucht man die Verhältnisse näher, ergeben sich grob berechnet gravierende Unterschiede.
Die *Finnen* erhalten ihr *Eiweiß* zu 38% aus *Milch und Milchprodukten,* zu 6,7% aus Fisch, zu 16,5% aus Fleisch.
Die Bürger der BRD erhalten zu 22% ihre Eiweißzufuhr aus Milch und Milchprodukten, 2,2% aus Fisch und *36% aus Fleisch.* In Finnland liefern Getreideeiweiß 28% und in der BRD 21%. In *Japan* wird jedoch Eiweiß zu 21% aus *Fisch* geliefert und zu 4,5% aus Milch, nur zu 7,3% aus Fleisch und zu 37% aus Getreide (Reis).
Für das infarktreiche Finnland bedeutet dies, daß durch die *einseitige* Dekkung des Eiweißbedarfs, z. B. durch überhöhten Milchgenuß (es werden in Finnland pro Person jährlich ca. 190 l Milch getrunken, in der BRD 74,5 l) ca. 1500 mg (37,5 mmol) an Kalzium (Bedarf maximal 800 mg [20,0 mmol] täglich) zugeführt werden (Tab. 4). Die Bürger der BRD erhalten täglich ca. 880 mg (22,0 mmol) an Kalzium. Im Gegensatz zu anderen Ländern deckt Finnland zu 90% den Fischkonsum aus *Heringen,* die im Gegensatz zum Kabeljau und Schellfisch *einen höheren Gehalt an Vitamin D* aufweisen. Auch werden durch *Lachs* größere Vitamin-D-Mengen geliefert. Das gleiche gilt für *Eier.* 100 g Ei (ca. 1¾ deutsche Eier) liefern etwa *50–500 IE Vitamin D* (Tab. 3). *„Ham and eggs“* zum täglichen Frühstück (es werden dazu mindestens 2 Eier benötigt) sind deshalb nicht empfehlenswert. Vitamin-D-Zusätze in Nahrungsmitteln können eine weitere Rolle spielen. So werden in England 100 g Margarine zusätzlich mit 320 IE Vitamin D versehen, bei uns mit 160 IE. Der Erwachsene benötigt kein zusätzliches Vitamin D durch die Nahrung, wenn ausreichende Sonnenbestrahlung der Haut besteht. Durch erhöhte Gaben von Vitamin D_3 lassen sich besonders gut tierexperimentell bei hoher Kalziumzufuhr und einem Mangel in der Zufuhr der Antagonisten des Kalziums: Magnesium und Kalium (Magnesiummangel alleine reicht bereits aus) eine Gefäßverkalkung und Herzinfarktzustände (= Myokardnekrosen) auszulösen. Die geringe Zufuhr der Antagonisten in den nordischen Ländern ist Folge der geringen Kohlenhydratzufuhren (unzureichender Genuß von Gemüse, Obst usw.).

Schlechte Böden, Düngungsfehler und Auswaschung der Böden infolge durchziehender Schlechtwettergebiete haben in den nördlichen Ländern, in denen nur wenige Monate im Jahr – im Gegensatz zu Frankreich und Italien – eigenes Gemüse und Obst wächst, zu einer sehr einseitigen Ernährungsweise geführt. Importe aus dem südlichen Italien sind so kostspielig, daß in einigen Gegenden Kareliens kaum mehr ausreichend Gemüse gegessen wird und hierdurch die vor Herzinfarkt wahrscheinlich mit schützenden Mineralstoffe, insbesondere Magnesium, zu gering zugeführt werden. Im Grunde genommen

Tabelle 3 *Vitamin-D-Gehalt in einigen Nahrungsmitteln* in IE (internationale Einheiten) pro 100 g (aus *Ammon, R., W. Dirscherl:* Fermente, Hormone, Vitamine. Thieme, Stuttgart 1974).

Ei (Sommer)	50 – 500
Ei (Winter)	5 – 100
Trockenei	50 – 300
Eiklar	0
Butter (Sommer)	50 – 100
Butter (Winter)	10
Margarine (BRD)	160
Margarine (England)	320
Vollmilch (Sommer)	2 – 10
Vollmilch (Winter)	0,5 – 2
(3,5% Fett, UV-bestrahlt)	(–310)
Magermilch	30
(0,2% Fett, UV-bestrahlt)	
Magermilch (Sommer)	0,5 – 1
Magermilch (Winter)	0,1 – 0,5
Hering	300 – 1 300
Klippfisch	500 – 800
Lachs	200 – 800
Dorsch/Kabeljau	50 – 100
Makrele	300 – 400
Aal	500 – 600
Vollfettkäse	0,8 – 30
Kalbs-, Schweineleber	0 – 10
Fischöle:	
Hering	15 000
Thunfisch	12 500 – 20 000
orientalischer Thunfisch	4,5 Millionen
Rotbarsch	2 000 – 3 000
Bäckerhefe	0
Bäckerhefe (UV-bestrahlt)	6 Millionen (60 000 in 1 g)
Kalbfleisch	0
Schweinefleisch	0
Pilze	80
Erdnuß-, Palm-, Oliven-, Sojaöl	0

Tabelle 4 *Kalziumgehalt von Nahrungsmitteln* (in 100 g).

Nahrungsmittel	mg	mval	mmol
Magermilchpulver	1290	64,37	32,18
Vollmilchpulver	920	45,91	22,95
Kondensmilch 10%F.	315	15,72	7,86
Kondensmilch 7,5% F.	242	12,08	6,04
Bierhefe	210	10,48	5,24
Vollei getrocknet	190	9,48	4,74
Joghurt	120	5,99	3,00
Eiscreme	140	6,99	3,49
Eigelb	140	6,99	3,49
Magermilch	123	6,14	3,07
Vollmilch	120	5,99	2,99
Buttermilch	109	5,44	2,72
Sahne 30% F.	80	3,99	2,00
Parmesan	1290	64,37	32,18
Emmentaler 45% F.i.Tr.	1159	57,83	28,92
Schnittkäse 20% F.i.Tr.	978	48,80	24,40
Edelpilzkäse 50% F.i.Tr.	526	26,25	13,12
Gouda 45% F.i.Tr.	820	40,92	20,46
Edamer 30% F.i.Tr.	800	39,92	19,96
Edamer 40% F.i.Tr.	793	39,57	19,57
Schmelzkäse 45% F.i.Tr.	547	27,30	13,65
Limburger 20% F.i.Tr.	534	26,65	13,32
Schmelzkäse 20% F.i.Tr.	496	24,75	12,38
Camembert 45% F.i.Tr.	382	19,06	9,53
Harzer	125	6,23	3,12
Schichtkäse 20% F.i.Tr.	79	3,94	1,97
Speisequark 20% F.i.Tr.	76	3,79	1,90
Magerquark	92	4,59	2,30
Sprotten geräuchert	1700	84,83	42,42
Ölsardinen	330	16,47	8,23
Kaviar	276	13,77	6,89
Lachs in Dosen	185	9,23	4,62
Salzheringe	112	5,59	2,79
Speisekrabben	92	4,59	2,30
Muscheln	88	4,39	2,20
Sardinen	84	4,24	2,12
Austern	81	4,09	2,04
Sojamehl	195	9,73	4,86
Weizenvollkornbrot	95	4,74	2,37
Weizenkeime	69	3,44	1,72
Haferflocken	54	2,69	1,35

Fortsetzung Tabelle 4

Nahrungsmittel	mg	mval	mmol
Mandeln süß	252	12,57	6,29
Haselnüsse	226	11,28	5,64
Schokolade	214	10,68	5,34
Pistazien	136	6,79	3,39
Paranüsse	127	6,34	3,17
Kakao	114	5,69	2,84
Walnüsse	87	4,34	2,17
Erdnüsse geröstet	65	3,24	1,62
Möhren getrocknet	256	12,77	6,39
Bohnen grün getrocknet	197	9,83	4,92
Zwiebel getrocknet	162	8,08	4,04
Pfifferlinge getrocknet	85	4,24	2,12
Aprikosen getrocknet	82	4,09	2,05
Datteln getrocknet	63	3,14	1,57
Petersilie	245	12,23	6,11
Grünkohl	212	10,58	5,29
Kresse	180	8,98	4,49
Schnittlauch	167	8,33	4,17
Löwenzahn	158	7,88	3,94
Spinat	126	6,29	3,14
Fenchel	109	5,44	2,72
Broccoli	105	5,24	2,62
Meerrettich	105	5,24	2,62
Mangold	101	5,05	2,52
Porree	87	4,34	2,17
Bleichsellerie	80	3,99	2,00
Kichererbsen	110	5,49	2,74
Bohnen weiß	106	5,29	2,65
Linsen	74	3,69	1,85
Brühwürfel	233	11,63	5,81
Oliven mariniert	96	4,79	2,40

Kalziumbedarf/Tag:
800 mg (40 mval/20 mmol) – DGE (Deutsche Gesellschaft für Ernährung)
800 mg (40 mval/20mmol) – NAS (USA)
400–500 mg (20–25 mval/10–12,5 mmol) – WHO

Tabelle 5 *Magnesiumgehalt von Nahrungsmitteln* (in 100 g).

Nahrungsmittel	mg	mval	mmol
Bierhefe	231	19,00	9,50
Vollmilchpulver	112	9,21	4,60
Magermilchpulver	111	9,13	4,56
Bäckerhefe	59	4,85	2,42
Vollei getrocknet	41	3,37	1,68
Kondensmilch 10% F.	35	2,88	1,44
Käse (i. Durchschn.)	32	2,64	1,32
Seezunge	73	6,00	3,00
Leng	62	5,10	2,55
Steinbutt	45	3,70	1,85
Hering	31	2,55	1,27
Makrele	31	2,55	1,27
Scholle	31	2,55	1,27
Rotbarsch	29	2,38	1,19
Lachs	29	2,38	1,19
Heilbutt	28	2,30	1,15
Forelle	27	2,22	1,11
Seelachs	23	1,89	0,95
Hecht	25	2,06	1,03
Kabeljau	25	2,06	1,03
Heringsfilet in Tomatensoße	61	5,02	2,51
Ölsardinen	52	4,28	2,14
Salzhering	39	3,21	1,60
Matjeshering	35	2,88	1,44
Schillerlocken	34	2,80	1,40
Makrele geräuchert	33	2,71	1,35
Bückling	32	2,63	1,31
Lachs in Öl	30	2,50	1,25
Speisekrabbe	67	5,51	2,75
Flußkrebs	48	3,95	1,97
Austern	45	3,70	1,85
Muscheln	36	2,96	1,48
Hummer	22	1,81	0,90
Weizenkleie	590	48,52	24,26
Weizenkeime	336	27,63	13,81
Hirse	170	13,98	6,99
Gerstenmehl	155	12,75	6,37
Haferflocken	139	11,43	5,71
Hafermehl	131	10,77	5,38
Reis unpoliert	119	9,79	4,89
Gerstengrütze	119	9,79	4,89
Hafergrütze	71	5,84	2,92
Roggenmehl T 1150	67	5,51	2,75
Buchweizenmehl	48	3,95	1,98
Eierteigwaren	67	5,51	2,75
Buchweizengrütze	48	3,95	1,97
Maismehl	44	3,62	1,81
Gerstengraupen	37	3,04	1,52
Knäckebrot	68	5,59	2,79
Weizenvollkornbrot	59	4,85	2,82
Roggenvollkornbrot	45	3,70	1,85

Nahrungsmittel	mg	mval	mmol
Kakao	414	34,05	17,03
Cashewnüsse	267	21,96	10,98
Erdnüsse geröstet	182	14,97	7,48
Mandeln süß	170	13,98	6,99
Paranüsse	160	13,16	6,58
Pistazien	158	12,99	6,49
Haselnüsse	156	12,83	6,41
Walnüsse	129	10,61	5,30
Schokolade	104	8,55	4,27
Maronen	45	3,70	1,85
Kokosnuß	39	3,21	1,60
Feige getrocknet	70	5,76	2,88
Rosinen getrocknet	65	5,35	2,67
Pfirsich getrocknet	54	4,44	2,22
Aprikose getrocknet	50	4,11	2,05
Dattel getrocknet	50	4,11	2,05
Pflaume getrocknet	32	2,63	1,31
Apfel getrocknet	29	2,38	1,19
Sojamehl	235	19,33	9,66
Bohne weiß	132	10,86	5,43
Erbse reif geschält	116	9,54	4,77
Linsen	77	6,33	3,16
Mangold	65	5,35	2,67
Spinat	58	4,77	2,38
Schnittlauch	44	3,62	1,81
Kohlrabi	43	3,53	1,76
Petersilie	41	3,37	1,68
Sauerampfer	41	3,37	1,68
Löwenzahn	36	2,96	1,48
Knoblauch	36	2,96	1,48
Kresse	34	2,80	1,20
Meerrettich	33	2,71	1,35
Erbse grün	33	2,71	1,35
Grünkohl	31	2,55	1,27
Artischocke	26	2,14	1,07
Kartoffeln	25	2,06	1,03
Bohnen grün	25	2,05	1,02
Banane	36	2,96	1,48
Himbeeren	30	2,47	1,23
Avocado	30	2,47	1,23

Magnesiumbedarf pro Tag:

	mg	mval	mmol
DGE	220–260	18–21	9,1–10,7
FNB (USA)	300–350	25–29	12,3–14,4
WHO	120/1000 kcal	10/1000 kcal	4,94/4187 kJ
Tables Randoin (Frankreich)	250–350	21–29	10,3–14,4

bei 95 g Proteinzufuhr = 400–500 mg / = 33–41 mval / = 16,5–20,6 mmol } Magnesium darf jedes Lebensmittel in vernünftigen Grenzen schadlos gegessen werden. Dies trifft insbesondere für die wertvolle Milch zu. Ein überhöhter Verbrauch kann sich jedoch verhängnisvoll auswirken, wenn nicht gleichzeitig wichtige Mineralstoffe ausreichend zugeführt werden.

Gerade das Beispiel der *Schweiz* wurde als *epidemiologisches Rätsel* Ende 1979 bezeichnet, weil mit Ausnahme des Rückgangs im Milchkonsum um ca. 46% nahezu alle bekannten Risikofaktoren wie der Nikotinkonsum, das Übergewicht, der Bewegungsmangel usw. im besagten Zeitraum zugenommen hatten (E. GUBERAN: Surprising decline of cardiovascular mortality in Switzerland 1951–1976. Journal of Epidemiology and Community Health, 33 [1979] 114).

Auch zitierte Einzeldaten über den Rückgang an bestimmten Nahrungsmitteln reichen für eine Beweisführung nicht aus. Zunächst einmal ist problematisch, daß bei den meisten Statistiken auf Verbraucherstatistiken zurückgegriffen wird, welche sich auf den Nahrungskonsum der Bevölkerung eines gesamten Landes pro Tag und pro Person beziehen. Auch wir verkennen nicht die Problematik; denn es wäre sinnvoller, die Verzehrgewohnheiten jedes einzelnen Bürgers oder zumindest bestimmter Gruppen zu kennen. So wissen wir z. B., daß sich in den USA die Mortalität an „ischämischen Herzkrankheiten" in der Regel vom Westen nach dem Osten des Landes hin ändert.

Die Erstellung einer so umfassenden Statistik stößt jedoch bis heute in der Regel auf große Schwierigkeiten, da sie mit zu aufwendigen Maßnahmen verbunden ist.

Tab. 6 zeigt eine Aufstellung über Länder mit gehäuften Vorkommen von Herzinfarkt bei einer überhöhten Kalziumzufuhr und bei geminderter Magnesiumzufuhr.

Tabelle 6 *Vergleich des Kalzium-Magnesium-Quotienten* (nach *Varo*) *mit den Todesraten an koronarer Herzkrankheit* (nach WHO) *und der Jahresinzidenz an koronarer Herzkrankheit* (nach *Keys*).

Land	Ca/Mg-Quotient (nach *Varo*)	Todesrate an koronarer Herzkrankheit pro 100 000 (nach WHO)	Jahresinzidenz an koronarer Herzkrankheit pro 10 000 (nach *Keys*)
Finnland	3,88	437	198
USA	3,15	358	177
Niederlande	3,15	181	139
Italien	2,23	134	100
Griechenland	2,48	67	32
Jugoslawien	1,98	53	53
Japan	1,20	37	18

Sicher stellen diese Zusammenhänge *nur einen möglichen Risikofaktor* unter anderen bekannten dar (wie Bluthochdruck, Nikotinabusus, Übergewicht usw.), aber er dürfte nicht unbedeutend sein. Es darf auch nicht vergessen werden, daß Milchprodukte als Kalzium- und Eiweißträger von hohem gesundheitlichen Wert sind. Hier geht es nur um *die Gefahr des Übermaßes* im Genuß an einem Nahrungsmittel und die *gestörte Bilanz,* d. h. die gleichzeitige Mangelzufuhr an Magnesium. Welche Nahrungsmittel täglich in verschiedenen Altersstufen gegessen werden dürfen, geht aus Tab. 49 hervor.

Fette

Für den überhöhten Kalorienkonsum ist bei uns an erster Stelle der überhöhte Fettkonsum von ca. 140 g täglich pro Person verantwortlich zu machen; auch die Rolle der sogenannten „essentiellen" Fettsäuren (auch Polyensäuren oder hochungesättigte Fettsäuren genannt) als angeblicher Schutzfaktor vor Herzinfarkt muß neuerdings in Frage gestellt werden.
Nach neueren Befunden soll eine zu hohe Zufuhr an *„essentiellen"* Fettsäuren einen *Schutzfaktor* vor Herzinfarkt (es gibt eine ganze Reihe von Risikofaktoren, die zum Herzinfarkt führen können wie Nikotinabusus, Bewegungsmangel, Übergewicht, Magnesiummangel usw.) das sog. *„HDL-Cholesterin"* (näheres s. S. 80) *senken.* Da „essentielle" Fettsäuren vom Körper nicht selber synthetisiert werden können, müssen ausreichende Mengen (Mindestbedarf
1,2 g pro 1000 Kilokalorien [287 mg/1000kJ] /Tag, 6–8 g Linolsäure täglich reichen für den Erwachsenen aus) zugeführt werden.

Tabelle 7 *Zufuhr von Cholesterin und „essentiellen" Fettsäuren in einigen Ländern der Welt* (1976/77). Anhand dieser Tabelle wird deutlich, daß sich durch Vergleiche zwischen der Zufuhr an „essentiellen" Fettsäuren und dem Vorkommen von Herzinfarkten pauschal gesehen überhaupt keine Rückschlüsse ziehen lassen.

Land	Cholesterin mg/Tag (mmol/d)	„essentielle" Fettsäuren (gesamt) g/Tag	davon: Linolsäure g/Tag
BRD	524 (1,36)	24,6	19,3
Italien	280 (0,72)	18,7	16,4
Frankreich	530 (1,37)	20,9	17,6
Niederlande	380 (0,98)	30,5	25,4
Belgien/Luxemburg	490 (1,27)	20,3	18,8
Norwegen	260 (0,67)	18,3	13,4
Schweden	370 (0,96)	31,9	25,6
Finnland (1978)	460 (1,19)	17,8	16,4
Dänemark	420 (1,09)	20,0	15,8
Großbritannien	420 (1,09)	17,0	13,8
USA	488 (1,27)	35,5	21,1
Japan	270 (0,70)	14,5	9,0

Ich habe seit jeher die Meinung vertreten, daß das *Hauptproblem in der konsequenten Senkung des überhöhten Gesamtkonsums* von ca. 140 g auf ein vernünftiges Maß um 70–80 g täglich (einschließlich der versteckten Fette) liegen muß, und daß man dann je nach Geschmack mit gutem Gewissen *Butter,* die am leichtesten verdaulich und auch für alte Leute, Magen-, Darm-, Leber- und Gallekranke bekömmlich ist, *essen darf* oder auch Margarine wählen kann, die für den Erwachsenen möglichst kein Vitamin D besitzen darf. Durch *hohe Fettzufuhren* werden heute meistens *zuviele „essentielle" Fettsäuren* mit der Nahrung *geliefert,* wie dies Tab. 7 zeigt.

Selbst wenn wir in der täglichen Nahrung alle Fette wie Butter, Margarine, Öle und Speisefette fortließen, werden bei der gegenwärtigen Ernährungsweise durch alle anderen Nahrungsmittel bei uns täglich ca. 6,3 g an „essentiellen" Fettsäuren geliefert (Tab. 8). Diese Menge reicht aus, und es bedürfte eigentlich gar keiner zusätzlichen besonderen Fettwahl, um noch mehr an „essentiellen" Fettsäuren zu bekommen. Interessanterweise erhalten die *Japaner* mit den seltensten Herzinfarktvorkommen in der Welt die geringsten Mengen an „essentiellen" Fettsäuren, weil sie von allen Völkern am wenigsten Fett überhaupt (ca. 65 g/Tag/Person) essen.

Aus dem Gesagten geht hervor, daß selbst in den Ländern wie USA und Schweden mit hohem Infarktvorkommen im Durchschnitt die sechsfache Menge an „essentiellen" Fettsäuren (durch die hohen Fettzufuhren) nach Wirtschaftsberechnungen pro Kopf verzehrt wird, verglichen mit dem optimalen Bedarf (6 g/Tag/Person). Geht man von dem Mindestbedarf von 3,0 g bei 2500 kcal (10 467kJ) aus, so würde bis zur zehnfachen Menge an hochungesättigten Fettsäuren geliefert. Betrachtet man das Verhalten allein der Linolsäure, so ergeben sich auch hier ähnliche Zahlenverhältnisse.

Tabelle 8 *Zufuhr an Linolsäure (1976/77) in verschiedenen Ländern der Welt ohne Berücksichtigung der Reinfette* (nur durch andere Nahrungsmittel), *Mittelwertberechnung.*

Land	Linolsäure g/Tag/Person
BRD	6,3
Italien	4,7
Frankreich	5,6
Niederlande	7,3
Belgien/Luxemburg	5,3
Norwegen	4,1
Schweden	4,8
Finnland (1978)	4,6
Dänemark	5,8
Großbritannien	4,5
USA	4,9
Japan	3,2

Ebenso interessant ist, daß sich überhaupt keine Korrelationen herstellen lassen zwischen Infarkthäufigkeit und Versorgung mit „essentiellen" Fettsäuren sowie der Rangfolge der Häufigkeit des Auftretens von Infarkt. Deutschland hat nie auch nur annähernd so hohe Infarktraten erreicht wie die USA, die jedoch mehr essentielle Fettsäuren erhält. Schweden, welches mit zu den infarktreichsten Ländern gehört, erhält sogar 31,9 g/Tag/Person. Die Tab. 7 läßt eine vernünftige Aussage, außer derjenigen, daß nicht nur ausreichend, sondern mehr als notwendig an „essentiellen" Fettsäuren zugeführt wird, nicht zu. *Die Ursache der hohen Versorgung mit „essentiellen" Fettsäuren dürfte in erster Linie die hohe Zufuhr an Fett insgesamt sein.*

Die in der Literatur immer wieder behauptete *Gesamtcholesterinbelastung* (HEYDEN [USA], WEIZEL [Heidelberg] u. a.) *bis zu 750 mg* am Tag pro Person, die an Hand der auch von uns verwendeten durchschnittlichen Verbrauchsstatistik errechnet worden sein soll, konnten wir in keinem Fall bestätigen (vgl. Angaben im Statistischen Jahrbuch über Ernährung, Landwirtschaft und Forsten, Landwirtschaftsverlag, Münster 1978).

Die geforderte Einschränkung der Cholesterinzufuhr auf 300 mg stößt zudem praktisch auf erhebliche Schwierigkeiten, da weitgehend auf den Konsum von Fleisch verzichtet werden müßte. Interessant ist, daß ein Land wie Norwegen, welches relativ viel Herzinfarkttote hat, lediglich eine Cholesterinzufuhr von 260 mg (0,67 mmol) aufzeigt, während Frankreich mit 530 mg (1,37 mmol) die höchste Zufuhr hat, jedoch nach Japan die wenigsten Herzinfarkte aufweist.

Die Auswertung von Tab. 7 sagt mit allen Vorbehalten, daß ein Vielfaches an „hochungesättigten" Fettsäuren insgesamt und an „Linolsäure" in der Ernährung gegenwärtig in allen Ländern – sowohl in den infarktreichen wie in den infarktarmen – geliefert wird. So erhält Frankreich mit einer täglichen Zufuhr pro Person von 17,6 g an Linolsäure ungefähr genausoviel wie Finnland mit 16,4 g. *Der Unterschied ist lediglich, daß Frankreich sehr selten und Finnland sehr häufig Herzinfarkte aufweist.* Die niedrigste Zufuhr hat das herzinfarktärmste Land Japan mit 9,0 g/Tag. USA und Schweden mit viel Infarkttoten haben mit die höchste Versorgung an Linolsäure und hochungesättigten Fettsäuren insgesamt.

Aus den Tab. 7 und 8 geht hervor, daß man jeder Interessensgemeinschaft, die Fette verkaufen und dafür werben möchte, jedes gewünschte Aussagematerial zur Verfügung stellen könnte. Konkrete Rückschlüsse, das Auftreten von Koronarkrankheiten und Arteriosklerose betreffend, erlauben diese Tabellen jedoch nicht.

Hierbei handelt es sich um Angaben von Mittelwerten, bei denen geringfügige Schwankungen bestehen. Aus den Zahlen ergibt sich, daß in der Bundesrepublik Deutschland gegenwärtig ohne jegliche Verwendung von Reinfetten die Linolsäureversorgung voll gedeckt ist. Es ist also nicht notwendig, zusätzlich etwa aus gesundheitlichen Erwägungen Margarine oder Öle einzunehmen, und es ist auch nicht aus gesundheitlichen Erwägungen rückzuschließen, daß auf den Gebrauch von Butter verzichtet werden müßte.

Die ausreichende Versorgung mit *Linolsäure* ergibt sich jedoch aus der Zufuhr bei einer Überernährung von ca. 3000 kcal/Tag/Person. Würde man

eine Zufuhr von 2500 kcal erreichen, die im Durchschnitt ein Leichtarbeiter benötigt (Frauen ca. 2100 kcal = 8792kJ), so sollte man noch eine gewisse Menge an Öl bzw. Margarine in die Ernährungsempfehlungen aufnehmen, so wie dies in unseren Menüplänen und den Ernährungsempfehlungen in Tab. 49 geschehen ist.
Auch die *Gesamtfettzufuhr* ist in den verschiedenen Ländern der Welt so different, daß Durchschnittsstatistiken, die immer wieder von der fettverarbeitenden Industrie und ihr gewogenen Wissenschaftlern als mögliches Beweismittel herangezogen werden, kaum einen wirklichen Aussagewert haben. Tab. 9 zeigt die Verhältnisse auf.

Tabelle 9 Gesamtfettzufuhr in g/Tag/Person 1976/77.

Land	Gesamtfettzufuhr in g/Tag/Person
BRD	139,5
USA	134,0
Schweden	186,0
Dänemark	138,0
Großbritannien	118,0
Niederlande	170,0
Finnland (1978)	122,0
Italien	125,0
Frankreich	148,0
Japan	65,0

Man könnte aufgrund der Angaben in Tab. 9 sagen, daß der geringe Fettkonsum in Finnland und England für die Bundesrepublik ein „Traumziel" darstellen müßte, obwohl in beiden Ländern ungleich mehr Herzinfarkte bestehen. Insbesondere in Frankreich, welches nach Japan die seltensten Todesfälle an ischämischen Herzerkrankungen hat, verzehrt man mehr Fett als in Finnland. Der einzige Unterschied zwischen Italien und Finnland, bei einem fast gleich großen Fettkonsum, liegt in der Tatsache, daß Finnland die meisten Herzinfarkte auf der Welt hat und Italien mit zu den infarktärmsten Ländern zählt.
Auch hier steht für die Industriewerbung jede Möglichkeit der Interpretation von Statistiken zur Verfügung. Die Auflistung zeigt, wie schwierig und vielschichtig sich das Fettproblem im Hinblick auf die Deutung von Zusammenhängen mit dem Herzinfarkt darstellt. Als einzig gesicherte Erkenntnis bleibt, daß wir allgemein zuviel und zweifellos auch zuviel Fett essen und zuviel Übergewicht haben.

Der Konsum von Butter und Margarine in verschiedenen Ländern

Moderne Werbemethoden sind häufig nicht kleinlich, wenn es um die Verteufelung einzelner Nahrungsmittel geht, um Marktanteile zu erobern. Wie

wenig dies häufig wissenschaftlich belegt ist, zeigen die Auseinandersetzungen um Butter oder Margarine. Besorgt man sich jedoch die genauen Zahlen über den Konsum an diesen Produkten in verschiedenen Ländern, so kommt man zu der sicheren Überzeugung, daß weder Butterkonsum Herzinfarkt oder Arteriosklerose fördern noch Margarine dies zu verhindern möchte, wie dies die beigefügte Tab. 10 an einigen Beispielen erkennen läßt.
Daß sich überhaupt keine Beweise, geschweige denn Korrelationen herleiten lassen zwischen dem Konsum an Butter und Margarine im Hinblick auf das Infarktgeschehen, zeigt allein die Tatsache, daß von den beiden infarkthäufigsten Ländern, nämlich Finnland und USA, in den USA sehr wenig Butter, nämlich nur 6 g, in Finnland aber 32 g gegessen werden, während von den beiden europäischen infarktärmsten Ländern in Frankreich 26 g Butter und nur 8 g Margarine und in Italien nur 6 g Butter und 2 g Margarine gegessen werden. Auch hier ließe sich für Werbezwecke leicht für jeden Interessenten eine ihm genehme Tabelle liefern. Der geringe Konsum an Butter und Margarine in Italien ist Folge des heißen Klimas, der Gefahr des Ranzigwerdens von Fetten und erklärt sich auch aus dem dafür ersatzweisen Gebrauch von Olivenöl.

Tabelle 10 *Butter- und Margarinekonsum in einigen herzinfarktreichen Ländern der Welt* (1976/77).

Land	Butterkonsum g/Tag/Person	Margarinekonsum g/Tag/Person
BRD	17	24
Italien	6	2
Frankreich	26	8
Niederlande	9	36
Großbritannien	20	14
Schweden	15	42
Finnland (1978)	32	23
Dänemark	22	48
USA	5,5	14
Belgien/Luxemburg	26	29
Irland	33	10

Problematische %-Darstellungen beim Vergleich zwischen der Sterblichkeit an ischämischen Herzkrankheiten und dem Nahrungskonsum

HEYDEN (Duke University, Medical Center, Durham in den USA) erklärt den Rückgang der Infarktsterblichkeit in den USA ausdrücklich mit den veränderten Ernährungsgewohnheiten. Das neue Gesundheitsbewußtsein in den oberen sozialen Schichten habe zur Gewichtsnormalisierung, zur Verminderung von Bluthochdruck und Diabetes geführt, und darüber hinaus hätten *Menge und Art des Fettverzehrs* auch den Blutspiegel auf einem niedrigeren Niveau belassen. „Zum Vergleich: Während in den USA binnen 12 Jahren der Pro-Kopf-*Verbrauch von Milch und Sahne um 19% schrumpften, der von Eiern*

um 12%, der von Butter um 31%, . . . steigerten die Deutschen in der Bundesrepublik im gleichen Zeitraum ihren *Konsum von Sahne um 71%, den von Eiern um 29%, den von Butter um 26% . . .*“ (Kosmos, 11 [1979] 824).
Nach G. SCHETTLER und H. GRETEN (Deutsches Ärzteblatt, 40 [1978] 2266) ergeben sich ebenfalls nur geringfügige Abweichungen. Ihren Zitaten zufolge sank in den USA von 1963 bis 1975 der Konsum an *Butter* um –31,9%, an Milch und Sahne um –19,2%, an Eiern um –12,6%, an tierischen Fetten/Ölen um –56%. Der Konsum an pflanzlichen Fetten und Ölen soll dagegen um +44,1% gestiegen sein.

Der Butterkonsum in den USA ist laut Agricultural Statistics, U.S. Department of Agriculture, von *ca. 8 g/Tag/Person im Jahre 1965 auf ca. 5,5 g im Jahre 1976/77 gesunken, also um ca. 2,5 g.* Es trifft zu, daß es sich hierbei um einen Konsumrückgang von ca. 31% handeln dürfte. Doch dürfte wohl niemand dem Rückgang um 2,5 g im Butterverzehr eine ernsthafte Bedeutung beimessen.
Die Behauptung, der *Butterkonsum in der BRD* sei um „26%“ angestiegen, ist unrichtig. Seit 1962/63 reduzierte sich dieser von ca. 24,6 g/Tag und Person bis 1978 auf ca. 18 g (Tab. 34). Auch diese Menge dürfte im Hinblick auf die Belastung mit Cholesterin und gesättigten Fettsäuren keine Rolle spielen.
Der angebliche Konsumrückgang an *Eiern* in den *USA* um „12%“ beinhaltet laut Agricultural Statistics, U. S. Department of Agriculture, einen Rückgang von 49,5 g im Jahre 1965 auf 35 g im Jahre 1976/77 (Eierschalengewicht) *„12%“ entsprechen also 14,5 g.* Der Anstieg im *Eierverzehr* um tatsächlich „29%“ in der *BRD* stellt sich jedoch als eine Zunahme um 9,8 g heraus, die 1,1 g Fett und 49 mg Cholesterin mehr liefern. Nach dem Statistischen Jahrbuch über Ernährung, Landwirtschaft und Forsten erhöhte sich der Konsum von 43,5 g Eierschalenwert im Jahre 1969/70 bis 1977 auf 47 g. Ein Durchschnittsei wiegt ca. 48 g.

Der für die *USA* behauptete Konsumrückgang für *Milch und Sahne* um „19%“ stellt sich nach Angaben der Argicultural Statistics in g-Zahlen berechnet wie folgt dar. 1965 wurden an Trinkmilch und Sahne ca. 376 g/Tag und Person verzehrt. 1976/77 wurden 296 g Trinkmilch und Sahne verzehrt. Dies bedeutet einen Rückgang um 80 g.
Der behauptete Konsumanstieg von *Sahne* in der BRD um „71%“ ist lediglich ein Anstieg von ca. 6,8 g auf 11 g von 1965 bis 1977, *also eine Zunahme um 4,2 g,* die eine Mehrbelastung von 0,44 g Fett und 1,4 mg an Cholesterin bedeuten. Verschwiegen wird, daß der Milchkonsum (= Trink-, Mager- und Buttermilch) in der BRD seit Anfang der fünfziger Jahre (1953/53) von 339 g/Tag/Person bis 1957 auf 319 g zurückging und 1977 noch 229 g betrug (Abb. 7). Dies bedeutet einen durchschnittlichen Rückgang an Milch um 110 g pro Kopf und Tag oder eine Minderbelastung an Cholesterin um 11 mg und eine Minderbelastung an Fett um 4,1 g. In Deutschland gab es jedoch zu Beginn der fünfziger Jahre weitaus weniger Herzinfarkte als heute.
Die Untersuchungen wären nicht vollständig, wenn an dieser Stelle nicht auch eine Übersicht über die Änderungen im Verbrauch an anderen Nahrungsmit-

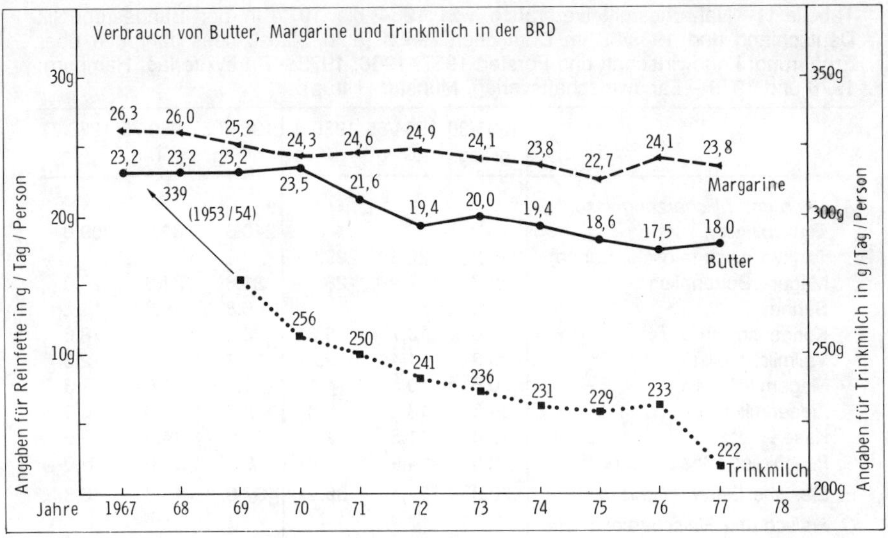

Abb. 7 Der Verbrauch von Butter, Margarine und Trinkmilch in der BRD zeigt, daß seit Jahren ein Rückgang im Konsum an Milch und Butter besteht bei einem leichten Rückgang im Margarinekonsum (Quelle BML).

teln tierischer Herkunft gegeben würde, die dem *Statistischen Jahrbuch über Ernährung, Landwirtschaft und Forsten,* 1978, zu entnehmen sind. Innerhalb eines Jahrzehntes betrug die quantitative Differenz im durchschnittlichen Verzehr der Nahrungsmittel laut. Tab. 11 9,6 g pro Kopf und Tag. Bei einigen Nahrungsmitteln war (insgesamt) eine Abnahme um 33,8 g zu verzeichnen, bei anderen eine Zunahme von 43,4 g/Tag/Kopf.

Die Auswertung von Tab. 11 zeigt, daß im Bundesdurchschnitt seit ungefähr 10 Jahren die Cholesterinbelastung um 33,3 mg angestiegen ist und somit leicht zugenommen hat. Sie betrug um 1969/70 nach Tab. 11 425,7 mg/Tag/Person und um 1976/77 459 mg. Die Gesamtfettzufuhr nahm um 2,3 g zu. Sie betrug nach Tab. 11 1969/70 40,79 g/Tag und Person und 1976/77 43,09 g. Der Anteil an essentiellen Fettsäuren erhöhte sich von 2,7 g auf 2,9 g. Trotzdem nahmen die ischämischen Herzkrankheiten seit dieser Zeit stark zu (wobei um 1977 vorübergehend ein leichter Abfall zu beobachten war).

Wenn wir uns nochmals die eingangs zitierten schockierenden Zahlenbeispiele in %-Darstellungen (Konsumabnahme an Butter um 31% usw.) vergegenwärtigen und diese mit den teils geringfügigen tatsächlichen Zahlenänderungen vergleichen, dürften hieraus mit wissenschaftlicher Genauigkeit wohl kaum Zusammenhänge mit der Entwicklung der Arteriosklerose und auch nicht eine Klärung des Rückgangs an Sterbefällen mit ischämischen Herzkrankheiten abzuleiten sein.

Hierzu eignen sich diese allgemeinen Konsumstatistiken für die Gesamtbevölkerung in keinem Fall.

Tabelle 11 Nahrungsmittelverbrauch von 1954 bis 1977 in der Bundesrepublik Deutschland und 1935/38 im Deutschen Reich (aus: Statistisches Jahrbuch über Ernährung, Landwirtschaft und Forsten 1957, 1966, 1973 – Parey-Verlag, Hamburg; 1978 und 1979 – Landwirtschaftsverlag, Münster-Hiltrup).

	1935/38 g/Tag	1954/55 g/Tag	1960/61 g/Tag	1964/65 g/Tag	1969/70 g/Tag	1976/77 g/Tag
A *Milch und Milcherzeugnisse*						
Trinkvollmilch				240,5	238,9	209,0
Trinkvollmilch (einschl. Sahne)	345,2	328,8	299,5			
Mager-, Buttermilch	30,7	27,9	28,0	21,6	21,3	20,0
Sahne				6,8	9,3	11,2
Kondensmilch	3,0	10,7	18,6	22,2	21,6	18,6
Vollmilchpulver	0,3	1,4	2,2	2,7	3,5	2,3
Magermilchpulver	0,5	0,5	1,1	1,1	1,0	1,3
Ziegenmilch	34,5	18,4	8,8	2,7	0,8	0,3
Käse	9,6	11,5	12,3	14,0	14,5	19,0
Frischkäse (Speisequark)	2,5	4,9	7,7	9,9	12,0	15,0
B *Eier und Eiererzeugnisse*	20,3	27,4	35,9	37,0	43,5	46,8
C *Fleisch und Fleischerzeugnisse*						
Rindfleisch (ohne Fett)	40,5	38,8	48,5	52,2	58,9	59,4
Kalbfleisch	8,8	5,5	4,9	4,9	5,7	4,6
Schweinefleisch (ohne Fett)	80,0	68,2	82,7	92,2	102,1	122,4
Schaffleisch	0,8	0,8	0,8	0,8	0,6	1,9
Pferdefleisch	1,4	1,6	0,8	0,5		
Geflügelfleisch	4,7	4,7	12,8	16,4	21,6	24,9
Wild	3,3	1,6	1,6	1,6	2,2	3,0
D *Innereien*	5,2	5,7	12,0	12,3	12,0	14,5
E *Seefisch*	18,6	19,7	17,3	12,9	11,0	11,0
F *Fette (tierische)*						
Butter	22,2	19,1	19,4	23,3	23,8	17,0
Schlachtfette	17,3	16,2	15,6	16,7	16,7	17,0
G *Fette* (pflanzliche)						
Margarine	16,7	33,9	29,3	27,4	24,7	24,1
Öl	5,5	6,5	8,2	9,9	11,8	14,5
Plattenfette	3,3	3,0	2,7	3,3	3,6	4,4
Zufuhr an: (A–F)						
Fett	79,7	65,1	71,9	75,1	79,0	74,6
Polyenfettsäuren	3,7	5,5	6,3	6,5	7,2	8,1
Cholesterin	331 mg	345 mg	430 mg	453 mg	509 mg	524 mg
Zufuhr an: (A–G)						
Fett	102,0	112,5	118,4	123,4	130,3	131,4
Polyenfettsäuren	11,0	17,6	18,2	19,0	19,8	21,9
Cholesterin	331 mg	345 mg	430 mg	453 mg	509 mg	524 mg
Gesamtzufuhr an:						
Eiweiß	91	86	80	80	92	110,3
Fett	104	114	127	131	132	139,6
Kohlenhydraten	433	402	383	356	340	350,9
kcal/Tag/Person	3 100	3 060	2 980	2 920	3 020	3 153
kJ/Tag/Person	12 979	12 812	12 477	12 225	12 644	13 201

Als Resultat bleibt allerdings, daß wir zuviel essen, zuviele Menschen übergewichtig sind und der Gesamtfettkonsum reduziert werden muß.
Hierbei spielt zweifellos die Frage eine Rolle, ob der *zu hohe Fettkonsum* mehr dem Verzehr an *Reinfetten* oder dem Verzehr an *versteckten Fetten* zuzuschreiben ist. In der Regel sollen beide je ca. 50% der Gesamtfettzufuhr ausmachen.
Der Verzehr an *Reinfetten* in Form von Butter, Margarine, Schlachtfetten und Pflanzenfetten ist in Tab. 11 dargestellt. Er betrug um 1935–38 noch ca. 65 g täglich pro Kopf. Seit 1956 liegt er bei 25,5 kg im Jahr pro Person oder umgerechnet bei 69,9 g täglich, ohne daß bis 1977 wesentliche Änderungen (ausgenommen kleinere Schwankungen) zu beobachten wären. Tab. 11 zeigt jedoch, daß innerhalb der einzelnen Fettarten *besonders der Konsum an Speiseöl* und an *Pflanzen- und Plattenfetten seit 1967 zunahm,* der Margarinekonsum in etwa gleich blieb, ebenso der an Schlachtfetten, während besonders der Butterkonsum auf Kosten der Zunahme an Produkten aus Pflanzenfetten abnahm. Die ständige Kritik an Butter ist also rein werberischer Natur. Ganz im Gegenteil könnte eine Reduzierung der Zufuhr an Reinfetten nur dadurch sinnvoll erreicht werden, wenn sie dort reduziert würden, wo sie heute im Konsum stärker vertreten sind.
Nachdem sich also seit 1956/57 der Konsum an Reinfett bis heute kaum nennenswert geändert hat, aber der Gesamtfettkonsum von 118 g (1956/57) auf 139,6 g (1976/77) zugenommen hat, geht diese Steigerung also eindeutig auf Kosten der versteckten Fette in anderen Nahrungsmitteln. Hierbei dürfte vor allem die Zufuhr durch den Konsumanstieg an Fleisch- und Wurstwaren usw. eine Rolle spielen (vgl. Tab. 35).
Deshalb ist es sehr zu begrüßen, daß der *wissenschaftliche Beirat der Bundesärztekammer in Westdeutschland* die jahrelangen Mißinformationen über die *angeblichen Gefahren* einzelner Fettträger wie Butter und über die *angebliche Heilslehre* bezüglich der Pflanzenfette, insbesondere bezüglich solcher mit hohem Anteil an hochungesättigten Fettsäuren, durch eine eindeutige *Erklärung am 10.1.80* (Deutsches Ärzteblatt 2 [1980] 67) beendet hat. Nach den Studien einer gemeinsamen deutsch-schweizerischen Kommission von Wissenschaftlern kam der Beirat einhellig zu der folgenden Erklärung:

„Aufgrund der Kommissionsarbeit kam der Wissenschaftliche Beirat zu der Auffassung, daß zum gegenwärtigen Zeitpunkt dezidierte[1], an die Gesamtbevölkerung gerichtete *Empfehlungen zum qualitativen Fettverzehr wissenschaftlich nicht ausreichend begründet sind.* Er stellt in Übereinstimmung mit der Kommission und dem Originator[2] der Empfehlungen fest, daß diese – soweit sie sich auf den Ersatz gesättigter durch *mehrfach ungesättigte Fettsäuren* beziehen – interpretations- und *ergänzungsbedürftig sind.* Alle übrigen Aussagen der Empfehlungen sind unstrittig. Das gilt insbesondere auch für die Abschnitte, die sich mit der wünschenswerten Kalorienzufuhr und dem quantitativen Fettverzehr befassen."

[1] Dezidieren = entscheiden [2] Originator = Urheber

Das eidgenössische Gesundheitsamt der Schweiz hat inzwischen der *Fettindustrie untersagt, essentielle Fettsäuren in ihren Produkten mit allgemeinen Angaben über die Wirkungen auf den Cholesterinspiegel im Blut anzupreisen* (Selecta 14. 1. 80, S. 72).
Mögen die Ausführungen in diesem Buch nachträglich den genannten Gremien eine wirksame Unterstützung der von Ihnen geäußerten Ansichten sein. Es hätte gar nicht erst der umfangreichen wissenschaftlichen Studien bedurft, wäre man früher auf die Idee gekommen, die angepriesenen „%-Zahl-Darstellungen" einiger Wissenschaftler nachzuprüfen.

Quellen der berechneten Statistiken:

Bundesrepublik Deutschland:
Bundesministerium für Ernährung, Landwirtschaft und Forsten (Hrsg.): Statistisches Jahrbuch über Ernährung, Landwirtschaft und Forsten. Landwirtschaftsverlag GmbH, Münster-Hiltrup 1978

Frankreich:
Statistisches Amt der Europäischen Gemeinschaften: Versorgungsbilanzen 1975–77. Luxemburg 1978
Institut national de la Statistique et des Etudes économiques (Hrsg.): Annuaire Statistique de la France. 83. Aufl. Paris-Cedex 1978

Italien:
Statistisches Amt der Europäischen Gemeinschaften: Versorgungsbilanzen 1975–77. Luxemburg 1978
Instituto centrale di Statistica (Hrsg.): Annuario Statistico Italiano. Rom 1978

Niederlande:
Statistisches Amt der Europäischen Gemeinschaften: Versorgungsbilanzen 1975–77. Luxemburg 1978
Landbouw-economisch Instituut, Centralbureau vor de Statistiek: Landbouwijfers. s'Gravenhage/Voorburg 1979

Belgien/Luxemburg:
Statistisches Amt der Europäischen Gemeinschaften: Versorgungsbilanzen 1975–77. Luxemburg 1978

Großbritannien:
Statistisches Amt der Europäischen Gemeinschaften: Versorgungsbilanzen 1975–77. Luxemburg 1978
Telex der Britischen Botschaft vom Statistischen Amt im Ministerium für Fischerei und Ernährung vom 5. 7. 1979

Dänemark:
Statistisches Amt der Europäischen Gemeinschaften: Versorgungsbilanzen 1975–77. Luxemburg 1978 und Danmarks Statistik (Hrsg.): Statistik Årbog, 82. Aufl. Kopenhagen 1978

Schweden:
Statistika Central-byran (Hrsg.): Sveriges Officiella Statistik, 65. Aufl. Stockholm 1978

Finnland:
Agricultural Economics Research Institute: Research Report Nr. 58. Helsinki, Finnland 1978

Norwegen:
Central Bureau of Statistics (Hrsg.): Norge Offisielle Statistikk, Forbruks Undersøkelse 1974–76. Oslo 1977

USA:
United States Department of Agriculture: Agricultural Statistics. United States Government Printing Office, Washington 1967, 1973, 1978

Japan:
Bureau of statistics, Office of the Prime Minister: Japan Statistical Yearbook. Tokyo 1978

Kohlenhydrate

Der Ausdruck ist insofern schlecht, weil durch ihn nicht die unterschiedlichen Qualitäten der Kohlenhydratträger zum Ausdruck gebracht werden. Natürlich besitzen Reinzucker und Weißmehl keinen maßgeblichen ernährungsphysiologischen Wert mehr in der Nahrung und werden wissenschaftlich durchweg abgelehnt. Aber Kohlenhydratträger wie Gemüse und Obst (wie sie in Japan, Frankreich und Italien infolge der guten Boden- und Klimaverhältnisse im Gegensatz zu den nordischen Ländern umfangreich verzehrt werden) sind als Träger von wasserlöslichen Vitaminen, Mineralien und Spurenelementen von größter gesundheitlicher Bedeutung.

Das *Ausmaß der Verarmung* in der Zufuhr an lebenswichtigen *Kohlenhydratträgern* mag am Beispiel der *schwedischen Ernährung* aufgezeigt sein. Während in Japan bzw. Italien und Frankreich zwischen 450–600 g Kohlenhydraten täglich pro Kopf verzehrt werden (vorwiegend in Form von Gemüse, Obst usw.) *werden im herzinfarktreichen Schweden insgesamt nur noch 296,50 g Kohlenhydrate mit der Nahrung aufgenommen.* Zieht man davon noch ca. 53 g für Lieferung durch Reinzucker und 139 g für Lieferung durch Weißbrot, Brötchen, Weißmehl, Eis, Limonade, Teigwaren, Kuchen, Keks und Schokolade ab, verbleiben für die restliche Ernährung noch ca. 105 g Kohlenhydrate, von denen *nur 55,17 g für Gemüse, Obst und Kartoffel* in Schweden Verwendung finden. Bei derart einseitiger Ernährung darf man sich in den nordischen Ländern wahrlich nicht über das gehäufte Auftreten von Herzinfarkt wundern.

Gemüse, Obst und Kartoffeln, insbesondere aber die faserreichen dieser Kohlenhydratträger, stellen das Substrat für die Stuhlbildung, für einen geregelten Stuhlgang dar. Bei ballastarmer, an ballastreichen Kohlenhydraten verarmter Ernährung haben toxische Stoffe durch die verlangsamte Darmbewegung bekanntlich eine längere Verweildauer und Einwirkungsmöglichkeit auf die Darmschleimhäute, so daß in der Folge eher ein Dickdarmkrebs auftreten kann. Am wichtigsten ist jedoch, daß die *Hauptmenge an wasserlöslichen „essentiellen" Mineralien, Spurenelementen und an wasserlöslichen Vitaminen,* (B-Gruppe, C), die der Körper benötigt und nicht selbst synthetisieren kann, durch diese Kohlenhydratträger geliefert wird. Die sog. „Elektrolytkardiopathien" oder auf deutsch gesagt, die experimentell auslösbaren, herzinfarktähnlichen Zustände im Tierversuch und die experimentelle Arte-

riosklerose werden durch eine „kardiovasopathogene“ Diät (= Herzinfarktdiät) ausgelöst, in der die Mineralstoffe eine zentrale Rolle einnehmen, d. h. ein Mangel bestimmter Mineralien kann den Herzinfarkt fördern, das ausreichende Angebot anderer ihn verhindern.
Wie es das Wort „Arterienverkalkung“ bereits sagt, ist diese letztendlich eine *Verkalkung der Gefäße. Kalzium* wird im Übermaß an den Gefäßwänden abgelagert. Dieser Vorgang ist also ein Mineralstoffproblem.
Frisches Gemüse in vielfältiger Version und täglich, außerdem zusätzlich ein großer Salatteller, wie ihn die Italiener bevorzugen, bei einer beschränkten Fett- und auch Eiweißzufuhr (!), die den Regeln einer gesunden Ernährung entspricht, bilden die sichersten Waffen gegen den Herzinfarkt, sofern auch der Beseitigung der übrigen Risikofaktoren Sorge getragen wird.

Kalorien (Joule)

Allen Industrienationenen ist die übermäßige Zufuhr an Kalorien (Joule) (cal = 4,184 J) eigen, die eher geeignet wäre, einen Schwerarbeiter zu ernähren als Leichtarbeiter. Übergewicht als solches ist ein großer Risikofaktor. Wird er durch weitere Risikofaktoren (wie durch Fehlernährung, z. B. in den USA und den nordischen Ländern) ergänzt, erhöht sich das Infarktrisiko bedeutsam. Der in den Hungerzeiten des Krieges bei uns beobachtete Rückgang im Auftreten von Herzinfarkten war gleichzeitig mit einem ungewollten Effekt verbunden: Abnahme der Kalorienzufuhr und trotzdem eine drastische Zunahme im Konsum an Kohlenhydratträgern (Kartoffeln, Rüben, Gemüse, Salate usw.). Es gilt als Grundregel, daß sich in allen Ländern, in denen Armut und Hunger herrscht, stets der Kohlenhydratanteil in der Ernährung auf Kosten von Eiweiß und Fetten, an denen es in der Ernährung mangelt (siehe auch Pakistan, Indien usw.), erhöht. Während in der BRD 1949 noch 462 g an Kohlenhydraten verzehrt wurden, davon nur 54 g Zucker, waren es 1977 nur noch 350 g, davon 106 g an Zucker. Das bedeutet bei uns einen Rückgang an wertvollen Kohlenhydratträgern (bei Abzug des Zuckerkonsums) *um ca. 40%.* Alle Industrienationen erhielten 1977/78 um oder über 3000 kcal (12 550 kJ) täglich pro Kopf, obwohl 75% der Menschen Leichtarbeiter waren. Gegenwärtig wird neben Fett besonders durch Alkohol die tägliche Kalorienbelastung stark erhöht, eine Zufuhr, die zwangsläufig zu einer weiten Verbreitung von Übergewicht und Fettsucht führen muß, da sich die durchschnittliche Kalorienzufuhr bei Leichtarbeitern an einem Wert um 2600 Kilokalorien (10 880 kJ)/Tag orientieren müßte.

Die Ernährung der Amerikaner

Die nachfolgenden Ausführungen sollen einen Vergleich mit den westdeutschen Ernährungsverhältnissen (Tab. 11) ermöglichen. Sie sagen wie unterschiedlich die Ernährungsweise in anderen Ländern sein kann und wie vorsichtig man sein muß, aus Ernährungsänderungen z. B. in den USA Rückschlüsse auf deutsche Krankheitsentstehungen ziehen zu wollen.

Tabelle 12 Die Ernährung in den Vereinigten Staaten von Amerika (USA) von 1945–1977 (Quelle: Agricultural Statistics 1967/1973/1978, hrsg. vom US-Department of Agriculture. US Government Printing Office, Washington 1967/1973/1978).

Jahr	1945	1950	1955	1960	1965	1970	1977
Eiweiß g/Tag	107	102	104	103	107	110	112
Fett g/Tag	132	131	133	133	132	145	150
Kohlenhydrate g/Tag	412	397	372	366	369	372	391
davon als: Zucker/Glukose/Honig g/Tag	116	141	132	135	143	149	168
Kalorien (kcal) (ohne Alkoholkalorien)	3378	3276	3203	3172	3191	3333	3470
kJ/Tag	14198	13769	13465	13337	13404	14024	14581

Tab. 12 gibt einen *Überblick über die Energiezufuhr in Kalorien* (kcal und kJ) und die Zufuhr an Nährwertträgern (Eiweiß, Fett, Kohlenhydraten) *in den USA*. Eine detaillierte Aufnahme der anteiligen Lieferung unter den Kohlenhydratträgern (mit Ausnahme des Zuckerkonsums) unterblieb, weil diese keine Lieferanten von tierischem Fett und Cholesterin sind. Die *Kalorienzufuhr liegt in den USA* seit 1970 *über* derjenigen in der *BRD* und erreichte 1977 3470 kcal/Person am Tag und dürfte mit die weit verbreitete Übergewichtigkeit in den USA erklären.

Die *Eiweißzufuhr* liegt über der deutschen Zufuhr und erreichte 112 g/Person/Tag 1977. Tab. 13 dürfte hierfür als Erklärung u. a. den *starken Rindfleischkonsum* („Steakesser"), die Zunahme des Konsums an Huhn- und Putenfleisch und etwa auch an Fisch und Käse liefern. *Der Rindfleischkonsum in den USA beträgt fast dreimal soviel wie in der BRD*. Die *Gesamtfettzufuhr* stieg in den USA kontinuierlich seit 1945 bis 1977 auf 150 g am Tag/Person an und liegt damit wesentlich über derjenigen in der BRD. Die *Kohlenhydratzufuhr* nahm seit 1945 kontinuierlich ab und erreichte 1977 391 g/Person/Tag (BRD um 351 g). *Schockierend ist der immens hohe Zuckerkonsum in den USA,* der 1977 *168 g/Person* am Tag erreichte. Zieht man diesen vom Kohlenhydratwert ab, so verbleiben für die „anderen" Kohlenhydratlieferanten nur noch 223 g (für die Lieferung z. B. von Kartoffeln, Gemüse usw.). Dies ist zu wenig. Keiner der in Tab. 13 aufgelisteten Daten ermöglicht irgendeinen sicheren Rückschluß auf die Mortalitätsentwicklung der *„ischämischen Herzkrankheiten"* in den USA, die in einer wellenartigen Bewegungen seit den 50er Jahren zunächst anstiegen und seit Beginn der 70er Jahre sich wieder zu senken begannen, es sei denn, man wollte einige *Extreme* (wie den Zuckerkonsum, die Fleischesserei, die mangelnde Zufuhr an niederkalorischen Kohlenhydratträgern und die stark überhöhte Kalorienzufuhr) ganz allgemein mit in Betracht ziehen, wenn es um die Frage geht, *warum sich in den USA* selbst unter Berücksichtigung von Anstieg und Rückgang an isch-

Tabelle 13 Die Ernährung in den Vereinigten Staaten von Amerika (USA) von 1945–1977 mit tierischen Nahrungsmitteln sowie tierischen und pflanzlichen Fetten (Quelle: Agriculture Statistics 1967/1973/1978. US Government Printing Office, Washington 1967/1973/1978).

	Jahr	1945	1950	1955	1960	1965	1970	1977
A	a) Trinkmilch (mit Sahne)	496,3	434,1	432,9	398,0	375,5	328,4	296,0
Nahrungskonsum in g/Tag und Person	Kondensmilch	22,8	25,0	20,1	17,0	13,2	8,8	6,0
	Magermilchpulver	2,4	4,6	6,9	7,7	6,9	6,7	4,2
	Vollmilchpulver	0,5	0,4	0,3	0,4	0,4	0,3	0,2
	Eiscreme	19,5	21,4	22,4	22,8	23,0	22,0	22,0
	Käse	8,3	9,6	9,8	10,3	11,9	14,3	20,3
	b) *Eier*	60,2	60,3	58,3	52,9	49,5	49,1	42,9
	c) *Fleisch*							
	Rindfleisch	73,9	78,9	102,0	106,0	123,8	142,0	156,6
	Kalbfleisch	14,8	9,9	11,7	7,7	6,5	3,6	4,8
	Schweinefleisch	82,9	86,1	83,1	81,1	83,6	82,6	76,5
	Schaf und Hammel	9,1	5,0	5,7	6,0	4,6	4,1	2,1
	Geflügel: Huhn	27,4	25,6	26,5	34,8	41,5	51,6	55,8
	Puter	4,4	5,1	6,2	7,6	9,2	10,2	11,5
	d) *Fisch*	14,8	17,2	16,0	16,4	17,7	18,4	21,3
	e) *Fette (tierische)*							
	Butter	13,6	13,3	11,2	9,3	8,0	6,6	5,5
	Schmalz	15,7	17,4	15,3	13,3	11,6	5,8	2,8
	Fette (pflanzliche)							
	Margarine	5,1	7,6	10,2	11,7	12,3	13,7	14,4
	Öle	7,7	10,7	13,1	14,3	17,5	22,6	26,9
	Shortenings	11,3	13,7	14,3	15,7	17,4	21,5	21,9
B	Cholesterin mg/Tag	550	546	546	516	512	513	488
	Polyenfettsäuren g/Tag	18,36	21,60	22,97	24,30	27,53	31,70	35,53

ämischen Herzkrankheiten bis heute eine so ungewöhnlich hohe Zahl von Sterbefällen überhaupt bilden konnte, die in der BRD niemals auch nur annähernd erreicht wurde (vgl. Abb. 11).

Tab. 13 bringt eine genaue Darstellung der *Zufuhr an Nahrungsmitteln tierischer Herkunft* in den *USA seit 1945–1977* einschließlich der Zufuhr an *tierischen und pflanzlichen Fetten* sowie eine Berechnung der Gesamtzufuhr an *Cholesterin* und an hochungesättigten *Fettsäuren* (= Polyenfettsäuren).

Es trifft zu, daß der Konsum an Milch und Sahne seit 1965 in den USA um ca. 21% zurückging (–79,5 g/Tag/Person). Aber seit 1945 fand bereits ein fortlaufender Konsumrückgang um 200,3 g statt. 1945 tranken die Amerikaner noch

496,3 g Milch und Sahne am Tag und 1977 noch 296 g. Dabei stiegen die ischämischen Herzkrankheiten bis ca. 1969 an und senkten sich seither wieder, eine Bewegung, die sich mit dem kontinuierlich sinkenden Milchkonsum nicht korrelieren läßt. Berechnet man, daß zwar der Milchkonsum sank, aber der *Käsekonsum* seit 1965 von 11,9 g bis 1977 auf 20,3 g/Tag und Person *stark zunahm* (fast +48%), so wird hierdurch die mit sinkendem Milchkonsum bewirkte Senkung der *Zufuhr an tierischem Fett* und an *Cholesterin nahezu vollständig aufgehoben.*

Berechnet man unter diesem Gesichtspunkt, *welche Mengen an tierischen Fetten und an Cholesterin durch alle Milchprodukte,* die in Tab. 13 unter der *Gruppe A a)* aufgelistet sind (= Konsum an Milch, Sahne, Milchpulver, Kondensmilch, Eiscreme und Käse) seit 1965 bis 1977 geliefert wurden, so ergeben sich für die USA folgende Änderungen. Es wurden

19,70 g	an *(tierischem) Milchfett* (ausgenommen an Butter) 1965/Person/Tag geliefert gegenüber
18,00 g	im Jahre 1977
–1,70 g	*Differenz von 1965 bis 1977*

Ebenso geringfügig waren die Änderungen in der *Zufuhr an Cholesterin.* Es wurden

56,97 mg	an *Cholesterin* durch Milchprodukte (ausgenommen an Butter) 1965/Person/Tag geliefert gegenüber
52,00 mg	im Jahre 1977
–4,97 mg	*Differenz von 1965 bis 1977*

In Anbetracht der minimalen Änderungen in den vergangenen 12 Jahren (1965–1977) dürfte es wissenschaftlich kaum vertretbar sein, die genannten Produkte mit dem Rückgang an Herzkranzgefäßleiden in den USA in Verbindung zu bringen, soweit es die Zufuhr an Cholesterin und an tierischem Fett angeht.

Berücksichtigt man den starken Rückgang einiger Produkte (Milch, Kondens-Milch) bereits seit 1945, so läßt sich auch kein Zusammenhang mit der Zunahme an ischämischen Herzkrankheiten Anfang der 50er Jahre herstellen.

Auf die geringfügigen Änderungen im *Butterkonsum* in den USA und den Rückgang im *Eikonsum* wurde bereits näher eingegangen.

Da der natürliche, marktwirtschaftliche Konkurrent der Hersteller von Fetten auf pflanzlicher Basis (Öl, Margarine usw.) die Produzenten tierischer Fette (Butter, Schmalz usw.) sind, verwundert eigentlich kaum, daß in der Auseinandersetzung über den Wert von tierischen und pflanzlichen Fetten *jenes Produkt völlig aus der Schußlinie der Werbung blieb,* das mit Abstand – nicht nur in 12 Jahren seit 1965, sondern bereits seit 1945 – stark im Konsum zugenommen hat: *das Fleisch.* Wer in der Öffentlichkeit den Rückgang an Milchprodukten, Butter und Eiern und den damit verbundenen Rückgang in der Zufuhr an tierischen Fetten und an Cholesterin im Zusammenhang mit dem Rückgang an Herzgefäßkrankheiten fordert, darf nicht verschweigen,

daß *durch den starken Anstieg im Fleischkonsum die Minderzufuhr an Cholesterin und Fett,* die durch den Rückgang an Milchprodukten und Eiern erzielt wurde, weitgehend rückgängig gemacht wird. Die Tatsache, daß hierüber weder in den USA noch bei uns viel verlautet, erscheint mir ein Indiz dafür zu sein, in welchem Ausmaß gezielte werberische Überlegungen im Spiel sind.
Tab. 13 zeigt den *Fleischkonsum* in den USA seit 1945 mit einer kontinuierlichen Zunahme (Verdoppelung) im *Rind- und Hühnerfleischkonsum* sowie *Putenfleischverzehr* (Verdreifachung). In 12 Jahren hat in den USA von 1965 bis 1977 der Rindfleischkonsum um +32,8 g, der Hühnerfleischkonsum um +14,3 g, der Putenfleischkonsum um +2,3 g pro Person/Tag zugenommen. Einen Vergleich mit den Verhältnissen in der BRD gestattet Tab. 11. Faßt man die veränderte Zufuhr an *tierischem Fett* und an *Cholesterin* im Verlauf von 12 Jahren von 1965 bis 1977 zusammen, der sich aus der Berechnung des gesamten Fleischkonsums gemäß Tab. 13 unter 14 (Verzehr an Rind-, Kalb-, Schweine-, Schaf-, Hammel-, Huhn- und Putenfleisch) ergibt, bestehen folgende Veränderungen:

44,6 g	geliefertes *tierisches Fett durch Fleisch* 1965
49,2 g	geliefertes *tierisches Fett durch Fleisch* 1977
+4,6 g	*Differenz* (Mehrzufuhr/Tag/Person) von 1965 bis 1977

Soweit es die geänderte *Cholesterinzufuhr* angeht, ergibt sich:

185,21 mg	*Cholesterin, geliefert durch Fleisch* 1965
210,68 mg	*Cholesterin, geliefert durch Fleisch* 1977
+25,47 mg	*Differenz* (Mehrzufuhr/Tag/Person) von 1965 bis 1977

Diese Aufstellung zeigt, in welch gewaltigem Ausmaß Fleischprodukte für die tägliche Cholesterinzufuhr verantwortlich sind. *Um 210,68 mg an Cholesterin (wie 1977 durch Fleisch geschehen) durch Milch zu liefern, müßten wir entweder 1,6 Liter Vollmilch (3,2%) oder 10,5 Liter Magermilch trinken.*
Die exakte wissenschaftliche Berechnung zeigt, daß während des Rückgangs von Sterbefällen an ischämischen Herzkrankheiten in *12 Jahren* (von ca. 1965 bis 1977) *in den USA so gut wie überhaupt keine nennenswerten Effekte im Hinblick auf eine reduzierte Zufuhr an Cholesterin und tierischen Fetten nachweisbar sind,* weil sich die Minderzufuhr durch Milchprodukte und Eier gemäß Tab. 13 durch die Mehrzufuhr an Fleisch praktisch bis auf einen Rückgang im *Fettkonsum* durch tierische Produkte um *–8,7 g/Person/Tag von 1965 bis 1977* und von *–25,3 mg an Cholesterin,* bei einer Gesamtfettzufuhr von ca. 150 g und an Cholesterin um 500 mg/Tag/Person in den USA, weitgehend aufhebt. Derartige geringfügige Schwankungen liegen bereits im Schwankungsbereich verschiedener Nahrungsmitteltabellen.
Zweifellos haben die Anteile an *Fetten pflanzlichen Ursprungs* seit 1965 (insbesondere auch seit 1945) zugenommen. Sie sind jedoch neben dem gestiegenen starken Zuckerkonsum u. a. auch mit in erster Linie für die zunehmende Überernährung und die Steigerung der Gesamtfettzufuhr verantwortlich. Während sich die Zufuhr an *Fetten tierischen* Ursprungs von 1965 bis 1977 (einschließlich Fisch) nur um –8,7 g/Person/Tag, also minimal,

Tabelle 14 Veränderung der Zufuhr in 12 Jahren von 1965–1977 in den USA an Fett und Cholesterin durch die wichtigsten Nahrungsmittel tierischen Ursprungs

Nahrungsmittel	Fettzufuhr g/Tag/Person		Cholesterinzufuhr mg/Tag/Person	
Milchprodukte (ohne Butter) einschl. Käse	−1,7	(−13,3 g)	−4,97	(−50,77 mg)
Butter	−2,1		−6,00	
Schmalz	−8,8		−8,80	
Eier	−0,7		−31,00	
Fleisch u. Fleischwaren	+4,6		+25,47	
Differenz (1965–1977)	*−8,7* g Fett		*−35,30* mg Cholesterin	

geändert hat, erhöhte sich der Anteil an *pflanzlichen Fetten* um 15,3 g/Person/Tag. *Dies kommt einer Kalorienmehrzufuhr von 142,3 kcal gleich.*
Es wäre gewagt, allein die Zunahme im Verzehr an Pflanzenfetten für den Mortalitätsrückgang an Herzkranzgefäßleiden verantwortlich zu machen. Solange keine *Beweise* erbracht sind – dies ist bis heute nicht der Fall –, *bleibt der Anstieg von Pflanzenfetten und der Mortalitätsrückgang eine „Korrelation“*, und davon gäbe es viele herzustellen, die mehr überzeugen könnten (z. B. den Rückgang der Hypertonie in den USA in Abb. 6a oder des Nikotinabusus, beides gewichtige Risikofaktoren).

Die Notwendigkeit, Übergewicht zu bekämpfen

Nur die wenigsten Menschen wissen, wie gefährlich Übergewicht für ihre Gesundheit ist. Die Notwendigkeit, Übergewicht zu bekämpfen, läßt sich leichter verstehen, wenn man an Hand von Zahlenmaterial großer *Versicherungen* nachteilige Auswirkungen auf die Gesundheit *bei erhöhtem Körpergewicht* studiert oder Veröffentlichungen über den Verlauf der Sterblichkeit der Bevölkerung in den letzten Jahrzehnten in Abhängigkeit von Ernährungseinflüssen.
Nach eindeutigen statistischen Untersuchungen großer internationaler Versicherungsgesellschaften erhöht sich die Sterblichkeit bei Übergewicht eminent. Abb. 8 zeigt grob schematisch, daß die Lebenserwartungen im Prozentsatz sinken, in welchem Übergewichtigkeit zunimmt. In zahlreichen Versicherungsgesellschaften bestehen deshalb Bestimmungen, erhöhte Prämien bei Übergewicht zu verlangen. Der vorzeitige Tod tritt meist infolge von Herz-Kreislauf- und Gefäßleiden auf, welche durch übermäßige Ernährung stark gefördert werden. Abb. 8 *zeigt eindrucksvoll, wie ungeheuer schnell Übergewicht den vorzeitigen Tod herbeizuführen vermag,* besonders trifft dies zu für Männer ab 40. Die in *Abb. 8* demonstrierten Ergebnisse können dem Leser nicht eindringlich genug vor Augen gehalten werden. Bei Übergewicht von 30% ist die Sterblichkeit um mindestens 50% erhöht. Bei 10% Übergewicht

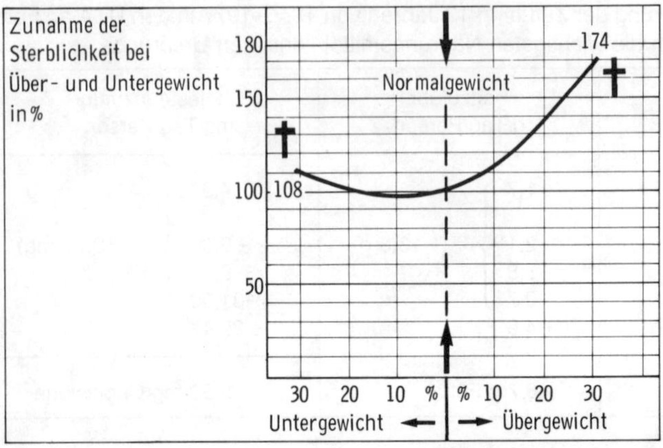

Abb. 8 Die Abb. zeigt wie drastisch Übergewicht die Lebenserwartungen verkürzt. Bei 30% Übergewicht, welches sich aus Körperlänge und Körpergewicht errechnen läßt (s. auch Tab. 55) verkürzt sich die Lebenserwartung über die Hälfte. Es ist *am gesündesten 10% Untergewicht* zu besitzen, welches auch als sogenanntes Idealgewicht bezeichnet wird. Die Untersuchungen wurden an Millionen Versicherten einer großen amerikanischen Versicherungsgesellschaft erhoben und stimmen mit den Ergebnissen deutscher Versicherungsgesellschaften überein. Zahlreiche Gesellschaften erheben deshalb heute bei Lebensversicherungen erhöhte Prämien bei Übergewicht (nach Vers. Ges. Metropolitan Life Insurance USA).

sind die Lebenserwartungen bereits um ca. 18% verkürzt, aber bei 30% Untergewicht nur um ca. 8%. Deshalb spielt in den Hungerländern der Welt nicht so sehr das Untergewicht, sondern vielmehr die Mangelzufuhr an Vitaminen, Mineralstoffen und Eiweißkörpern eine Rolle. Die höchsten Lebenserwartungen werden bei 10% Untergewicht, auch als Idealgewicht bezeichnet, gefunden.

Wie verbreitet heute körperliches Übergewicht ist, zeigt eine Untersuchung in Baden-Württemberg von GERCKE und TOVATT bei 10 000 Versicherten aus der Landesversicherungsanstalt in Stuttgart (Tab. 15 und 16). Danach überwogen die Frauen mit Übergewicht bzw. Fettsucht ganz erheblich gegenüber dem männlichen Geschlecht.

Tab. 16 bestätigt bekannte Erfahrungen, daß Übergewicht in einem hohen Ausmaß mit einer Reihe von typischen Krankheiten einhergeht wie Bluthochdruck, Herzinfarkt, Skelettveränderungen usw., die es in den Hungerjahren des Krieges kaum gab.

Für das Überwiegen von Übergewicht bei Frauen gibt es als Erklärung mehrere Gründe. Einmal benötigen *Frauen grundsätzlich weniger Energie* (bzw. Kalorien oder Joule) *als Männer.* Tab. 44 zeigt, daß bei Leichtarbeit eine Frau mit 45 Jahren bei einem wünschenswerten Gewicht von 60 kg 1950 Kilokalorien (8160 kJ) benötigt, der Mann jedoch 2350 Kilokalorien (9830 kJ) täglich erhalten kann, ohne übergewichtig zu werden. Der Energiebedarf richtet sich bekanntlich auch nach der Körpergröße. Im allgemeinen

Tabelle 15 *Auswertung bei 10 000 Versicherten der LVA Württemberg* (nach *Gercke*).

Gewicht	Gruppe der Heilmaßnahmen		Gruppe der Rentenerhebungen
Normalgewicht	Männer	45,6%	40,5%
	Frauen	33,3%	22,8%
Übergewicht (= mehr als 10% des Sollgewichts)	Männer	41,5%	43,9%
	Frauen	56,3%	72,1%
Fettsucht (= mehr als 20% Übergewicht)	Männer	19,5%	23,5%
	Frauen	38,4%	55,1%

sind in unseren Breitengraden Frauen kleiner. Besonders nach dem Klimakterium können Frauen zum Fettansatz neigen. Als Faustregel gilt deshalb, daß Frauen unbedingt bis zum 30. Lebensjahr ihr „endgültiges" Normal- oder Idealgewicht errungen haben sollten, da es für die Frau später, wegen des geringen Energiebedarfs, der mit dem Alter ständig weiter sinkt, immer schwieriger wird, Übergewicht durch Nahrungseinschränkung abzubauen. Sie müßte ein viel strengeres Diätregime durchführen als der Mann. Das heißt aber auch, daß bei gemeinsamer Mahlzeit Frauen stets weniger als Männer essen sollten.

Tabelle 16 *Anteil der Übergewichtigen und Fettsüchtigen in den einzelnen Krankheitsgruppen* (nach *Tovatt*).

Bluthochdruck	70,6%
Herzinsuffizienz	63,1%
Angina pectoris, Herzinfarkt	57,5%
degenerative Skeletterkrankungen	53,9%
Arteriosklerose	49,8%
Gallensteinleiden	44,4%

Dicke leben länger als Dünne, stimmt das?

Im September 1980 wurde in der Zeitschrift *Medical Tribune* das Ergebnis der *„Framingham-Studie"*, USA, über die *angeblich längere Lebenserwartung der „Dicken"*, im Gegensatz zu den „Dünnen" berichtet. Danach beträgt die alterskorrigierte *Mortalität* bei Männern mit 40% Übergewicht nur 3,9%, aber bei 10% Untergewicht 8,8%. Die ins Deutsche übersetzte Tabelle 17 ist nachfolgend abgedruckt.

In ihr fällt einmal der insgesamt geringe Mortalitätsanteil im Gegensatz zur Abb. 8 auf. Der aufmerksame Leser wird bei dem Wort *„Mortalität"* ein

Tabelle 17 „Dicke leben länger als Dünne“. Die Daten der Framingham-Studie ergeben deutlich höhere Sterberaten der Untergewichtigen im Vergleich zu den übrigen Gewichtsklassen (aus Medical Tribune, Nr. 36, 5. 9. 1980).

Gewichtsklasse	Durchschnittliche Abweichung vom „Idealgewicht“	Alterskorrigierte Mortalität*	
		Männer	Frauen
1	−10% und darunter	8,8%	3,7%
2 („Idealgewicht“)	± 0%	5,4%	2,6%
3	+20%	4,5%	2,7%
4	+30%	5,7%	2,7%
5	+40% und darüber	3,9%	4,1%

* Nach Ausschluß von Patienten mit Krebs, koronarer Herzkrankheit, Claudicatio intermittens, apoplektischem Insult, Herzinsuffizienz, rheumatischen Erkrankungen und Diabetes mellitus

Sternchen mit einer *Fußnote* entdecken. Sie sagt aus, daß in dieser Statistik *alle Menschen ausgeschlossen wurden, die an einer der typischen Folgekrankheiten von Übergewicht wie Zuckerkrankheit, Herzkranzgefäßleiden, Schlaganfällen usw. gelitten hätten.* Aber gerade auf diese Folgen kommt es ja an (vgl. Tab. 16). Sie bestimmen den hohen Anteil der Verkürzung der Lebenserwartungen bei Übergewicht.

Insoweit ist diese Statistik, welche nahezu die gesamte deutsche Presse durchlaufen hat (unter dem Aufatmen vieler Fettsüchtiger), nicht verwertbar. Niemand hat je in Frage gestellt, daß es immer ein paar *„Supergesunde“* gibt, denen keine Sünde etwas anhaben kann. Es stirbt auch nicht jeder Raucher an Lungenkrebs, und trotzdem führt Nikotinabusus zu einer Häufung von Herzkranzgefäßleiden und von Lungenkrebs.

In Heft Nr. 40 (3. 10. 80) von Medical Tribune wird die im September 1980 aufgestellte Behauptung jedoch glücklicherweise infolge einer Empfehlung der DGE (Deutschen Gesellschaft für Ernährung) wieder weitgehend zurechtgerückt, indem der Ernährungsbericht der DGE 1980 wie folgt zitiert wird:

- *„Idealgewichtige* Erwachsene sollten bestrebt sein, dieses Gewicht zu halten und nicht zuzunehmen.
- *Übergewicht* von mehr als 20% bis 30% nach Broca stellt als solches eine absolute Indikation zur Gewichtsreduktion dar. Diese sollte möglichst kontinuierlich erfolgen und nicht durch Phasen von Gewichtszunahme unterbrochen werden.
- *Auch ein geringes Übergewicht* ist häufig mit dem Auftreten vaskulärer Risikofaktoren verbunden. Diese sind bei einem relativen Körpergewicht von etwa 90% nach Broca (Broca-Index 0,9) am geringsten. Darum verpflichtet ein Übergewicht mäßigen Grades dazu, die Risikofaktoren der Herz-Kreislauferkrankungen in regelmäßigen Abständen zu kontrollieren und gegebenenfalls diätetisch zu behandeln.“

Der journalistische Ratschlag, die *Dicken sollten das Auftreten* von möglichen *Risikofaktoren im Auge behalten* und gegebenenfalls *rechtzeitig einschreiten* bzw. abmagern, stößt teils auf unüberwindbare Schwierigkeiten in der Durchführung. *Wann soll der Patient zum Arzt gehen?* Hoher Blutdruck und Zuckerkrankheit gehen in den ersten Jahren oft ohne Beschwerden einher. Dicke können bei Aufregungen eher eine krankhafte Blutdruckerhöhung zeigen, wie dies Untersuchungen bei übergewichtigen Piloten unter Streßbedingungen zeigen. Die Entwicklung einer Fettleber oder von Skelettveränderungen kann ich erst feststellen, wenn sie eingetreten sind. Dann aber sind die Veränderungen vorhanden und kaum mehr zu reparieren. Besonders wenn es durch langfristige Stoffwechselstörungen u. a. infolge Fettsucht zur Förderung einer Arterienverkalkung und zum Herzinfarkt käme, der meistens völlig unerwartet den Patienten wie einen Schicksalsschlag trifft und in fast 50% der Fälle zum sofortigen Tod führt, ist es völlig unvorstellbar, wie ich diese Entwicklung vorher unter Kontrolle bringen könnte.
De facto *versuchen die Presseveröffentlichungen in diesem wichtigen Punkt* die *Prävention in der Medizin in Frage zu stellen.*
Im übrigen erstaunt nicht, daß alle derartigen Statistiken, ebenso wie die unglaubhaften Statistiken über Zusammenhänge zwischen Herzinfarkt und Verzehr an bestimmten Fettarten, aus den USA stammen und uns, die im allgemeinen noch seriöse Methoden gewohnt sind, zu einem Umdenken, insbesondere aber zu einer sehr kritischen Nachprüfung künftiger amerikanischer Publikationen veranlassen müssen (in einem Land, in dem leider vieles der Sucht nach Geschäft und Public relation unterliegt).

Entstehung von Krankheiten durch Übergewicht

Hierzu können nur einige typische Hinweise gegeben werden. Es gibt nahezu keinen Bereich der Organe des Menschen, bei denen nicht Übergewicht zu Störungen, ja lebensgefährlichen Veränderungen führen kann, besonders wenn Übergewicht langfristig anhält. (Tab. 18 und 19). Aus einer alten Arztfamilie stammend konnte ich bereits von meinem Vater erfahren, daß mit dem Einsetzen der Hungerperiode während des ersten Weltkrieges in Deutschland (1914–1918) nahezu die gleichen Veränderungen zusammen mit dem Rückgang der Fettsucht wie im zweiten Weltkrieg (1939–1945) zu beobachten waren (Abb. 9). Herzinfarkte, Bluthochdruck, Gallen- und Nierensteine, Zuckerkrankheit usw. gingen auf ein Minimum zurück. Statt dessen überwog der Blutunterdruck (Hypotonie). Als Vorlesungsassistent mußte ich nach dem zweiten Weltkrieg oft wochenlang nach einem Kranken mit erhöhtem Blutdruck oder Herzinfarkt suchen, um diesen den Medizinstudenten in der Vorlesung vorstellen zu können. Was das Essen anging, war

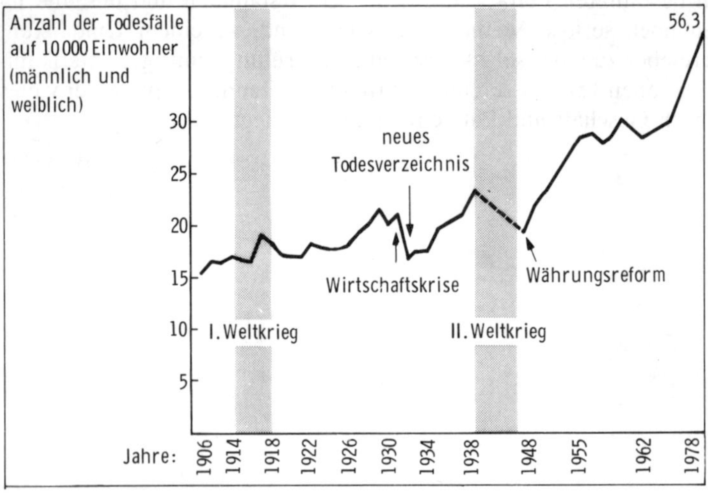

Abb. 9 *Die Sterblichkeit an degenerativen, ernährungsabhängigen Herz-, Kreislauf- und Gefäßleiden* überwiegt nicht nur relativ gegenüber anderen Erkrankungen in den Todesstatistiken, sondern hat seit der Jahrhundertwende, insbesondere aber seit Ende des letzten Weltkrieges (1948 Währungsreform) sowie infolge übermäßiger und falscher Ernährungsweise, bedeutend zugenommen. Frühzeitige Aufklärungsmaßnahmen über eine gesunde Ernährung und Lebensweise sind deshalb dringend erforderlich. Auch die Wirtschaftskrise 1973 erbrachte einen Rückgang an Todesfällen durch Herz-Kreislauf-Krankheiten, 1977 erstmals um 13 300. Jedoch wurde im vergangen Jahr (mit gebesserten Wirtschaftsverhältnissen) bereits wieder eine generelle Zunahme der Sterbefälle von Herz-Kreislauf- und Gefäßkrankheiten in der BRD beobachtet (48% der Sterbefälle). Nach dem 2. Weltkrieg sind mit getrennten Statistiken die Bezugszahlen nur noch für die BRD entnommen worden.

Tabelle 18 Häufung von Herzleiden (nach *von Manger-König*).

Häufung von Herzleiden (100 000 Personen)	
128 Fälle	magere Menschen
199 Fälle	Normalgewichtige
384 Fälle	Fettleibige

Tabelle 19 *Gehäuftes Auftreten verschiedener Krankheiten bei Fettleibigkeit in %, bezogen auf die Durchschnittsmorbidität % = 100 (nach Koenigsfeld).*

Erkrankung	Häufung bei Fettleibigkeit in %
Nierensteine	600
Gallensteine	400
Schlaganfall	300
Gicht	300
Asthma und Ekzeme	300

man froh, eine „Speckschwarte" zu besitzen. Wer damals etwas über die „Gefahren" von gesättigten oder den Nutzen von „essentiellen" Fettsäuren gesagt hätte, wäre ausgelacht worden. Ich glaube, daß durch diese Erfahrungen eine der fundamentalsten Erkenntnisse der Ernährungslehre belegt wird, daß nämlich mit dem Rückgang der Überernährung, dem Zwang sich wieder bewegen zu müssen und der Normalisierung des Körpergewichts die Mehrzahl der heutigen „Wohlstandskrankheiten" auf ein Minimum zurückginge.

Die Erfolge in der Bekämpfung von Herzinfarkten, die in verschiedenen Studien, z. B. in der *Framingham-Studie* aus den USA aufgezeigt wurden, haben letztlich nur die Erkenntnisse aus den Hungerzeiten der letzten beiden Weltkriege bestätigt. Den Studien ist gemeinsam, daß sie nahezu alle Fehler zu korrigieren versuchten. Neben der Bekämpfung von Übergewicht, von erhöhtem Blutdruck und der Zuckerkrankheit, wurde der überhöhte Fettkonsum reduziert, das Rauchen und der Alkoholismus bekämpft und die Regeln gesunder Ernährung und körperlicher Bewegung propagiert. Der Versuch, den Erfolg dieser Studien nur auf einen einzelnen Faktor, etwa auf eine positive Wirkung von „essentiellen" Fettsäuren abzustimmen, wäre völlig danebengegriffen.

Fettsucht mindert Leistungsfähigkeit und Arbeitskraft. Sie macht vergeßlich und müde. Äußerlichkeiten würden den Arzt nicht veranlassen, vor Übergewicht zu warnen. Fettsucht macht nicht allein unschön, sondern *schädigt* vor allem die *inneren Organe,* wie Herz, Leber, Darm, Blutgefäße usw. Sie fördert Herzschäden und verstärkt die Arteriosklerose (Gefäßverkalkung) bei Übergewichtigen. Hierdurch kommt es zur Umwandlung und Versteifung der Gefäßwände, zur Abnahme der Gefäßelastizität, zum Anstieg der Pulswellengeschwindigkeit, Erhöhung des Blutdrucks (s. auch Abb. 11) oder zu Ablagerungen in Herzkranzgefäßen und Tod durch Herzinfarkt (Herzkrampf) (Abb. 12). In Gegenden mit fettarmer und karger Ernährung, z. B. in Ostafrika, wurde kürzlich unter 1700 Sektionen nur selten Herzgefäßverkalkung gefunden. Thrombosen treten bei Fettsucht infolge Durchblutungsstörungen oft auf. Die Lunge wird schlechter beatmet, das Herz zusätzlich belastet. Gallenleiden melden sich oft an, und auch die Bauchspeicheldrüse ist gefährdet. Das lastende Körpergewicht fördert Gelenkveränderungen (Arthritis), insbesondere der Beine. Die Haut ist durch Faltenbildung und vermehrtes Schwitzen anfällig, Ausschläge und Furunkel treten öfters auf. Fettleibigkeit weckt oft eine schlummernde Anlage zur Zuckerkrankheit. Fast immer ist die Widerstandskraft bei Operationen vermindert.

Operationsrisiko und Fettsucht

Das Operationsrisiko ist beim übergewichtigen Patienten größer. Nach HESS liegt es z. B. bei Operationen im Gallenblasenbereich bei Normalgewichtigen bei 1,65%, bei Fettsüchtigen bei 2,98%, also doppelt so hoch. Die Operationszeit dauert wesentlich länger und gefährdet Herz und Kreislauf. Hervorzuheben ist die Häufigkeit von postoperativen *Embolien* und *Thrombosen,* bei Untergewicht nach RATSCHOW 29%, bei *Übergewicht* auf 56% steigend. GOULD fand postoperativ unter 222 Fällen Lungenkomplikationen bei 55% der Patienten mit einem Übergewicht von 20% und mehr, während keine Komplikationen bei Patienten mit Normalgewicht und bis zu 10% Übergewicht auftraten. Ebenso ist die Wundheilung bei Fettsüchtigen bei 26,4% mit Komplikationen verbunden, aber nur bei 10,7% bei mageren Patienten.

Gallensteine und Bauchspeicheldrüsenentzündung

Um die *Jahrhundertwende* fand sich im *Sektionsgut* ein Anteil von 4–6% an *Gallensteinen;* gegenwärtig beträgt der Anteil bereits 15–18%. Während der *Hungerjahre* des Krieges bis 1948 war diese Krankheit selten. Seit 1948 nimmt sie infolge übermäßiger und fettreicher Ernährung ständig zu. Nach MARKOFF und KAISER war ⅓ der Gallensteinpatienten übergewichtig. Nach HESS waren im Krankengut von Zürich 35% der Gallensteinpatienten mehr als 15% übergewichtig. Nach HESS waren 47,3% mit akuter Bauchspeichel*drüsenentzündung* übergewichtig.

Bluthochdruck

Zu der Gruppe der *ernährungsabhängigen Krankheiten* gehört auch die *Bluthochdruckkrankheit (Abb. 10).*

Der Arzt unterscheidet zwischen zwei großen *Gruppen* von Blutdruckerkrankungen: den sogenannten *essentiellen Hochdruckerkrankungen,* welche ⅔

Abb. 10 In der Bundesrepublik Deutschland haben die Sterbefälle als Folge von Bluthochdruck in den letzten Jahren stark zugenommen. Körperliches Übergewicht spielt als ein wichtiger Risikofaktor für das Auftreten von Bluthochdruck eine ausschlaggebende Rolle neben anderen Risikofaktoren wie Streß, Bewegungsmangel, Nikotinabusus, Fehlernährung usw.

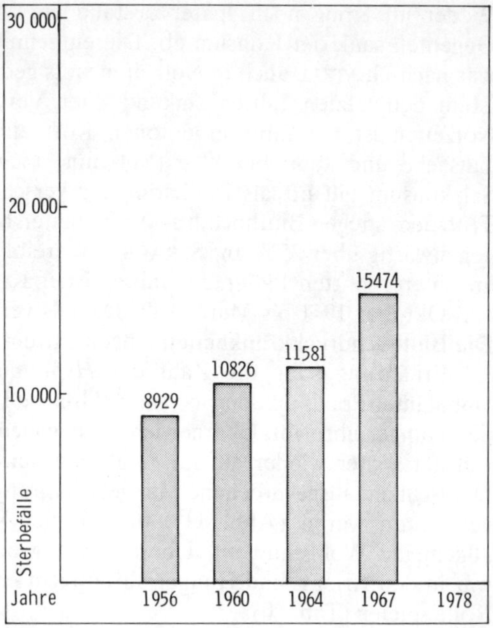

aller Fälle ausmachen („essentiell“ bedeutet nicht mehr, als daß die Ursache unbekannt ist), und den sogenannten *symptomatischen Hochdruckkrankheiten* (deren Hochdruck Folge eines anderen bekannten Grundleidens, etwa der Niere usw. ist). Ein Teil der Bluthochdruckkrankheiten besitzt das Symptom der sogenannten „Kochsalzempfindlichkeit“, d. h. sie reagieren auf Kochsalzgabe mit Blutdruckerhöhung, auf Kochsalzentzug mit Abfall. Diese bis heute noch nicht geklärte Eigenschaft einer „Kochsalzempfindlichkeit“ macht sich der Arzt für seine Behandlung zunutze und verordnet eine entsprechende salzarme Diät.

Dem Gesunden kann Kochsalzzufuhr, in unserem Lande sind bis zu 15 g (257 mmol) pro Tag üblich, *nichts schaden.*

Unsere Untersuchungen haben sich mit Vorkommen und Entwicklung von Hochdruckerkrankungen in Westdeutschland beschäftigt. Sie beweisen, daß die Häufigkeit des Hochdrucks in der gesunden Bevölkerung *nicht Folge erhöhten Salzkonsums* durch die Nahrung darstellt, sondern vor allem von allgemeinen Ernährungseinflüssen abhängig ist. Die Blutdruckregulation steht im komplizierten Gleichgewicht mit einer *Vielzahl von Faktoren.* Neben abnormen Gefäßreaktionen spielen Heredität, exogene Belastungen (psychische Einflüsse, Lebenssituationen, Automation), mangelnde Bewegung usw. als Folge grundlegender Änderung von Lebensgewohnheiten mit zunehmender Zivilisation und Industrialisierung eine große Rolle. *Kein Einzelfaktor erscheint nach* PFLANZ *für die Häufung von Hochdruckerkrankungen so wichtig wie Übergewicht.*

Weder im Krieg noch später bestand ein Mangel an Kochsalz. Ganz im Gegenteil sank der Konsum ab. Die einheimische *Produktion von Kochsalz* war nach GLATZEL auch in Notzeiten stets gedeckt. Die Verbrauchertendenz ist in den letzten Jahren sinkend. Der Verbrauchsanstieg in Kriegs- und Notzeiten ist mit ihrer monotonen Kost eine in allen Ländern bekannte Tatsache und kann bis 30 g (514 mmol) und mehr betragen. Steigender Salzkonsum gilt oft als Indikation für verschlechterte Lebensbedingungen. Trotzdem stiegen Bluthochdruckkrankheiten bei uns seit 1945 von ca. 9% auf gegenwärtig über 25% an. STRAUB beschreibt ähnliches bei Untersuchungen an unterernährten Patienten während der Kriegsbelagerung von Leningrad von Oktober 1941 bis März 1942. Damals verhungerten zahllose Menschen. Die Bluthochdruckkrankheiten gingen extrem zurück. Nach Einsetzen *besserer* Ernährung stieg die Zahl der *Hypertoniker* in Krankenhäusern und ambulanter Praxis epidemisch an. Zahlreiche Hypertoniker verloren während der Hungerjahre ihr Übergewicht und gleichzeitig auch ihren Hochdruck, welcher später wieder auftrat. Während der Kriegsjahre herrschte auch in Deutschland ausgesprochene Mangelernährung, in der Hochdruckerkrankungen selten waren (Abb. 11), bis mit der Währungsumstellung 1948 der allgemeine Wohlstand mit Überernährung einsetzte. Der Kochsalzkonsum war in den Kriegs- und Hungerjahren nicht erniedrigt und kann somit keine Rolle spielen (Tab. 20).

Tabelle 20 *Kochsalzverbrauch in Deutschland je Kopf*

Jahr	kg/Jahr	g/Tag (mmol/d)
1935/36	7,3	20,0 (342)
1937/38	7,4	21,6 (370)
1956	6,22	17,1 (293)
1962	5,75	15,8 (270)
1963	5,98	16,4 (281)
1964	5,55	15,2 (260)
1965	5,51	15,1 (258)
1969	5,73	15,7 (269)
1971	5,77	15,8 (270)
1973	5,60	15,3 (262)
1975	5,63	15,4 (264)
1977	5,68	15,6 (267)

In den letzten Jahren sind in allen Teilen der Welt nach PFLANZ umfangreiche Untersuchungen eingeleitet worden, Vorkommen und *Ursachen der Blutdruckkrankheit* in verschiedenen Ländern, Bevölkerungsgruppen, sozialen Schichten usw. zu untersuchen. *Das Repräsentantenhaus des amerikanischen Staates Massachusetts* hat eine Kommission bekannter Wissenschaftler veranlaßt, in mehreren Bänden wissenschaftliche Arbeiten über das Hochdruck-

Abb. 11 Die Abb. zeigt den gewaltigen Anstieg der Bluthochdruckerkrankungen nach dem letzten Krieg unter übermäßiger Ernährung. Auch vor dem Krieg wurden niemals gleichviel Patienten mit Bluthochdruckerkrankung festgestellt. Während der mageren Kriegsjahre und Einschränkung des Eiweiß- und Fettkonsums, waren nur selten Bluthochdruckkranke zu behandeln. Die Bluthochdruckerkrankungen gehören mit zur Gruppe der degenerativen Herz-Kreislauf- und Gefäßleiden, an welcher heute nahezu jeder 2. Bürger stirbt. Hochdruckerkrankungen sind von 9% (1945) auf über 25% angestiegen (aus *H.-J. Holtmeier:* Kochsalzarme Voll- und Schonkost, Thieme Verlag, Stuttgart, 1960, 2. Aufl. 1980).

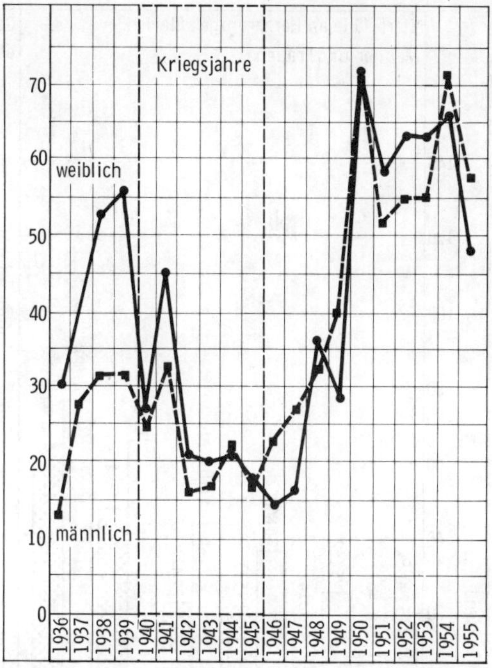

problem der 20 wichtigsten Sprachgebiete aus 19 000 Publikationen auszuwerten. Hierzu wurde der Staat veranlaßt durch die zunehmende Arbeitsunfähigkeit und vorzeitige Zunahme der ernährungsabhängigen sog. degenerativen Herz-, Kreislauf-, Gefäßerkrankungen, unter denen die Hypertonie eine führende Rolle einnahm. Das wichtigste Resultat der amerikanischen Untersuchungen ist die Feststellung, daß *kein Einzelfaktor unter zahlreichen Gesichtspunkten so sehr berücksichtigt werden muß, wie das relative Körper- bzw. Übergewicht.*

Für den Kochsalzkonsum gilt ebenfalls der Spruch, „daß die Dosis macht, daß es Gift ist" (nach PARACELSUS). Ein Verbrauch von ca. 30–35 g (513 bis 600 mmol) in einzelnen Landesteilen Japans, in denen auffällig hohe Raten von Bluthochdruck vorkommen, läßt auch den überhöhten Salzkonsum als Ursache vermuten.

Krankheiten der Herzkranzgefäße (Herzinfarkt)

In ähnlicher Weise hat die Zahl von *Herzkranzgefäßverschlüssen (Herzinfarkt)* seit 1948 mit Einsetzen *überreichlicher Ernährung* und Abnahme des Anteils an körperlich schwer arbeitenden Berufen besonders bei Männern zugenommen (Abb. 12). Auch hier ist kein Einzelfaktor von so ausschlaggebender Bedeutung wie jahrelange *fehlerhafte Ernährung* bei mangelnder

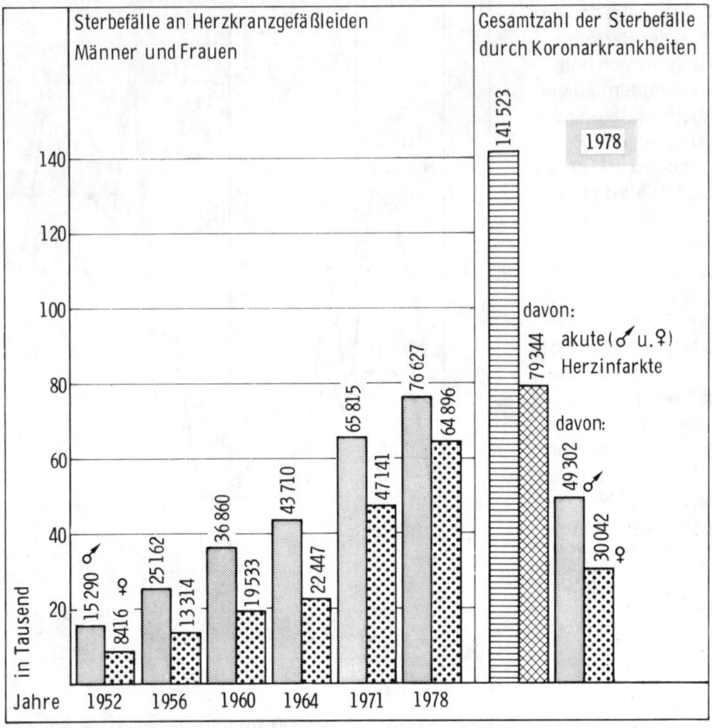

Abb. 12 Die Abb. zeigt den Anstieg von Krankheiten der Herzkranzgefäße (= Koronargefäße) – und zwar der Fälle von akutem Herzinfarkt und sonstigen Koronarkrankheiten – seit 1952 von insgesamt ca. 23 000 Sterbefällen bis 1978 auf ca. 141 000 Fälle. Man kann annehmen, daß zu den Sterbefällen jährlich ca. die zweifache Menge an Erkrankungen hinzukommt, so daß wir *1978 ca. 420 000 Tote und Kranke durch Herzkranzgefäßleiden* in der BRD hatten. Auffällig ist, daß entgegen früheren Annahmen nunmehr *auch das weibliche Geschlecht* eine ungewöhnlich *starke Zunahme* der Zahl der *Sterbefälle* zu verzeichnen hat, obwohl man für dieses früher einen Schutz durch Oestrogene vermutete. 1978 war zwischen männlichem und weiblichem Geschlecht in der Gesamtsterblichkeit nur noch eine Differenz von ca. 10 000 Fällen (nach *Leutner,* Stat. Bundesamt, Wiesbaden).

Bewegung, *insbesondere aber Übergewicht,* welches zur frühzeitigen Verkalkung der Herzkranzgefäße (Koronarsklerose) führt (Abb. 12).
Wie bereits erwähnt spielen neben Ernährung und Bewegungsmangel eine Reihe von *„Risikofaktoren“* eine Rolle, wie Nikotin- und Alkoholkonsum, Streßfaktoren wie Aufregungen, berufliche chronische Überlastung, Rastlosigkeit usw., welche *auf dem Boden jahrelanger falscher Ernährungsweise und bei Übergewicht* zum Herzinfarkt führen können. Zahlreiche Herzinfarkte sind auch Folge erhöhten Blutdrucks (Abb. 10) oder werden durch Zuckerkrankheit gefördert (Abb. 13). Raucher haben eine höhere Infarktquote als Nichtraucher. *Eine Häufung der genannten „Risikofaktoren“ vervielfacht das Infarktrisiko* in Zeiten des Wohlstandes, die in kargen Kriegszeiten kaum von

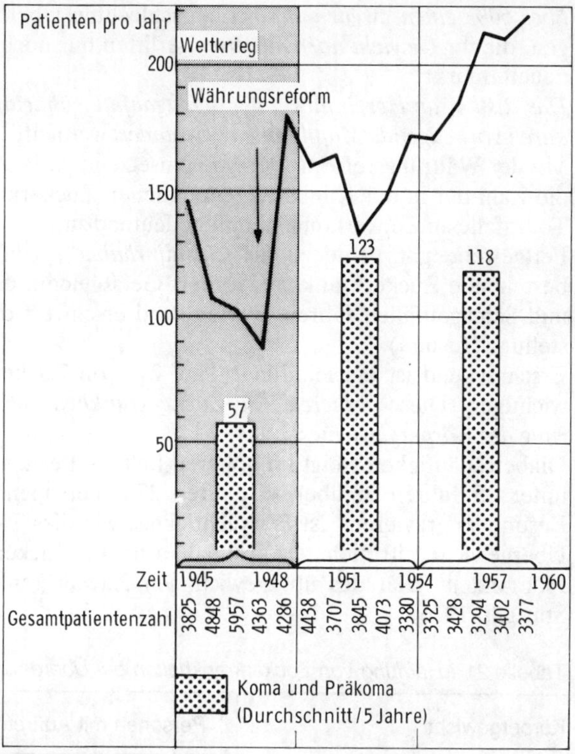

Abb. 13 Während in den Hungerjahren 1945–1947 die Fälle von klinischen Aufnahmen mit *Diabetes mellitus* beachtlich abnahmen, ist eine deutliche Zunahme 1948/49 mit Einsetzen besserer Lebens- und *Ernährungsbedingungen* feststellbar. Zugleich häufen sich die Fälle von Coma und Praecoma diabeticum um das Doppelte im Vergleich zur Zeit vor der Währungsreform. In ähnlicher Weise nahmen auch die Fälle von *essentiellem Hochdruck* seit 1948 zu. Der Einfluß von *Übergewicht* auf die Zuckerkrankheit ist erwiesen. Bei Reihenuntersuchungen fanden sich nach *Mehnert* bei 40% Übergewicht sechsmal häufiger Zuckerkrankheit als bei Normalgewichtigen. Die Überlebenschancen im Coma diabeticum sinken mit zunehmendem Übergewicht (nach Berechnungen von *E. F. Pfeiffer*, aus: Der Internist 7 [1960] 319).

Einfluß waren. Hoher Nikotinverbrauch und Aufregungen bei der kämpfenden Truppe führten bekanntlich selten zum Herzinfarkt, ebenso wie diese Erkrankungen in Berufsgruppen mit Schwerarbeit auch heute noch selten zu finden sind.

Wer bereits in jüngeren Jahren zu viel und zu gut ißt, übergewichtig wird, raucht, trinkt, sich nicht bewegt, sich täglich ärgert und selten ausspannt, hat eigentlich keine Chancen verpaßt, an einem Herzinfarkt zu sterben.

Erstaunlich ist das Resultat einer amerikanischen Studie bei Patienten, welche bereits *einmal einen Herzinfarkt* durchmachten. Patienten, die ihr *Übergewicht nicht verloren,* nachdem der erste Infarkt eingetreten war, *erlitten in über 60% einen zweiten Infarkt* bei schlechten Überlebenschancen. Diejenigen, die ihr *Gewicht normalisierten,* erlitten nur noch in 15% der Fälle einen neuen Infarkt.

Das Risiko, an Herzinfarkt oder Schlaganfall frühzeitig zu sterben, kann allein durch vorbeugende Maßnahmen vermindert werden.

Mit der Währungsreform 1948 und einsetzendem Wohlstand vervielfacht sich die Zahl der in der Klinik aufgenommenen Zuckerkranken. Die Anzahl der Todesfälle an Zuckerkoma nimmt bedeutend zu.

Fettgewebe gilt geradezu als *„Insulinräuber", Übergewicht* verschlechtert bestehende Zuckerkrankheit, fördert Gefäßleiden, die zu Beinamputationen und Schlaganfällen führen können, und erschwert die medikamentöse Einstellung (Insulin).

Erschreckend ist die Häufung (Tab. 21) von Zuckerkrankheit bei Übergewichtigen. Diese *verlieren ihre Zuckerkrankheit meist rasch bei Normalisierung des Körpergewichtes.*

Diabeteshäufigkeit steigt im höheren Lebensalter und befällt nach Mehnert unter 45 Jahren 2, über 45 Jahren 27,6 Personen unter 1000 Lebenden. Besonders gravierend ist Fettsüchtigkeit, wie dies Tab. 5 zeigt. Bei 20–29% Übergewicht tritt mehr als dreimal so häufig Zuckerkrankheit auf (s. H. J. Holtmeier: Diät des übergewichtigen Zuckerkranken. 2. Aufl., Thieme, Stuttgart 1976).

Tabelle 21 *Häufung von Zuckerkrankheiten bei Übergewicht.*

Körpergewicht	Personen mit Auftreten von Zuckerkrankheit
10% Untergewicht	selten (nach *Joslin*)
Normalgewicht	6,2
Übergewicht	
10–19%	9,3 auf 1000 Lebende
20–29%	20,0 auf 1000 Lebende
30–39%	16,2 auf 1000 Lebende
40–49%	40,0 auf 1000 Lebende
–50%	43,1 auf 1000 Lebende

Schlaganfall

Eine der häufigsten Ursachen des *Schlaganfalls* (Abb. 15, Tab. 22) sind degenerative Gefäßveränderungen im Zentralnervensystem in deren Folge Hirnblutungen auftreten.

Die *beachtliche Zunahme* des Schlaganfalls in Westdeutschland von 5,4% in den Jahren 1923/25 auf 16% bis 1978 (Abb. 14) ist in erster Linie mit *Folge unserer ungesunden Lebensweise* im Industriezeitalter, welches durch überreichliche Ernährung und mangelnde körperliche Betätigung gekennzeichnet ist. Bis zum Ende vergangenen Jahrhunderts traten Schlaganfälle gehäuft bei

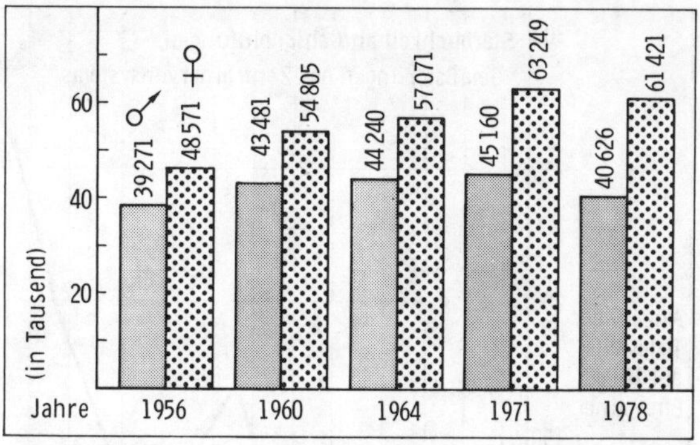

Abb. 14 Auffällig ist die Zunahme der Gehirngefäßkrankheiten seit ca. 20 Jahren vor allem beim weiblichen Geschlecht. Hierbei liegt in den meisten Fällen eine Arteriosklerose der Gehirngefäße vor, in deren Folge es zu Gehirnblutungen bzw. Schlaganfällen kommt. Somit ist auch dieses Geschehen ernährungsabhängig (Werte nach *Leutner*, Stat. Bundesamt, Wiesbaden).

Tabelle 22 Schlaganfall und Übergewicht (nach *von Manger-Koenig*).

Häufung von Schlaganfall (100 000 Personen)	
112 Fälle	magere Menschen
212 Fälle	Normalgewichtige
397 Fälle	Fettleibige

den überreichlich genährten höfischen Schichten auf und wurden im Schrifttum häufig als gerechte Strafe Gottes für die Reichen beschrieben, da derartige Krankheiten in der Masse des Volkes, welches arm und genügsam leben mußte, selten auftraten. Heute ist der Schlaganfall mit zunehmendem Wohlstand in *allen Volksschichten verbreitet.* Vergleicht man Abb. 15, welche die Sterblichkeit an Schlaganfällen seit 1913 beschreibt, mit den vorangegangenen Abbildungen über die Häufung von Bluthochdruck, Zuckerkrankheit, Herzinfarkt usw. ergibt sich übereinstimmend der gleiche Verlauf. *In den kargen Ernährungszeiten des Krieges bis 1948 waren alle diese Krankheiten selten.* Mit dem Einsetzen überreichlicher Ernährung, vor allem aber mit Zunahme der Übergewichtigkeit, stiegen diese Krankheiten geradezu epidemisch an. Auch in Abb. 15 ist von 1938 bis 1948 ein deutliches Absinken der Sterbefälle mit Gehirnblutungen während der Hungerjahre des Krieges, von 1939–45, und der Hungerzeiten der Nachkriegsjahre bis zur Währungsreform 1948, erkennbar, danach treten sie in der Altersklasse der 60- bis 70jährigen doppelt so häufig und in der Altersklasse der über 70jährigen dreimal so häufig auf. *Allein rechtzeitige Aufklärung und Änderung der Lebensweise kann einem vorzeitigen Tod an derartigen Krankheiten Einhalt gebieten.* Aber prophylaktische Maßnahmen müssen bereits in jüngeren Jahren einsetzen,

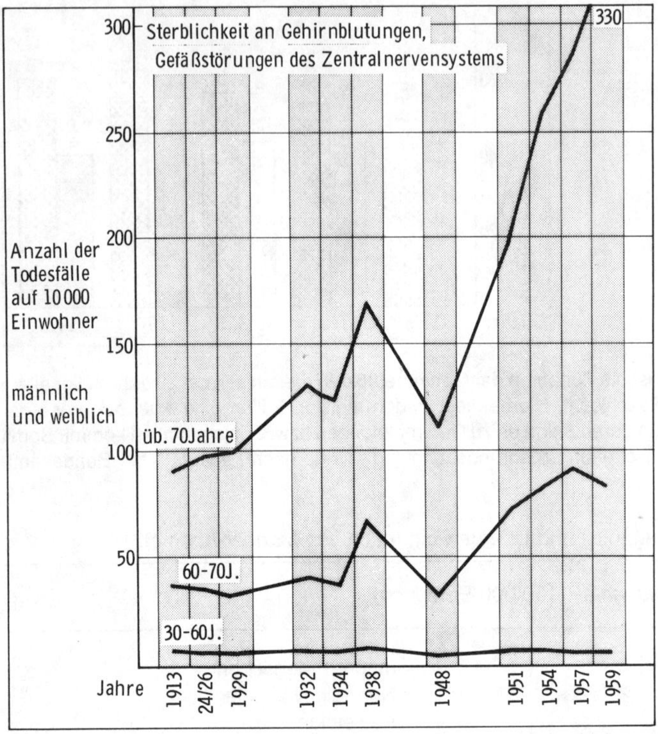

Abb. 15 zeigt die starke *Zunahme von Sterbefällen an Gehirnblutungen* usw. (Schlaganfällen) seit 1913 mit zunehmendem Wohlstand in Deutschland. Besonders stark ist die Häufung *seit 1948* mit Einsetzen überreichlicher Ernährung und ungewöhnlicher Fortschritte industrieller und zivilisatorischer Art. Man sieht, daß die Fälle mit Gehirnblutungen in den *kargen Ernährungszeiten* im Krieg bis 1948, dem Datum der Währungsumstellung, selten waren. Besonders sind seit 1948 die *älteren Jahrgänge* von 60–70 und vor allem die der über 70jährigen betroffen. Auch hier gilt die Erkenntnis, daß *nur die gesunde Lebensweise bereits in jungen Jahren einziges Vorbeugungsmittel ist,* dem Tod durch Gehirnblutung usw. im Alter zu entgehen und ein hohes Lebensalter zu erreichen.

wenn sie vor degenerativen Schäden, die langsam über Jahre entstehen, schützen sollen.

Wir hoffen am Beispiel der *Bluthochdruckerkrankung,* des *Herzinfarktes, der Zuckerkrankheit und des Schlaganfalles überzeugend dargelegt zu haben,* welche *verheerenden Folgen Übergewicht* für die Gesundheit und Beeinträchtigung der Lebenserwartungen hat. Prophylaktische Ernährungsmaßnahmen können allein diesen Gefahren begegnen. Nirgends besitzt der Arzt so segensreiche Möglichkeiten Krankheiten vorzubeugen und Leben verlängern zu helfen, als auf ernährungstherapeutischem Gebiet. Aber nichts ist schwieriger, als gegen althergebrachte Ernährungsgewohnheiten und Uneinsichtigkeit anzukämpfen.

Seit 1924 haben sich die Haupttodesursachen auf zwei Hauptgruppen bei gleichbleibender Sterblichkeit konzentriert. Gleichzeitig haben die Haupttodesursachen von 52,9 auf 80,6%, bezogen auf die Gesamtsterblichkeit, zugenommen. Die ernährungsabhängigen, degenerativen Herz-Kreislauf-Krankheiten haben von 14,8 auf 47,8% zugenommen. Fast jeder 2. Bürger stirbt somit an einer solchen Krankheit (Bluthochdruck, Herzinfarkt, Schlaganfall usw).

1978 starben in der BRD 723 200 Personen bzw. 2,6% mehr als 1977 und auch als 1976. 1978 ging fast jeder 2. Sterbefall auf die ernährungsabhängigen Krankheiten des Kreislaufsystems zurück (Tab. 23), nachdem 1976 und 1977 (2. Weltwirtschaftskrise) ein Rückgang der Todesfälle zu registrieren war. Die bösartigen Krankheiten nahmen weiter zu, insbesondere der Lungenkrebs. Magenkrebs ging weiter zurück. Stark stiegen Sterbefälle der Krankheiten der Atmungsorgane an. Während die Gesamtzahl der Sterbefälle in den USA rückläufig war, nahm sie bei uns nach dem Rückgang 1976/77 wieder zu.

Tabelle 23 *Häufigste Todesursachen an der Gesamtsterblichkeit 1924/1926 bis 1978* (nach *Leutner*).

häufigste Todesursachen	1924/1926	1961/70	1978
Infektionskrankheiten einschließlich Grippe, Pneumonie, Tbc	21,0%	6,0%	5,1%
Herz-Kreislauf-Krankheiten	**14,8%**	**41,1%**	**47,8%**
bösartige Neubildungen	11,7%	18,1%	21,4%
unnatürliche Todesursachen	5,4%	7,0%	6,3%
Summe	52,9%	72,2%	80,6%

Mehr denn je begegnet man jedoch Besserwissen und Halbwissen. Methoden der Ernährung werden mit großem Eifer und Fanatismus verteidigt und zum Schaden der Gesundheit verfolgt. Auf keinem Gebiet wird die Allgemeinheit in einem solchen Ausmaß unzureichend und widersprechend von Ignoranten und Laien belehrt, wie auf dem Ernährungssektor. *Im Zwiespalt der Meinungen muß der Arzt entscheiden, welche Ernährungsweise die richtige und beste ist.* Er allein verfügt über Fachkenntnisse einer zweckmäßigen Ernährung (nicht Verwaltungsbehörden), die Möglichkeit der individuellen Beurteilung bei Gesunden wie Kranken. Er allein kann mit maßgebendem Rat zur Seite stehen. *Die Grundsätze der gesunden Ernährung sind heute wissenschaftlich und praktisch so umfangreich erforscht und erprobt, daß sie hinreichend Geltung besitzen und es bei gutem Willen der Verantwortlichen nicht schwerfallen sollte, sie durchzuführen.* Die Ernährung des gesunden Menschen muß ungeschmälert seine Gesundheit erhalten, sein Wohlbefinden, seine geistige und körperliche Leistungsfähigkeit bis ins hohe Alter und soll einen vollwertigen Ersatz für die durch Lebensvorgänge bedingten Stoffwechselverluste geben. *Vor allem darf durch falsche Ernährung niemals die Gesundheit geschädigt werden.*

Sorgenkind Krankenhauskost

Drei bekannte *Ernährungswissenschaftler* der *Universität London* für Hygiene und Tropenmedizin u. a. veröffentlichten in der Oxforder Universitätspresse einen Bericht über *„Food in Hospitals"* über 152 unvorhergesehen *kontrol-*

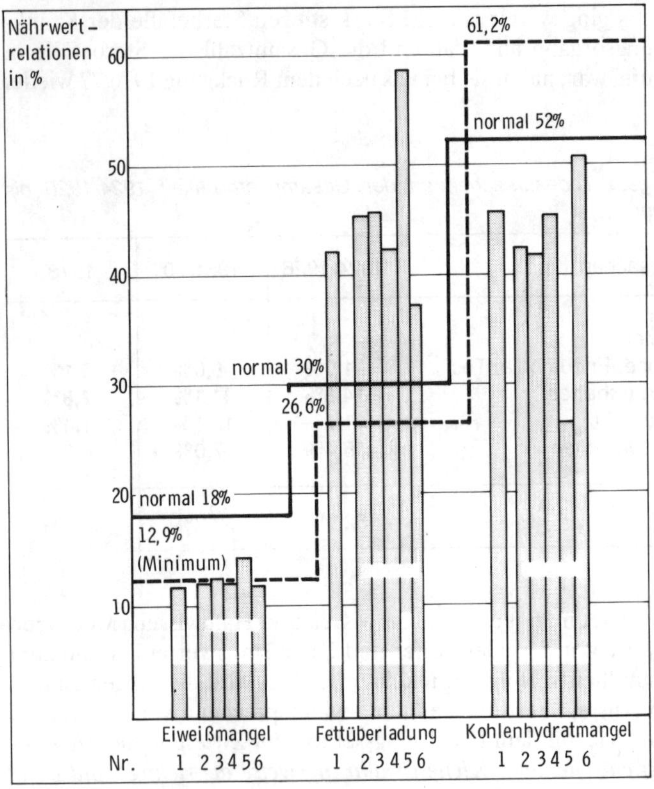

Abb. 16 Die Darstellung zeigt das Ergebnis eigener Untersuchungen über die Kostzusammensetzung von Gemeinschaftsverpflegung und Diätkost an einem *südwestdeutschen Universitätsklinikum.* Die schwarze Mittellinie kennzeichnet die von der Deutschen Gesellschaft für Ernährung empfohlene Nährwertzufuhr (%-Berechnung auf Kalorien- bzw. Joulezufuhr/Tag). Der Gesunde sollte eine Eiweißzufuhr von 12,3% nicht unterschreiten (Krankenhauskost bis 18%), der Fettgehalt nicht 30% überschreiten, der Kohlenhydratgehalt soll über 52% liegen. Innerhalb der Diätetik bestehen gesonderte Bestimmungen. Die Fettzufuhr liegt in allen Fällen weit über den Empfehlungen. Die Kalorienzufuhr lag nicht unter 3000 kcal (12 550 kJ)/Tag (aus *Heilmeyer, L., H.-J. Holtmeier, R. Schubert*: Geriatrie, Thieme, Stuttgart).

lierte Krankenhäuser. Wörtlich heißt es im Bericht: *„Die Verhältnisse und die Kochmethoden in vielen Krankenhäusern würden zum Einschreiten der Gesundheitspolizei und zur Strafanzeige führen, wenn sie in Restaurants oder Hotels vorgefunden würden".*

Die hygienischen Verhältnisse wurden erheblich kritisiert. *Kartoffeln* werden am Vortag geschält, über Nacht gewässert, *Gemüse* in zahlreichen Etappen zubereitet, gesäubert, gewaschen, vorgekocht, gekühlt, *erneut aufgekocht, Essen* über Stunden in Einrichtungen warmgehalten, *Fleisch* bereits am Vortag zubereitet, am kommenden Tag erneut aufgewärmt und folgerichtig Qualität, Nährwert und Vitamingehalt der Speisen maximal beeinträchtigt. Der 200 Seiten starke *Bericht* sagt in seiner Schlußfolgerung über staatliche und städtische Krankenhäuser, *„je größer das Krankenhaus, desto geringer die Qualität der Nahrungsmittel".* Auch Deutschland ist von dieser Gefahr nicht verschont. Professor KRAUT, Direktor des Max-Planck-Institutes für Ernährungsphysiologie in *Dortmund,* führt aus, daß bei Überprüfung einer Krankenhausküche Verluste von 86% des ursprünglichen Gehaltes an Vitamin C der servierten Patientenmahlzeit festgestellt wurden. Kritische Stellungnahmen zur Krankenhausernährung liegen auch seitens namhafter deutscher Ernährungswissenschaftler vor, wie der Herren Professoren Dr. CREMER, em. Direktor des Institutes für Ernährungswissenschaften der Universität Gießen, Professor HEEPE sowie SEIBOLD u. Mitarb. der *I. Med. Univ.-Klinik München* veröffentlichten chemisch-analytische Ergebnisse über den *Eisengehalt* verschiedener Krankenhauskostformen, die an 110 vollständigen tischfertigen Mahlzeiten in weit über 1000 Einzelbestimmungen gewonnen wurden. Die Autoren kommen zu dem Schluß, daß in der untersuchten Großküchenverpflegung der Med. Universitätskliniken München die geforderte tägliche alimentäre Mindesteisenzufuhr von 12 mg (215 μmol) nicht erreicht wird.

Natürlich sind die erwähnten Berichte nicht allgemeingültig. Jedoch bleibt bei uns die Krankenhauskost nach wie vor vielerorts ein Sorgenkind (Abb. 16).

Wenn überhaupt prophylaktische, *ernährungstherapeutische Maßnahmen an einer Stelle* wirksam eingreifen können, dann können sie dies auf dem Gebiet der *Gemeinschaftsverpflegung,* an der heute über 22 Millionen Menschen, also ⅓ unseres Volkes, teilnehmen.

Entwicklung einer fehlerhaften Ernährung und Lebensweise

Genaue Untersuchungen zeigen parallel zum Anstieg der Sterblichkeit der ernährungsabhängigen Erkrankungen auch ein *Ansteigen des Fettkonsums* der täglichen Nahrung. Während 1865 *noch* 25 g Reinfett täglich pro Kopf der Bevölkerung verzehrt wurden, waren es 1978 *bereits* 76 g. Aus verläßlichen Unterlagen Mitte vergangenen Jahrhunderts geht hervor, daß Truppengarnisonen 56 g Fett täglich bei 3000 Kilokalorien (12 550 kJ) verzehrten (Tab. 24). Die Gesamtfettzufuhr (einschließlich Fett in Nahrungsmitteln) lag 1978 bei ca. 140 g/Tag, also fast doppelt so hoch wie erlaubt.

Tabelle 24 *Truppenverpflegung* (um 1850–1870).

Ernährung	Eiweiß		Fett		Kohlenhydrate		Kilokalorien	Kilojoule
	g	%	g	%	g	%	kcal	kJ
Frieden	120	16,1	56	17	500	66,9	3100	12 970
Manöver	135	16,5	80	22,2	500	61,2	3350	14 016
Krieg	145	16,5	100	26	500	57,3	3600	15 062

Ein Jahrhundert zuvor wurden nach Rubner u. Voit u. a. in Königsberg täglich bei 2394 Kilokalorien (10 016 kJ) *31 g Fett,* 84 g Eiweiß und 414 g Kohlenhydrate verzehrt, in *München* bei 3014 Kilokalorien (12 610 kJ) *65 g Fett,* 96 g Eiweiß und 492 g Kohlenhydrate, in *Paris 64 g Fett,* 98 g Eiweiß, 465 g Kohlenhydrate bei 2903 Kilokalorien (12 146 kJ) und in *London 60 g Fett,* 98 g Eiweiß, 416 g Kohlenhydrate bei

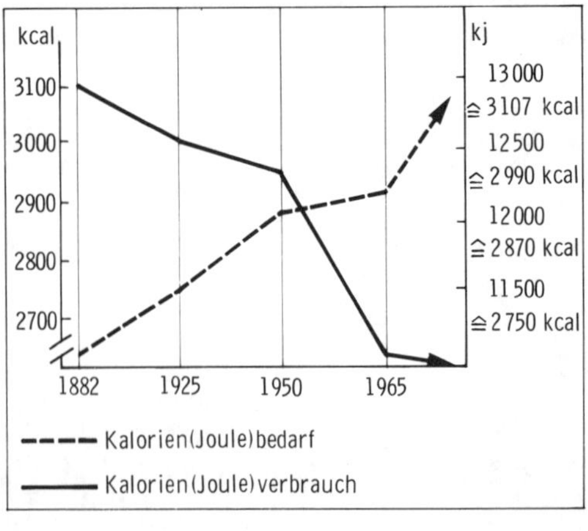

Abb. 17 Kalorien(Joule-)bedarf und Kalorien(Joule-)verbrauch der deutschen Bevölkerung in der zeitlichen Entwicklung (kcal bzw. kJ/Kopf/Tag (nach *Wirths, W.,* Max-Planck-Institut für Ernährungsphysiologie, Dortmund).

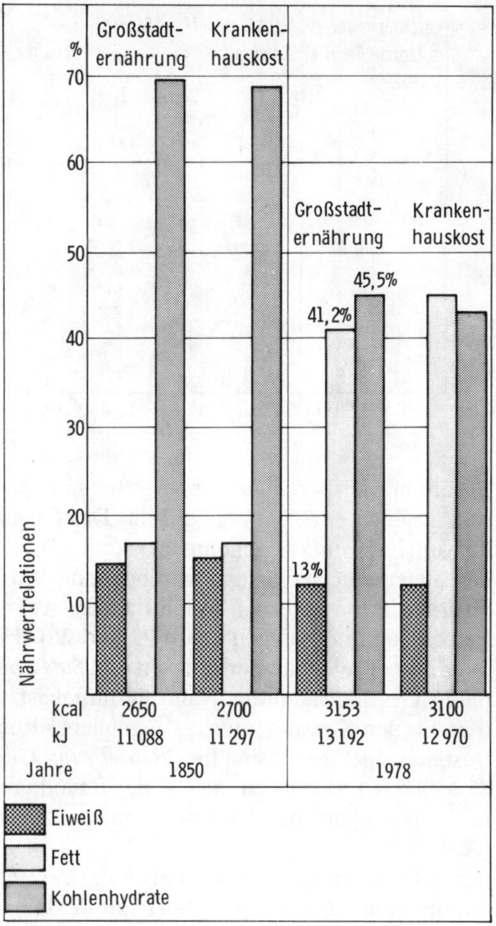

Abb. 18 Diese Abb. zeigt die *umwälzenden Änderungen* der Ernährungsgewohnheiten während der letzten 100 Jahre. Der Fettkonsum ist auf das Dreifache angestiegen, der Eiweißgehalt hat leicht abgenommen. Während die Kalorienzufuhr von 2650 (11 088 kJ) auf 3153 kcal (13 192kJ)/Tag zugenommen hat, hat die Zahl derer, die in sitzenden Berufen tätig sind von ca. 21% auf über 70% zugenommen, die Zahl der Schwerarbeiter hat gleichsinnig abgenommen.

2665 Kilokalorien (11 150 kJ) täglich. *Typische Krankenhausernährungssätze* waren in Deutschland z. B. in *Halle* bei 2267 Kilokalorien (9485 kJ), nur *30 g Fett,* 92 g Eiweiß, 393 g Kohlenhydrate, in *London* bei 3266 Kilokalorien (13 665 kJ) *69 g Fett,* 107 g Eiweiß und 533 g Kohlenhydrate.

Im Vergleich zum vergangenen Jahrhundert ist also ein grundlegender Wandel in der Ernährungsweise eingetreten (Abb. 18 und 20). Zugleich ist für die Entwicklung von Fettsucht wichtig, daß der noch um 1850 überwiegende Anteil an *Berufen mit schwerer körperlicher Arbeit* beachtlich abgenommen hat (Abb. 19). Dafür haben *Berufe mit Leichtarbeit* vor allem mit sitzender Tätigkeit infolge Industrialisierung und Automation selbst in Schwerstarbeiterbetrieben *von 21% auf über 70% zugenommen.* Früher mittels Handarbeit durchgeführte Schwer- und Schwerstarbeit wird heute weitgehend mit Hilfe von Automation, Gerätschaften usw. vollbracht. Infolge Abnahme der

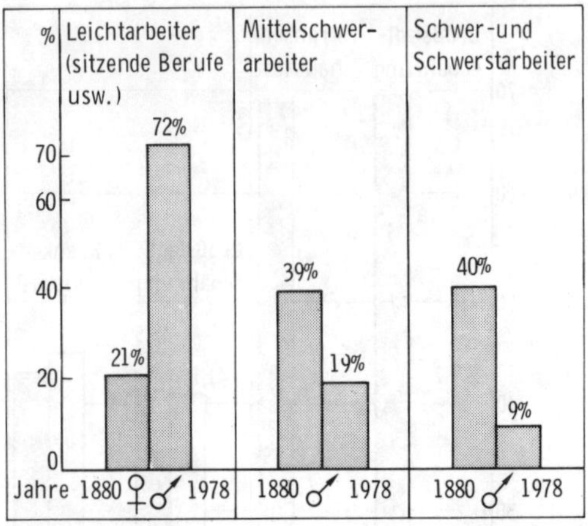

Abb. 19 Die Darstellung zeigt, in welchem Ausmaß seit 1880 der Anteil an *Berufen mit körperlich schwerer Arbeit* zugunsten eines *Anstieges von Berufen* mit vorwiegend *sitzender Tätigkeit* (leichte Arbeit) abgenommen hat. Berufe mit Leichtarbeit haben von 21% bis 1978 auf 72% zugenommen. 1978 waren unter 1% Schwerstarbeiter.

Berufe mit körperlicher Arbeit sollte auch der Nahrungsbedarf der Bevölkerung gegenüber 1850 geringer sein. Das Gegenteil ist der Fall. Der Kalorienkonsum hat weiter zugenommen (Abb. 17).

Der allgemeine Wohlstand trifft heute die *Masse* der Bevölkerung der hochindustrialisierten und zivilisierten Länder. Auf diese Weise ist auch der relative Fettkonsum angestiegen (Tab. 25 und 26). Hinzu kommt eine gewisse Tendenz immer reichhaltiger zu essen und *fette Speisen zu bevorzugen.* Der sahnig milde Geschmack fetter Nahrungsmittel ist von ausschlaggebender Bedeutung für den Konsumenten als angebliches Kennzeichen gesunder Ernährung. Besonders gefährdet sind hier *Betriebe mit Gemeinschaftsverpflegung,* die fast 25 Millionen Menschen, also ⅓ der Bevölkerung versorgen und im allgemeinen nur unzureichender gesundheitspolizeilicher Überwachung unterliegen (Abb. 16).

Keine Generation vor uns hat als *Folge des „Fortschrittes“* (Industrialisierung, Automation, Anstieg des Sozialproduktes) jemals einen solchen *Wandel seiner gesamten Lebensweise erlebt,* wie er seit der umwälzenden Entwicklung der Naturwissenschaften Ende vergangenen Jahrhunderts eingetreten ist. Im Vergleich zur Mitte des vergangenen Jahrhunderts ist seit der Jahrhundertwende (Abb. 17) der *absolute Kalorienverbrauch* in *deutschen Großstädten* von ca. 2700 Kilokalorien (11 300 kJ) auf ca. 3150 kcal/Tag (13 180 kJ) seit ca. 1950 angestiegen, andererseits aber der Energiebedarf erheblich gesunken (Abb. 17), d. h. es ist ein unvorstellbares Mißverhältnis zwischen Nahrungszufuhr und -bedarf eingetreten, wodurch *Übergewicht zur gefährlichsten Volksseuche unseres Landes geworden ist.*

Interessanterweise begann diese Entwicklung ca. 1950 gleichzeitig mit dem Rückgang an körperlicher Arbeit, dem zunehmenden Alkoholkonsum bei starker Automation und mit der Entlastung an körperlicher Arbeit in den Schwer- und Schwerstarbeiterberufen.

Es ist unbestritten, daß der Mensch sich von Natur aus ausreichend bewegen sollte. Der Rückgang an körperlicher Betätigung ist unphysiologisch. Die

Tabelle 25 *Umschichtung des Nahrungsmittelverbrauchs in Deutschland seit den „Hungerjahren" 1946/48. Die abnehmende Kohlenhydratzufuhr ist für die Häufung von Fettsucht nicht verantwortlich, wohl aber steigender Fettkonsum.* In dieser Berechnung sind die durch Alkohol gelieferten Kalorien nicht berücksichtigt. 1977 kamen ca. 450 Kilokalorien (1883 kJ) durch Alkohol pro Kopf und pro Tag hinzu. Alkoholkalorien sind nach Fettkalorien an zweiter Stelle für die Zunahme des Übergewichts verantwortlich (vgl. Tab. 11).

Jahr	Eiweiß insgesamt g	davon tierisches Eiweiß g	Fett g	Kohlenhydrate g	Kilokalorien kcal	Kilojoule kJ
1909/13	87	34	91	442	2940	12 300
1924	81	34	83	381	2750	11 506
1928	85	40	102	399	2940	12 300
1932	80	37	104	389	2890	12 092
1935/38	91	50	104	433	3100	12 970
1946/47	73	27	44	374	2120	8 870
1947/48	77	25	43	418	2290	9 580
1948/49	83	27	53	462	2600	10 878
1949/50	81	38	80	430	2840	11 883
1950/51	81	42	98	415	2950	12 343
1951/52	81	42	99	401	2890	12 092
1952/53	83	45	106	401	2980	12 468
1953/54	84	47	111	398	3010	12 594
1954/55	86	48	114	402	3060	12 803
1955/56	86	50	117	393	3060	12 803
1956/57	86	49	118	393	3070	12 845
1957/58	89	54	117	384	3020	12 636
1958/59	80	47	125	392	3000	12 552
1959/60	80	48	125	371	2920	12 217
1960/61	80	48	127	383	2980	12 468
1961/62	82	50	129	372	2970	12 426
1962/63	80	50	130	368	2960	12 385
1963/64	80	50	129	367	2950	12 343
1964/65	80	51	131	356	2920	12 217
1965/66	79	51	129	354	2890	12 092
1966/67	80	52	130	345	2870	12 008
1967/68	79	50	130	354	2890	12 092
1971/72	82,5	55	140,3	352,1	2999	12 548
1974/75	83,4	55,8	139,6	354,6	2997	12 539
1976/77	100,3	66,6	139,6	350,9	3153	13 192

Tabelle 26 *Durchschnittlicher Verbrauch der Bevölkerung der BRD an Lebensmitteln pflanzlicher Herkunft je Kopf und Jahr in kg.* Die Zahlen verdeutlichen den starken Rückgang an Kohlenhydratträgern (mit Ausnahme des überhöhten Zuckerkonsums).

Jahr	Roggenmehl	Weizenmehl	Nährmittel	Kartoffeln	Gemüse	Hülsenfrüchte	Obst	Südfrüchte	Zucker	Margarine	sonstige Fette
1948/49	38,0	80,2	3,2	225,9	60,8	3,2	24,2	1,7	20,9	–	2,4
1949/50	40,7	68,4	5,3	202,0	42,7	2,2	32,6	6,2	23,8	–	4,8
1950/51	35,1	61,8	2,9	186,6	49,9	1,7	42,7	7,8	28,5	9,0	8,9
1951/52	32,8	63,2	4,7	177,4	44,0	1,3	46,5	7,9	25,7	9,9	8,2
1952/53	31,5	63,3	4,5	170,5	43,9	1,7	61,5	11,2	24,7	11,5	8,9
1953/54	30,9	62,0	4,2	163,5	48,6	1,6	58,7	13,0	26,4	12,0	9,1
1954/55	26,9	64,2	4,5	160,2	41,6	1,8	60,9	13,1	27,5	12,4	9,4
1955/56	28,2	62,7	4,7	157,2	48,3	1,7	48,5	14,7	28,2	12,8	9,6
1956/57	27,4	61,1	4,7	152,4	45,3	1,7	59,6	13,6	29,0	12,7	9,5
1957/58	26,0	60,1	3,7	150,2	48,9	1,5	32,2	20,9	31,2	12,1	9,5
1958/59	24,4	58,1	3,9	142,0	46,2	1,2	80,6	18,9	30,8	11,6	9,7
1959/60	22,8	56,6	4,5	133,0	42,1	1,4	51,3	21,4	29,3	11,3	9,7
1960/61	21,8	55,5	3,9	142,0	48,8	1,5	86,5	21,9	31,0	10,7	9,6
1961/62	20,3	54,5	4,7	130,0	47,9	1,6	66,2	23,1	30,8	10,0	10,4
1962/63	18,9	52,5	4,6	126,0	45,4	1,6	71,2	22,1	31,5	9,7	10,4
1963/64	19,2	51,7	4,7	123,0	51,1	1,4	79,1	22,5	32,6	9,8	10,4
1964/65	18,6	50,8	4,5	118,2	48,6	1,4	67,8	25,1	30,7	9,9	9,8
1965/66	18,1	50,3	4,9	108,0	47,0	1,3	66,3	25,3	33,0	9,4	10,4
1966/67	17,1	49,1	4,8	108,2	53,5	1,3	73,3	25,4	33,3	9,6	10,5
1967/68	16,6	48,8	3,5	110,2	56,0	1,2	79,3	25,9	33,1	9,4	11,1
1971/72	14,9	46,0	3,4	101,0	63,3	1,0	95,9	25,6	34,0	9,1	13,4
1976/77	14,2	47,4	3,4	76,6	70,4	1,0	88,3	22,6	38,7	8,7	18,9

umgerechnet auf g/Tag

1976/77	39	130	9,3	210	193	3,0	242	62	106	24,0	52,0

empfohlene Zufuhr zur Sicherung des Nährstoffbedarfs in g/Tag und Kopf

	Brot	Nährmittel	Kartoffeln	Gemüse	Hülsenfrüchte	Obst	Zucker	
25 Jahre	270	50	300	200	8	150	65	bei 2550 Kilokalorien (12 670 kJ)
65 Jahre	270	40	200	150	5	150	30	bei 2250 Kilokalorien (9 414 kJ)

Tatsache, daß die Nahrungszufuhr seit der Jahrhundertwende stets mit Mengen um 3000 kcal (12 550 kJ) erfolgte, deutet vielleicht daraufhin, daß veranlagungsmäßig Menschen bei uns ein Appetitgefühl in dieser Größenordnung besitzen. Vielleicht ist es deshalb auch so schwer, größere Bevölkerungsgruppen zur Gewichtsabnahme zu bewegen. Die niedrigere Kalorienzufuhr im vergangenen Jahrhundert ist weitgehend auf den Mangel an Nahrungsmitteln in der vorindustriellen Ära zurückzuführen.
Die kleine Gesellschaftsschicht der sog. „oberen" Klassen vergangener Jahrhunderte, welche sich alleine Ernährungsgenüsse nach Wunsch erlauben konnten, während die Mehrzahl der arbeitenden Bevölkerung noch bis zur Jahrhundertwende karg lebte, gibt es heute nicht mehr. In der modernen Industriegesellschaft unseres Jahrhunderts ist das Einkommen des einzelnen so gestiegen, daß sich die *Mehrzahl der Bevölkerung eine überreichliche Nahrung* und Genußmittel nach Wunsch *erlauben* kann. Eigene Umfrageuntersuchungen ergaben, daß heute die Oberschicht sich eher zurückhaltend ernährt, während der überwiegende *Teil des Volkes* durch falsche Ernährungs- und Lebensweise die Gesundheit gefährdet und mangels Aufklärung von verantwortlicher Seite immer mehr Menschen in den besten Jahren an ernährungsabhängigen Krankheiten sterben müssen, die an der Spitze aller Todesstatistiken stehen.

Ursachen der Fettsucht

Der berühmte griechische Dichter HESIOD prägte den Ausspruch: *„Vor jede Behandlung haben die Götter die Diagnose (= Erkennung der Krankheit) gestellt"*. So ist es auch bei Übergewicht. Bevor Sie eine Abmagerungskur über Wochen beginnen und zweifeln, daß ihre Übergewichtigkeit nicht allein Folge von Eßlust ist, befragen Sie lieber den Arzt. Wenn in diesem Buch von Übergewicht gesprochen wird, meinen wir natürlich Patienten mit Fettsucht (als Funktionsanomalie) und keine organischen Erkrankungen. Auch Sportler, Boxer, Schwerarbeiter usw. können mit riesigen Muskelpaketen *übergewichtig* sein, sind aber gesund und nicht behandlungsbedürftig. Auch werden Herzkranke, Patienten mit Venenleiden und Wasseransammlung „übergewichtig", jedoch nicht im Sinne einer Fettsucht.

Übergewichtige essen nicht zu viel, aber „falsch"

Abgesehen von einigen unverbesserlichen *„Vielessern"* beteuern die meisten *Übergewichtigen zu Recht,* daß sie *nur wenig essen* und nicht abnehmen, wie dies Untersuchungen an einigen Hunderten von Patienten bestätigten. Es zeigte sich jedoch, daß diese Patienten ungenügende Vorstellungen über den sehr unterschiedlichen *Kalorien- bzw. Energiegehalt* von Nahrungsmitteln haben und überwiegend *zwar wenig, aber zu kalorienreich essen* (Tab. 27 und 28).

Tabelle 27 *Einige kalorienreiche Nahrungsmittel.*

100 g Milchschokolade (1 Tafel)	~ 560 Kilokalorien (2343 kJ)
100 g Pralinen (ca. 10 Stück)	~ 450 Kilokalorien (1883 kJ)
100 g Nüsse (jeder Art) ohne Schale	~ 680 Kilokalorien (2845 kJ)
1 Portion Melba-Eis	~ 380 Kilokalorien (1590 kJ)
1 Glas (30 ml) Cognac, Whisky usw. (Getränke mit 48%)	~ 100 Kilokalorien (418 kJ)
1 Glas Rum (70%)	~ 140 Kilokalorien (586 kJ)
1 Glas Bier (250 ml)	~ 150 Kilokalorien (628 kJ)
1 Glas Wein (rot, weiß)	~ 150 Kilokalorien (628 kJ)
1 Glas Sekt (trocken, 100 ml)	~ 90 Kilokalorien (377 kJ)

Tabelle 28 *Einige kalorienarme Nahrungsmittel.*
Daran können Sie sich nach Belieben satt essen!

Diese Mengen enthalten nur 100 Kilokalorien (418 kJ)
500 g Salat (Brunnenkresse, Kopfsalat, Chicorée, Feldsalat usw. – in roher Form)
400 g Gemüse (Spinat, Weißkohl, Gurken, Sauerkraut, Rotkohl, Spargel usw. – in roher Form)
300 g Gemüse (Blumenkohl, Kohlrabi, Champignons usw. – in roher Form)
300 g Buttermilch oder Magermilch

Eben diese Kleinigkeiten machen dick – oder besser gesagt die „Unwissenheit“ über den wahren Kaloriengehalt macht dick. Ebenso wie man bei Nahrungsentzug verhungert, nimmt man bei Unterernährung ab, daran besteht kein Zweifel. Durch diese Feststellung wird die Behauptung einiger unbelehrbarer angeblich *„zu guter Futterverwerter“* gegenstandslos, eine fachgerecht durchgeführte Abmagerungskur habe bei ihnen keinen Erfolg. Wenn sie nach unseren Plänen im Anhang durchgeführt wird, hat sie mit Sicherheit Erfolg.

Gewichtszunahme entwickelt sich zumeist langsam unmerklich über Jahre. Täglicher *Mehrverbrauch* von ca. 100 Kilokalorien (418 kJ) an Fett (= ca. 11 g Fett), welche in den Fettdepots abgelagert werden, führt bereits in einem Jahr zu einer Gewichtszunahme um ca. 3,6 kg und in 5 Jahren um 18 kg (Abb. 21). Kalorienreiche Mahlzeiten an Wochenenden, Festtagen und Firmensitzungen summieren sich zu solchen Effekten.

Nahrungseinschränkung bzw. Kalorienberechnung ist das A und O zur Vermeidung von Übergewicht und dessen Behandlung. Bei dem derzeitigen Überwiegen von *Berufen* mit *vorwiegend sitzender Tätigkeit* bzw. Leichtarbeit vermögen *einige Stunden* körperlicher Bewegung täglich *keine Gewichtsabnahme zu bewirken,* denn um 1 kg Fettgewebe Übergewichtiger „abzuschwarten“, müssen ca. 18 Stunden Foxtrott (ohne zu essen) getanzt werden. Dazu hat kaum jemand neben seinem Beruf Zeit, und Schwerarbeiter haben

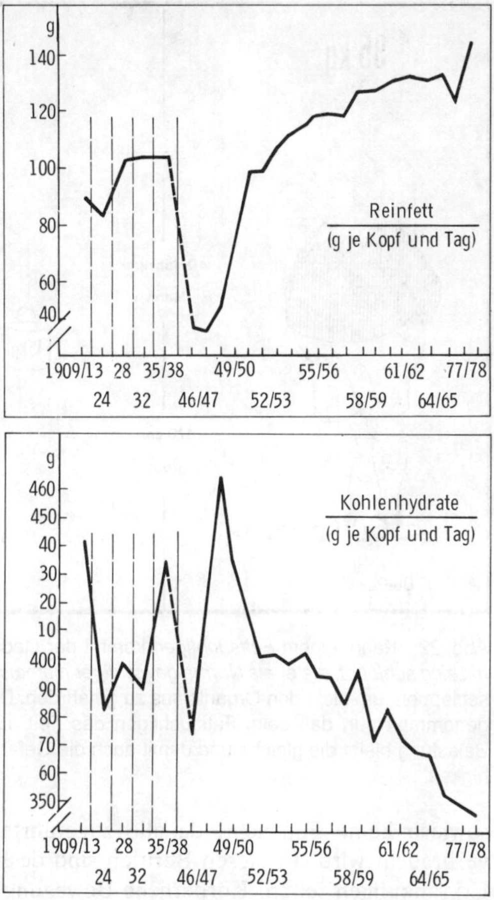

Abb. 20 Die graphische Darstellung zeigt die Verabreichung von Kohlenhydraten und Fett in Deutschland in den letzten Jahren. Während bereits in den Vorkriegsjahren der Fettanteil gegenüber der Jahrhundertwende zu hoch liegt, wird in der Nachkriegszeit die Mangelernährung durch überhöhte Fettzufuhr aufgeholt.

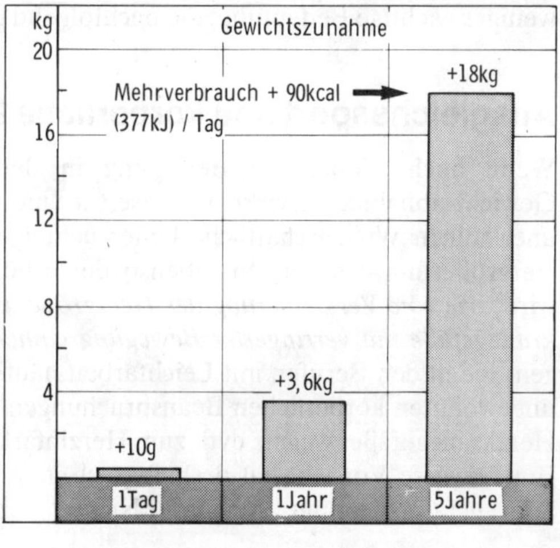

Abb. 21 Mit Hilfe dieser Abb. wird gezeigt, wie unmerklich man in einigen Jahren zunimmt (in 1 Jahr um ca. 3,6 kg und in 5 Jahren bereits um 18 kg) wenn täglich nur 90 Kilokalorien (377 kJ) (entspricht = 10 g Butter oder Margarine usw.) zuviel gegessen werden. Wegen des hohen Kaloriengehaltes fetthaltiger Speisen, ist die Gefahr dort besonders groß, rasch zuzunehmen.

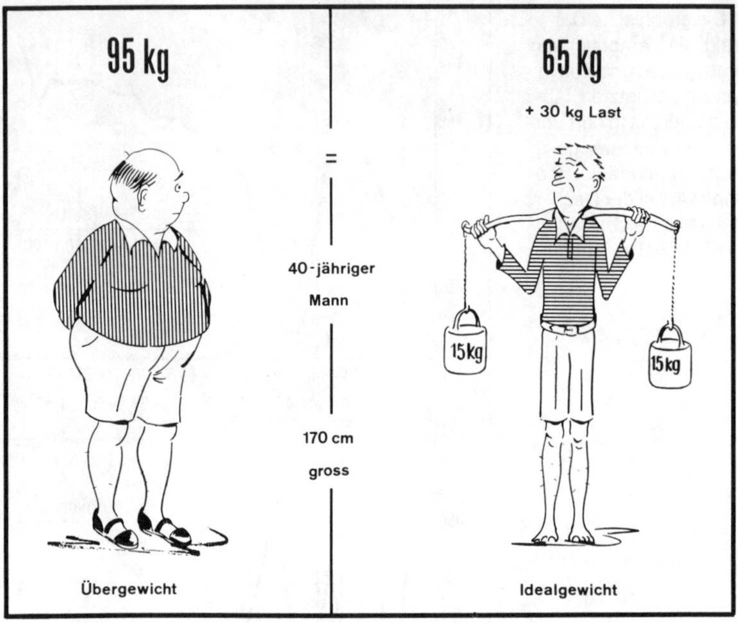

Abb. 22 Kaum einem *Fettsüchtigen* kommt der Gedanke, daß er *täglich eine große Last mit sich schleppt,* die er *als Normalgewichtiger niemals wagen würde,* über Jahre mit sich zu schleppen, um nicht den Organismus zu gefährden. Der einzige Unterschied ist im Grunde genommen nur, daß beim Fettsüchtigen das Fett auf den Körper verteilt wird, aber die Belastung bleibt die gleiche und damit auch die Gefahren für Gesundheit und Leistungsfähigkeit.

sowieso keine Fettsucht, da alle zugeführte Nahrung zu Energiezwecken verbraucht wird. In diesen Berufen sind deshalb auch ernährungsabhängige Erkrankungen selten. Körperliche Bewegung hat deshalb eine andere, nicht weniger wichtige Bedeutung, die nachfolgend geschildert wird.

Ausgleichssport und körperliche Bewegung

Wenn auch körperliche Bewegung in der Freizeit keine ausreichende Gewichtsabnahme bewirkt, ist diese für eine gesunde Lebensweise trotzdem unerläßlich. Wissenschaftliche Untersuchungen an Sportlern zeigen, daß die Vergrößerung des Herzens ebenso der erhöhten Beanspruchung angepaßt wird, *wie eine Verkleinerung der Herzgröße unter Beeinträchtigung der Herzkranzgefäße mit verringerter Bewegung einhergeht.* Untrainierte kleine Herzen, die in den Berufen mit Leichtarbeit häufig gefunden werden, neigen bei ungewöhnten körperlichen Beanspruchungen zu Beschwerden von seiten der Herzkranzgefäße, welche evtl. zum Herzinfarkt und zum Tod führen können. Eine gewisse Vorsicht hat deshalb auch im *Schulsport* zu gelten. Auch beim Sport geht es nicht um „Alles oder Nichts“, sondern um Vernunft.

Durch Sport wird nicht nur das *„HDL-Cholesterin“* als Schutzfaktor vor Herzinfarkt erhöht, sondern auch eine den sog. „β-Rezeptorenblockern“ ähnliche Kreislaufwirkung erzielt, die heute ebenfalls zum Schutz vor Herzinfarkten eingesetzt werden. Viele Herzrhythmusstörungen meist nervlicher Art können durch Sport zum Verschwinden gebracht werden.

Als Richtwert kann gelten, daß in einem kg unerwünscht gespeicherten Fettgewebes ca. 6000 kcal (25 100 kJ) gespeichert sind. Nach Tab. 29 kann man sich leicht ausrechnen, wieviel Zeit man benötigt, um mit einer bestimmten Tätigkeit 1 kg abzunehmen. Häufig zu beobachtende erstaunliche Gewichtsabnahmen, z. B. nach einem Fußballspiel oder einem Langlauf, sind durch Schwitzen und Wasserverluste zu erklären, aber meist nur geringfügig Folge echten Substanzverlustes. Beim Fußballspiel können erfahrungsgemäß bis zu 3 kg an Gewicht verlorengehen, beim 10 000-m-Lauf bis 1,5 kg, beim Skilauf über 10 km bis 1 kg.

Tabelle 29 *Kalorienverbrauch (kcal/kJ) bei verschiedenen Betätigungen pro Stunde* (aus *Schlierf, G., P. Oster*: Diagnostik und Therapie der Fettstoffwechselstörungen. Thieme, Stuttgart 1978).

Betätigung	kcal/h (kJ/h)	Betätigung	kcal/h (kJ/h)
schlafen	50– 70 (209– 293)	tanzen	200–450 (837–1883)
Handarbeit	60– 80 (251– 335)	Federball	300–550 (1255–2301)
bügeln	80–130 (335– 544)	Rad fahren,	
kochen	70–210 (293– 879)	langsam	180–220 (753– 920)
fegen/moppen	150–200 (628– 837)	schnell	440–500 (1841–2092)
abwaschen		Skilanglauf	450–900 (1883–3766)
(Geschirr)	60–120 (251– 502)	eislaufen	500–700 (2092–2929)
Fenster putzen	120–200 (502– 837)	schwimmen	300–700 (1255–2929)
Betten machen	240–300 (1004–1255)	rudern	250–650 (1046–2720)
spazierengehen	100–200 (418– 837)	Fußball	300–700 (1255–2929)
Autofahren	70–120 (293– 502)	reiten	250–600 (1046–2510)
Schnee schaufeln	250–350 (1046–1464)	Langlauf	500–600 (2092–2510)
Golf	200–300 (837–1255)	Treppen steigen	480–520 (2008–2176)
Tischtennis	250–350 (1046–1464)		

Professor Reindell und seine Mitarbeiter der *Freiburger Medizinischen Universitätsklinik* haben an Tausenden von Untersuchungen nachgewiesen, daß bei einem gesunden Herz eine feste Beziehung zwischen der Herzgröße und der körperlichen Leistungsfähigkeit besteht. *Je größer das gesundeHerz, desto leistungsfähiger ist der Organismus und desto geringer die Gefahr des Herzinfarktes.* Eine Herzvergrößerung läßt sich also durch sportliches Training erreichen; körperliche Ruhe, beispielsweise ein längeres Krankenlager, führt tatsächlich schon in kurzer Zeit zu einem Kleinerwerden des Herzens mit entsprechender Leistungsverminderung. Es ist das authentische, allgemein anerkannte Verdienst von *Professor* Reindell, durch seine Reihenuntersuchungen an Hochleistungssportlern erkannt zu haben, daß ein großes Herz – Sportler haben tatsächlich ein viel größeres Herz als andere Menschen – nicht krank zu sein braucht, sondern besonders leistungsfähig sein kann. Bis dahin hatte man aus der Beobachtung, daß jedes kranke Herz vergrößert ist, den Schluß gezogen, jedes vergrößerte Herz müsse auch krank sein.

Aus dieser engen Beziehung zwischen Herzgröße und körperliche Leistungsfähigkeit fallen nun allerdings alle Patienten mit einer krankhaften „Herzinsuffizienz" (= echtes Herzleiden) heraus. Entweder sind die Herzen für eine bestimmte Leistungsstufe zu groß, oder bei normal großen Herzen ist ihre Leistungsfähigkeit vermindert. So kann ein Herz mit einer schweren Schädigung des Herzmuskels die gleiche Größe haben wie das Herz etwa eines Tour-de-France-Rennfahrers, nämlich ein Volumen von 1300 Kubikzentimetern; die Leistungsfähigkeit des Patienten beträgt aber dann nicht einmal zehn Prozent des Sportlers. Der Begriff „Insuffizienz" bedeutet, daß das Herz als „Pumpwerk" des Kreislaufes, also des „Transportsystems", nicht mehr genügend funktionstüchtig ist. Ein solches Versagen kann bereits im Ruhezustand auftreten (Ruheinsuffizienz) oder bei körperlicher Belastung (Belastungsinsuffizienz). Als Ursache dieser Herzinsuffizienz ist vor allem bei älteren Menschen eine verminderte Durchblutung des Herzmuskels selbst anzuführen. Darüber hinaus kommen entzündliche Erkrankungen und degenerative Erscheinungen (Abnützungsmerkmale) in Frage, aber auch Erkrankungen der Herzklappen, die zu einer Verengung oder zu einer Schlußunfähigkeit der Herzklappen führen.

Die „funktionelle" Herzschwäche, welche heute oft bei Managern usw. anzutreffen ist, bildet einen Zustand, bei dem der Herzmuskel selbst und der Klappenapparat völlig gesund sind, das Herz als Pumpe jedoch im Blutkreislauf versagt. Die entscheidende Ursache dafür liegt in der heutigen Lebensführung begründet. *Der Mangel an körperlicher Bewegung (Schreibtischherz) führt dazu, daß sich das Herz seinen eigentlichen Aufgaben nicht mehr ausreichend anpaßt, verkleinert und schlecht durchblutet ist.*

Die Unterscheidung Herzinsuffizienz und „funktionelle" Herzschwäche ist nun insofern von großer Bedeutung, als die Behandlung eine völlig unterschiedliche ist. Während der Patient mit Herzinsuffizienz ins Bett gehört und medikamentös behandelt werden muß, ist für einen Kranken mit funktioneller Herzschwäche – *der oft über die gleichen Beschwerden klagt wie der Patient mit insuffizientem Herzen* – die Bewegungstherapie das Mittel der Wahl.

Es hat sich gezeigt, daß den aufgezeigten Gefahren für die Herzgröße und Herzdurchblutung bereits durch täglich 1 Stunde Sport und Wochenendsport ausgezeichnet begegnet werden kann. Wichtig ist nur, *daß dieser Sport zum Herzklopfen führen muß,* als Zeichen der echten Belastung.

Diese morgendlichen Übungen sollte sich jeder zur Pflicht machen und täglich durchführen.

Dagegen sollte *Wochenendsport* auch ein *Hobby* darstellen, bei welchem man seinen täglichen Ärger vergißt und zugleich intensiv *Sport im Freien betreibt,* wie *Segeln, Jagen, Wanderungen* usw. Körperliche Betätigung aus Zwang

Kreislauftraining morgens (nach dem Aufstehen):
30 *Kniebeugen,*
30mal *Aufspringen aus der Hocke,*
Dauerlauf im Garten, morgendliches *Schwimmen* usw.
Zwischen jeder Übung einige Minuten Pause einlegen (Intervalltraining).

wird selten länger durchgeführt. Nur die wenigsten gehen am Wochenende nach „ärztlicher Vorschrift" täglich 3 Stunden spazieren. Zur Arbeitsstätte benutze man besser ein Fahrrad. Vorwiegend sitzend Tätige sollten in den jährlichen Ferien körperliche Bewegung der „Ruhe" und „Entspannung" vorziehen.

Als Mindestempfehlung gilt:

3mal pro Woche je 10–15 Minuten
sportliche Bewegung bis zu einem Pulsschlag von 180 minus Lebensalter.

Bei untrainierten älteren Menschen sollte eine vorherige ärztliche Untersuchung erfolgen.

Die körperliche Belastung soll eine bestimmte Stärke und Dauer haben. Ein gutes Maß ist hierfür der Pulsschlag. Hierbei haben sich für verschiedene Altersgruppen *Erfahrungswerte* gebildet. Bei jüngeren Patienten darf der Herzschlag auch über 150 Schläge pro Minute liegen. Am besten ist ein tägliches Training.

Mittelwerte der Pulsausdauerfrequenzen bei Gesunden:

130 Schläge/min bis 30 Jahre
127 Schläge/min bis 40 Jahre
123 Schläge/min bis 50 Jahre
118 Schläge/min bis 60 Jahre
111 Schläge/min bis 70 Jahre
103 Schläge/min bis 80 Jahre

Man berücksichtigt heute darüber hinaus die sog. *„dynamischen" Sportarten* mit *„Ausdauertraining"*. Zu ihnen gehören Waldlauf, Schwimmen, Radfahren, Skifahren usw. Diese Sportarten können auch von Kranken mit Bluthochdruck und älteren Menschen durchgeführt werden. Werden sie *regelmäßig* betrieben, empfiehlt sich einmal jährlich eine *ärztliche Untersuchung.*

Ganz im Gegenteil dazu gilt heute *für ältere Leute,* aber auch für *Bluthochdruckkranke,* daß sie auf sog. *„Kraft- und Schnelligkeitsbelastungen"* verzichten sollten. Hierzu gehören Fußball, Sprints, Liegestütze usw., also Versuche, plötzliche *Spitzenleistungen* in verschiedenen Sportarten zu erlangen, wobei es zu einem sehr plötzlichen Puls- und Blutdruckanstieg kommt. Der Blut-

hochdruckkranke kann sich hierdurch gefährden (Gefahr des Schlaganfalls) und ältere Menschen weisen oft schon Altersveränderungen der Organe, z. B. der Wirbelsäule oder Lunge auf, die diese Belastung nicht mehr vertragen. Ich selber erinnere mich an einige tragische Todesfälle, bei denen über Jahrzehnte geübte Sportler im Alter, bei Fortsetzung derartiger Belastungen, z. B. wegen Altersveränderung der Lunge (Emphysemblasen), die sie nicht registriert hatten, einen Lungenriß erhielten und plötzlich verstarben. Die Benutzung von Handrollen zum Training der Oberarme und der Wirbelsäule führte bei Bandscheibenschäden im Alter zu schweren Komplikationen.
Bei dieser Gelegenheit möchte ich noch auf eine alte Erfahrung hinweisen. *Jeder,* selbst der banalste *Infekt,* sei es eine Angina oder nur eine normale Grippe, Mandelentzündung usw., *kann eine Herzmuskelentzündung* (Myokarditis) bei jungen und älteren Menschen auslösen. Deshalb sollte Sport wenigstens über 10–14 Tage nach einer solchen Infektionskrankheit verboten werden. Auch die Anfertigung der Herzschrift (EKG) bringt oft keine Klärung. Unter 80 in Österreich untersuchten tödlichen Sportunfällen fanden sich in 99% der Fälle Herzmuskelentzündungen, die nach derartigen Infekten entstanden waren. Es ist weltweit bekannt, daß während großer Sportwettspiele Sportler, die sich eine Grippe zugezogen hatten und trotzdem kurz nach dem Infekt zum Kampf starteten, bei der ersten Belastung deswegen tot umgefallen sind.

Die gesunde Ernährung

Die Ernährung

Der lebende Organismus steht in einem ständigen Austausch von Stoffen mit der Natur. Er verzehrt zur Lebenserhaltung tierische und pflanzliche Produkte, roh wie die Natur sie bietet oder durch Kochkunst zu Speisen verarbeitet. Die zugeführten *Nahrungsmittel* lassen sich in die drei wichtigsten *Nährwertträger* und in verschiedene anorganische Stoffe, Vitamine usw. gliedern:

Eiweiß, Fette, Kohlenhydrate
Mineralsalze, Spurenelemente, Vitamine, Wasser usw.

Auf die Bedeutung der einzelnen Substanzen wird anschließend kurz eingegangen.
Gefühle und Wünsche nach Nahrung sind wandelbar, insbesondere wenn es sich um Genußmittel handelt. Wir haben eingangs geschildert, wie sich in den vergangenen Jahrtausenden instinktiv oder durch Einfluß bekannter Ärzteschulen je nach Klima, Boden und Lebensgewohnheiten bestimmte nationale Ernährungsformen entwickelt haben. Es ist Aufgabe des Ernährungsphysiologen, gegen Schäden und Irrtümer einseitiger und falscher Ernährungsgewohnheiten zu kämpfen. Nichts ist schwieriger, als sich gegen Eßgewohnheiten, althergebrachte Auffassungen über Ernährung und Uneinsichtigkeit durchzusetzen. Willkürliche Einschränkung oder einseitige Ernährung ohne genaue Berechnung der einzelnen Nährwertträger wirkt sich auf die Gesundheit nachteilig aus. In den nachfolgenden Kapiteln wird die Bedeutung der wichtigsten Nährwertträger kurz erläutert.

Eiweiß

Als Repräsentanten der stickstoffhaltigen Stoffe sind die Eiweißstoffe zu bezeichnen. Die Bausteine der Eiweißstoffe sind *Aminosäuren*. Außer Kohlenstoff, Wasserstoff und Sauerstoff enthalten alle Eiweißstoffe Stickstoff, die meisten außerdem noch Schwefel, Phosphor und einige Eisen, Kupfer, Halogene usw. Die chemische Konstitution zahlreicher Eiweißkörper ist noch nicht geklärt. Während der Organismus Fett zu Kohlenhydraten und umgekehrt selber synthetisieren kann, müssen bestimmte Aminosäuren ausschließlich durch die Nahrung zugeführt werden. Die sogenannten *„essentiellen" Aminosäuren* Isoleucin, Leucin, Lysin, Methionin, Phenylalanin, Threonin, Tryptophan und Valin können vom Organismus selber nicht gebildet werden. Die biologische Wertigkeit von Eiweiß ist also durch den Gehalt an diesen hochwertigen Aminosäuren gekennzeichnet. Tierisches Eiweiß ist vollwerti-

ger als pflanzliches. Deshalb sollen mindestens 36% des zugeführten Eiweißes tierischer Natur sein. *Fleisch, Fisch, Milch, Eier und Käse enthalten als tierische Eiweißträger unentbehrliche Aminosäuren.*
Der Gesunde kann im Gegensatz zum Fett- und Kohlenhydratstoffwechsel nur ausnahmsweise Eiweißdepots bilden. Eiweiß wird zur Bildung und Arbeitsleistung der Zelle, Herstellung von Hormonen, Sekreten, Fermenten, Blut, Hirnsubstanz und zahlreichen anderen Stoffwechselfunktionen benötigt. Nach übereinstimmenden Erfahrungen beträgt das Eiweißminimum 30 bis 40 g täglich, *das Eiweißoptimum 0,9 g Eiweiß pro 1 kg Körpergewicht* (z. B. bei 70 kg Körpergewicht = 63 g Eiweiß/Tag). *Kinder, Jugendliche und alte Leute benötigen größere Mengen (etwa 1,1 g/kg täglich).* Zugeführtes Eiweiß wird durch Verdauung zu Aminosäuren aufgespalten und in Energie umgewandelt, soweit es nicht zum Ersatz im Eiweißstoffwechsel benötigt wird. 1 g Eiweiß liefert 4,1 Kilokalorien (17,2 kJ) an Energie.
Früher empfahl man dem Erwachsenen 1,0 g Eiweiß pro 1 kg Normalgewicht. Weil in der Zwischenzeit in der Ernährung der Anteil an *tierischem Eiweiß* bis auf über 65% *angestiegen* und damit eine ausreichende Zufuhr an Aminosäuren garantiert ist, hat man die Empfehlungen für die *Eiweißzufuhr auf 0,9 g/kg Körpergewicht reduziert.* Insgesamt ist die Eiweißzufuhr bereits zu stark

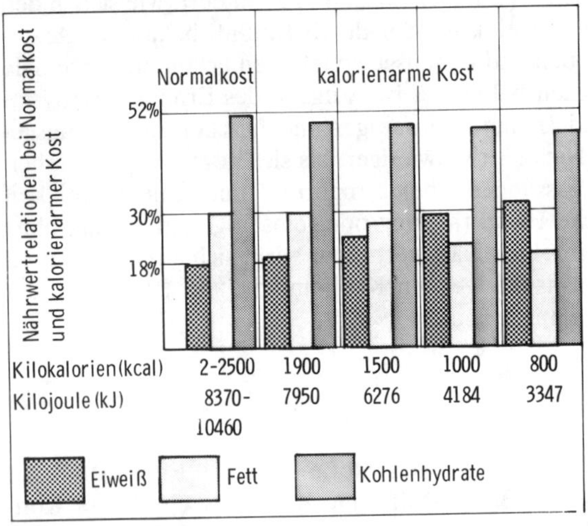

Abb. 23 Die graphische Darstellung zeigt schematisch die sinnvolle Zusammensetzung der einzelnen Nährwertträger Eiweiß, Fett, Kohlenhydrate. Der Kranke benötigt im Gegensatz zum Gesunden zur Erholung, zum Wiederaufbau des Organismus und zur Steigerung der Abwehrkräfte mehr Eiweiß (bis 18%) als der Normalverbraucher (12 bis 15%). Unter kalorienarmer Kost ist eine besonders sinnvolle Abstimmung aller Nährwertträger zueinander wichtig, um einseitige Ernährung oder Mangelernährung zu vermeiden. Die im Anhang befindlichen Tagesmenükarten für kalorienarme Kost mit 1900 bis 800 Kilokalorien (7950 – 3347 kJ) täglich, sind nach dem aufgezeigten Schema hergestellt. Man erkennt das Dominieren der Eiweißzufuhr, um Eiweißmangelschäden zu vermeiden. Die von uns entwickelten Abmagerungsdiäten bewährten sich in Klinik und Praxis bei mehrjähriger Erprobung.

angestiegen. Anstelle von ca. 70–80 g benötigtem Eiweiß erhielten wir 1977 bereits 105 g Eiweiß täglich pro Person. Jede Störung des Gleichgewichts zieht andere Forderungen nach sich. So werden bei 95 g Proteinzufuhr bereits 35 mval (17,5 mmol) Magnesium benötigt, die wir nicht erhalten. Somit ist Eiweiß heute bereits mit für die Entstehung von Übergewicht verantwortlich.
Da der Organismus weder aus Kohlenhydraten noch aus Fett Eiweiß herzustellen vermag, muß täglich eine Mindestmenge Eiweiß zugeführt werden, um schwere Gesundheitsschäden zu vermeiden. Der tägliche Kalorienbedarf soll zu 12,3% aus Eiweiß gedeckt werden. Auch bei eingeschränkter Nahrungszufuhr, etwa bei Abmagerungsdiäten, darf das Eiweißminimum niemals unterschritten werden, um Gesundheitsschäden zu vermeiden. Die Eigenschaft, daß Eiweiß im Gegensatz zu Kohlenhydraten und Fetten im Körper nicht deponiert, noch aus den beiden anderen Bestandteilen synthetisiert werden kann, macht es zudem zum bevorzugten Nährwertträger bei Abmagerungsdiäten (Abb. 23).

Der Ernährungsphysiologe berechnet die tägliche Zufuhr an Eiweiß, Fett, Kohlenhydraten in g (als Mengenangabe) und gibt den Anteil, welchen ein jeder Nährwertträger an der täglich erforderlichen Kalorienzahl ausmacht, in Prozenten an. Diese werden auch als sog. *„Nährwertrelationen“* bezeichnet. Die Deutsche Gesellschaft für Ernährung vertritt die Ansicht, daß bei einer gesunden Ernährung von den Gesamtkalorien 12,3% Eiweißkalorien einzunehmen sind, 25–30% Fett- und der Rest Kohlenhydratkalorien. Nach diesen *„Nährwertrelationen“* lassen sich die jeweiligen Nahrungsmengen in g in Abhängigkeit von der Höhe der täglich erforderlichen Kalorienzahl leicht errechnen. Das Ausmaß der täglichen Eiweißzufuhr war lange umstritten. Nach der Hygienekommission im Völkerbund 1936 haben in neuerer Zeit die *Food and Nutrition Board of National Research Council* in Washington, der sich auch die *Deutsche Gesellschaft für Ernährung* anschloß, 60–70 g Eiweiß täglich noch als ausreichend empfohlen. Die Erfahrungen nach dem letzten Krieg haben aber bewiesen, daß vor allem der hohe Fettanteil unserer Nahrung nachteilig wirkt und zugunsten der anderen Nährwertträger (Eiweiß und Kohlenhydrate) vermindert werden sollte. Übereinstimmend werden heute deshalb dem Gesunden täglich ca. 12,3% des Kalorienbedarfs *an Eiweiß empfohlen.*

Die gesunde Ernährung fordert stets eine sinnvolle Zusammensetzung aller Nährwertträger, um Schäden einseitiger Ernährung zu meiden, welche etwa durch Vitamin-, Mineralmangel usw. auftreten können (Abb. 23).
Es bestehen *Erfahrungen bei Eiweißmangelernährung,* wie sie in Deutschland in beiden Kriegen, in Konzentrations-, Arbeits- und Gefangenenlagern und heute noch in zahlreichen Entwicklungsländern zu finden sind. Eiweißmangelernährung, chronischer Eiweißverlust bei bestimmten Erkrankungen oder ungenügende Zufuhr infolge Verabreichung minderwertiger Eiweiße kann zu schweren Schäden im Zellstoffwechsel, Abnahme der Widerstandskraft und Leistungsfähigkeit, Verlust an Muskeln und Geweben führen usw. Infolge Mangel an Eiweißkörpern werden „Hungerödeme“ mit wäßriger Aufschwemmung der Haut beobachtet. Die Erfahrungen von Stoffwechselstörungen im Hungerzustand sind für Patienten unter Abmagerungsbedingungen von großem Wert. Bei Mangel an Fett und Kohlenhydraten verbrennt der Körper stets auch Eiweiß. Da bei Abmagerungskuren insbeson-

dere die Zufuhr an Fett- und Kohlenhydraten reduziert wird, verbrennt der Organismus zugeführtes Eiweiß zum Zwecke der Energiebildung. Bei derartigen Diäten ist deshalb hohe Eiweißzufuhr wichtig, um neben dem täglichen Eiweißminimum auch in ausreichender Form den Energiebedarf des Organismus zu decken. Zufuhr allein des täglichen Eiweißminimums bei Abmagerungsdiäten würde unweigerlich Eiweißmangelschäden erzeugen.

Kohlenhydrate

Sie werden vorwiegend mit Pflanzennahrung als Stärkemehl, Zucker und Pflanzenschleime aufgenommen. Im Tierkörper und in der Fleischnahrung finden sich nur kleine und bedeutungslose Mengen in Form von Glykogen, während in Milch bereits beachtlichere Mengen vorkommen. Kohlenhydrate werden wie Fette zu Kohlensäure und Wasser verbrannt. Kohlenhydrate lassen sich in einfache Zucker oder Monosaccharide (z. B. Glukose, Fruktose usw.) einteilen, in Oligosaccharide (wie Maltose, Laktose usw.) und Polysaccharide (wie Stärke, Glykogen, Zellulose usw.). *Monosaccharide* sind die *einfachsten Kohlenhydrate* und lassen sich nicht weiter durch Spaltung zerlegen. Die Aufnahme der Kohlenhydrate durch den Darm erfolgt in Form ihrer einfachsten Abbauprodukte als Monosaccharide. Diese gelangen durch die Pfortader zur Leber, wo sie als Glykogen deponiert und als Energiequelle für Muskeltätigkeit, zur Regelung des Blutzuckerspiegels usw. geliefert werden. Durch Muskeltätigkeit wird Glykogen verbraucht. Bekanntlich kommt es bei trainierten Sportlern nach beendeter Anstrengung zum vorübergehenden Anstieg des Blutzuckers oder bei körperlicher Erschöpfung infolge mangelnder Zuckernachlieferung aus der Leber zu einem Absinken des Blutzuckerspiegels. Der Zuckerstoffwechsel wird vom Zuckerzentrum des Gehirns über Nebenniere und Bauchspeicheldrüse (Insulin) reguliert. Eine ausführliche Darstellung würde jedoch den Rahmen dieses Buches überschreiten. 1 g Kohlenhydrate liefern 4,1 Kilokalorien (17,2 kJ) an Energie.

Kohlenhydrate sind wegen ihrer leichten und ergiebigen Produktion durch Pflanzen billigste Nährstoffe. Mit Recht überwiegt deshalb in der menschlichen Nahrung die von Pflanzen reichlich gebotene Kohlenhydratmenge. Reichliche Aufnahme von hochkalorischen *Kohlenhydraten* fördert jedoch den *Fettansatz,* da Kohlenhydrate leicht abbaubar und in Fett umzuwandeln sind. An Pflanzenfressern kann experimentell Fettansatz aus Kohlenhydraten leicht durch Eiweißmangelernährung und kohlenhydratreiches Futter bewiesen werden. Übermäßige Zufuhr von Zucker bei gefüllten Glykogendepots führt zur Umwandlung in Fett und Ablagerung als Körperfett. Zur Vermeidung von Übergewicht sollten deshalb *ausreichend Ballaststoffe verzehrt werden,* welche schlecht verwertbare Kohlenhydrate wie Zellulose, Hemizellulosen und Pektine darstellen und die Darmbewegung fördern. Ballastarme Nahrung führt oft zur Darmträgheit und Stuhlverstopfung. Bei gemischter Kost sollen täglich ca. 58% der zugeführten Kalorien in Form von Kohlenhydraten verabreicht werden. Bei eingeschränkter Nahrungszufuhr werden zunächst die Fettdepots, dann Kohlenhydratvorräte und schließlich Eiweiße abgebaut.

Hochkalorische Kohlenhydrate werden vorwiegend durch Brot, Kartoffeln, Teigwaren usw. zugeführt. Kohlenhydrate in Form von Traubenzucker, Schokolade, Honig,

Keks, spielen als kräftige und ideale Energiespender bei sportlichen Dauerleistungen eine große Rolle, eignen sich aber nicht zum abmagern. Bei Abmagerungskuren können ohne Gesundheitsschäden bei ausreichender Eiweißernährung Kohlenhydrate und Fette weitgehend eingeschränkt werden. Jedoch müssen genügend kalorienarme Gemüse und Salate gegeben werden. Ausschließliche Ernährung mit Kohlenhydraten und Fetten *ohne Eiweiß* würde zum Tode führen. Erfahrungen im Kriege haben gezeigt, daß bei körperlicher Dauerbelastung und erhöhtem Nahrungsverbrauch der Truppe, besonders unter schwierigen Transportverhältnissen, besser Fett als Kraft- und Nährmittel dient, da dieses kalorisch reicher ist und große Kohlenhydratzufuhr den Organismus übermäßig belasten würde. Aber solche Maßnahmen sind nur in Notzeiten gestattet.

Fette

Fett liefert *doppelt soviel Kalorien* (1 g = 9,3 kcal = 38,9 kJ) wie Kohlenhydrate und Eiweiß (1 g = 4,1 kcal = 17,2 kJ). Deshalb müssen wir in unserer Ernährung drastisch den in den letzten Jahren erfolgten Anstieg von Fett auf 140,6 g/Tag wieder auf ca. die Hälfte reduzieren. *Der Erwachsene benötigt:*

1 g Fett pro 1 kg Normalgewicht.

Beispiel: Ein Erwachsener von ca. 180 cm Körpergröße dürfte ca. 80 kg wiegen und ca. 80 g Fett (Gesamtfettzufuhr *einschließlich* der „versteckten" Fette) erhalten. Die Gesamtfettmenge unterteilt sich in:

1. Streichfett (Butter, Margarine), Koch- und Bratfett;
2. „verborgenes" bzw. „verstecktes" Fett (in Wurst, Konservennahrung usw.).

Man nimmt an, daß der Anteil an *„versteckten"* Fetten ca. 50% der täglichen Fettzufuhr ausmacht. Unterstellen wir am oben zitierten Beispiel, daß ca. 80 g Fett am Tag zugeführt werden dürfen, so würden ca. 50% auf Fette in Wurst, Käse, Fleischwaren usw. entfallen und ca. 50% (= 40 g/Tag) auf Butter, Margarine, Öl, und zwar sowohl als Brotaufstrichfett als auch als Fettträger zum Kochen, Anmachen von Salat usw. Besonders viel Fett und damit Kalorien werden durch *Panieren* von Fleisch und Fisch, durch Kartoffelchips und *Pommes frites* zugeführt. In der Rangfolge der Lieferanten an Fettkalorien stehen nach den Reinfetten, Fleisch- und Wurstwaren, Käse und Milchprodukte.

Fette bilden für den Schwer- und Schwerstarbeiter jedoch wichtige Energielieferanten. Für sie gilt das oben gesagte nicht. Ihr Energiemehrbedarf wird außer mit der Zufuhr von 0,9–1 g Eiweiß/kg Normalgewicht durch Gabe von Fett- und Kohlenhydratträgern abgedeckt. Auch gelten in der Wachstumsphase von Kindern und Jugendlichen andere als die hier aufgezeigten Ernährungsregeln, denn sie benötigen im Wachstum viel Energie, Eiweiß usw.

Mit den *Fettträgern* wird dem Organismus nicht nur *Energie* in Form von kcal zugeführt, sondern es werden damit auch die *fettlöslichen Vitamine* (Vitamin A, D, E, K) – die beiden Vitamine D und A gelten bei Überdosierung als die „gefährlichen" Vitamine – geliefert und die gesättigten und hochungesättigten *Fettsäuren.* Linolsäure ist die für den Menschen wichtige hochungesättigte

Fettsäure (hochungesättigte Fettsäure = essentielle Fettsäure = Polyensäure = PS).

Linolsäure (Tab. 31 und 32)

Es hängt von der *Temperatur* ab, ob ein Fett als *Öl* oder *festes Fett* vorliegt. Der Schmelzpunkt wird jedoch von Art und Menge des Anteils an *ungesättigten Fettsäuren* bestimmt. Deshalb liegt Öl bereits bei Zimmertemperatur (mit einem hohen Anteil an ungesättigten Fettsäuren) flüssig vor. Je *höher der Schmelzpunkt* liegt, besonders ab 37 °C, desto *schlechter* verdaulich ist das Produkt (z. B. Schmalz). Chemisch gesehen sind *Fette Glyzerinester* verschiedener Fettsäuren. Es wird zwischen *gesättigten, ungesättigten* bzw. *hochungesättigten Fettsäuren* unterschieden. Während der Organismus Glyzerin, gesättigte und ungesättigte Fettsäuren selber bilden kann, werden *hochungesättigte Fettsäuren* (auch *„essentielle"* Fettsäuren genannt) wie *Linolsäure* (und *Arachidonsäure)* nicht im Organismus gebildet und müssen durch Nahrung zugeführt werden. Die wichtigste essentielle Fettsäure ist *Linolsäure.*
Im Tierversuch an Ratten können bei Fehlen „essentieller" Fettsäuren *Mangelsymptome* wie Hautveränderungen, Wachstumsstillstand, Störungen im Wasserhaushalt usw. nachgewiesen werden. Als optimale Tageszufuhr sollen an „essentiellen" Fettsäuren etwa 8–10 g zugeführt werden (Tab. 30).

Tabelle 30 *Empfehlenswerte Höhe der Zufuhr von Linolsäure* (aus *Wolfram, G.*: Ernährungsumschau 23 [1976] 9).

		„essentielle" Fettsäuren g/Tag (als Linolsäure)
Erwachsene		10 (6,5 g/Tag sind ausreichend)
Säuglinge	0– 6 Monate	2
	7–12 Monate	3
Kinder	1– 3 Jahre	4
	4– 6 Jahre	5
	7– 9 Jahre	6
	10–12 Jahre	7
	13–14 Jahre	9
Jugendliche	15–18 Jahre	10
Schwangere	ab 6. Monat	10
Stillende		12

Nach WAGNER[1] sind Polyenfettsäuren (= „essentielle" Fettsäuren) trotz ihres cholesterinsenkenden Effektes *nicht in der Lage, die menschliche Arteriosklerose zu verhindern.*

---

[1] WAGNER in: Fermente, Hormone, Vitamine, hrsg. von R. AMMON, W. DIRSCHERL, Thieme, Stuttgart 1974

Die Mindestzufuhr an Linolsäure, der wichtigsten Polyenfettsäure, beträgt 1,2 g pro 1000 Kilokalorien (0,29 g/1000 kJ). *Bei 2500 kcal (10 460 kJ)/Tag würden danach ca. 3 g Linolsäure benötigt.* Im allgemeinen wird heute aus Sicherheitsgründen eine höhere Zufuhr von 8–10 g täglich empfohlen.

Es wäre jedoch ein Irrtum zu glauben, daß die geforderte Linolsäureversorgung alleine durch Zufuhr von reinen Fettträgern mit hohem Anteil an „essentiellen" Fettsäuren herbeigeführt werden müßte. Tab. 8 zeigt eine Auswertung aus der Bundesrepublik Deutschland für 1976/77, nach der im Mittel *täglich 6,3 g* (Mittel aus 4,91–7,67 g) an *Linolsäure* aus den verschiedensten Nahrungsmitteln ohne Berücksichtigung der Reinfette geliefert wurden.

Die ca. 20 Jahre gehegte Hoffnung über die günstige Wirkung der sog. „essentiellen" Fettsäuren zur Vorbeugung von Herzinfarkt bzw. Arteriosklerose hat sich leider nicht bestätigt. Namens der Deutschen Gesellschaft für Ernährung hat WOLFRAM die Zweifel 1976 (Ernährungsumschau 23 [1976] 9) bereits wie folgt charakterisiert:

„Am Menschen liegen über die biologische Wertigkeit verschiedener essentieller Fettsäuren keine gezielten Untersuchungen vor. – Der Wirkungsmechanismus der essentiellen Fettsäuren ist noch nicht genügend erforscht. – Die

Tabelle 31 *Linolsäuregehalt einiger Speisefette* (Werte aus: Bundesausschuß für Volkswirtschaftliche Aufklärung, Köln, Schriftenreihe Nr. 22, im Auftrage des Bundesministeriums für Ernährung, Landwirtschaft und Forsten, Bonn).

1. *Butter*	Winter und Sommer	1– 2%	
2. *Margarine*	Mittelsorte	5–10%	
	Spitzenqualität	10–15%	
	Spezialsorten	20–50%	
3. *Öl*	Maiskeimöl	51–58%	auch hinsichtlich Geschmack, Haltbarkeit am besten geeignet
	Sonnenblumenöl	46–55%	
	Baumwollsaatöl	40–45%	
	Distelöl	67–77%	Nachteile hinsichtlich Geschmack, Haltbarkeit Linolsäuregehalt usw.
	Sojaöl	50–60%	
	Weizenkeimöl	45–65%	
	Leinöl	22–60%	
	Rüböl	14–15%	
	Palmöl	8–11%	
	Olivenöl	4–12%	
	Rindertalg	2%	ungeeignet
	Schweineschmalz	2–10%	
	Kokosfett	1%	
	Palmenkernfett	1%	

Tabelle 32 *Auswahl von Ölsorten und Speisefetten.*

Öl
(streng natriumarm)

Keimöl

Dr. Grandels Keimdiätöl (Weizenkeim)
Linolsäure 55–65%
(Keimdiät GmbH Augsburg)

Maisex, Maiskeimöl
Linolsäure 54–58%
(Hans Brecht KG, Weißkirchen)

Mazola Keimöl
Linolsäure 56–58%
(Deutsche Maizena-Werke GmbH, Hamburg)

Schneekoppe Weizenkeimöl
Linolsäure 57–61%
(Schneekoppe-Reform GmbH, Gelsenkirchen)

Leinöl

Schneekoppe Speiseleinöl
Linolsäure 24%
Linolensäure 45%
(Schneekoppe-Reform GmbH, Gelsenkirchen)

Sonnenblumenöl

Corona „S" (reines Reformspeiseöl)
Linolsäure 64–68%
(Harburger Ölwerke Brinckman & Mergell, Hamburg)

Bechts biologisch hochwertiges Sonnenblumenöl
Linolsäure 58–62%
(Hans Becht KG, Weißkirchen)

Eden-Vollwert-Sonnenblumenöl
Linolsäure 64,8%
(Eden-Waren GmbH, Bad Soden/Ts.)

Fauser Vitaquell-Öl
(Sonnenblumenöl)
Linolsäure 60–65%
(Margarinewerk Eidelstedt, Gebr. Fauser, Hamburg)

Livio-Speiseöl
Linolsäure 60–65%
(Livio-Feinkostwerk, Kleve)

Wertkost Sonnenblumenöl,
kaltgepreßt
Linolsäure 50–60%
(Edekazentrale eGmbH, Hamburg, Abteilung Wertkost)

Zibana – kaltgeschlagenes Sonnenblumenöl
Linolsäure ca. 70%
(Bayerische Margarine-Werke GmbH, München)

Speisefette
(streng natriumarm)

Bakrema
Linolsäure 12–15%
(Harburger Ölwerke, Brinckman & Mergell, Hamburg)

Eden-Speisefett Diäsan
Linolsäure 15%
Linolensäure 13%
(Eden-Waren GmbH, Bad Soden/Ts.)

Fauser Vitagen-Diätspeisefett
Linolsäure 30–38%
(Margarinewerk Eidelstedt, Gebr. Fauser, Hamburg)

Zibana-Reformfett
Linolsäure 10,7%
(Bayerische Margarine-Werke GmbH, München)

Bedeutung der essentiellen Fettsäuren für den Cholesterinstoffwechsel und die Verhütung der Arteriosklerose steht noch in der Diskussion."

Namens der *Deutschen Gesellschaft für Ernährung* kam er zu folgenden praktikablen Empfehlungen:

„Für *Empfehlungen an die Bevölkerung* ist es angebracht, den Bedarf mit der Zufuhrgröße gleichzusetzen, welche die ersten biochemisch faßbaren Veränderungen verhütet. Der empfindlichste Parameter für die Versorgung des Menschen mit Linolsäure, der wichtigsten essentiellen Fettsäure, ist der Linolsäuregehalt der Cholesterinester des Serums. In Ernährungsversuchen an gesunden Erwachsenen waren *im Mittel 6,5 g Linolsäure pro Tag ausreichend,* um ein Absinken des Linolsäurespiegels in den *Cholesterinestern* des Serums zu verhindern. Die Zufuhrgröße, die in individuellen Versuchen die Ausgangswerte in jedem Fall erhielt, lag bei 9,3 g pro Tag. *Unter Berücksichtigung eines angemessenen Sicherheitszuschlages* ergibt sich daraus eine Empfehlung von 10 g essentieller Fettsäuren pro Tag für den gesunden Erwachsenen. Diese Menge entspricht etwa 3% der Gesamtenergiezufuhr. Durch diese Zufuhrgröße, die mit einer *gemischten Kost* ohne Schwierigkeiten zu erreichen ist, werden beim gesunden Erwachsenen die typischen *Zeichen eines Mangels an essentiellen Fettsäuren mit Sicherheit vermieden.*"

Die *Hauptforderung* bleibt bei uns die *drastische Senkung des überhöhten Gesamtfettkonsums.*

Nahrungsfett dient als Kalorienspender, als Trägersubstanz fettlöslicher Vitamine (A, D, E, K), ungesättigter und hochungesättigter Fettsäuren sowie als Resorptionsfaktor für Kalziumsalze und Phosphate. Im Rahmen dieses Kapitels ist es leider nicht möglich, auf die Bedeutung der fettähnlichen Substanzen wie Lipoide, Mineralöle usw. einzugehen. Auf Grund des hohen kalorischen Wertes (1 g = 9,3 kcal [38,9 kJ]) bildet Fett einen wichtigen Nährstoff, der in kleinsten Mengen doppelt so viel Energie wie Eiweiß und Kohlenhydrate zu liefern vermag. Fett zirkuliert im Körper in Form feinster Tröpfchen und wird in bestimmten Zellen, den Fettzellen, im Körper abgelagert, besonders im Unterhautzellgewebe, wo es dem Körper die runden Formen verleiht. Nahrungsfett ersetzt meist in gleichen Gewichtsmengen Körperfett. Wird

Tabelle 33 *Fettarme Margarineprodukte.* Während 100 g der üblichen Margarineprodukte ca. 750 Kilokalorien (3140 kJ) enthalten, haben die fettärmeren Produkte in 100 g ca. 370 Kilokalorien (1550 kJ).

Die Leichte Wertkost®	(Edekazentrale eGmbH, Hamburg, WERTKOST-Abteilung)
½-Kalorien-Brotaufstrich	(Fauser, Vitaquell KG, Hamburg)
Halbfett-Margarine	Gesellschaft für diätetische und kalorienarme Lebensmittel GmbH, Hamburg 40% Linolsäuregehalt

Fettgehalt um ca. 50% reduziert,
ca. 12% Linolsäuregehalt

mehr Fett zugeführt als der Körper zum Unterhalt benötigt, wird dieses in mehr oder minder reichlicher Form im Körper abgelagert und führt rasch zur Übergewichtigkeit. Aus diesem Grund wird bei Abmagerungsdiäten vor allem auf eine sinnvolle Einschränkung der Fettzufuhr hingewiesen (s. auch Tab. 33).

Freispruch für die Butter

Eigene umfangreiche Ernährungsberechnungen zeigen, daß bei einer *ausgewogenen Ernährung, in der alle Nährwertträger* (Eiweiße, Fette, Kohlenhydratträger) bei Zufuhr von 2400 Kilokalorien (10 040 kJ) im Verhältnis *12,3% Eiweiß, nicht mehr als 30% Fett und 57,7% an Kohlenhydraten enthalten sind, die Zufuhr an Linolsäure ausreichend garantiert ist.* Hier ist z. B. auf den hohen Gehalt an Linolsäure im Fisch hinzuweisen. So enthalten 100 g Forelle 29% an gesättigten, aber 40% an hochungesättigten Fettsäuren, 100 g Kabeljau 43% an gesättigten, aber 30% an hochungesättigten, 100 g Rotbarsch 31% an gesättigten, aber 38% an hochungesättigten Fettsäuren, während umgekehrt in den meisten Fleischsorten von Schwein, Kalb und Rind die unerwünschten gesättigten Fettsäuren überwiegen. (100 g Hasen-, Hirsch-, Rehfleisch liefern um 66% an gesättigten Fettsäuren, 100 g Hammel-, Kalb-, Schweinefleisch um 46–59% an gesättigten Fettsäuren.) Derartige Fleisch- und entsprechende Wurstwaren liefern in allererster Linie größere Fettmengen und gesättigte Fettsäuren, zumal von diesen Nahrungsmitteln meist mehr als 100 g pro Mahlzeit, oft 150–200 g gegessen werden, nicht aber von Butter (Tab. 34), von der gegenwärtig (1977) täglich 18,0 g/Person/Tag gegessen werden (Gehalt an gesättigten Fettsäuren 61%). Sie ist wegen des geringen Verbrauchs als Lieferant von Cholesterin und gesättigten Fettsäuren kaum zu berücksichtigen und liegt deshalb als *möglicher Gefahrenfaktor* für das Auftreten von Herzinfarkten oder von Arteriosklerose seit jeher in der BRD *außerhalb jeder wissenschaftlichen Betrachtungsweise,* wie dies bereits eingangs auf Seite 24 dargelegt wurde. Niemand könnte bei einer Gesamtfettzufuhr von 140,6 g täglich pro Kopf ernsthaft behaupten, daß 18,0 g Butter eine Rolle spielen dürften. Die Höchstzufuhr, die je im Butterkonsum erreicht wurde, lag 1962 bei ca. 24 g/Tag. Seither ging der Konsum ständig zurück, aber die Herz-Kreislauf-Krankheiten nahmen zu. Die hohe Fettzufuhr, die uns heute Sorgen bereitet, ergibt sich aus dem starken Anstieg der Anteile an versteckten Fetten. Sie betrugen 1977 ca. 80 g von 140 g Fett (Tab. 35). Sie spielen als Cholesterinlieferanten eine wesentliche Rolle. 18 g Butter liefern 43 mg Cholesterin, 200 g Innereien, z. B. Leber, zu einer Mahlzeit 500 mg Cholesterin, 150 g Kalbfleisch 135 mg Cholesterin, 150 g Rindfleisch ähnliche Mengen. Für die Cholesterinbelastung ist die Menge entscheidend, die von einem Nahrungsmittel verzehrt wird. 100 g Tee (niemand trinkt soviel) enthalten z. B. eine lebensgefährliche Fluormenge.

Die Zusammensetzung der Butter hängt vom Futter der Kühe ab. Im Sommer wird durch frisches Gras mehr *Linolsäure, Vitamin A und E* zugeführt. Die

Tabelle 34 *Butterkonsum in der BRD pro Person.*

Jahre	kg/Jahr	g/Tag
1935/38 (Deutsches Reich)	8,1	22,2
1949/50 (BRD)	5,5	15,0
1950/51	6,4	17,5
1951/52	6,8	18,6
1952/53	6,2	16,9
1953/54	6,8	18,6
1954/55	7,0	19,1
1955/56	7,0	19,1
1956/57	7,2	19,7
1958	7,6	20,8
1959	7,8	21,3
1960	8,3	22,7
1961	8,7	23,8
1962	8,9	24,3
1963	9,0	24,6
1964	8,7	23,8
1965	8,4	23,0
1966	8,5	23,2
1967	8,4	23,0
1968	8,4	23,0
1969	8,4	23,0
1970	8,6	23,5
1971	7,9	21,6
1972	7,1	19,4
1973	7,3	20,0
1974	7,1	19,4
1975	6,8	18,6
1976	6,4	17,5
1977	6,6	18,0
1978	6,8	18,6

Tabelle 35 *Aufgliederung des Fettkonsums in der BRD.* Diese Aufstellung zeigt die starke Zunahme an verstecktem Fett und den Rückgang an Speisefett.

1949/50	
Kalorienkonsum/Tag	= 2840 kcal (≙ 11 888 kJ)
Fettkonsum insgesamt	= 80,0 g
davon Speisefett = 48,6%	= 38,9 g
davon verstecktes Fett = 51,4%	= 41,1 g
Butter = 5,5 kg/Jahr	= 15,0 g/Tag/Person
1963/64	
Kalorienkonsum/Tag	= 2950 kcal (≙ 12 348 kJ)
Fettkonsum insgesamt	= 129,0 g
davon Speisefett = 53,7%	= 69,3 g
davon verstecktes Fett = 46,3%	= 59,7 g
Butter = 8,9 kg/Jahr	= 24,3 g/Tag/Person
1974/75	
Kalorienkonsum/Tag	= 2997 kcal (≙ 12 539 kJ)
Fettkonsum insgesamt	= 139,6 g
davon Speisefett = 48,9%	= 68,4 g
davon verstecktes Fett = 51,1%	= 71,2 g
Butter = 6,9 kg/Jahr	= 18,9 g/Tag/Person
1977/78	
Kalorienkonsum/Tag	= 3050 kcal (≙ 12 767 kJ)
Fettkonsum insgesamt	= 139,6 g
davon Speisefett = 49,0 %	= 69,8 g
davon verstecktes Fett = 51,0%	= 70,8 g
Butter = 6,6 kg/Jahr	= 18,0 g

Butter wird nach einem bundeseinheitlichen *Punktsystem* (bis zu 20 Merkmale) beurteilt. Die Güteskala lautet:

I. *Deutsche Markenbutter*	(Güteklasse bis 17 Punkte)	in 100 g ca. 750 Kilokalorien (≙3138 kJ)
II. *Deutsche Molkereibutter*	(Güteklasse bis 16 Punkte)	
III. *Deutsche Landbutter*	(Güteklasse bis 13 Punkte)	

Es gibt *Sauerrahm-* und *Süßrahmbutter.* In Westdeutschland überwiegt der Verbrauch von Sauerrahmbutter. Butter darf nicht weniger als 82% Fett und 16% Wasser enthalten und muß seit dem 1.11.1965 an gut sichtbarer Stelle der Verpackung das Datum des Ausformungstages angeben (Butterverordnung). Butter ist bei Verdauungsstörungen, Leber- und Galleleiden usw. besser als alle anderen Fette bekömmlich.

Cholesterin

Cholesterin ist einer der wichtigsten, biologisch unentbehrlichen Stoffe im Organismus, welcher außer in den roten Blutkörperchen in nahezu allen Geweben gebildet werden kann.

Cholesterin ist Ausgangspunkt für die Bildung von:
Vitamin D,
Gallensäuren,
männlichen und weiblichen Sexualhormonen,
Nebennierenrindenhormonen usw.

Es wird im Organismus um ein Vielfaches mehr gebildet, als davon durch Nahrung zugeführt werden könnte. Cholesterin wird zugleich als Bestandteil des Gallensaftes in den Darm ausgeschieden. Ein Teil wird wieder in die Leber durch Resorption im Darm eingeschleußt („enterohepatischer Kreislauf"), ein Teil geht mit dem Stuhl verloren. Je fettärmer die Nahrung ist und je mehr diese an Ballaststoffen (Gemüse usw.) aufweist, desto mehr Cholesterin geht mit dem Stuhl verloren. Außerdem bestehen körpereigene Regulationsmechanismen, die die Cholesterinnahrungsaufnahme bestimmen. *Eine pauschale Verteufelung von Cholesterin ist wegen seiner hohen biologischen Bedeutung deshalb nicht angebracht.* Es ist auch mehr als unwahrscheinlich, daß bei einer Einschränkung der Nahrungszufuhr an Cholesterin nur auf den Serumcholesterinspiegel eingewirkt werden könnte ohne gleichzeitige Einwirkung auf alle anderen oben genannten Hormone, Vitamine usw. Schon aus dieser Sicht erscheint es wenig sinnvoll, Cholesterin in der Nahrungszufuhr beim Gesunden einzuschränken, um etwa der Entwicklung von Arteriosklerose oder Herzinfarkt vorbeugen zu können. Vielleicht versteht man diesen Gedankengang besser, wenn man gegenüberhält, daß Zuckerkrankheit nicht durch Verzehr von Zucker entsteht (sondern meist infolge von Fettsucht), was nicht ausschließt, daß man aus anderen Gründen später doch Zucker in der Nahrung einschränken muß, und daß Bluthochdruck nicht durch normalen Salzgenuß entsteht (sondern meist infolge von Fettsucht) und auch hier trotzdem nach Ausbruch der Krankheit Salz eingeschränkt werden muß.

Die Frage, ob sich jedoch beim Patienten mit einem erhöhten Blutfettspiegel bzw. Serumcholesterin eine Arteriosklerose oder ein Herzinfarkt verhindern oder bessern läßt, wurde kürzlich (1979) vom *Bundesgesundheitsamt in Berlin in Übereinstimmung mit führenden Vertretern der deutschen pharmazeutischen Industrie* (Merck, Darmstadt; Boehringer, Mannheim usw.), die cholesterinsenkende Medikamente herstellen, wie folgt erklärt:

„Ein erhöhter Blutfettspiegel gilt als ein Risikofaktor für die Entstehung und das Fortschreiten einer Arteriosklerose und ihrer Folgeerkrankungen. Bis jetzt ist aber nicht bewiesen, daß eine Senkung erhöhter Blutfette eine Arteriosklerose oder deren Folgeerkrankungen, wie z. B. eine koronare Herzkrankheit (Angina pectoris, Herzinfarkt) oder Gefäßerkrankungen und daraus folgende Durchblutungsstörungen der Gliedmaßen oder des Gehirns, verhindern oder bessern kann."

Auf einige Sonderindikationen wird hingewiesen.

In der Tat hat die Theorie über die Bedeutung des gestörten Cholesterinspiegels, an deren Aufrechterhaltung vor allem Industriezweige mit entsprechenden Fettproduktionen ebenso wie von ihr abhängige Wissenschaftler, mit einem Millionenaufwand an Reklame maßgeblich mitgewirkt haben, seit über 20 Jahren keine Lösung der anstehenden Probleme gebracht. Wie bereits gesagt, ist der Kernpunkt der Arteriosklerose, die auch in 80% der Herzinfarkte vorliegt, die Kalkansammlung im Atherom neben einer Cholesterinansammlung. Aber welche Rolle das Cholesterin hier spielt, ist unverändert ungeklärt. Möglicherweise hat es nur eine sekundäre Bedeutung und ist eventuell Wegbereiter für die Kalziumaufnahme, oder es hat gar keine Bedeutung, oder es spielt die Rolle einer körpereigenen Vernarbung einer entstandenen Läsion.

Die gemeinsame Erklärung des Bundesgesundheitsamtes in Berlin, die mit Zustimmung der pharmazeutischen Industrie heute auf allen Beipackzetteln von *cholesterinsenkenden Medikamenten* vom Typ Clofibrat zu finden ist, enthält noch weitere *wichtige Hinweise:*

„Unter der Langzeitbehandlung mit Clofibrat traten gehäuft Gallensteinerkrankungen auf, wodurch *Gallenblasenoperationen erforderlich wurden.*

In einer Langzeitstudie mit Herzinfarktpatienten wurden 1000 Personen mit Clofibrat und 3000 mit einem Leerpräparat durchschnittlich sechs Jahre behandelt und beobachtet. In der mit Clofibrat behandelten Gruppe wurde *eine höhere Rate an* Angina pectoris, Claudicatio intermittens, Thromboembolien und Herzarrhythmien beobachtet. *Kein Unterschied bestand hinsichtlich der Sterblichkeit an Herzinfarkt.*

In einer anderen großen Langzeitstudie an jeweils mehreren Tausend Herzgesunden mit Blutfettspiegeln von im Mittel 250 mg/100 ml (6,48 mmol/l) Cholesterin, die über fünf Jahre Clofibrat oder ein Leerpräparat erhielten und seitdem ein Jahr nachbeobachtet wurden, *war die Sterblichkeit in der Clofibratgruppe um ein Drittel höher* als in der Kontrollgruppe (dabei wurde die Sterblichkeit an Herzinfarkten nicht berücksichtigt). In beiden Gruppen war etwa die Hälfte der Todesfälle auf Krebserkrankungen zurückzuführen, woraus nach den bisherigen Zahlen nicht geschlossen werden kann, daß unter Clofibrat mehr Krebserkrankungen auftreten. Andere Todesursachen waren auf Komplikationen infolge Gallenblasenoperationen und auf Bauchspeicheldrüsenentzündungen zurückzuführen.

Aus Ergebnissen langfristiger Tierversuche geht hervor, daß unter fünf- bis achtfacher therapeutischer Dosierung von Clofibrat bei Ratten und Mäusen *vermehrt gutartige und bösartige Lebertumoren auftreten.* Eine niedrigere Dosierung wurde nicht geprüft. Die Bedeutung dieser Versuchsergebnisse für den Menschen ist bisher noch umstritten."

Ich halte es für nicht angängig, daß trotzdem mit diesen Medikamenten und diesem Beipackzettel weiterhin ein erhöhter Cholesterinspiegel behandelt werden kann, mit lautstarker Werbung „ein Sieg" der Anhänger der „Cholesterintherapie" propagiert wurde und daß die zunächst verbotenen Clofibratpräparate zur Cholesterinsenkung wieder zugelassen wurden. *Welcher Patient liest denn schon das Kleingedruckte im Beipackzettel, wenn der Arzt ein Medikament verordnet. Und welcher Arzt liest den Beipackzettel?*

Während man früher nur das *Gesamtserumcholesterin* im Blut bestimmte, *kennt man heute mehrere Unterfraktionen* (Tab. 36) von denen sogar eine, das *„HDL-Cholesterin", einen Schutzfaktor* vor Herzinfarkt darstellt. Man kann also ein hohes Serumcholesterin haben und besitzt einen weiteren Schutz vor

Tabelle 36 Werte der Fettfraktionen im Blut unter normalen und unter pathologischen Bedingungen (nach *Klose*).

Fettfraktionen	Normalbereich	sicher pathologisch
Triglyzeride	bis 150 mg% (bis 1,71 mmol/l)	über 200 mg% (über 2,28 mmol/l)
Gesamtcholesterin	bis 200 mg% (bis 5,18 mmol/l)	über 250 mg% (über 6,48 mmol/l)
HDL-Cholesterin (♂)	über 55 mg% (über 1,42 mmol/l)	unter 35 mg% (unter 0,91 mmol/l)
HDL-Cholesterin (♀)	über 65 mg% (über 1,68 mmol/l)	unter 45 mg% (unter 1,17 mmol/l)
LDL-Cholesterin	unter 150 mg% (unter 3,9 mmol/l)	über 190 mg% (über 4,9 mmol/l)

Die Grenzwerte liegen zwischen den aufgeführten Eckwerten.

Herzinfarkt, wenn es ein HDL-Cholesterin ist. Insofern muß man alle früheren Massenerhebungen von Statistikern und Epidemiologen in Frage stellen, wenn die Häufung des Herzinfarktrisikos von der Höhe nur des Gesamtserumcholesterinspiegels abhängig gemacht und hier feste Korrelationen gebildet wurden. Heute soll es ganze Volksstämme mit erhöhtem HDL-Cholesterin geben, die deswegen keinen Herzinfarkt bekommen. Solche HDL-Cholesterinfälle müssen auch in den früher ausgewerteten Massenstudien enthalten gewesen sein, so daß hierdurch ihre Aussagekraft teils in Frage gestellt wird.

Der Serumcholesterinspiegel schwankt je nach Geschlecht. Er kann auf Grund von *Erregungen* erhebliche Schwankungen aufweisen. Gerade wenn leicht erhöhte Blutwerte gemessen werden, sollte stets eine erneute Blutkontrolle stattfinden. Ärger über lange Wartezeiten im Wartezimmer reicht als Ursache bereits aus. Auch *Streß* erhöht das Serumcholesterin. Eine Erhöhung des Serumcholesterins kann Folge von Fettstoffwechselstörungen angeborener Art sein, die relativ selten sind und in verschiedenen Typen nach FREDIKSON (Typ I–V) eingeteilt werden. Erhöhtes Serumcholesterin tritt jedoch gehäuft bei Übergewicht, nach massiver Nahrungsfettzufuhr (z. B. Atkins-Diät), Alkoholabusus usw. auf und kann folgerichtig nur durch Reduktion des Übergewichtes und größere Enthaltsamkeit normalisiert werden.

Das „gute" und das „böse" Cholesterin

Diese sicher etwas *grob schematische Formulierung* soll das Verständnis neuerer Zusammenhänge erleichtern helfen. Bis vor kurzem glaubte man in einem *erhöhten Serumcholesterinspiegel* des Blutes generell einen – zumindest einen einheitlichen – Risikofaktor erblicken zu können. Heute ist bekannt, daß es unter den sog. *Lipoproteinen,* dies ist die *Transportform* der Lipide (Fettkörper wie Cholesterin, Triglyzeride usw.), mehrere Unterfraktionen gibt. Jede von ihnen hat offensichtlich eine andere Aufgabe. Anstelle des früher bestimmten Gesamtcholesterins würde man heute das sog. HDL-Cholesterin (high density lipoprotein) neben dem LDL-Cholesterin (low density lipoprotein) und das VLDL-Cholesterin (very low density lipoprotein) bestimmen. Ist im Blut das *HDL-Lipoprotein erhöht, gilt dies heute als ein Schutzfaktor vor Herzinfarkt.* Ein Patient kann also ein erhöhtes Serumcholesterin haben, welches sich dann glücklicherweise als das *„gute" Cholesterin* entpuppt. Das HDL-Cholesterin vermag Cholesterin aus den Gefäßen in die Leber abzutransportieren, wo es abgebaut wird. Dies vermögen das LDL und das VLDL nicht. So lagert z. B. das LDL-Cholesterin das Cholesterin in den Blutgefäßen ab. Liegt ein erhöhtes LDL-Cholesterin vor, so hätten wir es also mit dem *„bösen" Cholesterin* zu tun. *Eskimos* sollen ein erhöhtes HDL-Cholesterin und deshalb seltener Herzinfarkte haben. Die *Maori* in Neuseeland sterben auffallend oft am Herzinfarkt und sollen ein erniedrigtes HDL-Cholesterin besitzen.

Damit ist sicher noch keine endgültige Erklärung für die Entstehung von Herzinfarkt gefunden, der überwiegend multifaktoriell entstehen dürfte. Die Tatsache, daß Fettträger mit hohem Anteil an *hochungesättigten Fettsäuren* (Überzufuhr an Margarine, Öl) das *HDL-Cholesterin unerwünscht senken,* erklärt vielleicht, warum in der Vergangenheit trotz möglicher Senkung des Serumcholesterins nicht die Zahl der Herzinfarkterkrankungen reduziert werden konnte.

Damit soll jedoch nicht gesagt sein, daß ein krankhaft erhöhter Cholesterinspiegel grundsätzlich ohne Bedeutung wäre, denn auch jeder andere krankhafte, erhöhte Blutserumspiegel bedarf der Behandlung. Man darf jedoch nicht überschätzen, daß in der Mehrzahl der Fälle ein gestörter Fettspiegel Folge von Alkoholismus, Zuckerkrankheit, Übergewicht, Nikotinabusus usw. ist, und daß man diese Fettstoffwechselstörungen nur dadurch behandeln kann, indem man die primären Krankheiten oder Ernährungssünden angeht. Der Rest an Patienten, der dann immer noch mit einem gestörten Fettspiegel übrigbleibt, dürfte allerdings sehr gering ausfallen.

Wer einen hohen Cholesterin- oder Triglyzeridspiegel hat, soll sich zunächst an seinen Arzt wenden und ihn bitten, eine genaue Analyse aller Einzelfraktionen vorzunehmen, damit nähere Aussagen möglich sind. Insbesondere wird man künftig nicht nur den Gesamtcholesterinspiegel analysieren müssen, sondern auch das HDL-Cholesterin usw.

Vitamin D, Arteriosklerose, Herzinfarkt und Cholesterinstoffwechsel

Die Vitamin-D-Synthese aus ihren Provitaminen geschieht unter UV-Bestrahlung (Sonnenbestrahlung) im Unterhautfettgewebe so ausgiebig und rasch, daß zusätzliche Vitamin-D-Gaben bei ausreichender Sonnenbestrahlung in der Ernährung des Erwachsenen nicht erforderlich sind. Die hohen Zufuhren an Vitamin D (s. Seite 15), vor allem in den nordischen infarktreichen Ländern (Finnland, Norwegen, Schweden usw.), stellen eine große Gefahr im Hinblick auf das Auftreten von Herzinfarkten und die Entwicklung einer Arteriosklerose dar. Teilweise werden auch in den USA heute noch Lebensmittel zusätzlich mit Vitamin D versehen, durch UV-Bestrahlung von Nahrungsmitteln, Vitamin-D-Zusätze zur Margarine usw. Bisher wurden offensichtlich folgende Probleme übersehen:

Vitamin D kann im Fettgewebe gespeichert werden, aus dem es nur langsam abströmt. Es wird in der Leber abgebaut. Die Aufnahme im Darm erfolgt fast ebenso schnell wie nach einer intramuskulären Injektion. Die *spezifische Wirkung von Vitamin D* ist die *Steigerung der Aufnahme von Kalzium* im Darm über den Aufbau eines bestimmten Eiweißkörpers in der Darmschleimhaut. *Als Antagonisten gelten Magnesium, Kalium, Vitamin B, möglicherweise auch Vitamin C, welche die Verkalkung bei Vitamin-D-Hypervitaminose verhindern.* Umgekehrt wurde bei Kindern durch chronische Zufuhr von Magnesiumsalzen oder durch Aluminiumhydroxid die Entwicklung einer Rachitis (Kalkmangel der Knochen usw.) beschrieben. GREENBERG beschreibt eine eindeutige Steigerung der Kalziumaufnahme durch Vitamin D bei Untersuchungen mit radioaktiv markiertem Kalzium. Im Sommer findet man durch UV-Bestrahlung (Sonne) eine höhere Bildungsrate von Vitamin D und eine erhöhte Kalziumresorption. Jedoch kann sich die Eigensynthese von Vitamin D durch UV-Strahleneinwirkung *im Gegensatz zur Vitamin-D-Zufuhr über Nahrungsmittel* nicht gefährlich auswirken. Nach ZELMANN erhöht Vitamin D den *Serumcholesterinspiegel* und den Cholesteringehalt der Leber um 20–30% bereits in Dosen, wie sie mit handelsüblichen Vitaminpräparaten zugeführt werden. „Höhere Dosen führen zu arteriosklerotischen Gefäßveränderungen." Zum Bild der Vitamin-D-Vergiftung gehört regelmäßig ein erhöhtes Serumcholesterin, ein erhöhter Serumkalzium- und Phosphatspiegel und schwere Gefäßverkalkungen, z. B. in den Herzkranzgefäßen, Gehirngefäßen, Nieren usw. Mütter, die ihre Kinder zu lange mit Lebertran versorgten (hoher Vitamin-D-Gehalt) haben gelegentlich ihre Kinder sogar infolge schwerer Verkalkungszeichen der Organe verloren. Zusätzliche *erhöhte Zufuhr an*

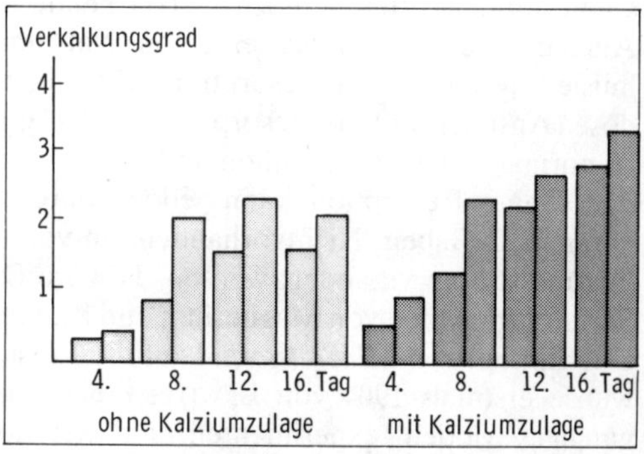

Abb. 24 Verkalkungsgrad von Mäusenieren unter Gabe von 150 µg Vitamin D_2 mit und ohne Kalziumzulage (aus: Fermente, Hormone, Vitamine, hrsg. von *R. Ammon, W. Dirscherl*, Thieme, Stuttgart 1974, S. 311).

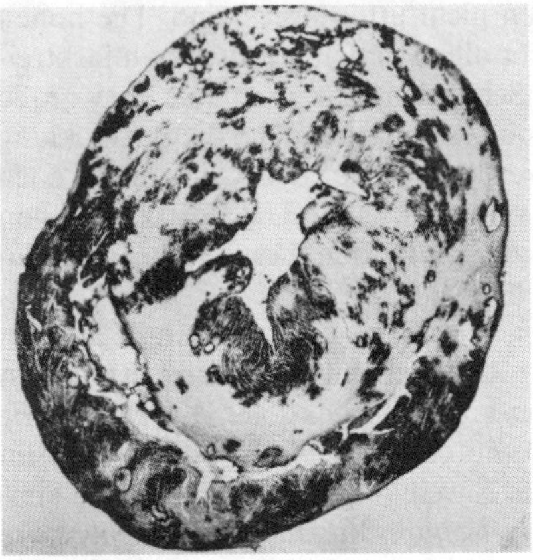

Abb. 25 Querschnitt durch das Herz einer Vitamin-D-vergifteten Ratte mit massiver Verkalkung von Gefäßen und Muskulatur, Silberimprägnation nach *v. Kossa*.

Kalzium mit der Nahrung *erhöht offensichtlich* das Ausmaß der Verkalkung, wie dies die Abb. 24 und 25 zeigen.
Kalkablagerungen treten besonders leicht auf, wenn dem Organismus gleichzeitig Alkali zugeführt wird. Beim *Milch-Alkali-Syndrom* können deshalb auch ohne große Mengen an Vitamin D Kalkablagerungen vorkommen. In den nordischen Ländern mit hoher Herzinfarktrate ist mit einem einseitig hohen Konsum an Milch, der damit verbundenen Alkalinisierung, einer ungewöhnlich hohen Kalziumzufuhr (bis 1800 mg [40 mmol]/Tag/Person), hoher Vitamin-D-Belastung, dem „sprichwörtlichen" Mangel an Magnesium, welches die Kalzifikation zu hemmen vermag und dem Mangel an Vitamin B_1, C usw. eigentlich kein Faktor in der Ernährung unberücksichtigt gelassen, welcher nicht die Anforderungen an eine *„kardiovasopathogene" Diät* (Herzinfarktdiät) erfüllt, wie sie im Tierexperiment festgestellt wurden. Der Mangel an Gemüse, Obst usw. in der Ernährung, im Bereich der Kohlenhydratversorgung einerseits und die einseitige Ernährung durch Milchprodukte andererseits scheint mit des Rätsels Lösung zu sein. Langandauernde überhöhte Gaben an Vitamin D können zur *Hypertonie* führen. Für die Entstehung der experimentellen Gefäßverkalkung erwiesen sich Nikotin, Katecholamine und Cholesterin als offenbar noch „verstärkende" Faktoren.
Auch der Verzehr von Kaisernatron (Natriumbikarbonat) würde durch Alkalinisierung die Kalziumresorption erhöhen, während umgekehrt durch Acidose (Ansäuerung) die Resorption von Kalzium eher reduziert wird. Kalzium ist normalerweise ein Stuhlion und wird zu ¾ mit dem Kot wieder ausgeschieden. Seine Resorption kann jedoch durch Faktoren wie Alkalinisierung, Vitamin-D-Gaben, Nichtvorhandensein von Antagonisten und evtl. Konservierungsstoffen verändert werden. Höhere Dosen von Vitamin D führen im Serum zum Abfall von Magnesium und Kalium.
Der Einfluß von *Mineralstoffen* auf die Entstehung der Gefäßarteriosklerose wurde erstmals 1904 von LEWITZKY beschrieben. Seit 1928 kennt man als gängiges Modell, experimentell eine Arteriosklerose auszulösen, das „Vit-

amin-D_3-Modell“, in dessen Folge auch eine Myokardnekrose (herzinfarktähnlicher Zustand) im Tierversuch auftritt. 1940 beschrieb SELYE, daß sich bei einem Mangel im Futter an Magnesium, aber auch an Kalium unter einer „Herzinfarktdiät“ Myokardnekrosen beliebig oft auslösen lassen. Der Versuch mißlingt sofort, wenn dem Futter ausreichende Mengen an Magnesium oder Kalium zugeführt werden. Magnesiummangel alleine reicht offensichtlich schon aus. Beim Menschen kommt weit weniger der Kalium- als der Magnesiummangel für die Entstehung des Herzinfarktes in Betracht. Diese sog. *„Elektrolytkardiopathien“*, wie sie in der Medizin genannt werden, stellen nach meiner Ansicht für die Entstehung des Herzinfarktes einen wichtigen Risikofaktor neben bekannten anderen Faktoren wie Bluthochdruck, Übergewicht, Nikotinabusus, Bewegungsmangel usw. dar.

Bei den geschilderten Zusammenhängen darf man jedoch *nicht* die Erfordernisse der Erwachsenenernährung mit den gänzlich anderen Anforderungen in der Ernährung von *Kindern und Jugendlichen verwechseln.* Sie befinden sich noch im Wachstum und benötigen ausreichende Mengen an Kalzium und an Vitamin D für den Knochenaufbau und zur Vorbeugung von Rachitis. Auch ergibt sich aus dem Gesagten nicht, daß Milchprodukte für den Erwachsenen grundsätzlich nachteilig wären. Ganz im Gegenteil. Es geht hier nur darum, vor Einseitigkeit und übermäßiger Zufuhr einzelner Nahrungsmittel am Beispiel der nördlichen Länder zu warnen. Vermeidung von Einseitigkeit würde auch jeden anderen Ernährungsfehler treffen. Die empfehlenswerte Zufuhr einzelner Nahrungsmittel ergibt sich aus Tab. 26 und 49.

Die *Vitaminisierung von Margarine,* wie sie bei uns weitgehend ebenso wie in anderen Ländern geübt wird, ist deshalb ebenso *strikt abzulehnen.* Dem Erwachsenen muß dringend vom Konsum von Margarine, die mit Vitamin D angereichert ist, abgeraten werden.

Infolge der Anreicherung von Milch, Margarine und Kindernährpräparaten mit Vitamin D bzw. durch die UV-Bestrahlungen der Lebensmittel in manchen Ländern der Welt ist die Vitamin-D-Einnahme heute oft relativ hoch „In den *USA und in Kanada beträgt die Vitamin-D-Einnahme bis zu 2000 IE und mehr* täglich, in *England bis 1200 IE täglich“* (Dokumentation Geigy, 7. Aufl., 1968).

Wir haben eingangs auf die Gefahren überhöhter Zufuhr von Vitamin D hingewiesen. Im Grunde genommen läßt sich die Bezeichnung „Vitamin“ für *Vitamin D* in Frage stellen. Es wurde vielfach überlegt, ob man es *nicht besser als Hormon bezeichnen* sollte, weil es im Körper aus seiner Vorstufe *7 -Dehydrocholesterin* gebildet wird. Aus 7-Dehydrocholesterin wird *auch Cholesterin* gebildet, so daß eine ständige Wechselbeziehung zwischen den drei Komponenten besteht. Es muß überlegt werden, was passiert, wenn über Jahre ständig eine erhöhte „Hormondosis“ an Vitamin D auf dieses Gleichgewichtssystem einwirkt. 7-Dehydrocholesterin wird auch als Provitamin bezeichnet.

Genußmittel

Neben den Nährwertträgern benötigt der Organismus Genußmittel. Ohne solche erregt der Nahrungsgenuß oft Widerwillen. Als Genußmittel werden Substanzen bezeichnet, die nicht als Energielieferanten dienen, sondern anregende Wirkung auf Nerven, Psyche usw. ausüben. Genußmittel sind z. B. Salz, Extrakte, Röstprodukte, Gewürze oder Kaffee, Tee, Alkohol. Gewürztabelle s. Tab. 62.

Alkohol

Alkohol sollte als Genußmittel jedoch mengenmäßig beschränkt werden, da er neben Kohlenhydraten, Fett und Eiweiß ein rasch und gut resorbierbarer Energiespender ist. *1 g Alkohol liefert 7,1 Kilokalorien (29,7 kJ)*. Bei Abmagerungsdiäten ist dieser Gesichtspunkt von Wichtigkeit, da Alkohol fast doppelt soviel Kalorien als Kohlenhydrate und Eiweiße liefert. Alkohol kann zu Leberschäden führen. Als *kritische Grenze* gilt täglich die Maximalzufuhr von ca. *80 g Alkohol (= ca. 2 Liter Leichtbier ~ 1000 Kilokalorien* [~ 4200 kJ]). Es dürfen täglich nicht mehr als *1 Liter* leichter *Wein* mit bis zu 8% Alkoholgehalt (~ 650 Kilokalorien [~ 2720 kJ]) oder 0,2 l einer 40%igen Schnapsart (~ 650 Kilokalorien [~ 2720 kJ]) getrunken werden, wenn man Leberschäden vermeiden will.[1] Mit 160 g Alkohol/Tag ist mit großer Wahrscheinlichkeit nach einer gewissen Zeit eine Leberschädigung zu erwarten. Mögliche Organschädigungen und Nebenwirkungen nach dem Alkoholgenuß sind sicher nicht alleine nur Folgen des Anteils an Alkohol. Bei der Herstellung von Genever, Gin, Steinhäger usw. werden z. B. Wacholderbeeren verwendet, in denen ätherische Öle, Flavonglykoside, Gerbstoffe usw. vorhanden sind. Im Wein kann auch Methanol gefunden werden oder bestimmte Mengen an höheren Alkoholen wie Pentanole, die Nebenwirkungen wie Erregung, Schlaflosigkeit und Kopfschmerzen für eine Dauer bis zu 15 Stunden auslösen können. Der Einfluß der schwefligen Säure auf die Unbekömmlichkeit ist bekannt. In Whisky und Wodka kann Acetaldehyd auftreten. Aus der großen Liste von Verunreinigungen werden hier nur einige wenige angedeutet. Nach meiner Auffassung sind die Nebenwirkungen nach dem Genuß alkoholischer Getränke in einer Unzahl von Fällen mindestens ebenso ausgeprägt auf die Beimengung solcher Stoffe zurückzuführen. Häufig ist die persönlich erprobte Verträglichkeit ein guter Indikator für einen guten ausgegorenen Wein.

Nikotin

Streng genommen ist *Nikotin* kein Genußmittel, sondern ein *Genußgift*. Es wurde 1828 von zwei Heidelberger Studenten (POSSELT und REIMANN) entdeckt. Es ist Bestandteil des Tabakrauches. Mit ihm werden vom Menschen

---

[1] Näheres s. Alkohol und Leber, hrsg. v. W. GEROK u. Mitarb., F. K. Schattauer, Stuttgart.

außerdem in kleinen Mengen Blausäure, Ammoniak, Methylalkohol und Kohlenmonoxid aufgenommen. Starker Raucher können bis zu 10% CO-Hämoglobin bilden, d. h. es kommt zu einer *Sauerstoffbindungsschädigung* im Blut, die bei Herzkranken und älteren Menschen, deren Sauerstoffbindungsvermögen allgemein erniedrigt ist, Atemnot usw. zur Folge haben kann. Als krebserzeugende Substanzen findet man teerhaltige Rückstände sowie Nickel. Die genannten Produkte reizen außerdem die Schleimhaut des Magens und können dort zur chronischen Schleimhautentzündung und zum Geschwür führen. KOLUMBUS entdeckte 1492 die ersten rauchenden Indianer und machte das Rauchen in Europa bekannt.

Da beim Rauchen nur ein Teil des Nikotins aufgenommen wird, treten Todesfälle nur dann auf, wenn ein Aufguß aus Zigaretten gemacht wird oder diese versehentlich geschluckt werden. Hierbei reicht der Genuß von 2 Zigaretten als tödliche Dosis aus. Gelegentlich treten solche Unfälle beim Schlucken von Kautabak auf oder beim Arbeiten mit Tabakblättern, da Nikotin auch durch die Haut aufgenommen wird (Kontakt mit den Blättern). Auch in verrauchten Restaurants wird Nikotin durch die Lunge aufgenommen. Nikotin geht leicht in die Muttermilch über, so daß Säuglinge gefährdet werden können.

Durch Inhalation beim Rauchen wird viel Nikotin aufgenommen. Die Differenz liegt jedoch gegenüber den nicht Inhalierenden nur um 30% niedriger. Rauchen bzw. Nikotingenuß gilt heute als erheblicher *Risikofaktor für das Auftreten von Herzinfarkt.* Bereits auf kleine Dosen hin wird das *Hormon* der Nebenniere *„Adrenalin"* ausgeschüttet, welches an den Organen zu einer Art *„Dauerstreß"* führt. Adrenalin wird z. B. auch reaktiv bei plötzlicher Unfallgefahr ausgeschüttet und ist von Blutdruck- und Pulsanstieg, erhöhter Erregbarkeit usw. begleitet. Im Darmgebiet werden die großen vegetativen Nervenzentren nachhaltig und langfristig vergiftet. Unter Nikotin kommt es zu einer erhöhten Erregbarkeit der Darmschlingen. Deshalb empfinden viele den Genuß einer Zigarette nach dem Essen als „verdauungsfördernd". Wird jedoch später Nikotin abgesetzt, so tritt über Monate hinweg bis zu 1 Jahr und mehr, infolge der geschädigten Nervenzentren, eine Verlangsamung der Verdauungsbewegungen des Darms auf, in deren Folge die Nahrung länger im Darm verbleibt, besser ausgenutzt werden kann und schwerwiegende Gewichtszunahme bei ehemaligen Rauchern auftreten läßt, auch wenn diese nicht vermehrt gegessen haben. Sie können dem Betroffenen über Monate das Leben erschweren.

Die Nikotinvergiftungserscheinungen führen auch zu einer psychischen Stimulierung, zur Blutdrucksteigerung und zu Gefäßkrämpfen und *Durchblutungsstörungen* der verschiedensten Organgebiete, insbesondere der Herzkranzgefäße. Die Hauttemperatur wird um 3–7,5% verringert. Die Sterblichkeit ist durch Rauchen um den Faktor 3,06 bei 40–49jährigen deutlich erhöht. Sie erhöht sich noch zusätzlich durch das Hinzutreten weiterer Risikofaktoren. Neben Herzrhythmusstörungen kann es infolge Rauchens auch zu einer Verschlechterung der Sehschärfe, der Sehfähigkeit im Dunkeln, zu Gedächtnisschwächen, Nervenentzündungen, insbesondere aber zu einer beachtlichen

Zunahme des Lungenkrebses kommen, der auch 1978 weiter zugenommen hat.

Kaffee

Koffein ist der Hauptbestandteil des Kaffees. Er erregt zentral das Gehirn, beeinflußt die Nervenzentren der Gefäße und steigert die Herzleistung. Der Kaffee war schon frühzeitig in Abessinien, Persien und Arabien verbreitet. Erstmals hört man in Europa 875 n. Chr. von diesem Genußmittel und zwar aus Persien.
Mit der Einführung von Kaffee in Europa haben sich die Sitten tiefgreifend geändert. Selbst in der Diplomatie führte man bald alle Verhandlungen und Gespräche „bei einer Tasse Kaffee". Neben dem Koffein befinden sich im Kaffee *Röstprodukte,* die zu einer vermehrten Bildung von Salzsäure und Magensaft führen können und von Magenkranken deshalb oft schlecht vertragen werden. Sie besitzen ebenfalls eine geringe Wirkung auf das Gehirn. Im Kaffee befinden sich ungefähr 1,2% Koffein. Beim Aufguß gehen 80% ins Getränk über. Im dritten Reich sah das Reichsgesundheitsamt eine Dosis von 3–5 g Bohnen als ausreichend für eine normale Tasse Kaffee an, erlaubte dem Soldaten 8 g Kaffeebohnen und bei Aufregung vor dem Kampf 16 g (als oberste zulässige Dosis). Es wurde angenommen, man würde sonst „zu geschwätzig", entwickle Ideenflucht und bekomme einen roten Kopf. Die Kaffeewirkung kann 5–6 Stunden anhalten. Kaffee ist echt *leistungssteigernd,* wirkt psychisch stimulierend und ist besonders bei Ermüdung wirksam.
Der Erlebnisreichtum wächst, die Durchblutung der Hirngefäße wird vermehrt ebenso die der übrigen Gefäße. Das Atemzentrum wird angeregt. Kaffee hat einen herzkranzgefäßerweiternden Effekt und verlangsamt den Puls (bradykarder Effekt), wie dies auch ein Herzmittel (z. B. Digitalis) vermag. Deswegen schreibt man dem Kaffee auch einen leicht digitalisierenden Effekt zu. Außerdem fördert er den Harnfluß.
In Ausnahmefällen kann Kaffee jedoch auch depressiv d. h. ermüdend wirken. Es gibt Menschen, die nach Kaffeegenuß „einschlafen". Ebenso gibt es Menschen, die nach dem Genuß von bestimmten Schlafmitteln (z. B. von Barbituraten) höchst „mobil" werden können (paradoxe Effekte).
Solange vernünftige Dosen getrunken werden, hat Kaffee nur geringe mögliche Nebenwirkungen. Erst ab einem Genuß von 2,0 g Koffein können Verwirrtheitszustände, Herzklopfen usw. auftreten. Auch Bluthochdruckkranke dürfen Kaffee in vernünftigen Mengen trinken.

Tee

Neben verschiedenartigen Teesorten gilt bei uns als *Genußmittel* der *„schwarze Tee".* Hierunter versteht man jeden Tee, der vor dem Trocknen fermentiert wurde. In Japan trinkt man grünen Tee. *Tein* ist das im Tee befindliche *Koffein.* Es erreicht je *Tasse Tee* (ca. 150 ml) aus 2 g Tee zubereitet eine Menge von 0,05–0,1 g Koffein. Tein hat also als Koffein

ähnliche Wirkungen, wie sie beim Kaffee bereits beschrieben wurden. Im Tee finden sich *Gerbstoffe,* so das Tannin, welches sich beruhigend auf die Schleimhäute von Magen- und Darmtrakt auswirken kann. Bei Genuß größerer Teemengen kann der Fluorgehalt zu einer Läsion der Zähne führen, eine für den englischen Teetrinker bekannte Krankheit („mottled teeth").
Im Fernen Osten waren große Kulturen mit dem Teegenuß verknüpft. Zur Zeit der Tangdynastie (8. Jh.) pflegte der Kaiser seine Minister als Dank für ihre Dienste mit seltenen Rezepten der Teeblätterzubereitung zu belohnen.

Mineralstoffe, Spurenelemente, Wasserhaushalt

Unter den anorganischen Baustoffen des Organismus steht *Wasser* an erster Stelle. Etwa 66% des Körpergewichtes entfallen auf Wasser. Der Wasserbedarf des Erwachsenen beträgt in 24 Std. etwa 3 Liter. Hiervon werden etwa 1½ Liter durch Nahrungsmittel zugeführt. Als reine Trinkmenge kann somit 1½ l Wasser angenommen werden. Bei Hitze, infolge Klimawechsel oder Fieber, bei Transpiration durch erhöhte körperliche Tätigkeit werden bedeutend größere Mengen benötigt. Hochofenarbeiter können über 10 Liter Wasser täglich benötigen. *Ausreichende Zufuhr von Wasser* ist bei Abmagerungsdiäten auch in größeren Mengen *unschädlich, da dieses niemals ohne Kochsalz im Körper gebunden werden kann* (Wasserbedarf s. auch Tab. 37).
Von besonderer Bedeutung für zahlreiche Stoffwechselvorgänge sind *Mineralien* wie Natrium, Kalium, Chloride, Magnesium, Kalzium, Phosphor und Schwefel oder Eisen, Kupfer, Mangan, Zink, Kobalt, Jod, Silizium, Molybdän, welche als Spurenelemente von Bedeutung sind. Die Funktion anderer Elemente, wie Aluminium, Chrom, Nickel, ist noch weitgehend ungeklärt. Die Bedeutung von Eisen als Atmungsferment zur Bildung des Blutfarbstoffs oder von Jod für die Funktion der Schilddrüse, von Chlorid für die Bildung von Magensaft sind bekannt. Es würde jedoch im Rahmen dieser Abhandlungen zu weit führen, auf den großen Wirkungsbereich der genannten Substanzen näher einzugehen.

Das Magnesiummangelsyndrom

Die Bedeutung vieler Mineralien und Spurenelemente ist noch nicht vollständig geklärt. Neue Befunde sind in letzter Zeit beim Magnesiummangel bekannt geworden. Beim Weidevieh führt Magnesiummangel zur Zitter- und Krampfkrankheit. Die Magnesiumaufnahme beim Menschen können beeinträchtigen:

1. *Eiweißreiche Ernährung*
   – höherer Mg^{2+}-Bedarf
   – hemmt Darmresorption an Mg^{2+}
2. *Ca^{2+}-reiche Kost* (hemmt Mg^{2+}-Resorption)
3. *Mangel an Vitamin B_1 und B_6* (hemmt Mg^{2+}-Resorption) z. B. Rückgang des Verzehrs an Mehlprodukten (Vitamin-B-Träger)

Spasmophiliesyndrom

(auch Magnesiummangelsyndrom)

I. Zerebrale Form (nervös,depressiv, epileptiform)

Kopfdruck, Schwindel, Verstimmung (Migräne)
Konzentrationsschwäche, Benommenheit
Nervosität, inneres Zittern
Angst, Depression, Bewußtlosigkeit, Kopfschmerz (vaskulär usw.)
Atemnot (Bronchospasmus)
Hyperreflexie (Tremor), Knipsreflex (++)
Positives Elektromyogramm
Chvostek III + (II, I)
Trousseau +
Hyperventilationsversuch +

IV. Viszerale Form

Sphinkterkrämpfe:
Laryngospasmus
Kardiospasmus
Pylorospasmus
Spasmus Sphinkter Oddi
(*Pankreatitis?,* Gallengang-dyskinesie, Cholostase)
Spasmus Anussphinkter
Harnröhrenspasmus
(Pollakisurie)
Übelkeit, Erbrechen
Magen-Darm-Krämpfe
(Ulkus ventr. u. duodeni?)
Durchfälle
Uterusspasmen
(Eklampsie?)

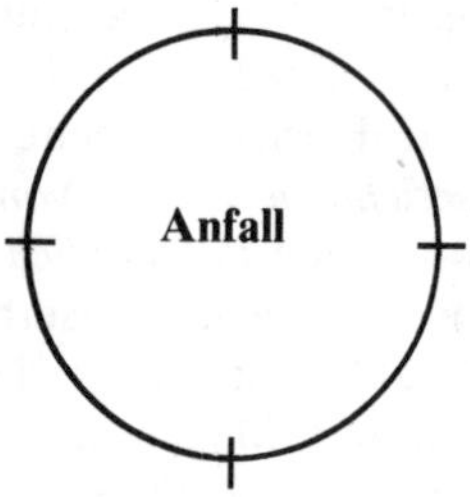

II. Vaskulär-stenokardische Form

Stenokardie (Infarkt?)
(Pseudoangina pectoris)
Tachykardie
Herzdruck
Rhythmusstörungen
(Hypotonie)

III. Muskulär, tetanische Form

Obere Extremität
Parästhesien Hände
Taubheit
Kribbeln
Tetanie (Pfötchen-Geburtshelferstellung)

Hinterkopfschmerzen
Nackenkrampf
Schulterkrampf
Gesichtsmuskelkrampf – Parästhesie
Schnauzkrampf
Kaukrampf

Untere Extremität
Oberschenkelkrampf
Wadenkrampf
Fußsohlenkrampf
Zehenkrampf
Parästhesie

Abb. 26 Die Abb. zeigt die vielfältigen Symptome des *Mg^{2+}-Mangelsyndroms,* welches als *primäres* Syndrom oder *sekundär* bei anderer Grundkrankheit imponieren kann. Nur selten treten *extreme* Veränderungen zutage. Meist lassen sich in *jedem Formbereich* eine oder zwei typische (oft meist unbeachtete) Symptome erkennen. *Anfallsweise* kann dieses meist über Jahre sich erstreckende Bild durch *Stenokardien,* die dann über Jahre anhalten können, übertönt werden, obwohl weitere Symptome bei sorgfältiger Nachforschung in anderen Bereichen nachweisbar sind. In einigen Fällen kann das Bild durch Anfälle in anderen Bereichen, etwa dem *Magen-Darm-Trakt,* einen neuen Aspekt erhalten. In anderen Fällen lokalisiert sich das Geschehen vorwiegend *zentral* oft lang mit unscheinbaren „vegetativen“ Symptomen. In einigen Fällen wird ein *Ulkus* gefunden ohne stärkere Beschwerden der Patienten. Charakteristisch ist der Wechsel im Symptombild („Roulettspiel“), der eine Vorhersage, welcher Organbereich befallen wird, nicht zuläßt.

4. *Alkoholkonsum* (hemmt Mg^{2+}-Resorption) (steigender Verbrauch in Industrienationen)
5. *Mg^{2+}-Mangelernährung*
6. *Düngefehler* (Verarmung der Böden und Pflanzen an Mg^{2+})

Magnesium spielt eine wichtige Rolle im *Eiweiß-* und *Kohlenhydratstoffwechsel* und bei zahlreichen fermentativen Vorgängen. Große Bedeutung kommt ihm im *Nervensystem* zu. Bei Mg^{2+}-Mangel kommt es zur *Vagotonie (= vegetativen Dystonie)* bzw. zur neuromuskulären Übererregbarkeit im Bereich der glatten Muskulatur. Anfallsweise können über Jahre auftreten (s. auch Abb. 26): *nervöse Störungen* mit Schwindelzuständen, Unruhe, Zittern, oft begleitet von *Herzjagen* und Herzkrämpfen oder *Durchfällen* (auch wechselnd mit Verstopfung), *Übelkeit, Magenkrämpfen,* Atemnot und *Wadenkrämpfen,* Taubheit, Kribbeln in Händen und Füßen, oft lästigen *Nackenschmerzen* oder Kopfschmerzen, die mit Wirbelsäulenschäden verwechselt werden. Aufregungen und Menstruation der Frau können die Symptome verstärken. Es kann anfallsweise zu schweren Krampfzuständen kommen, oft mit *Fallsucht* oder kurzzeitiger *Bewußtlosigkeit.* Die Anfälle können so schwer sein, daß Verdacht auf Herzinfarkt oder Bauchspeicheldrüsenentzündung geäußert wird. Hier handelt es sich um vagoton bedingte Krämpfe (auch Gefäßspasmen). Es wird häufig verkannt, daß alle Symptome auf ein gemeinsames Geschehen zurückzuführen sind. Außer Mg^{2+}-Mangel können auch andere Faktoren die elektrisch nachweisbare Übererregbarkeit auslösen. (Näheres s. HEILMEYER, L., H.-J. HOLTMEIER: Ernährungswissenschaften, Thieme, Stuttgart). Wegen der schlechten Resorbierbarkeit von allen Mg-Salzen im Darm (nur ~ 25% werden aufgenommen) hat sich bewährt, über 2 Wochen täglich 5 ml *Mg-Diasporal in Amp.* oder 2 ml 50% *Mg-Sulfat* (= 10 mval [5 mmol]/Mg^{2+}) i. m. (Fa. Protina, München) zu spritzen, später oral weiter 3 × 2 Tbl. tägl. Mg-Diasporal (= 600 mg Mg^{2+} [≙ 24,7 mmol]).

Der Gesunde und die richtige Verwendung von Kochsalz

Die Chemie bezeichnet als *Salze* eine Gruppe von Stoffen, die aus Reaktionen von Säuren mit Basen entstehen. Im allgemeinen Sprachgebrauch ist *Salz* gleichbedeutend mit *Kochsalz** oder Natriumchlorid (NaCl). Unser handelsübliches Kochsalz ist praktisch reines Natriumchlorid, welches aus seinen beiden Einzelbestandteilen Natrium (Na^+) und Chlorid (Cl^-) besteht. In Flüssigkeit liegen beide Bestandteile gelöst in Ionenform vor, und zwar im Natrium als positiv geladenes Kation und Chlorid als negativ geladenes Anion. Im Kochsalz (NaCl) liegen seine beiden Einzelbestandteile Natrium und Chlorid stets in gleichen Mengen vor. Da aber das Molekulargewicht von Natrium geringer als das von Chlorid ist, werden größere Mengen von ihm

---

* Näheres über Kochsalz und kochsalzarme Kost s. in H.-J. HOLTMEIER: Kochsalzarme Schonkost, 2. Aufl. Thieme, Stuttgart; H.-J. HOLTMEIER: Kochsalzarme Kost. Goldmann, München.

benötigt. Die Eigenarten der Mineralien drücken sich nicht nur durch ihr Eigengewicht, sondern auch ihre Wertigkeit usw. aus. Deshalb rechnet man in der Chemie und bei medizinischen Berechnungen mit chemischen Maßeinheiten, den Äquivalentwerten bzw. mval, mäq usw. Angaben in Milliäquivalenten erlauben besser, die mengenmäßigen Verhältnisse untereinander in bezug auf die Elektroneutralität der Mineralien zu erkennen.

Im Gegensatz zum handelsüblichen *Kochsalz* oder zum chemischen Begriff des Salzes kommt im menschlichen Organismus, in Pflanze und Tier praktisch kaum Kochsalz wie im Reagenzglas des Chemikers mit *gleichen Anteilen* von Natrium und Chlorid vor. Beide einzelnen Bestandteile, Natrium und Chlorid, liegen meist in unterschiedlichen Größenordnungen und in anderer Bindungsform als NaCl vor. So gibt es Nahrungsmittel, die erhebliche Anteile an Natrium, aber nur geringe Mengen an Chlorid enthalten. Dies macht verständlich, daß trotz des hohen Natriumgehaltes kein salziger Geschmack auftritt. Wird jedoch mit der Nahrung ein anderes Lebensmittel zugeführt, welches große Anteile Chlorid, aber kein Natrium enthält, werden dem Organismus auf diese Weise doch beide Bestandteile getrennt gegeben, ohne daß eines der Lebensmittel salzig schmeckt. Auf diesem Wege können also Natrium und Chlorid getrennt verabreicht im Organismus doch die gleiche Wirkung wie rein zugeführtes Kochsalz ausüben. Hierdurch wird klar, daß ein großer Teil des täglich vom Organismus aufgenommenen „Kochsalzes" nicht allein durch das zum Würzen verwendete Kochsalz, sondern durch die Nahrungsmittel direkt aufgenommen wird.

Um eine Erklärung der menschlichen Bedürfnisse nach Natrium und Chlorid hat sich vor 100 Jahren bereits der Physiologe BUNGE bemüht. Er glaubte, das Salzbedürfnis hinge mit der vorwiegend pflanzlichen Ernährungsweise des Menschen zusammen und beruhe darauf, daß kaliumreiche Pflanzenkost den Organismus an Natrium verarmen lasse. Heute wissen wir, daß diese Theorie schon deswegen nicht stimmen kann, da es zahlreiche Volksstämme mit überwiegend pflanzlicher Ernährung gibt, die Kochsalz nicht kennen oder nur als Zahlungsmittel (in kleinen Beutelchen) verwenden, wie einige Volksstämme in Afrika, Südamerika, auf Guinea usw. Der Gehalt an Natrium und Chlorid wird bei diesen Völkern ausschließlich durch den Eigengehalt der Nahrung an Natrium und Chlorid zugeführt, ohne daß zusätzlich Salz beim Kochen verwendet wird. Die Wichtigkeit von Kochsalz (bzw. Natriumchlorid) für den menschlichen Organismus ergibt sich bereits aus der Zusammensetzung des menschlichen Körpers, der bekanntlich zu 66% aus Wasser besteht.

Annähernd 40% dieser Flüssigkeit enthalten in 1 Liter ca. 2,3 g (0,1 mol) Natrium und 3,6 g (~ 0,1 mol) Chlorid. Außerdem wird Natrium und Chlorid in Schweiß, im Speichel, in Galle- und Darmflüssigkeit und bei zahlreichen Stoffwechselvorgängen in den verschiedensten Organen, bei der Tätigkeit der Hormondrüsen, der Bildung der Magensalzsäure (HCl) usw. benötigt.

Salz- und Wasserhaushalt (Tab. 37 und 38) sind eng und untrennbar miteinander verknüpft. *Ohne Salz kann der Organismus kein Wasser speichern.* Schwitzen, eine Abwehrreaktion gegenüber Überhitzung, geht zwangsläufig

Tabelle 37 *Die tägliche Wasseraufnahme.*

Wasserzufuhr/Tag	ml Wasser/Tag
1. flüssige und feste Nahrungsmittel	700
2. aus dem Stoffwechsel entstehend	300
3. Flüssigkeitsaufnahme beim Gesunden	1500
durchschnittliche *Gesamtwasseraufnahme* beim Gesunden	2500

Tabelle 38 Der tägliche Wasserverlust.

Wasserverlust/Tag	ml Wasser/Tag
1. Haut	500
2. Lunge (Haut und Lunge bei Fieber 1500–2000 ml)	400
3. Fäzes (Stuhl)	200
4. Harn	1400
durchschnittlicher *Gesamtwasserverlust* beim Gesunden	2500

mit Salzverlust einher. Hat der Körper viel Wasser mit Natrium und Chlorid verloren, kann er seinen Wasserbestand nur wieder auffüllen, wenn ihm gleichzeitig auch genügend Natrium und Chlorid (= Kochsalz) zugeführt wird. Wasser ohne eine bestimmte Salzkonzentration, etwa destilliertes Wasser, kann im Körper allein nicht festgehalten werden. Aus diesem Grunde kann in tropischer Hitze der Wasserverlust des Organismus nur durch gleichzeitige Salzzufuhr wieder ausgeglichen werden. Wird der Durst allein durch Trinken von Leitungswasser gelöscht, kommt es nicht nur zu einer Abnahme der Salzkonzentration im Organismus, sondern die Niere scheidet auch das zugeführte („destillierte") Wasser unter zusätzlicher Abgabe von körpereigenem Salz durch die Niere wieder aus und kann den Organismus auf diese Weise rasch in eine lebensgefährliche Situation und zum Zusammenbruch des Blutkreislaufes führen. Ein Beispiel ist auch der Durst am Morgen nach ausgiebigem Biergenuß, da Bier so gut wie frei von Natrium und Chlorid ist. Die großen Flüssigkeitsmengen kann die Niere nur durch gleichzeitige Abgabe von Natrium und Chlorid ausscheiden, das dem Körper zwangsläufig entzogen wird. Auf diese Weise verarmt das Gewebe an Natrium und Chlorid. Diese Wasserverarmung empfinden wir als Durst. Aus den genannten Anlässen wird das fehlende Salz unbewußt oft durch Genuß von Salzheringen, von Salzbrezeln, Salzstangen, Salzmandeln oder Rettichen zugeführt. *Dem Gesunden kann Kochsalzzufuhr* (in unserem Lande zwischen 10 bis 15 g [0,17–0,26 mol] pro Tag üblich) *nichts schaden.* Man kann wochenlang ohne zusätzliche Verwendung von Kochsalz leben, ohne hierdurch Schaden zu erleiden, d. h. auch ohne gesalzenes Brot, ohne gesalzenen Käse, gesalzenen

Fisch usw. Wie bereits oben gesagt, enthalten alle pflanzlichen und tierischen Nahrungsmittel so viel eigenes Natrium und Chlorid, daß ohne zusätzliche Verwendung von Kochsalz zum Kochen bereits 3 bis 5 g (0,05–0,09 mol) NaCl täglich zugeführt werden, welche den täglichen Kochsalzbedarf des Organismus ausreichend stillen. Je weniger Kochsalz dem Organismus zugeführt wird, desto stärker treten kompensatorische Mechanismen in Erscheinung, die auf hormonellem Wege die Niere veranlassen, nach Möglichkeit kein Natrium und Chlorid mehr auszuscheiden und alles „Kochsalz" im Körper zurückzuhalten. Ein besonderes Hormon der Nebennierenrinde (Aldosteron) wird bis zu vierzigfach vermehrt produziert und sorgt für eine möglichst vollständige Rücknahme von Natrium, Chlorid und Wasser in der Niere, damit keine Mangelerscheinungen im Organismus auftreten.

Kochsalzzufuhr bei Temperaturanstieg (Tropen, Hitze, Fieber usw.)

Nur unter außergewöhnlichen Bedingungen und Strapazen, wie etwa *bei großer Hitze* (Tropen, Hochofenarbeit, heiße Sonne usw.) mit Mangelerscheinungen in Gestalt von allgemeiner Mattigkeit, Unlust, Übelkeit, Kopfschmerzen, Abstumpfen des Geruchssinns, Muskelkrämpfen, später Bewußtseinsverlust und Versagen von Herz und Kreislauf, ist eine Kochsalzzufuhr notwendig. Auch bei starkem *Fieber* und unter verschiedenen Krankheitsbedingungen können nicht nur große Salz- und Wassermengen verlorengehen, sondern auch in den entzündeten Organen gespeichert werden (Lungenentzündung usw.), so daß zusätzliche Salz- und Wasserzufuhr lebenswichtig sein kann. Die genannten Beispiele zeigen, daß sinnlose Einschränkung der Kochsalzzufuhr oder überhöhter Kochsalzkonsum stets zu vermeiden ist.
Im Jahre 1878 hörte man zum ersten Male von *merkwürdigen Krampferkrankungen* im amerikanischen Bergbau. Sie begannen mit Muskelkrämpfen, die sich in kurzen Abständen wiederholten, und jede Erschütterung und Abkühlung verschlimmerte den Zustand. Die Körpertemperatur stieg an, und nicht selten starben die Kranken in diesem Zustand. Das einzig wirksame Heilmittel war die Gabe von Kochsalz. Leichter Kranke ließ man Salzwasser trinken, schwerer Kranken spritzte man Salzlösung in die Venen. Ein amerikanischer Arzt berichtet, daß jeder Kranke, der Salzlösung erhielt, noch vor Ende der Infusion krampffrei und wieder gesund wurde. In gleicher Weise wie Bergarbeiter können auch Industriearbeiter in heißer Umgebung, wie z. B. Schiffsheizer oder auch Soldaten in heißen Klimazonen durch Verarmung an Kochsalz ähnlich gefährdet werden. Bekanntlich erhalten in tropischen Gegenden Truppen, insbesondere aus europäischen Ländern, deren körpereigenes Hormonsystem nicht auf dieses Klima eingestellt ist, täglich zusätzlich Kochsalztabletten, wie etwa die englische Armee in Ägypten im vergangenen Krieg. Auch in Hitzebetrieben empfehlen sich salzhaltige Getränke zum Durstlöschen, wenn die Arbeitskraft aufrecht erhalten werden soll. Es empfiehlt sich, zusätzlich 4 bis 5 g (0,07–0,09 mol) Kochsalz zum Essen zuzuführen, während der im gemäßigten Klima arbeitende Mensch mit wesentlich weniger Kochsalz leben kann.

Dem Gesunden nützt es nicht, prophylaktisch eine „salzarme" bzw. „natriumarme" Diät einzuhalten, um Krankheiten vorzubeugen.
Die normale tägliche Kochsalzzufuhr (Tab. 20) beträgt bei uns zwischen 10–15 g (0,17–0,26 mol) (gestreutes Salz einschließlich des Eigengehaltes an Natrium und Chlorid der Nahrungsmittel) und ist nach Ansicht der überwiegenden Zahl der Ernährungswissenschaftler als ungefährlich anzusehen, *wenn nicht bestimmte Erkrankungen wie Bluthochdruck, Herz- und Nierenleiden usw. vorliegen.* Vergiften kann man sich mit Salz ebenso wie mit manchen Vitaminen, mit Wasser und Zucker, vorausgesetzt, daß man Mengen verzehrt, die weit außerhalb dessen liegen, was der normale Mensch in vernünftiger Weise zu verzehren pflegt. So ist von Schiffbrüchigen bekannt, daß der fortlaufende Genuß von Meerwasser, dessen Kochsalzgehalt um 3% (30 g/l ≙ 0,5 mol/l) beträgt, mit dem Leben nicht vereinbar ist, da die Niere diese Salzkonzentration ohne Wasserzufuhr nicht allein ausscheiden kann und den Körper durch ständigen zusätzlichen Wasserentzug aus den Zellen zum Stoffwechselversagen (Dehydratation) bringt.
Wesentlich anders ist dies bei *Kranken,* welche wassersüchtige Anschwellungen (Ödeme) infolge *Herz- und Nierenleiden* zeigen oder an *Bluthochdruck* leiden. Eine in üblicher Weise gesalzene Kost kann hier zu einer wesentlichen Verschlimmerung der Leiden führen. Deshalb spielt die sogenannte *„kochsalzarme"* oder *„natriumarme" Kost* in der Krankenbehandlung, besonders bei allen Formen der krankhaften Wasseranlagerung und bei Patienten mit Bluthochdruck, aber auch bei zahlreichen anderen Erkrankungen wie Hautkrankheiten usw., eine große Rolle.
Der gesunde Mensch kann sein Salzbedürfnis befriedigen, ohne Gefahr zu laufen, dadurch herz-, nieren- oder bluthochdruckkrank zu werden. Diese Erkrankungen lassen sich nicht durch eine vorbeugende „kochsalzarme" Diät vermeiden.

Kochsalzersatzmittel (Meersalz usw.)

Einzelne Ernährungsreformer empfehlen anstelle von Kochsalz den Gebrauch von *Meersalz, Salinensalz, Selleriesalzen* usw. Da sie ebenso wie Kochsalz hochgradig Natrium und Chlorid enthalten, *sind alle diese Salze im Rahmen einer „kochsalzarmen" Diät genauso wie reines Kochsalz verboten.*
Wichtiger ist es, in jodarmen Gegenden (Süddeutschland, Alpengebiete) *jodiertes Speisesalz* zu verwenden, um dem Auftreten von Kröpfen vorzubeugen.

Vollmeersalz

Meersalz, welches aus großen Meerestiefen gewonnen wird, bezeichnet man als *„Vollmeersalz"*. Es unterscheidet sich maßgeblich vom normalen *„Meersalz"* durch seine wesentlich günstigere Zusammensetzung an verschiedenen Mineralsalzen. Zum einen ist der eigentliche Salzgehalt niedriger, zum anderen enthält es dafür bereits in *1 g 20 mg Magnesium, in 5 g 100 mg Magnesium*

und in 8 g 160 mg Magnesium! Vollmeersalz ist deshalb im Hinblick auf die Mangelzufuhr bei Herzkranzgefäßleiden ein geradezu ideales Salz, welches alle anderen Produkte überflügelt.
Man beachte, daß das Produkt bei uns nicht als *„Meersalz"* (nur aus Oberflächengewinnung) deklariert ist, sondern als „Vollmeersalz" (z. B. über die Fa. *Biomaris,* Bremen, oder in der Schweiz als *„Biomaris-Spezial-Meersalz"* über die Biorex-AG, Ebnat-Kappel, erhältlich).

Kochsalz bei Abmagerungskuren

Für die Behandlung Fettsüchtiger mittels Abmagerungsdiät ist die Verwendung von „Kochsalz" ein wichtiges Kapitel. *Kochsalz* (= NaCl) *hat keine Kalorien und besitzt auch keinen Nährwert.* Somit ist der Gebrauch von Kochsalz in vernünftigen Mengen auch bei Fettsuchtbehandlung unschädlich, sofern keine besonderen Störungen vorliegen. Ob Kochsalz benützt werden darf, inwieweit eine Einschränkung erforderlich ist, muß individuell vom Arzt entschieden werden. Eingehende Bilanzuntersuchungen an Fettsüchtigen unter Verabreichung kalorienarmer Kost (Abb. 27, 31) und unter normaler Kochsalzanwendung zeigen eine ebenso erfreuliche Gewichtsabnahme wie an Patienten, denen Kochsalz entzogen wurde. Ausnahmen bilden solche mit

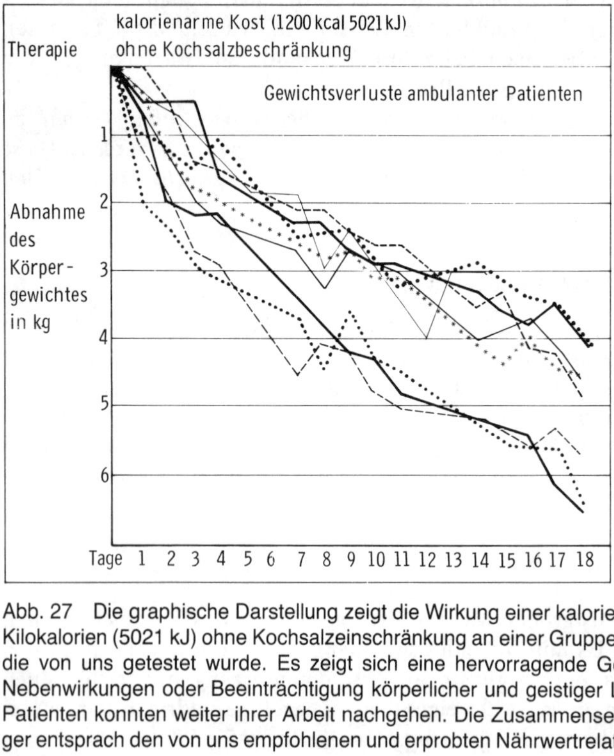

Abb. 27 Die graphische Darstellung zeigt die Wirkung einer kalorienarmen Kost von 1200 Kilokalorien (5021 kJ) ohne Kochsalzeinschränkung an einer Gruppe ambulanter Patienten, die von uns getestet wurde. Es zeigt sich eine hervorragende Gewichtsabnahme ohne Nebenwirkungen oder Beeinträchtigung körperlicher und geistiger Leistungsfähigkeit. Alle Patienten konnten weiter ihrer Arbeit nachgehen. Die Zusammensetzung der Nährwertträger entsprach den von uns empfohlenen und erprobten Nährwertrelationen.

Neigung zur Wassereinlagerung infolge von Herz-Nierenkrankheiten, Erkrankungen der Nebenniere, der Hypophyse usw.
Entzug von Kochsalz aus der Nahrung bewirkt bereits beim gesunden Normalgewichtigen eine Gewichtsreduktion durch Salz- und Wasserverlust *bis etwa 2 bis 2,5 kg,* welche nach Verabreichung von Salz sofort wieder aufgehoben wird. Der Gesunde hält weder normal zugeführtes Kochsalz (10–15 g [0,17–0,26 mol]/Tag) noch Wasser im Körper krankhaft zurück.
Somit sind Gewichtsabnahmen bis 2,5 kg bei Abmagerungsdiäten und gleichzeitigem Kochsalzentzug nur *Scheinerfolge,* welche auch durch ähnliche Maßnahmen, z. B. Schwitzen in der *Sauna* oder *Gabe von Diuretika* zu erzielen sind. Von ärztlicher Seite wird dringend von derartigen Experimenten während der Abmagerungskur abgeraten, die nicht nur sinnlos und möglicherweise gesundheitsschädlich sind, sondern auch den Patienten verwirren müssen, wenn er später wieder zunimmt. Zahlreiche Entwässerungstabletten (= „Diuretika") können Zuckerkrankheit, Gicht, Muskelstörungen usw. beim Gesunden auslösen.
Tab. 39 zeigt eine Übersicht über die Nebenwirkungen solcher wassertreibender Medikamente, von denen es heute zahlreiche im Handel gibt. Unter 8321 behandelten Patienten wurden bei 635 Fällen folgende Nebenwirkungen registriert:

Tabelle 39 *Nebenwirkungen der Saliuretika.*[1] Die Tabelle zeigt, daß jedem Medikament neben erfreulichen Wirkungen auch unerfreuliche, z. T. gefährliche Nebenwirkungen anhaften und diätetische Maßnahmen zu bevorzugen sind (aus *H. J. Holtmeier*: Kochsalzarme Kost. Goldmann, München).

Hypokaliämie (= Kaliummangel)		175
Hyponaträmie (= Natriummangel)		10
Hypoelektrolytämie (= Störung im Mineralhaushalt)		1
Aldostenurie (= Hormonstörung)		4
Gichtanfall (= Gicht)		4
Rest-N (= Nierenversagen)		30
Blutzucker	Zuckerkrankheit und Störung im Zuckerstoffwechsel	30
Diabetes-verschlechterung	Zuckerkrankheit und Störung im Zuckerstoffwechsel	41
Diabetes manifest werdend	Zuckerkrankheit und Störung im Zuckerstoffwechsel	2
Quickkorrektur	Gerinnungsstörung	54
Thrombo-elastogramm-veränderungen	Gerinnungsstörung	10
Thrombo-zytopenie	Gerinnungsstörung	3
Purpura (= Hautblutung)		1
Neutropenie (Blutbildstörung)		2
Agranulozytose (Blutbildstörung)		1
Hypotension (= Blutdruckabfall)		13
EKG-Veränderungen	Herz- u. Kreislaufstörungen	10
Tachykardie	Herz- u. Kreislaufstörungen	7
Arrhythmie	Herz- u. Kreislaufstörungen	3
Präkollaps	Herz- u. Kreislaufstörungen	3
Nausea (= Erbrechen)		100
Cl-Reduzierung im Magensaft	Magen- und Darmstörungen	5
Gastritis	Magen- und Darmstörungen	12
Subileus	Magen- und Darmstörungen	1
Durchfall	Magen- und Darmstörungen	1
Pankreatitis (= Bauchspeicheldrüsenentzündung)		1
Präkoma (= Bewußtlosigkeit)		8
Myopie (Sehstörung)		4
Schwäche		88
Kopfweh		2
Fieber		1
Psychose (= geistige Verwirrung)		3
Rash (Hautleiden)		5
Gesamtzahl		635

[1]Wassertreibende Medikamente = Saliuretika = Diuretika.

Die *Deutsche Arzneimittelkommission* hat eine Aufstellung von im Handel befindlichen *wassertreibenden (Diuretika = Saliuretika) Medikamenten* veröffentlicht, welche u. a. die Gefahr von Störungen im Zuckerstoffwechsel, Mineralhaushalt, Auslösung von Gicht usw. in sich bergen, die in Tab. 40 wiedergegeben wird.

Tabelle 40 *Wassertreibende Medikamente* (Diuretika).

Handelsname der Medikamente	
Sali-Presinol®	Dehydrosanol® Pertensosanol®
Repicin® Seda-Repicin®	Drenusil® komb. in Drenusil-R®
Chlotride®	Saltucin® komb. in Modenol®
Navidrex®	Esmarin®
Di-Choltride® Esidrix® Ivaugan® komb. in Adelphan-Esidrix®	Hygroton® komb. in Hygroton-Reserpin®
Di-Chlotride®-K Di-Chlotride®-K mit Reserpin Diuraupur® Diuraupur sine® Olivysat comp.® Raucombin®	Brinaldix® Lasix® komb. in Terbolan®
	Diamox®
Olmagran®	Haurydrin®
Pacepir®	Aquamox®

Ausreichende Salz- und Wasserzufuhr zur Vermeidung von Kreislaufstörungen ist gerade bei Abmagerungskuren von großer Bedeutung. Dursten ist lebensgefährlich. Herz- und Kreislaufversagen sind häufigste Komplikationen bei Abmagerungskuren und in zahllosen Fällen allein Folge völlig unbegründeten Entzuges von Salz und Wasser. Wir empfehlen Übergewichtigen, Kochsalz und Trinkflüssigkeit nur in besonderen Fällen auf ärztlichen Rat einzuschränken, wenn sie nachteilige Wirkungen auf Kreislauf, Wohlbefinden und Leistungsfähigkeit vermeiden wollen. Die Tatsache, daß Übergewichtige zwangsläufig mehr labiles Salz und Wasser speichern als Normalgewichtige (2,5 kg), ist noch kein Grund die Zufuhr von Kochsalz und Flüssigkeit, welches zur Aufrechterhaltung des Blutvolumens des dickeren Menschen, insbesondere an heißen Tagen, eben benötigt wird, drastisch einzuschränken. Niemand wird es verwundern, daß bei doppeltem Körpergewicht auch doppelte Salz- und Flüssigkeits-

Abb. 28 *Die unterschiedliche Wasserspeicherung beim Gesunden und Übergewichtigen.* Die Abb. zeigt, daß es beim Übergewichtigen zu einer Änderung der Wasserverteilung im Gegensatz zum Normalen kommt. Auf Kosten der anderen Wasserräume speichern die Übergewichtigen in ihrem Gewebe mit 35% ca. zweimal soviel Fett wie die Normalen und viermal soviel wie die Mageren (aus *J. H. Bland*: Störungen des Wasser- und Elektrolythaushaltes. Thieme, Stuttgart).

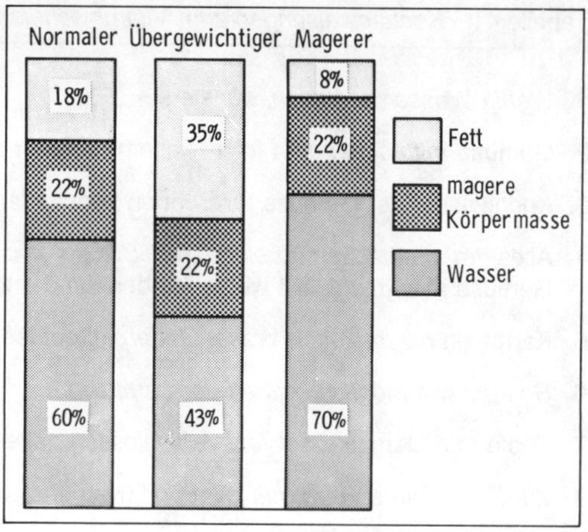

mengen vom Organismus gebunden werden, *zumal Fettgewebe mehr Wasser* (35%) als normales Bindegewebe (18%) *speichert* (Abb. 28). Im Gegensatz zum Normalgewichtigen beobachtet man bei solchen Patienten unter Verabreichung von wassertreibenden Medikamenten oft auch eine doppelt so starke Gewichtsabnahme (um 4 kg) als beim Gesunden (um 2,5 kg). In dem Moment, in dem eine echte Abmagerung durch kalorienarme Kost einsetzt, verschwindet mit dem Fettgewebe auch das in ihm eingelagerte Wasser.

Bei krankhaften Störungen im Salz- und Wasserhaushalt kann es bei bestimmten Patienten jedoch zur Vermehrung und Ablagerung der Körperflüssigkeit im Unterhautgewebe kommen. Die krankhafte Ansammlung von Flüssigkeit wird als Ödem oder Wassersucht bezeichnet. Sie kann Folge von Drüsenstörungen sein oder auch bei Herz- und Nierenversagen bzw. bei Leberschädigung und Eiweißmangelernährung und anderen Erkrankungen auftreten. Solche Patienten gehören rasch in ärztliche Kontrolle. Wir empfehlen bei allen Formen vermehrter Einlagerung von Wasser ins Unterhautgewebe den Arzt zu konsultieren, im übrigen kein Salz zum Kochen zu verwenden – sondern lediglich nachzusalzen. Hierfür sind alle Tagesmenükarten im Anhang gut geeignet, da sie „kochsalzarm“ (bzw. auch „natriumarm“) sind.

Vitamine

Im Rahmen dieser Ausführungen lassen sich die genannten Gebiete nur streifen. *Vitamine* sind Wirkstoffe, die mit der Nahrung zuführt werden (s. Tab. 42) und bereits in minimalen Mengen einen normalen Stoffwechsel der Zellen ermöglichen. Sie sind Stoffe von hoher Wirksamkeit, spielen jedoch als Kalorienspender keine Rolle. Der Körper selbst kann Vitamine nicht oder nur teilweise bilden, so daß diese unbedingt durch Nahrung zugeführt werden müssen. Bei Fehlen von Vitaminen treten Mangelerkran-

Tabelle 41 *Kochanweisungen zum Vitaminschutz der Nahrung.*

1. *Wenig Wasser benützen,* dünsten.
2. Gemüse *mit kochendem* (nicht kaltem) Wasser *aufsetzen.*
3. *Kochwasser* der Gemüse für Suppen verwenden.
4. Alles im *natürlichen Zustand mit Schale kochen* (z. B. Kartoffeln, Karotten). Gemüse usw. möglichst wenig mit der Hand anfassen.
5. Kartoffeln *nie im kalten Wasser lagern,* Gemüse nicht welken lassen oder lagern.
6. *So kurz wie möglich kochen oder erhitzen.*
7. Töpfe und Dampfkessel *fest verschlossen* halten, nicht umrühren.
8. Zum Blanchieren usw. *nie „Natron"* (Natriumbikarbonat) zusetzen.
9. *Tiefgekühlte Nahrungsmittel* halten ausgezeichnet Vitamine (aber rasch auftauen, nicht liegen lassen).

kungen auf, die als Avitaminosen bezeichnet werden. Zahlreiche Vitamine sind an Eiweißstoffe als Trägersubstanz gebunden oder als Bestandteile von Fermenten wirksam. Andere Vitamine werden von Darmbakterien gebildet. So z. B. hat Vitamin A wachstumsfördernde Wirkung und ist bei fettarmer, kalorienarmer Kost schlecht resorbierbar. Die Vitamine der B-Gruppe haben mannigfache Funktionen im Fermentsystem des Organismus und sorgen für eine normale Nervenfunktion. Mangel an Vitamin B_1 löst Beri-Beri-Krankheit aus und Nervenentzündung, Mangel an Vitamin D Rachitis usw. Tab. 42 zeigt übersichtlich den optimalen Tagesbedarf an Vitaminen usw. Sie zeigt Erkrankungen, welche bei Vitaminmangelernährung auftreten. Unsere umfangreichen Untersuchungen an Fettsüchtigen, welche über Jahre in der Klinik mit verschiedenen Kostformen getestet wurden, zeigen, *daß bei eingeschränkter Nahrungszufuhr durch kalorienarme Kost sowohl durch eingeschränkte Nahrungszufuhr* als auch Resorptionsstörungen im Darm, auf *lange Sicht oft ungenügend Vitamine verabreicht werden.* Aus diesem Grunde empfehlen wir, insbesondere bei längerer Abmagerungskur und starker Nahrungskarenz etwa um 1000 bis 800 Kilokalorien (4184 bis 3347 kJ), täglich die Verabreichung einer Vitamintablette, welche möglichst alle Vitamine und Mineralien in ausreichender Form enthält. Da jede Abmagerungsdiät letztlich eine gewollte Art von Unterernährung darstellt, lassen sich Vitamine in ausreichender Form schwierig verabreichen, ohne durch einseitige Ernährungsmaßnahmen die sinnvolle Zusammenstellung der übrigen Nährwertträger zu stören. In Tab. 43 geben wir eine Auswahl von geeigneten Vitaminpräparaten, welche nach ärztlicher Verordnung einzunehmen sind.

Tabelle 42 *Tagesbedarf wichtiger Vitamine, Mineralien und Spurenelemente.*

Vitamine	Bedarf/Tag	Mangelerscheinungen
A	5000 IE	Sehstörungen
B_1	1,5–2,0 mg (5,3–6,6 mmol)	*„Beriberi"* Nervenstörungen Magen-, Darm-, Muskelstörungen
B_2	1,5–2,0 mg (4,3–5,3 mmol)	Haut-, Schleimhaut-, Sehstörungen Ermüdung
C	75 mg (426 mmol)	*„Skorbut"* Müdigkeit, Blutungsbereitschaft Minderung der Abwehrkraft
D	100 IE	*„Rachitis"* Wachstums-, Knochenbaustörung (Der Erwachsene benötigt keine zusätzliche Vitamin-D-Zufuhr durch die Nahrung.)

Mineralien und Spurenelemente (grob schematisch)

Natrium	mindestens 1 g[1] (43,5 mmol)	Kreislauf-, Nierenstörungen usw.
Chlorid	mindestens 1–2 g (28–56 mmol)	Nierenversagen
Kalium	2 g (51 mmol)	Muskelfunktionsstörungen usw.
Kalzium	400–500 mg (10–12,5 mmol)	Knochenbau usw.
Magnesium	400 mg (16,5 mmol)	Erregungsstörungen (Nervensystem) Stoffwechselstörungen
Phosphor	700–800 mg (22,5–25,8 mmol)	gestörte Knochenbildung
Eisen	12 mg (0,22 mmol)	Blutbildungs- und weitere Stoff-
Kupfer	2 mg (31,5 μmol)	wechselstörungen
Kobalt	2 mg (34 μmol)	Blutbildungsstörung
Jod	100 γ (0,79 μmol)	Schilddrüsenstörungen usw.

[1] In Mitteleuropa sind 8–14 g täglich üblich.

Kalorienbedarf des Menschen

Alle Nahrungsstoffe enthalten eine mehr oder minder große Menge von Kräften gespeichert, welche bei Verbrennung im Körper frei werden. Dieser Kraftvorrat wird genau gemessen durch Bestimmung der Verbrennungswärme und in *Kalorien* ausgedrückt. Eine Kilokalorie (kcal) ist diejenige Energie, welche benötigt wird, um 1 Liter Wasser um 1 Grad zu erwärmen.

Tabelle 43 *Aufstellung über einige Vitaminpräparate, die alle lebensnotwendigen Vitamine enthalten.*

Completovit® (Fa. Boehringer, Ingelheim), Multivitaminpräparat, 1–2 Briefchen Granulat zum Trinken oder 3 × 1 Lingualdragee täglich.

Multibionta® forte (Fa. Merck), Multivitaminpräparat, 1–2 Brausetabletten täglich oder 3 × 10 Tropfen täglich oder 2 × 1 Kapsel täglich.

Multibionta® (Fa. Merck), Multivitaminpräparat, 1 × täglich 1 Kapsel.

Multivitamin-Lappe® (Fa. Lappe), Multivitaminpräparat, 2–3 Dragees täglich oder Saft.

Multivitamin-„Schi-Wa“ (Fa. Schi-Wa), Multivitaminpräparat, 1–2 Kapseln täglich.

Omnival® (Fa. Nordmark-Werke), Multivitaminpräparat, 1–2 Eßlöffel 1- bis 2mal täglich.

Protovita® „Roche“ (Fa. Hoffmann-La Roche), Multivitaminpräparat, 1–2 Kapseln täglich oder Tropfen.

Stresscaps® (Fa. Lederle), Multivitaminkonzentrat bei besonderer Belastung, 1 Kapsel täglich.

Vi-Magna® (Fa. Lederle), Multivitaminpräparat, 1 Kapsel täglich.

Vitazell® M (Fa. Tosse), Multivitaminpräparat, 1–2 Dragees täglich.

Multivitamin-Mineralpräparate

Addivit® „Fischer„ 12 (Fa. Fischer“), Multivitamin-Mineralpräparat, 2–4 Kapseln täglich.

Combionta® (Fa. Merck), Multivitamin-Mineralpräparat, 1–2 Dragees täglich.

Eunova® (Fa. Wülfing), Multivitamin-Mineralpräparat, 1 Dragee täglich.

Fortiplex® (Fa. Weimer), Multivitamin-Mineralpräparat, 1–2 Dragees täglich.

Gevrabon® (Fa. Lederle), Multivitamin-Mineralpräparat, für alternde Leute, 1–2 Eßlöffel Saft vor den Mahlzeiten, bzw. eine Kapsel nach dem Essen.

Gevrabon forte® (Fa. Lederle), Multivitamin-Mineralhormonpräparat, für alternde Leute, 1–3 Kapseln täglich.

Prenatal® (Fa. Lederle), Multivitamin-Mineralpräparat, 1–3 Kapseln täglich.

Supradyn® (Fa. Hoffmann-La Roche), Multivitamin-Mineralpräparat, 1 Kapsel oder 1 Brausetablette täglich.

Vi-Magna®-forte® (Fa. Lederle), Multivitamin-Mineralpräparat, 1 Kapsel täglich.

Vita Truw® (Fa. Truw), Multivitamin-Mineralpräparat, 1–2 Kapseln täglich.

Viterra® (Fa. Pfizer), Multivitamin-Mineralstoffpräparat, 1–2 Kapseln täglich.

Um den Nahrungsbedarf des Menschen zu berechnen, muß man wissen, daß der Kraftvorrat von:

1 g Eiweiß	= 4,1 Kilokalorien (kcal)	= 17 Kilojoule (kJ)
1 g Fett	= 9,3 Kilokalorien (kcal)	= 39 Kilojoule (kJ)
1 g Kohlenhydrate	= 4,1 Kilokalorien (kcal)	= 17 Kilojoule (kJ)
1 g Alkohol	= 7,1 Kilokalorien (kcal)	= 30 Kilojoule (kJ)

beträgt. Eiweiß und Kohlenhydrate sind demnach in ihrer Wärmebildung nahezu gleichwertig, während die gleiche Menge zugeführten Fettes dem Organismus die doppelte Menge Kraftvorrat verleiht. Aus diesem Grunde wird in allen Diätempfehlungen auf eine vernünftige Reduzierung der Fettzufuhr hingewiesen. Während der liegende und in strenger *Ruhe befindliche Mensch* etwa 1500 Kilokalorien (6280 kJ) am Tag benötigt, steigt der Energiebedarf bei geringster körperlicher Bewegung auf höhere Werte. Der Energiebedarf in Ruhe läßt sich durch den sogenannten „Grundumsatz" bestimmen und variiert nach Geschlecht, Alter, Größe und Gewicht. Der Energieverbrauch der Männer bzw. ihr Grundumsatz ist bei gleicher Arbeit höher als bei Frauen, im Alter sinkt er allgemein ab. Der Normalverbraucher (Buchhalter, Beamte, Lehrer usw.) benötigt zwischen 2000 und 2400 Kilokalorien (8370–10 045 kJ) am Tag, während in extremen Fällen (Radrennfahrer) bis 10 000 Kilokalorien (41 850 kJ) erforderlich werden. Näheres siehe Tab. 58 über den Kalorienbedarf verschiedener Berufsgruppen.

1 Kilokalorie (kcal) ist gleich 4,184 Kilojoule (kJ). Die im Anhang befindliche Tab. 61 erlaubt eine einfache Umrechnung der jeweiligen Wertangaben von Kilokalorien (kcal) in Kilojoule (kJ). Die Einführung der Bezeichnung *Joule* war wenig sinnvoll. Infolge eines festen Umrechnungsfaktors erfolgte keine größere Genauigkeit, sondern lediglich durch eine Vervierfachung der bisherigen Zahlen eine Erschwernis im Rechnen und Behalten. Damit die Abmagerungskur unverändert praktikabel durchzuführen ist, haben wir deshalb im wesentlichen am Kalorienbegriff festgehalten, ermöglichen jedoch gleichzeitig eine Umrechnung, wenn diese gewünscht wird.

In der Regel gibt es *mehr übergewichtige Frauen* als Männer. Tab. 44 zeigt, daß *Frauen* leider in allen Altersklassen stets erheblich *weniger essen dürfen* als ihre männlichen Kollegen. Dies sollte auch bei gemeinsamen Mahlzeiten bedacht werden. Eine Frau tut gut daran, daß sie bis zum Beginn des 30. Lebensjahrzehntes möglichst ihr Normalgewicht erreicht hat. Mit zunehmendem Alter wird es danach immer „schwieriger" ohne Mühen eine Abmagerungskur durchzuführen. Nach Tab. 44 benötigte eine 45jährige Frau bei leichter körperlicher Arbeit, bei einer Körpergröße von ca. 150 cm und einem entsprechenden Normalgewicht nur noch 1700 kcal (7115 kJ) (!). Sie müßte im Vergleich zum gleichaltrigen Mann ein erheblich strengeres Diätregime durchführen.

Faktoren welche den Grundumsatz erhöhen oder senken

Wie bereits gesagt, beträgt der sog. *„Grundumsatz"* an kcal (kJ) in *völliger Ruhe* ca. 1500 Kilokalorien (6280 kJ). Er wird durch körperliche Arbeit

Tabelle 44 *Empfohlene tägliche Kalorienzufuhr für Personen verschiedenen Alters und Gewichts* bei mittlerer Umgebungstemperatur von 20 °C (68 °F) und durchschnittlicher körperlicher Tätigkeit. Die Werte wurden auf 50 Kilokalorien abgerundet. Die kalorischen Richtwerte sollten zwischen 35–55 Jahren um 5% je Dekade und zwischen 55 und 75 Jahren um 8%, über 75 Jahre um 10% reduziert werden. Weiterhin sollten Körpergewicht und Körperbau Beachtung finden (nach Food and Nutrition Board, National Academy of Sciences – National Research Council, Washington, D.C. [USA]).

wünschenswertes Gewicht kg	kalorische Richtwerte in kcal (kJ) 25 Jahre	45 Jahre	65 Jahre
Männer	(1)	(2)	(3)
50	2300 (9 660)	2050 (8 610)	1750 (7 350)
55	2450 (10 290)	2200 (9 240)	1850 (7 770)
60	2600 (10 920)	2350 (9 870)	1950 (8 190)
65	2750 (11 550)	2500 (10 500)	2100 (8 820)
70	2900 (12 180)	2600 (10 920)	2200 (9 240)
75	3050 (12 810)	2750 (11 550)	2300 (9 660)
80	3200 (13 440)	2900 (12 180)	2450 (10 290)
85	3350 (14 070)	3050 (12 810)	2550 (10 710)
Frauen	(4)	(5)	(6)
40	1600 (6 720)	1450 (6 090)	1200 (5 040)
45	1750 (7 350)	1600 (6 720)	1300 (5 460)
50	1900 (7 980)	1700 (7 140)	1450 (6 090)
55	2000 (8 400)	1800 (7 560)	1550 (6 510)
58	2100 (8 820)	1900 (7 980)	1600 (6 720)
60	2150 (9 030)	1950 (8 190)	1650 (6 930)
65	2150 (9 030)	2050 (8 610)	1750 (7 350)
70	2400 (10 080)	2200 (9 240)	1850 (7 770)

entsprechend Tab. 45 erhöht. Im Laufe der *Schwangerschaft* nimmt der Grundumsatz zu (= Summe des Bedarfs der Mutter und des Kindes). Die Frau benötigt also dann mehr Nahrung. Mit dem *Schweiß* werden infolge aktiven Schwitzens pro 1 Liter eine Wärmemenge von 585 Kilokalorien (2450 kJ) abgegeben. Bei zahlreichen *krankhaften Prozessen* wird der Kalorienbedarf gesteigert, so bei allen *bösartigen* Erkrankungen oder solchen mit vermehrter *Zellbildung* (Krebs, Leukämie, Polyzythämien) und bei erhöhter neuromuskulärer Erregbarkeit (Übererregbarkeit der Muskulatur mit Zittern). Bei Fieber kann der Grundumsatz um 15% erhöht sein, bei *Hitze* infolge erhöhter Wärmeabgabe um ähnliche Werte.

Bei *Frauen* liegt der Grundumsatz 7–10% niedriger als bei Männern. Beim *Schlafen* wird er um ca. 10% gesenkt ebenso bei Narkosen. Für die Entwick-

Tabelle 45 *Kalorienmengen (kcal bzw. kJ), die in 1 Stunde bei Leicht- bis zur Schwerstarbeit benötigt werden.* Nach diesen Angaben würde ein Schwerstarbeiter pro Stunde nur 220 kcal (924 kJ) benötigen (= ½ Liter Bier) (nach DGE = Deutsche Gesellschaft für Ernährung).

	Männer		Frauen	
	kcal/h	kJ/h	kcal/h	kJ/h
Leichtarbeiter	unter 75	unter 315	unter 60	unter 250
Mittelschwerarbeiter	75–150	315–630	60–120	250–500
Schwerarbeiter	150–200	630–840	über 120	über 500
Schwerstarbeiter	über 200	über 840		

Tabelle 46 *Wieviel darf ich wiegen? – Eine Faustregel.* Die Angaben müssen je nach Alter und Geschlecht variiert werden (vgl. Tab. 44).

Normalgewicht	**Idealgewicht**	**Übergewicht**
Körpergröße in cm −100 = kg Körpergewicht (Beispiel: 168 cm −100 = 68 kg Körpergewicht)	Normalgewicht −10% (bei Männern) Normalgewicht −15% (bei Frauen)	Istgewicht − Idealgewicht 10–20% darüber: Übergewicht (Normalgewicht + 10−20% = Übergewicht)

lung von Übergewicht ist besonders die Einnahme von Schmerz- insbesondere *Beruhigungsmitteln* bedeutsam. Alle *Tranquilizer* (Mittel wie Valium, Librium usw.) *senken* den Grundumsatz um *10–15%* und *dämpfen* gleichzeitig die *Darmbeweglichkeit.* Hierdurch kommt es zu einer längeren Verweildauer der Nahrungsmittel an den Schleimhäuten des Darms, zu einer längeren und besseren Ausnutzung der Nahrung und wegen des gleichzeitig gedämpften Grundumsatzes bei gleich großer Nahrungszufuhr wie früher zu einer erheblichen *Gewichtszunahme.* In vielen Nervenkliniken beobachtet man deshalb unter der Medikation bei Kranken massive Gewichtszunahme.
Zwischen der *Darmmotilität* (Beweglichkeit) und dem Gewichtsverhalten bestehen wichtige Beziehungen. Jede Form der nervlichen Erregung kann die Darmbeweglichkeit erhöhen, die Nahrungsausnutzung und damit auch das Gewicht reduzieren oder umgekehrt. Im Urlaub nimmt man meist bei gleich großer Nahrungsaufnahme mit zunehmender Erholung (und Beruhigung) an Gewicht zu und verliert dieses wieder im Laufe der Arbeitsaufnahme. Schwere seelische Erregungen können bis zu Durchfällen und erheblichen Gewichtsverlusten führen. Die Erzielung eines geregelten möglichst breiigen Stuhlgangs und die Unterstützung der Abmagerungskur unter Anwendung unschädlicher Stuhlmittel ist deshalb eine der wichtigsten Forderungen (Tab. 47). Patienten, die zu Verstopfungen neigen, sollten diese unbedingt behandeln.

Tabelle 47 *Abführmittel.*

Warnung vor folgenden Abführmitteln	
Agaroletten Chol-Kugeletten Daluwal forte Hepaticum-Divinal Dragees Laxans „Heyden" Leopillen u. a. s. Dtsch. Ärzteblatt 40 (1972) 2516	Med-Laxan Neda-Dragees Obstinoletten Schlank-Schlank Tirgon-Zäpfchen
oxyphenisatinazetathaltige Laxantien	
Bekunis-Dragees Laxanin Mediolax u. a. s. Dtsch. Ärzteblatt 40 (1972) 2516	Stadalax F Tirgon-Emulsion
triacetyldiphenolisatinhaltige Laxantien	
1. Dulcolax (bisacodylhaltig) 2. Agarol (phenolphthaleinhaltig) 3. Darmol u. a. s. Dtsch. Ärzteblatt 40 (1972) 2516	
empfohlene Abführmittel	
Folgende Laxantien verursachen nach dem heutigen Wissensstand keine Leberschäden und können daher bei gegebenen Indikationen auch Leberkranken verordnet werden:	
salinische Abführmittel (Karlsbader Salz) Agiolax Rheogen	Pursenid (schweizer Präparat) Tirgon

Da also der Grundumsatz in völliger Ruhe (im Bett) (Abb. 29) bei ca. 1500 Kilokalorien (6300 kJ) liegt, *beginnt eine Abmagerungskur,* ausgenommen bei starker Fettsucht (s. S. 132), im Prinzip *unterhalb von 1500 Kilokalorien* (6300 kJ) am Tag (800–1200–1500 kcal/3360–5040–6300 kJ).
Zur Tab. 44 mit Angaben über die *tägliche Kalorienzufuhr* bei Leichtarbeit ist folgendes zu bemerken: Häufig wird verallgemeinernd gesagt, daß bei körperlicher Leichtarbeit Männer um 2600 kcal (10 920 kJ) und Frauen um 2100 kcal (8820 kJ) täglich benötigen. Dies ist ein reiner *Mittelwert.* Bitte beachten Sie

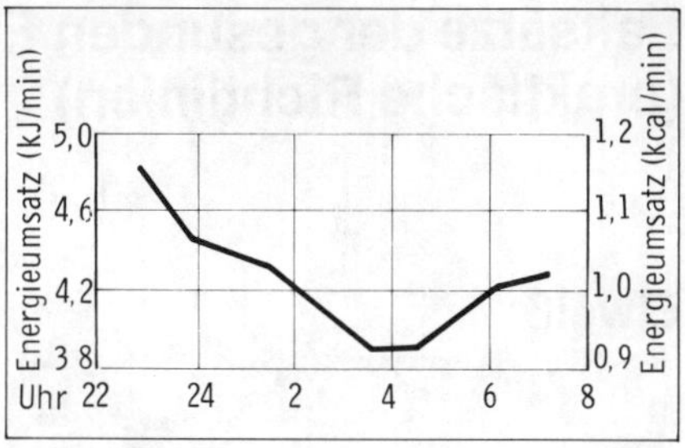

Abb. 29 Energieumsatz eines Erwachsenen während der Nachtruhe.

in Tab. 44, daß ein 25jähriger *junger Mann* von ca. 180 cm Körpergröße oder genauer gesagt mit einem Normalgewicht von 80 kg *3200 kcal (13 440 kJ) am Tag erhalten darf,* eine 65jährige Frau mit einem Normalgewicht von 40 kg jedoch nur noch 1200 kcal (5040 kJ) (= ca. 200 g Leberwurst). Der Kalorienbedarf ändert sich mit dem Alter beachtlich.

Abführmittel

Die Nebenwirkungen von Abführmitteln können beachtlich sein. Die Gewöhnung kann zu immer höherer Dosierung und zum Abusus führen. Die Folgen sind Austritte von Mineralstoffen und Spurenelementen durch die gereizte Darmschleimhaut in den Stuhl und möglicherweise schwere Verluste, in deren Folge Organschäden auftreten. Oxyphenisatinhaltige Abführmittel können akute und chronische Leberleiden herbeiführen. Eine Liste solcher Abführmittel zeigt Tab. 47.

Leitsätze der gesunden Ernährung (praktische Richtlinien)

Eiweiß

Man sollte sehr viel hochwertiges Eiweiß verwenden. Eiweiß ist wichtigster Aufbaustoff des Körpers und hervorragender Energielieferant. Eiweißzufuhr macht satt, dynamisch, belebt geistige und körperliche Funktionen. Reichliche Eiweißzufuhr ist teuer, aber hält schlanker und gesünder, als wenn Fett und Teigwaren bevorzugt gegessen werden.Mindestens 12,3% der täglichen Kalorienzufuhr (bei Jugendlichen und alten Leuten mehr) sollen aus Eiweiß bestehen. Mindestens 36% des zugeführten Eiweißes sollen tierischer Herkunft sein. Als Regel gilt, daß der Gesunde 0,9 g Eiweiß pro kg Körpergewicht benötigt, alte Leute, Jugendliche und Geistesarbeiter mehr (1,1 g pro kg). Ausführliche Angaben s. Tab. 48. Ausnahmen machen Kranke mit Nierenleiden usw.

Auch bezüglich der Eiweißzufuhr ist das *Kalorienproblem entscheidend.* Sobald mehr als notwendig an Kalorien zugeführt wird, kommt es zur Gewichtszunahme, *gleichgültig, wie hoch der Eiweißanteil war.* Es kann zwar nicht in Fett umgewandelt und abgelagert werden, aber dafür werden die überzähligen Fett- und Kohlenhydratkalorien verwendet, während Eiweiß dem Energieumsatz dient. Es ist also ein Irrtum zu glauben, ein schieres großes mageres Stück Fleisch könnte ohne Gefahr der Gewichtszunahme zu oder nach einer Mahlzeit mit Spaghetti, Kartoffeln, Mehlsoßen usw., *welche bereits den Kalorienbedarf decken,* verzehrt werden. Entscheidend ist zur Vermeidung von Übergewicht stets die *Beachtung der erlaubten Gesamtkalorienzufuhr* (s. Tab. 44, 48 und 49) und in diesem Rahmen ein ausreichend hoher Eiweißanteil.

Wenn die Hausfrau genau berechnen will, wieviel g Eiweiß, Fett oder Kohlenhydrate sie täglich verabreicht, ist dieses nur unter gewissen Schwierigkeiten möglich. Die im Tabellenanhang befindliche Kalorienaustauschtabelle (Tab. 62) und die Nahrungsmitteltabelle (Tab. 63) geben an, wieviel g Eiweiß einzelne Nahrungsmittel enthalten. Natürlich muß der Nährwertgehalt für den gesamten Tag berechnet werden. In der Regel *reichen aber die nachfolgenden Richtlinien allgemeiner Art für eine gesunde Ernährung vollständig aus.* In ihnen sind die weniger geeigneten Nahrungsmittel mit „Vorsicht mit" gekennzeichnet, die anderen werden empfohlen. Gelegentlicher Genuß wirkt sich nicht nachteilig aus.

Ideale Eiweißträger sind:

Mageres Fleisch, magerer Fisch, fettarme Milch-, Quark- und Käsesorten (Buttermilch, Joghurt)

Tabelle 48 *Empfehlenswerte Höhe der Nährstoffzufuhr pro Tag* (aus: Empfehlungen für die Nährstoffzufuhr, Deutsche Gesellschaft für Ernährung [DGE]. Umschau, Frankfurt 1975).

		Energie[1] kcal		Energie[1] kJ		Protein g/kg KG[3]		essentielle Fettsäuren	Wasser ml/kg KG[3]	Natrium	Chlorid
		m	w	m	w	m	w	g		g	g
Erwachsene		2 600	2 200	10 900	9 200	0,9		10	20– 45	2–3	3–5
Säuglinge	0– 6 Monate	600		2 500		2,5		2	130–180	0,1–0,3	0,2–0,7
	7–12 Monate	900		3 800		2,2		3	120–145	0,1–0,3	0,2–0,7
Kinder	1– 3 Jahre	1 200		5 000		2,2		4	115–125	1–2	2–3
	4– 6 Jahre	1 600		6 700		2,0		5	100–110	1–2	2–3
	7– 9 Jahre	2 000		8 400		1,8		6	90–100	1–2	2–3
	10–12 Jahre	2 400	2 100	10 000	8 000	1,5	1,4	7	70– 85	1–2	2–3
	13–14 Jahre	2 700	2 400	11 300	10 000	1,5	1,4	9	50– 60	1–2	2–3
Jugendliche	15–18 Jahre	3 100	2 500	13 000	10 500	1,2	1,0	10	40– 50	1–2	2–3
Schwangere	ab 6. Monat		2 600		10 900		1,5	10	20– 45	2–3	3–5
Stillende			2 800		11 700		0,9	12	20– 45	2–3	3–5

Fortsetzung Tabelle 48

		Kalium g	Kalzium mg m	Kalzium mg w	Posphor mg m	Posphor mg w	Magnesium mg m	Magnesium mg w	Eisen mg m	Eisen mg w[2]	Jod µg	Fluorid mg
Erwachsene		2 –3	800	700	800	700	260	220	12	18	150	1,0
Säuglinge	0– 6 Monate	0,3–1,0	500		120–400		75		6		50	0,25
	7–12 Monate	0,3–1,0	500		120–400		120		8		50	0,25
Kinder	1– 3 Jahre	1 –2	600		600		130		8		100	0,25–0,5
	4– 6 Jahre	1 –2	700		700		180		8		100	0,75
	7– 9 Jahre	1 –2	800		800		220		10		100	0,75
	10–12 Jahre	1 –2	1 000	900	1 000	900	260	230	12	18	150	1,0
	13–14 Jahre	1 –2	1 000	900	1 000	900	300	280	12	18	150	1,0
Jugendliche	15–18 Jahre	1 –2	900	800	900	800	300	250	12	18	150	1,0
Schwangere	ab 6. Monat	2 –3		1 200		1 200		260		25	200	1.0
Stillende		2 –3		1 200		1 200		280		20	200	1,0

Vitamin A (Retinol-Äquival.) mg[4]	Vitamin D µg	Vitamin E (α-Tocoph.-Äquival.) mg	Thiamin mg[4] m	Thiamin mg[4] w	Riboflavin mg[4] m	Riboflavin mg[4] w	Niacin (Niacin-Äquival.) mg	Vitamin B_6 mg[4] m	Vitamin B_6 mg[4] w	Folsäure µg	Pantothen-säure mg	Vitamin B_{12} µg	Vitamin C mg[7]
Erwachsene 0,9[5]	2,5	12	1,6	1,4	2,0	1,8	9–15	1,8[6]	1,6[6]	400	8	5	75

1 Die für Erwachsene angegebenen Werte gelten für 25jährige mit vorwiegend sitzender Tätigkeit
2 Nicht menstruierende Frauen: 13 mg Eisen
3 KG = Körpergewicht
4 Ungefähr 20% Zubereitungsverluste sind berücksichtigt
5 Erwachsene über 65 Jahre: 1,1 mg Vitamin A
6 Erwachsene über 65 Jahre: 2,4 mg Vitamin B_6
7 Ungefähr 40% Zubereitungsverluste sind berücksichtigt

Tabelle 49 *Empfohlene Verbrauchsmengen (Anhaltspunkte) an Nahrungsmitteln für Erwachsene und Leichtarbeiter unterschiedlichen Alters (g je Kopf und Tag).*

Nahrungsmittel	Alter 30 Jahre	Alter ab 55 Jahre
Fleischsorten (oder Fisch)	80	80
Vollmilch	300	250
Käse (bis 45% F.i.Tr.)	20	20
Magerquark	50	50
Ei	15	15
Koch- und Bratfett	5	5
Pflanzenöle	10	7
Streichfett (Butter oder Margarine)	25	20
Vollkornbrotsorten	225	200
Getreideprodukte (Haferflocken, Grieß, Teigwaren, Reis u. a.)	50	40
Kartoffeln	250	200
Hülsenfrüchte (Linsen, Bohnen, Soja)	10	10
Frischobst	400	300
Gemüse	300	250
Trockenobst, Nüsse, Schokolade	–	15
Zucker, Honig	50	35
Marmelade	15	15
Eiweißzufuhr:	79	73
Fettzufuhr:	73	68
Kohlenhydratzufuhr:	337	285
Energiezufuhr:	2400 kcal (10 000 kJ)	2100 kcal (8 800 kJ)
Nährwertrelationen:	13,5 – 28,5 – 58,0%	14,2 – 30,2 – 55,6%

Fleisch

Magere Fleischsorten sind zu bevorzugen, da fettreiche schwerverdaulich und kalorienreich sind (Tab. 50 und 57). *Möglichst kochen, fettarm grillen.*

Zu bevorzugen: mageres Fleisch: Fasan, Hammelfleisch, Hase, Huhn, Hähnchen, Hirschkeule, Kalb, Pferdefleisch, Reh, Rebhuhn, Rind, Schweinelende, Taube, Wildente, Ziege.

Vorsicht mit: Ente, Gans, Masthuhn, Poularde, Truthahn, Wildschwein.

Innereien vom Kalb, Rind und Wild

Zu bevorzugen: Bries (nur vom Kalb), Leber, Lunge, Niere, Zunge.

Vorsicht mit: Herz, Hirn, geräucherter Ochsenzunge, Pökelfleisch.

Innereien vom Geflügel

Zu bevorzugen: Herz, Leber, Lunge, Magen.

Tabelle 50 *Wurst- und Fleischwaren.*

100 Gramm enthalten: bis 15 g Fett		bis 25 g Fett		bis 75 g Fett	
Kalbsbraten, mager	1,0	Büchsenfleisch, fett	17,9	Zunge, geräuchert u. gesalzen	31,6
Rinderfilet	4,1	Dosenwürstchen	18,6	Knackwurst	32,2
Lachsschinken	4,0	Frankfurter Würstchen	19,8	Rindfleischwurst	32,2
Büchsenfleisch, mager	4,7	Wiener Würstchen	19,8	Schinkenwurst	33,7
Schweinefilet	9,9	Schinken (i. Durchschn.)	25,0	Schinken, gekocht, geräuchert und gesalzen	35,0
Kalbsbraten, fett	6,5	Roastbeef	19,2	Schinken, fett, geräuchert und gesalzen	36,5
Corned beef, deutsch	6,9	Leberkäse	22.6	Würstchen, fett	38,7
Schinken, mager, in Dosen	10,7	Bierschinken	19,2	Leberwurst, fett	41,2
Kalbszunge	6,2	Rinderzunge	19,0	Trüffelwurst	41,3
Bündner Fleisch	9,5			Mettwurst	51,5
				Schweinebraten, fett	43,1
				Blutwurst, fett	43,6
				Zervelatwurst	46,0
				Salamiwurst	47,4
				Speck, durchwachsen	65,0
				Speck, gesalzen u. geräuchert	72,8
				Speck, gesalzen	75,8
				Plockwurst	49,6
				Mortadella	32,8
				Lyoner	28,8
				Kalbsbratwurst	31,4
				Gelbwurst	32,7

> In den letzten Jahren werden zunehmend fette Fleisch- und Wurstwaren bevorzugt. Für eine gesunde Ernährung empfehlen sich vorwiegend die in *Gruppe I* aufgeführten Nahrungsmittel, während besonders fette und hochkalorische in Gruppe III aufgeführt sind (näheres s. Tab. 62 und 63).

Wurstwaren (Tab. 50 und 57)

Zu bevorzugen: magere Brühwurst, mageres Büchsenfleisch, Bündner Fleisch, frische Blutwurst (ohne Speck), Corned Beef, magere Fleischwurst, mageres Fleisch in Aspik, magere Gelbwurst, Kalbsbraten (ohne Fettansatz), magere Kalbsleberwurst, Lachsschinken, magerer Leberkäse, Lyoner, kalter Rindsbraten, kaltes Roastbeef, Schabefleisch (Tatar), magerer (roher und gekochter) Schinken, Weißwurst, magere Sülzen. Zahlreiche Firmen vertreiben Wurstwaren um ca. 10% Fettgehalt (z. B. ETO/Ettlingen mit 150–200 Kilokalorien [630–840 kJ] in 100 g).

Vorsicht mit: fetter Blutwurst, Bratwurst, Zervelatwurst, Fleischsalat (mit Mayonnaise zubereitet), Gänseleberpastete, Knackwurst, Jagdwurst, Leberwurst, Mettwurst, Rindswurst, Schinkenwurst, Schlackwurst, Salami, Speck, Teewurst, Trüffelwurst (Kaloriengehalt liegt hier zwischen 450–650 Kilokalorien [1890–2730 kJ] in 100 g, Fa. Raps, Kulmbach/Bay.).

Fisch und Fischwaren

Fisch ist besonders wegen seines *hohen Eiweiß- und Mineralgehaltes* wertvoll und billiger als Fleisch. Schonend zubereiten, grillen, dünsten oder dämpfen!

Zu bevorzugen: magere Fluß- und Seefische: Felchen, Flunder, Forelle, Flußbarsch, Hecht, Heilbutt, Kabeljau, Rotbarsch, Schellfisch, Schleie, Scholle, Seelachs, Seezunge, Steinbutt, Thunfisch, Zander.

Vorsicht mit: Aal, Hering, Karpfen, Lachs, Makrele, Sprotte.

Fischdauerwaren

Zu bevorzugen: Anchovispaste, geräucherte Flunder, geräucherter Schellfisch, geräucherter Seelachs, Dorschkaviar, Bismarckhering, Brathering in Essig, Hering in Gelee, Matjeshering, Sardinen sauer, Sardellen, Sardellenpaste, Stockfisch.

Vorsicht mit: Aal geräuchert, Aal in Gelee, Bückling, Hering mariniert, Heringskonserven, Hummerpastete, Kieler Sprotten, Räucherlachs in Öl, Rollmops, Ölsardinen, Thunfisch in Öl.

Schalentiere u. a.

Zu bevorzugen: Austern, Garnelen, Hummer, Krabben, Krebs, Miesmuschel.

Milch und Milchprodukte

Zu bevorzugen: entrahmte Vollmilch (Magermilch), 1,5–2% fetthaltige Milch (auch eiweißangereichert), z. B. Südmilch Stuttgart, Milchhof Düsseldorf, 1,7% Sterilmilch, Chauvigny France, Buttermilch, Bioghurt[2], Eledon[1] (Buttermilchpulver), Joghurt (fettarm), Kefir, Molico[1] (Magermilchpulver), Molken, Sauermilch (Dickmilch), Quark (fettarm), Sanatogen S[3]. Bis 300 g Vollmilch am Tag gestattet.

Vorsicht mit: Schlagrahm (Sahne = 30% Fett), Sauerrahm (saure Sahne = 10% Fett), Sahneeis (Melbaeis usw.), Kondensmilch (10% Fett), Vollmilch (3,5% Fett), Joghurt aus Vollmilch, gesüßt, mit Fruchtzusatz und gesüßt usw.

Eier

Zu bevorzugen: Hühnerei, ⅓ Ei täglich gestattet (vgl. Tab. 49).

Vorsicht mit: Mayonnaise, Remouladensoße (Fettgehalt ca. 50–80%), „ham and eggs“ (zu hohe Vitamin-D-Belastung!) (vgl. Tab. 3).

---

[1] Fa. Nestle AG, Frankfurt a. M.

[2] Internationale Bioghurt Gesellschaft (J. Schwaiger & Co.)

[3] Johann A. Wülfing, Düsseldorf (Kaseinglyzerophosphatprodukt, fettfrei, von hohem Eiweißgehalt)

Käse

Man unterscheidet (nach Fettgehalt): *Mager-, Viertelfett-, Halbfett-, Dreiviertelfett-, Fett-, Vollfett-, Rahm-* und *Doppelrahmkäse.* Im allgemeinen sind eiweißreiche, *fettarme* Käse zu bevorzugen. Bis auf wenige Ausnahmen sinkt der Eiweißgehalt je höher der Fettgehalt steigt. Der Fettgehalt wird auf der Packung angegeben und schwankt zwischen 10% bis 70% i. Tr. (in der Trockenmasse). *Hart- und Schnittkäse* enthalten um 30% bis 60% i. Tr., *Schmelz- und Streichkäse* werden in allen Bereichen zwischen 20% bis 60% i. Tr. geliefert, *Doppelrahmkäse* um 60% bis 70% i. Tr. Man beachte beim Einkauf die Beschriftung (Tab. 51 und 57).

Zu bevorzugen: Käsesorten mit niedrigem Fettgehalt (eiweißreich):

Magerkäse unter 10% Fettgehalt in der Trockenmasse (unter 10% F. i. Tr.). (Auf 100 g Käse entfallen ca. 2,7 g Fett und ca. 39,0 g Eiweiß.) *Harzer, Mainzer, Thüringer, Spitzkäse.*

Viertelfettkäse mit 10% Fettgehalt in der Trockenmasse (10% F. i. Tr.). (Auf 100 g Käse entfallen ca. 4,4 g Fett und ca. 38,4 g Eiweiß.) *Schichtkäse.*

Halbfettkäse mit 20% Fettgehalt in der Trockenmasse (20% F. i. Tr.). (Auf 100 g Käse entfallen ca. 10,3 g Fett und ca. 37,8 g Eiweiß.) *Schmelzkäse, Limburger.*

Dreiviertelfettkäse mit 30% Fettgehalt in der Trockenmasse (30% F. i. Tr.). (Auf 100 g Käse entfallen ca. 18,6 g Fett und ca. 33,7 g Eiweiß.) *Hart-, Schnitt-, Streichkäse.*

Fettkäse mit 40% Fettgehalt in der Trockenmasse (40% F. i. Tr.). (Auf 100 g Käse entfallen ca. 25 g Fett und ca. 27,8 g Eiweiß.) *Hart-, Schnitt-, Streichkäse.*

Vorsicht mit: Käsesorten über 40% Fettgehalt i. Tr.:

Vollfettkäse mit 45% Fettgehalt in der Trockenmasse (45% Fett i. Tr.). (Auf 100 g Käse entfallen ca. 28,3 g Fett und ca. 27,5 g Eiweiß.) *Hart-, Schnitt-, Streichkäse* (z. B. oft *Emmentaler, Schweizer, Münster, Camembert).*

Rahmkäse mit 50% Fettgehalt in der Trockenmasse (50% F. i. Tr.). (Auf 100 g Käse entfallen ca. 32 g Fett und ca. 24,3 g Eiweiß.) *Bel Paese* (Butterkäse), *Rahmbrie, Stilton, Rahmcamembert.*

Doppelrahmkäse mit 60–70% Fettgehalt in der Trockenmasse (60% Fett i. Tr.). (Auf 100 g Käse entfallen ca. 37,8 g Fett und ca. 19,6 g Eiweiß.) *Doppelrahmfrischkäse.*

Fette und Öle

Fettverbrauch weitestmöglich einschränken. Nur 25 bis 30% des täglichen Kalorienbedarfes dürfen als Fett verwendet werden. Die tägliche Fettzufuhr besteht aus *„unsichtbarem"* Fett (dem eigentlichen Nahrungsfett) und *„sichtbarem"* Fett, welches zum Kochen und als Brotaufstrich verwendet wird. Die häufigste Frage lautet, sollen wir *Butter oder Margarine* bevorzugen. Diese Frage wurde bereits auf S. 78 beantwortet. Am *wichtigsten* ist, daß Sie Ihre Ernährungsgewohnheiten ändern und den *Gesamtfettkonsum* auf das erlaubte Maß *reduzieren.* Die relativ geringe Menge von 30 g Aufstrichfett können Sie

Tabelle 51 *Die verschiedenen Käsesorten.*

I.

Mager- und Viertelfettkäse (bis 10% Fett i. Tr.)	
Weichkäse	
Kümmelkäse	10%
Frühstückskäse	10%
Sauermilchkäse	
Gelbkäse	bis 10%
Olmützer Quargel	bis 10%
Halbschimmelkäse	bis 10%
Schimmelkäse	bis 10%
Harzerkäse	bis 10%
Mainzerkäse	bis 10%
Bauernhandkäse	bis 10%
Korbkäse	bis 10%
Stangenkäse	bis 10%
Spitzkäse	bis 10%
Kochkäse	
Kochkäse	bis 10%
Frischkäse	
Speisequark	bis 10%
Schichtkäse	10%

Halbfettkäse (20% Fett i. Tr.)	
Schnittkäse	
Tilsiter	20%
Weichkäse	
Deutscher Weichkäse mit Schimmelbildung	20%
Romadur	20%
Limburger	20%
Ziegenkäse	20%
Schmelzkäse	
Tilsiter Schmelzkäse	20%
Holländer Schmelzkäse	20%
Limburger Schmelzkäse	20%
Weichschmelzkäse	20%
Käsezubereitungen (mit und ohne Zusätze, z. B. Kümmel, Kräuter)	20%
Kochkäse	
Kochkäse	20%
Frischkäse	
Speisequark mit Sahnezusatz	20%
Sahneschichtkäse	20%

Dreiviertelfettkäse (30% Fett i. Tr.)	
Schnittkäse	
Gouda	30%
Edamer	30%
Steppenkäse	30%
Tilsiter	30%
Trappistenkäse	30%
Wilstermarschkäse	30%
Steinbuscherkäse	30%
Weichkäse	
Camembert	30%
Weinkäse	30%
Klosterkäse	30%
Romadur	30%
Limburger	30%
Mainauerkäse	30%
Münsterkäse	30%
Ziegenkäse	30%
Schmelzkäse	
Tilsiter Schmelzkäse	30%
Holländer Schmelzkäse	30%
Weichschmelzkäse	30%
Käsezubereitungen (mit und ohne Zusätze, z. B. Kümmel, Kräuter)	30%
Frischkäse	
Speisequark mit Sahnezusatz	30%

II.

Fettkäse (40% Fett i. Tr.)	
Schnittkäse	
Gouda	40%
Edamer	40%
Geheimratskäse	40%
Steppenkäse	40%
Tilsiter	40%
Trappistenkäse	40%
Edelpilzkäse	40%
Gorgonzola	40%
Weichkäse	
Camembert	40%
Weinkäse	40%
Romadur	40%
Limburger	40%
Mainauerkäse	40%
Münsterkäse	40%
Ziegenkäse	40%
Schmelzkäse	
Weichschmelzkäse	40%
Kochkäse	
Kochkäse	40%
Frischkäse	
Speisequark mit Sahnezusatz	40%
Sahneschichtkäse	40%

Die Bevölkerung bevorzugt in zunehmendem Maße in den letzten Jahren fette Käseerzeugnisse. Während noch vor 10 Jahren z. B. vorwiegend Schmelz- und Streichkäse mit 20% Fett i. Tr. gekauft wurden, werden gleiche Sorten heute mit 50–60% bevorzugt. Diese Entwicklung fördern auch ausländische Käseimporte, welche z. T. über 70% Fett i. Tr. enthalten. Der mildsahnige Geschmack findet die Vorliebe des Konsumenten. Für eine gesunde Ernährung empfehlen sich jedoch vorwiegender Gebrauch der in *Gruppe I* aufgeführten fettarmen und eiweißreichen Käseerzeugnisse (10–30 % Fett i. Tr. und ca. 38,5 bis 33,5 g Eiweiß).

Tabelle 51 (Fortsetzung)

II.		III.			
Vollfettkäse (bis 45% Fett i. Tr.)		**Rahmkäse** (50% Fett i. Tr.)		**Doppelrahmkäse** (60% und mehr Fett i. Tr.)	
Hartkäse		*Hartkäse*		*Hartkäse*	
Emmentaler	45%	Chester	50%	Chester	60%
Bergkäse	45%				
Chester (Cheddar)	45%				
Schnittkäse		*Schnittkäse*		*Schnittkäse*	
Gouda	45%	Gouda	50%	Gouda	60%
Edamer	45%	Edamer	50%	Edamer	60%
Geheimratskäse	45%	Geheimratskäse	50%	Geheimratskäse	60%
Steppenkäse	45%	Steppenkäse	50%	Steppenkäse	60%
Tilsiter	45%	Tilsiter	50%	Tilsiter	60%
Trappistenkäse	45%	Trappistenkäse	50%	Trappistenkäse	60%
Wilstermarschkäse	45%	Wilstermarschkäse	50%	Wilstermarschkäse	60%
Steinbuscherkäse	45%	Steinbuscherkäse	50%	Steinbuscherkäse	60%
Edelpilzkäse	45%	Edelpilzkäse	50%	Edelpilzkäse	60%
Gorgonzola	45%	Gorgonzola	50%	Gorgonzola	60%
Weichkäse		*Weichkäse*		*Weichkäse*	
Camembert	45%	Camembert	50%	Camembert	60%
Briekäse	45%	Briekäse	50%	Briekäse	60%
Weißlackerkäse	45%	Weißlackerkäse	50%	Weißlackerkäse	60%
Weinkäse	45%	Weinkäse	50%	Weinkäse	60%
Butterkäse	45%	Butterkäse	50%	Butterkäse	60%
Romadur	45%	Romadur	50%	Romadur	60%
Limburger	45%	Limburger	50%	Limburger	60%
Mainauerkäse	45%	Mainauerkäse	50%	Mainauerkäse	60%
Münsterkäse	45%	Münsterkäse	50%	Münsterkäse	60%
Ziegenkäse	45%	Ziegenkäse	50%	Ziegenkäse	60%
Schmelzkäse		*Schmelzkäse*		*Schmelzkäse*	
Chester-Schmelzkäse	45%	Chester-Schmelzkäse	50%	Käsezubereitungen (mit und ohne Zusätze, z. B. Kümmel, Kräuter)	60%
Emmentaler Schmelzkäse	45%	Käsezubereitungen (mit und ohne Zusätze, z. B. Kümmel, Kräuter)	50%		
Tilsiter Schmelzkäse	45%				
Holländer Schmelzkäse	45%				
Weichschmelzkäse	45%				
Käsezubereitungen (mit und ohne Zusätze, z. B. Kräuter, Kümmel)	45%				
Kochkäse		*Frischkäse*		*Frischkäse*	
Kochkäse	45%	Speisequark mit Sahnezusatz	50%	Rahmfrischkäse	60%
		Sahneschichtkäse	50%		
		Rahmfrischkäse	50%		

Je höher der Fettgehalt, desto geringer der Eiweißgehalt! (Käseerzeugnisse der Gruppe III mit 50–60 und mehr Prozent Fett i. Tr. enthalten nur noch 24,0 bis 19,5 g Eiweiß in 100 g.) Ausführliche Angaben s. Tab. 62 und 63. (*Literatur* s. in: Prüfungsbestimmungen für Milch und Milcherzeugnisse, Deutsche Landwirtschaftsgesellschaft Frankfurt. Nord- und Süddeutscher Käserei-Adreßkalender, Volkswirtschaftlicher Verlag GmbH., Kempten/Allgäu.)

nach Belieben als hochwertige *Margarine* oder *Butter* verzehren, denn diese Menge hat keinen entscheidenden Einfluß mehr auf den Cholesterin- und Fettstoffwechsel. Durch Verwendung von Öl zum Kochen sind bereits ausreichende Mengen an essentiellen Fettsäuren zugeführt.

Fetthaltige Nahrungsmittel sind zu meiden, um den „unsichtbaren" Fettanteil nicht unkontrollierbar zu erhöhen

Kochfette

Zu bevorzugen: Die Zubereitung aller Speisen *erfolge durch Öle.* Es stehen verschiedene Öle zur Verfügung, die allen Ansprüchen gerecht werden, z. B. Maiskeimöl, Sonnenblumenöl, Baumwollsamenöl. Andere Öle weisen Nachteile durch geringere Haltbarkeit und Eigengeschmack auf wie: Walnußöl, Sojaöl, Weizenkeimöl, Sesamöl, Erdnußöl, Olivenöl, Leinöl u. a.

Fette und Brotaufstriche

Zu bevorzugen: 20–30 g Butter oder Margarine täglich gestattet. *Fettarme Margarine* („Leichte Wertkost" EDEKA, Hamburg „½-Kalorien", Fa. Fauser, Hamburg usw.) enthält nur 40% des Fettgehaltes der normalen Produkte (besonders zur Vorbeugung und Behandlung von Übergewicht geeignet). Derart fettreduzierte Produkte werden auch als Halbfettaufstrich aus Butter hergestellt.

Vorsicht mit: allen tierischen Fetten wie Schlachtfett, gewöhnlichen Speisefetten, gewöhnlichen Margarinen, Schmalz, Talg, pflanzlichen Hartfetten wie Kokos- und Palmfetten und käuflichen Back-, Brat- und Siedefetten, soweit sie oben nicht genannt sind. Da bei Fertigprodukten in Wirtschaften, Bäckereien usw. gelegentlich ungeeignete Fette verwendet werden, Vorsicht beim Ankauf derartiger Waren (wie z. B. Pommes frites, sie können 35–45% Fett [!] enthalten).

Kohlenhydrate

Der gesunde Speiseplan räumt der *Kohlenhydratzufuhr* ca. 57% des täglichen Kalorienbedarfs ein. Kohlenhydrate machen somit den Hauptanteil der Nahrung aus. Frisches Gemüse, Obst, möglichst dunkles Brot, sorgen für genügende Zufuhr an Vitaminen und liefern Ballaststoffe zur Anregung der Darmtätigkeit. Will man *Überernährung* vermeiden, ist *der Verbrauch an hochkalorischer stärke- und zuckerreicher Nahrung einzuschränken* (täglicher Kohlenhydratbedarf s. Tab. 49), in Form von *Teigwaren, Kartoffeln, Brot, Reis* usw. Besonders die rasch im Darm aufnehmbaren Zuckerarten (Reinzucker) auch in Getränken und Süßigkeiten führen viele Kalorien zu.

Brot und Backwaren

Zu bevorzugen: Grahambrot, Einback, Haferbrot, Haferzwieback, Knäckebrot, Kommißbrot, Pumpernickel, Roggenbrot, Schwarzbrot, Simonsbrot, Steinmetzbrot, Vollkornbrot, Weizenkeimbrot, altbackenes Weißbrot, Weizenmischbrot, Weizenschrotbrot, Weizenkleingebäck, Weizenzwieback.

Vorsicht mit: zu frischem Brot und Brötchen, Dampf- oder Ofennudeln (blähen).

Konditoreiwaren und Süßigkeiten

Zu bevorzugen: Biskuit, Kissinger Hörnchen, Karlsbader Oblaten, Leibnitzkeks, Leibnitzwaffeln, Löffelbiskuit, Makronen, Marmorkuchen, Napfkuchen, Obstkuchen, Obsttorten, Rührkuchen, Spekulatius, Teegebäck, Teekuchen, Waffeln.

Vorsicht mit: Blätterteiggebäck, Bonbons, Creme- und Sahnetorten jeglicher Art, Fondants, allen fetten Gebäcksorten, gebrannten Mandeln, frischem Hefekuchen, Honigkuchen, kandierten Früchten, Kakao, Karamellen, Lebkuchen, Mandelkuchen, Marzipan, Nougat, Orangeat, Pfeffernüssen, Pralinen, Printen, Schokolade, Stollen, Zitronat (Vorsicht, da hochkalorisch).

Nährmittel, Teigwaren, Kartoffeln

Genuß größerer Mengen führt besonders bei mangelnder Bewegung zu Übergewicht. Sowohl Reis als auch Teigwaren besitzen mehr Kalorien *als Kartoffeln* (100 g gekochte *frische Kartoffeln* = ca. 75 Kilokalorien [315 kJ], 100 g gekochter *Reis* = ca. 110 Kilokalorien [462 kJ], 100 g gekochte *Teigwaren* = ca. 110 Kilokalorien [462 kJ]). Auch hinsichtlich des Vitamin-, Mineralstoff- und Zellulosegehaltes ist die Kartoffel zu bevorzugen. Zutaten (wie Butter, Speck usw.) erhöhen den Kaloriengehalt beträchtlich (z. B. Bratkartoffeln u. ä.). Der Normalverbraucher schränke den Verzehr ein und esse sich an Gemüse satt.

Zu bevorzugen: Dampfkartoffeln, Kartoffelbrei, Kartoffelschnee. (Der Normalverbraucher [2400 Kilokalorien/10 080 kJ] beschränke sich auf 150 bis 200 g Kartoffeln = ca. 3 Stück zum Mittagessen.)

Vorsicht mit: Bratkartoffeln, Kroketten, Klößen, Pommes chips, Pommes frites, Kartoffelnpuffern, Kartoffelsalat (mit Mayonnaise zubereitet). Genuß großer Mengen von Grießnockerln, Grießklößen, Nudeln, Polenta, Serviettenklößen, hausgemachten Spätzle und Reis führt zu Übergewicht.

Gemüse und Salate

Gemüse und Salate sollten reichlich gegessen werden. Sie sind für eine gesunde Ernährung unentbehrlich und decken unseren Vitamin-, Mineralstoffbedarf usw. Sie sollten den Verzehr an Kartoffeln, Reis und Teigwaren überwiegen. Gemüse und Salate sind im allgemeinen kalorienarm (s. Tab. 57 und Tab. 62 und 63).

Leichter verdaulich: Artischocken, Blumenkohl, Bohnen, Broccoli, Brunnenkresse, Chicorée, Endivien, Eskariol, Feldsalat, Fenchel, Gelbe Rüben, Gurken, Karotten, Kerbel, Kohlrabi, Kohlrübe, Kolbenmais, Kopfsalat, Kürbis, Löwenzahn, Mangold, Melone, Brennessel, Rhabarber, Rote Rüben, Sauerampfer, Schwarzwurzel, Sellerie, Spargel, Speiserübe, Spinat, Teltower Rübchen, Tomate, Zuckererbsen, Zuckerrübe.

Schwerer verdaulich: Grünkohl, Lauch, Meerrettich, Paprika, Pfefferschote, Radieschen, Rettich, Rosenkohl, Rotkraut, Sauerkraut, Weißkohl, Wirsing, Zwiebel.

Pilze

Vorsicht mit: Pilzen, im allgemeinen schwer verträglich. Champignon, Hahnenkamm (Ziegenbart), Pfifferling (Eierschwamm), Speisemorchel, Steinpilz, Trüffel.

Hülsenfrüchte

Vorsicht mit: Hülsenfrüchten. Sie sind besonders schwer verträglich, enthalten aber beträchtliche Mengen an hochwertigem Eiweiß, besonders die Sojabohne. Bohnen weiß, Erbsen gelb, Kichererbsen, Linsen.

Küchenkräuter

Borretsch, Basilikum, Bohnenkraut, Beifuß, Dill, Estragon, Liebstöckel, Petersilie, Porree, Rosmarin, Salbei, Schnittlauch, Thymian, Zitronenmelisse (Knoblauch und Zwiebel, je nach Verträglichkeit). Ausführliche Gewürztabelle für Voll- und Schonkost s. Tab. 64.

Obst

Zu bevorzugen: Ananas, Apfel, Aprikosen, Banane, Birne, Brombeeren, Erdbeeren, Feigen, Grapefruit, Hagebutten, Heidelbeeren, Himbeeren, Holunderbeeren, Johannisbeeren, Kirschen, Mandarinen, Melone, Mirabellen, Oliven, Orangen, Pfirsiche, Preiselbeeren, Quitten, Weintrauben, Zitrone.

Schwer verdaulich: Pflaumen, Reineclauden, Stachelbeeren, Zwetschgen (im rohen Zustand).

Vorsicht mit: Obstdauerwaren. Äpfel getrocknet, Aprikosen getrocknet, Backpflaumen, Birnen getrocknet, Datteln, Feigen, Johannisbrot, Korinthen, Malagatrauben, Pflaumenmus, Rosinen, Sultaninen (Vorsicht, da hochkalorisch).

Bei Verdauungsbeschwerden können beschränkte Mengen Feigen, Datteln, Pflaumen getrocknet als schwerverdauliche Ballaststoffe die Darmtätigkeit anregen (evtl. auch rohes Sauerkraut).

Suppen

Zu bevorzugen: klare, entfettete Bouillon, Gemüsebrühe, Knochenbrühe (evtl. mit Einlagen wie: Eierstich, Fadennudeln, Gemüse [Julienne], Graupen, Grieß, Haferflocken, Reis), alle legierten Suppen.

Vorsicht mit: fetter Bouillon, Suppen mit Hülsenfrüchten, käuflichen, scharfgewürzten Mehlsuppen.

Desserts

Zu bevorzugen: Buttermilchspeisen, Kompott, frisches Obst, Obstgelee, Quarkspeisen (evtl. mit Obst).

Vorsicht mit: sämtlichen Cremes und Pudding, Dörrobst, Eierspeisen wie Omelette, Palatschinken usw. (Vorsicht, da hochkalorisch).

Getränke

Zu bevorzugen: Gemüsesäfte, sämtliche Kräutertees, Malzkaffee, Milchmischgetränke, Mineralwässer, Obstsäfte, schwarzer Tee – die normale tägliche Trinkmenge beträgt 1–1,5 l (bei Hitze, Fieber oder Schwerarbeitern mehr) – koffeinfreier Kaffee, echter Bohnenkaffee (2–3 Tassen nach Verträglichkeit) (Wasserbedarf s. Tab. 37).

Vorsicht mit: allen alkoholischen Getränken (sind hochkalorisch und führen bei Übermaß zu Leberschäden). Der Genuß von ¼ l naturreinem, leichten Wein zum Essen, oder 1 Glas Schnaps, 1 Flasche Bier (2 Glas) – *aber nicht gleichzeitig und regelmäßig* – 1 bis 2 Glas Sekt, 1 Glas Likör usw. sind erlaubt. Besonders hochprozentige Spirituosen sind auch hochkalorisch. (1 Glas Cognac, Whisky usw. zu 30 ml enthalten ca. 100 Kilokalorien [420 kJ].) Wenn mehr getrunken wird, zuvor gut essen, da alleiniger Alkoholgenuß vermehrt Organschäden verursacht. Medikamente, welche den Genuß am Alkohol nehmen, dürfen nur unter ärztlicher Kontrolle angewendet werden (z. B. Antabus[1]), s. Alkoholschäden S. 88.

Vorsicht mit Coca-Getränken, Limonaden und nicht naturreinen Weinen. Vorsicht vor Stärkungsmitteln auf Malzgrundlage, Tonika in hochkalorischer Form. Auch diese Getränke weisen einen ähnlich hohen Kaloriengehalt wie Wein oder Bier auf. (100 g Leichtbier, leichter Wein, Apfelsaft, Orangensaft enthalten um 50–60 Kilokalorien [210–252 kJ].)

Vermeide zu heiße und zu stark gekühlte Getränke (evtl. Krebsgefahr, Magenschleimhautentzündungen usw.).

Gewürze, Salz

Zu bevorzugen: Reichlich Küchenkräuter (s. Tab. 64), Speisesalz (nicht über 8 g täglich), milde Gewürze. *Für den Gesunden ist Kochsalz nicht schädlich.* In jodarmen Gegenden (Süddeutschland) verwende man *jodiertes* Speisesalz, um Schilddrüsenerkrankungen (Kropf) vorzubeugen. Behauptungen Meersalz, Kräuter-, Selleriesalze oder bestimmte Bädersalze wären gewöhnlichem Kochsalz überlegen, sind zweifelhaft. Auch ist der Kochsalzgehalt dieser Produkte meist nicht nennenswert verringert. (Bei Wassersucht ist zwecks Wahl geeigneter Kochsalzersatzmittel ärztlicher Rat einzuholen[2].) Näheres über Kochsalz bei Abmagerungskuren s. S. 93 und 98.

---

[1] Fa. E. Tosse & Co. mbH, Hamburg

[2] Näheres siehe H.-J. Holtmeier: Kochsalzarme Voll- und Schonkost, 2. Aufl. G. Thieme Verlag, Stuttgart 1980.

Moderne Kochgeräte

Moderne *Kochmethoden* tragen wesentlich mit zur gesunden Ernährung bei. Hier als auch zur Durchführung der Abmagerungskur haben sich einige *Kochgeräte* hervorragend bewährt, die heute in *keinem Haushalt mehr fehlen sollten.*

Es handelt sich um *Druckkochtöpfe,* in denen Zubereitung von Essen *ohne jeden Fettzusatz* bei voller Geschmackserhaltung der Nahrung möglich ist ohne nennenswerte, nachteilige Folgen auf die Nahrungssubstanz, sofern es sich um moderne Kochgeräte handelt. Die Nahrungsqualität bleibt meist gegenüber der Verwendung herkömmlicher Kochgeschirre besser erhalten, der Verlust an Vitamin C ist geringer, Gas- und Stromkosten sowie Kochzeiten werden um 50–70% verringert. In *einem* Topf können zugleich *mehrere Gemüsearten* gekocht werden, wodurch die empfohlene gemüsereiche (= kalorienarme) Ernährung *vielseitig und geschmacklich ausgezeichnet* belebt wird und erneute Gewichtszunahme besonders nach dem Abmagern durch kalorienbeschränkte Ernährungsweise bei reichlicher Nahrungszufuhr gewährleistet ist. Nach *eigenen Untersuchungen* haben sich hier nachfolgende Gerätschaften besonders bewährt:
Mikrowellenherde: Fa. Linde, Mainz; Fa. Phillips, Hamburg; *AMC-Edelstahlkochgeräte, Druckkochtöpfe.*

Mikrowellenherde

Die Verwendung von Mikrowellengeräten gehört heute mit zur gesunden Ernährungsweise, da das Koch- und Gargut nicht mehr mit Wasser in Berührung kommt und die Nährwerterhaltung gut ist. Verlautbarungen in der Presse über angebliche Gesundheitsgefährdung durch Gebrauch dieser Geräte entbehren jeder Wahrheit.
Nur wenn freie Mikrowellen den Menschen treffen würden, was nicht der Fall ist, würden diese gefährlich wirken können. Jedes Radargerät arbeitet mit den gleichen Wellen.

AMC-Edelstahlkochgeräte

Eine hervorragende Neuerung auf technischem Gebiet stellen ein großes Sortiment von Edelstahlkochgeräten der Fa. AMC, Bingen/Rhein, dar. Sie sind den teflonbeschichteten Pfannen und Töpfen überlegen, können auch bei höherer Hitzeeinwirkung niemals zu Vergiftungen über aufgelösten Kunststoff führen und erlauben die Nahrungszubereitung ohne Verwendung von Fett. Diese Geräte stellen zur Zeit das optimalste auf diesem Sektor dar.

Druckkochtöpfe (Tab. 52)

WMF-Sicomatic (für 5,7 und 9 Liter) in verschiedenen Ausführungen (emailliert, rostfrei),
Reform-Sicomatic (für 3 Liter) (Alleinhersteller für *WMF, Oberschwäb. Metallwarenfabrik GmbH, 794 Riedlingen/Württ.).*

Tabelle 52 *Kochzeiten in modernen Druckkochtöpfen.*

Gerichte	*Kochzeit im herkömmlichen Topf* in Minuten	*Reine Garzeit*[1] *im Druckkochtopf* in Minuten
Fleischbrühe	120–150	25
Rindszunge, frisch	180–240	30–45
Rinderbraten	100–120	20–25
Hülsenfrüchte	100–120	10–12
Kassler Rippchen	90	8–10
Möhren	40	5–10
Blumenkohl	20– 40	4
Salzkartoffeln	25	7–10
Spaghetti	20	3– 5

[1] dazu Ankochzeit 4–8 Minuten

Pfannen

Die Entwicklung von *Reformpfannen* stellt gleichfalls einen großen Fortschritt zur Durchführung von Abmagerungskuren und zur gesunden Ernährung dar. Fleisch und andere Nahrungsmittel, die herkömmlich nur unter Verwendung von Fett in Pfannen zubereitet werden können, lassen sich schmackhaft *ohne jede Fettverwendung* in solchen Gerätschaften zubereiten. Man bedenke, daß 20 g Fett ca. 200 Kilokalorien (840 kJ) besitzen und schnell beim Braten verbraucht sind, *aber 1 kg* (!) zahlreicher Gemüsesorten (wie Rotkohl, Spargel, Spinat usw., s. Tab. 57) den gleichen Kaloriengehalt besitzen. Es bewährten sich:

I. *Geeignet zum* **Gebrauch mit geringen Fettmengen:**
Silit-Reform-Pfanne (WMF)
(Alleinhersteller für *WMF, Oberschwäb. Metallwarenfabrik GmbH,* 7940 Riedlingen/Württ.)

II. *Geeignet zum* **Gebrauch ohne jegliche Verwendung von Fett:**
(Besonders zur Behandlung der Übergewichtigkeit werden empfohlen *Pfannen mit Teflon®-Belag* [Kunststoffbeschichtung der Fa. *Du Pont, USA*])

a) *Silit-Teflon-Pfanne*
(Oberschwäbische Metallwarenfabrik Gmbh, 7940 Riedlingen/Württ.)

b) *Teflon-finish-Pfanne*
(Ritter, Aluminiumwerke GmbH, 7300 Esslingen)

c) *Riviera-Super mit PTFE-Belag*
(Riviera-Vertrieb, Olten/Schweiz)

d) *Mia Brat-As* (lieferbar als Pfanne, Braten-, Fleisch-, Milchtopf usw.) *(Alcan Aluminiumwerke,* Göttingen)

d) *Fissler bratfein* (rund und viereckig) *(Firma Rudolf Fissler KG,* Aluminium- und Metallwarenfabrik, Idar-Oberstein)

Der einzige Nachteil von Pfannen mit Kunststoffüberzug ist die *Gefahr* des Auftretens *gesundheitsschädlicher Zersetzungsprodukte,* wenn diese Pfannen über 300 °Celsius erhitzt werden. Achtung, Pfannen nur mit mittlerer Hitze bis 280 °C benutzen.
Nicht vergessen werden dürfen die zahlreichen *Grillgeräte,* welche dem Leser im allgemeinen als seit langem bewährt bekannt sein dürften und mit zu dem unerläßlichen wichtigen Stab moderner Kochgeräte gehören, die jeder Haushalt ebenso wie eine *Tiefkühltruhe* besitzen dürfte.

Kalorienbedarf

Der tägliche Kalorienbedarf geht übersichtlich aus den Tab. 44, 45, 48, 58 hervor. Er hängt von der körperlichen Belastung ab.

Anweisungen zur Einnahme der Mahlzeiten (Tab. 53)

Das *Frühstück* soll reichlich sein. Die Mahlzeit am Morgen belastet am geringsten. Zum 1. und 2. Frühstück sollen ca. 30% *des Tagesbedarfes* an Nährstoffen verabreicht werden. Wer ein 1. großes Frühstück nicht verträgt, sollte ein 2. Frühstück ausreichend zu sich nehmen, am besten mit Frischkost, Früchten, Fruchtsäften usw., um dem Leistungsabfall vor der Mittagspause vorzubeugen (30% = 720 Kilokalorien [3024 kJ] bei 2400 Kilokalorien [10 080 kJ]/Tag).
Das *Mittagessen* bildet die Hauptmahlzeit und soll 40% *des Tagesbedarfes* an Nährstoffen enthalten (knapp aber hochwertig). Man nehme sich genügend Zeit und füge eine Pause von wenigstens ½ Stunde mit Spaziergang an. Schonende, schmackhafte Zubereitung der Speisen, gut zerkleinern, gründlich kauen (40% = 960 Kilokalorien [4030 kJ] bei 2400 Kilokalorien [10 080 kJ]/Tag).
Nachmittagskaffee kann je nach Bedarf als kleine Zwischenmahlzeit günstig sein (7% = 170 Kilokalorien [714 kJ] bei 2400 Kilokalorien [10 080 kJ]/Tag).
Die *Abendmahlzeit* soll nicht unmittelbar vor dem Schlafengehen eingenommen werden und darf nicht voluminös sein. Das Abendessen soll aus leicht verdaulicher, kalorienbeschränkter Nahrung bestehen. Dies ist besonders für ältere Leute wichtig, um Herz- und Kreislaufkomplikationen zu vermeiden. Man meide dringend schwer verdauliche, blähende und ballastreiche Speisen. Empfohlen werden leicht verdauliche Gemüse, Salate, Obst, Vollkornbrot, Knäckebrot, Rohkostsalate usw. Ausreichende Bewegung nach den Mahlzeiten fördert die Verdauung und erleichtert Schlaf und Arbeitsfähigkeit (23% = 550 Kilokalorien [2310 kJ] bei 2400 Kilokalorien [10 080 kJ]/Tag).

Tagesmenükarten im Anhang

Die im Anhang befindlichen Tagesmenükarten für 1800 Kilokalorien (7540 kJ) eignen sich in ihrem grundsätzlichen Aufbau für nicht körperlich

Tabelle 53 *Vorschläge für die Aufteilung des Tagesbedarfes mit und ohne Zwischenmahlzeiten* (nach Wirths, Max-Planck-Institut für Ernährungsphysiologie, Dortmund).

Leichtarbeiter 2600 kcal (10 920 kJ)

	Früh-stück	*Zwischen-mahlzeit*	*Mittag-essen*	*Zwischen-mahlzeit*	*Abend-essen*
mit Zwischen-mahlzeiten	2730 kJ 650 kcal (525 g)	1090 kJ 260 kcal	3276 kJ 780 kcal (630 g)	1090 kJ 260 kcal	2730 kJ 650 kcal (525 g)

	Frühstück	*Mittagessen*	*Abendessen*
ohne Zwischen-mahlzeiten	2730 + 714 = 3444 kJ 650 + 170 = 820 kcal (660 g)	3276 + 756 = 4032 kJ 780 + 180 = 960 kcal (780 g)	2730 + 714 = 3444 kJ 650 + 170 = 820 kcal (660 g)

anstrengende Berufe, ältere Leute, gute Essensverwerter und Patienten, welche eine Abmagerungskur hinter sich haben, für eine gesunde Ernährung nach den oben aufgestellten Richtlinien. Sie können durch Zulage weiterer Speisen, zum Frühstück und Nachmittagskaffe, leicht auf höheren Kaloriengehalt ergänzt werden. Tagesmenükarten für Vollkost s. S. 240 ff., für Schonkost (Magen-, Darm-, Leber-, Galle-, Herz- und Zuckerkranke) s. S. 176 ff. Schlemmerkarten s. S. 304–317.

Gewichtskontrollen

Eine konsequente Abmagerungskur ist ohne tägliche Gewichtskontrolle nicht durchführbar. Es ist wichtig, das Gewicht stets zur gleichen Tageszeit und mit der gleichen Waage zu bestimmen. Am besten wird nach dem Aufstehen morgens vor dem Frühstück möglichst ohne Kleidung und nach Entleeren von Blase und Darm gewogen. Das in Tab. 54 aufgezeigte Schema ermöglicht auf einfache Weise fortlaufende Gewichtskontrollen und Eintragungen, wie sie bei Diätkuren empfohlen werden. Bekanntlich genügt ein wöchentlicher Gewichtsverlust von 1 kg (höchstens 2 kg), da sonst Störungen des Wohlbefindens auftreten.
Auch der Gesunde sollte sich wöchentlich einmal wiegen, um Übergewicht vorzubeugen. Das gleiche gilt für alle, welche eine Abmagerungsdiät hinter sich haben.

Das ideale Körpergewicht

Das ideale Körpergewicht läßt sich nach Tab. 55 für Männer und Frauen, nach Tab. 56 auch für Kinder berechnen. Die Tab. vermitteln genaue Angaben, bei welcher Körpergröße und in welchem Lebensalter ein bestimmtes Gewicht nicht überschritten werden sollte. Große amerikanische Lebensversicherungsgesellschaften haben gezeigt, daß die Lebenserwartungen bei 10%igem Untergewicht am höchsten sind (= das sog. „Idealgewicht", s. Abb. 8).

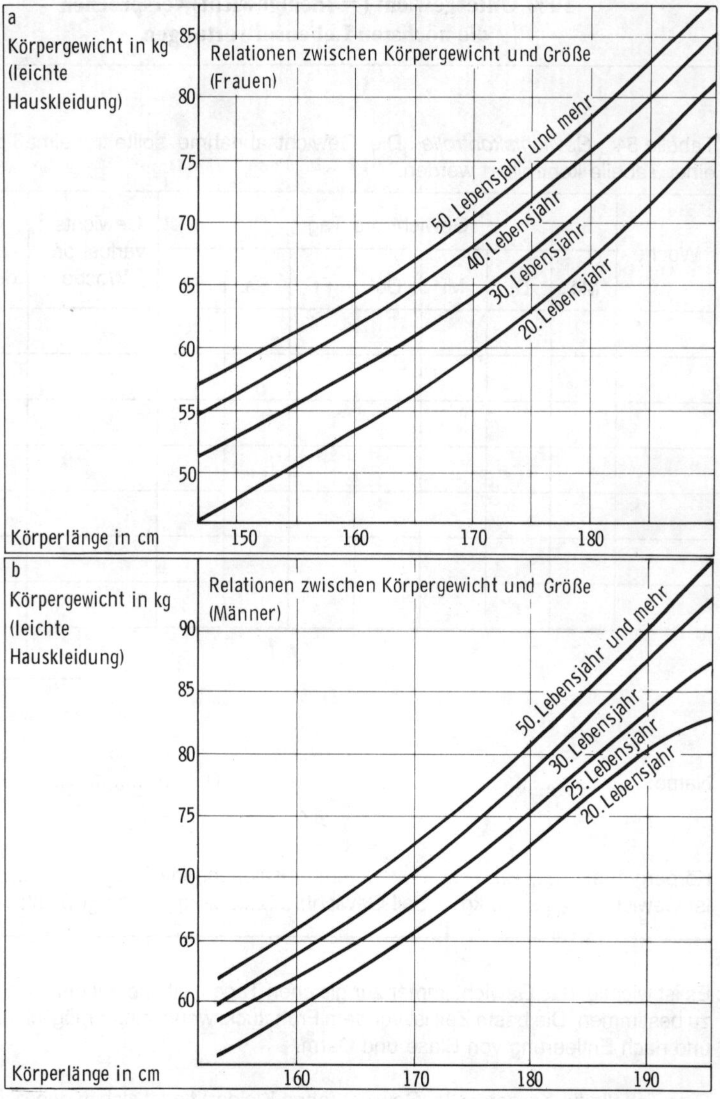

Abb. 30 Grob schematische Darstellung der Relationen zwischen Körperlänge und Gewicht in Hauskleidern, für Frauen (a) und Männer (b). Ausführliche Angaben siehe in Tab. 55.

Abb. 30 zeigt übersichtlich ideales Körpergewicht und Körperlänge in verschiedenen Altersklassen, allerdings mit Hauskleidern. Große Lebensversicherungsgesellschaften zeigten eindeutig (s. Abb. 8), daß bei Übergewichtigkeit die Lebenserwartungen erstaunlich sinken.

10% Untergewicht (= Idealgewicht) versprechen die höchsten Lebenserwartungen

Tabelle 54 *Gewichtskontrolle.* Die Gewichtsabnahme sollte regelmäßig mit Hilfe einer Tabelle kontrolliert werden.

Woche	Gewicht pro Tag							Gewichtsverlust pro Woche	Gewicht am Ende der Woche
	Mo	Di	Mi	Do	Fr	Sa	So		

Name: .... Datum: ....

Körpergröße: ....cm Kalorienbedarf/Tag: ....
Ist-Gewicht: ....kg Soll-Gewicht: ....kg Übergewicht: ....kg

Es ist wichtig, das Gewicht immer zur gleichen Tageszeit und mit der gleichen Waage zu bestimmen. Die beste Zeit ist vor dem Frühstück, wenn immer möglich ohne Kleider und nach Entleerung von Blase und Darm.

Eine Tabelle für Körpergröße, Gewicht (ohne Kleider) findet sich in den Wissenschaftliche Tabellen Geigy (Basel). Im allgemeinen müssen ca. 2,5 kg abgezogen werden, wenn man Hauskleider in Abrechnung bringen will. Für den praktischen Gebrauch hat sich Tabelle 55 jedoch gut bewährt.

Tabelle 55 *Durchschnitts- und Idealgewicht Erwachsener* (aus Wissenschaftliche Tabellen Geigy, Basel).

Größe (in Schuhen) cm	Durchschnittsgewicht[1] in Kilogramm (in Hauskleidern) – Alter in Jahren 15–16	17–19	20–24	25–29	30–39	40–49	50–59	60–69	Idealgewicht[2] in Kilogramm (in Hauskleidern), 25 Jahre und älter – leichter Knochenbau	mittelschwerer Knochenbau	schwerer Knochenbau
					Männer						
153	44,9	51,7	55,7	58,4	59,7	61,1	62,0	60,7			
154	45,6	52,1	56,2	58,9	60,3	61,6	62,5	61,2			
155	46,3	52,6	56,7	59,5	60,8	62,2	63,1	61,7			
156	47,2	53,2	57,2	60,0	61,3	62,7	63,6	62,2			
157	48,1	53,7	57,8	60,5	61,9	63,2	64,1	62,8	50,5–54,2	53,3–58,2	56,9–63,7
158	49,0	54,3	58,4	61,2	62,5	63,9	64,7	63,3	51,1–54,7	53,8–58,9	57,4–64,2
159	49,9	55,1	59,1	61,9	63,2	64,6	65,2	63,9	51,6–55,2	54,3–59,6	58,0–64,8
160	50,8	55,8	59,9	62,6	63,9	65,3	65,8	64,4	52,2–55,8	54,9–60,3	58,5–65,3
161	51,7	56,5	60,6	63,1	64,7	66,0	66,5	65,1	52,7–56,3	55,4–60,9	59,0–66,0
162	52,6	57,2	61,3	63,7	65,4	66,7	67,2	65,8	53,2–56,9	55,9–61,4	59,6–66,7
163	53,5	58,0	61,9	64,2	66,1	67,5	67,9	66,6	53,8–57,4	56,5–61,9	60,1–67,5
164	54,4	58,7	62,5	64,8	66,8	68,2	68,6	67,3	54,3–57,9	57,0–62,5	60,7–68,2
165	55,3	59,4	63,0	65,3	67,5	68,9	69,4	68,0	54,9–58,5	57,6–63,0	61,2–68,9
166	56,1	60,1	63,5	66,0	68,2	69,6	70,0	68,7	55,4–59,2	58,1–63,7	61,7–69,6
167	57,0	60,8	64,1	66,7	68,9	70,3	70,8	69,4	55,9–59,9	58,6–64,4	62,3–70,3
168	57,9	61,6	64,6	67,3	69,7	71,1	71,5	70,2	56,5–60,6	59,2–65,1	62,9–71,1
169	58,8	62,2	65,1	67,9	70,4	72,0	72,4	71,1	57,2–61,3	59,9–65,8	63,6–72,0
170	59,7	62,9	65,7	68,4	71,1	72,9	73,3	72,0	57,9–62,0	60,7–66,6	64,3–72,9
171	60,6	63,6	66,4	69,1	71,8	73,6	74,1	72,7	58,6–62,7	61,4–67,4	65,1–73,8
172	61,5	64,3	67,1	69,8	72,5	74,3	74,8	73,4	59,4–63,4	62,1–68,3	66,0–74,7
173	62,4	65,1	67,8	70,5	73,2	75,0	75,5	74,2	60,1–64,2	62,8–69,1	66,9–75,5
174	63,3	65,8	68,5	71,2	73,9	75,8	76,2	75,1	60,8–64,9	63,5–69,9	67,6–76,2
175	64,2	66,5	69,2	71,9	74,7	76,5	76,9	76,0	61,5–65,6	64,2–70,6	68,3–76,9
176	64,9	67,2	69,9	72,6	75,5	77,3	77,8	76,9	62,2–66,4	64,9–71,3	69,0–77,6
177	65,7	67,9	70,6	73,4	76,4	78,2	78,7	77,8	62,9–67,3	65,7–72,0	69,7–78,4
178	66,4	68,6	71,4	74,1	77,3	79,1	79,6	78,7	63,6–68,2	66,4–72,8	70,4–79,1
179	67,1	69,3	72,1	74,8	78,0	79,8	80,5	79,5	64,4–68,9	67,1–73,6	71,2–80,0
180	67,8	70,1	72,8	75,5	78,7	80,5	81,3	80,4	65,1–69,6	67,8–74,5	71,9–80,9
181	68,5	70,9	73,6	76,3	79,5	81,3	82,2	81,3	65,8–70,3	68,5–75,4	72,7–81,8
182	69,2	71,8	74,5	77,2	80,4	82,2	83,1	82,2	66,5–71,0	69,2–76,3	73,6–82,7
183	70,0	72,7	75,4	78,1	81,3	83,1	84,0	83,1	67,2–71,8	69,9–77,2	74,5–83,6
184	70,9	73,4	76,1	79,0	82,0	83,8	84,7	84,0	67,9–72,5	70,7–78,1	75,2–84,5
185	71,7	74,1	76,8	79,9	82,7	84,5	85,4	84,9	68,6–73,2	71,4–79,0	75,9–85,4
186	72,6	74,8	77,5	80,8	83,5	85,3	86,2	85,8	69,4–74,0	72,1–79,9	76,7–86,2
187	73,5	75,5	78,2	81,7	84,4	86,2	87,1	86,7	70,1–74,9	72,8–80,8	77,6–87,1
188	74,4	76,2	79,0	82,6	85,3	87,1	88,0	87,6	70,8–75,8	73,5–81,7	78,5–88,0
189	75,3	76,9	79,7	83,3	86,2	88,0	88,9	88,5	71,5–76,5	74,4–82,6	79,4–88,9
190	76,2	77,7	80,4	84,0	87,1	88,9	89,8	89,4	72,2–77,2	75,3–83,5	80,3–89,8
191	77,1	78,4	81,0	84,7	88,1	89,9	90,8	90,3	72,9–77,9	76,2–84,4	81,1–90,7
192	78,0	79,1	81,5	85,4	89,2	91,0	91,9	91,4	73,6–78,6	77,1–85,3	81,8–91,6
193	–	79,8	82,1	86,2	90,2	92,0	92,9	92,5	74,4–79,3	78,0–86,1	82,5–92,5
194	–	80,5	82,6	86,9	91,3	93,1	94,0	93,6	75,1–80,1	78,9–87,0	83,2–93,4
195	–	81,2	83,2	87,6	92,4	94,2	95,1	94,6	75,8–80,8	79,8–87,9	84,0–94,3

Fortsetzung Tab. 55

Größe (in Schuhen) cm	Durchschnittsgewicht[1] in Kilogramm (in Hauskleidern)								Idealgewicht[2] in Kilogramm (in Hauskleidern), 25 Jahre und älter		
	Alter in Jahren								leichter Knochenbau	mittelschwerer Knochenbau	schwerer Knochenbau
	15–16	17–19	20–24	25–29	30–39	40–49	50–59	60–69			
					Frauen						
148	44,4	45,3	46,6	48,9	52,4	55,6	56,9	57,8	42,0–44,8	43,8–48,9	47,4–54,3
149	44,9	45,8	47,2	49,4	52,8	55,9	57,3	58,2	42,3–45,4	44,1–49,4	47,8–54,9
150	45,4	46,3	47,7	50,0	53,1	56,3	57,7	58,6	42,7–45,9	44,5–50,0	48,2–55,4
151	46,0	46,9	48,2	50,5	53,7	56,9	58,2	58,9	43,0–46,4	45,1–50,5	48,7–55,9
152	46,5	47,4	48,8	51,0	54,2	57,4	58,8	59,3	43,4–47,0	45,6–51,0	49,2–56,5
153	47,1	48,1	49,4	51,6	54,8	57,9	59,3	59,8	43,9–47,5	46,1–51,6	49,8–57,0
154	47,9	48,8	50,1	52,1	55,3	58,5	59,8	60,3	44,4–48,0	46,7–52,1	50,3–57,6
155	48,6	49,5	50,8	52,6	55,8	59,0	60,4	60,8	44,9–48,6	47,2–52,6	50,8–58,1
156	49,3	50,2	51,3	53,2	56,3	59,5	60,9	61,3	45,4–49,1	47,7–53,2	51,3–58,6
157	50,0	50,9	51,9	53,7	56,9	60,0	61,4	61,9	46,0–49,6	48,2–53,7	51,9–59,1
158	50,6	51,5	52,4	54,3	57,4	60,6	62,1	62,5	46,5–50,2	48,8–54,3	52,4–59,7
159	51,1	52,1	53,0	54,8	58,0	61,1	62,8	63,2	47,1–50,7	49,3–54,8	53,0–60,2
160	51,7	52,6	53,5	55,3	58,5	61,7	63,5	63,9	47,6–51,2	49,9–55,3	53,5–60,8
161	52,2	53,3	54,0	55,9	59,0	62,4	64,2	64,7	48,2–51,8	50,4–56,0	54,0–61,5
162	52,8	54,0	54,6	56,5	59,6	63,1	64,9	65,4	48,7–52,3	51,0–56,8	54,6–62,2
163	53,4	54,8	55,2	57,0	60,1	63,8	65,7	66,1	49,2–52,9	51,5–57,5	55,2–62,9
164	54,1	55,5	55,9	57,7	60,7	64,3	66,4	66,8	49,8–53,4	52,0–58,2	55,9–63,7
165	54,8	56,2	56,6	58,5	61,2	64,8	67,1	67,5	50,3–53,9	52,6–58,9	56,7–64,4
166	55,5	56,7	57,3	59,2	61,9	65,5	67,8	68,2	50,8–54,6	53,3–59,8	57,3–65,1
167	56,2	57,3	58,1	59,9	62,6	66,2	68,5	68,9	51,4–55,3	54,0–60,7	58,1–65,8
168	56,9	57,8	58,7	60,5	63,2	66,9	69,2	69,7	52,0–56,0	54,7–61,5	58,8–66,5
169	57,4	58,3	59,2	61,1	63,8	67,6	69,9	70,4	52,7–56,8	55,4–62,2	59,5–67,2
170	58,0	58,9	59,8	61,6	64,3	68,4	70,6	71,1	53,4–57,5	56,1–62,9	60,2–67,9
171	58,6	59,6	60,5	62,3	65,0	69,1	71,3	71,8	54,1–58,2	56,8–63,6	60,9–68,6
172	59,4	60,3	61,2	63,0	65,7	69,8	72,1	72,5	54,8–58,9	57,5–64,3	61,6–69,3
173	60,1	61,0	61,9	63,7	66,4	70,5	72,8	73,2	55,5–59,6	58,3–65,1	62,3–70,1
174	60,8	61,7	62,6	64,4	67,1	71,2	73,5	73,9	56,3–60,3	59,0–65,8	63,1–70,8
175	61,5	62,4	63,3	65,1	67,9	71,9	74,2	74,7	57,0–61,0	59,7–66,5	63,8–71,5
176	62,2	63,1	64,0	65,8	68,6	72,8	75,1	75,4	57,7–61,9	60,4–67,2	64,5–72,3
177	62,9	63,8	64,7	66,6	69,3	73,7	75,9	76,1	58,4–62,8	61,1–67,8	65,2–73,2
178	63,6	64,6	65,5	67,3	70,0	74,6	76,8	76,8	59,1–63,6	61,8–68,6	65,9–74,1
179	–	65,5	66,4	68,2	70,9	75,5	77,7	–	59,8–64,4	62,5–69,3	66,6–75,0
180	–	66,4	67,3	69,1	71,8	76,4	78,6	–	60,5–65,1	63,3–70,1	67,3–75,9
181	–	67,3	68,2	70,0	72,7	77,2	79,6	–	61,3–65,8	64,0–70,8	68,1–76,8
182	–	68,2	69,1	70,9	73,6	78,1	80,7	–	62,0–66,5	64,7–71,5	68,8–77,7
183	–	69,1	70,0	71,8	74,5	79,0	81,8	–	62,7–67,2	65,4–72,2	69,5–78,6
184	–	70,0	70,9	72,7	75,4	79,9	82,9	–	63,4–67,9	66,1–72,9	70,2–79,5
185	–	70,9	71,8	73,6	76,3	80,8	83,9	–	64,1–68,6	66,8–73,6	70,9–80,4

[2] Nach Metropolitan Life Insurance Company, *Statistical Bulletin,* Bd. 40 (1959), auf metrische Maße umgerechnet.– Idealgewicht: Gewicht mit der höchsten Lebenserwartung.

[1] Nach Society of Actuaries (Hrsg.) *Build and Blood Pressure Study,* Bd. 1, Chicago (1959), S.16, auf metrische Maße umgerechnet.

Tabelle 56 *Idealgewicht von Kindern.* Die Tabelle beruht auf Untersuchungen aus dem Forschungsinstitut für Kinderernährung in Dortmund.

	Alter in Jahren	1	2	3	4	5	6	7	8	9	10	11	12	13	14	15
Mädchen	Körpergröße in cm	75	87	97	104	111	118	124	130	135	141	147	154	159	162	163
	Körpergewicht in kg	9,9	12,4	14,7	16,6	18,6	21,3	24,0	27,1	29,8	33,6	38,5	44,8	50,1	53,5	54,5
Jungen	Körpergröße in cm	77	89	97	106	112	118	125	131	136	141	146	152	158	165	171
	Körpergewicht in kg	10,5	13,0	14,8	17,3	19,3	21,4	24,2	27,3	30,0	33,3	36,9	41,8	46,6	52,7	60,1

Die Durchführung der Abmagerungskur

Prophylaxe

Prophylaktische Maßnahmen Übergewicht zu vermeiden sind sehr wichtig. Richtlinien für eine gesunde Ernährung s. S. 110. Tägliche Arbeit, ausreichende Zeit zur Entspannung und körperlicher Bewegung, *vor allem aber eine magere Kost* und Maßhalten in allem bilden die Geheimnisse eines langen Lebens.

Viele Patienten mit Fettsucht suchen den Arzt erst mit Beschwerden auf. Deshalb ist wichtig, Gesunde und Übergewichtige frühzeitig vor Gefahren zu warnen und brauchbare Diätanweisungen zu empfehlen, ohne daß dadurch Leistungskraft und Wohlbefinden schwinden. Die hohen Sterblichkeitsziffern der ernährungsabhängigen Erkrankungen lassen sich ausschließlich durch prophylaktische Maßnahmen bekämpfen. Bei den meisten Erkrankungen handelt es sich ja um langsam auftretende degenerative Veränderungen, welche durch *jahrelange Fehlernährung* gesteuert werden und nur noch schwierig zu beeinflussen sind, wenn es zu spät ist.

Kalorienbedarf bei Abmagerungskuren

Abnahme von Körpergewicht bei Fettleibigen läßt sich theoretisch auf 2 Arten erreichen:

1. *Erhöhung des Energieverbrauchs durch körperliche Arbeit*
   (ohne Erhöhung der Kalorienzufuhr)
2. *Verminderung der Nahrungszufuhr*
   (bzw. Reduzierung der Kalorienzufuhr)

Die Erfahrung zeigt, daß Übergewichtige durch körperliche Mehrarbeit nur in beschränktem Maße zu behandeln sind. Einmal erschwert dies ihre Konstitution, zum andern steht den am meisten befallenen, nicht körperlich arbeitenden Berufen hierfür keine ausreichende Zeit zur Verfügung, denn um 400 Kilokalorien (1680 kJ) zu verbrennen, ist es erforderlich, 1 Std. Holz zu sägen oder 2 Std. zu schwimmen; um 2 Paranüsse von 80 Kilokalorien (336 kJ) durch Bewegung zu verbrauchen, ist ein Spaziergang von 45 Min. durchzuführen. Somit können diese Momente nur als Hilfsmaßnahmen gelten. Körperlich streng arbeitende Berufe weisen selten Fettsucht auf (s. Bewegungsbehandlung auf S. 64).
Um *1 kg Fettgewebe* des Körpers bei einer Abmagerungskur *abzubauen* werden *6000 Kilokalorien (25 200 kJ) benötigt.* Hierfür müßten 18 Stunden (ohne zu essen) Foxtrott getanzt oder Holz gehackt werden. Diese genaue Berechnung zeigt, daß eine Abmagerungskur nicht durch Bewegungsbehandlung zum Ziel führen kann.

Man kann Fettleibige also ohne gewisse Unterernährung nicht entfetten. Um *½–1 kg wöchentlich* abzunehmen (also 5–10 kg in 10 Wochen), muß die Nahrungszufuhr um wenigstens ca. *1000 Kilokalorien (4200 kJ) reduziert werden.* Der Bedarf läßt sich für jede Berufsgruppe nach Tab. 58 ermitteln. Bei einem Bedarf von *3600 Kilokalorien (15 200 kJ)* täglich würden bereits 2600 Kilokalorien (10 290 kJ) und bei einem Bedarf von *2600 Kilokalorien (10 920 kJ)* 1600 Kilokalorien (6720 kJ) zur Gewichtsabnahme führen. Die Erfahrung zeigt, daß die letztere Berufsgruppe (um 2500 Kilokalorien [10 500 kJ] Tagesbedarf) die meisten Übergewichtigen stellt. Deshalb *beginnt für sie eine wirksame Abnahme* des Körpergewichtes *erst ab 1500 Kilokalorien (6300 kJ) täglich,* besser und schneller aber bei 1000 oder 800 Kilokalorien (4200 oder 3360 kJ). Bei Fehlen besonderer Anstrengungen würde ein täglicher Gewichtsverlust von ca. 40 g bei einer Kost von 1500 Kilokalorien (6300 kJ) eintreten, bei gleichzeitig intensiver körperlicher Bewegung bis ca. 100 g täglich (oder 1 kg in 10 Tagen). Verläßliche Zahlen lassen sich natürlich nicht vermitteln, sondern nur Erfahrungswerte.

Gewisse Probleme bestehen bei *extrem Fettsüchtigen.* Der hohe Umsatz an Nahrung und Stoffwechsel sollte *vorsichtig gedämpf werden.* Hier empfehlen wir, zunächst die Tageskarten mit 1800 Kilokalorien (7540 kJ) anzuwenden, nach einer Woche 1500 Kilokalorien (6300 kJ) usw.

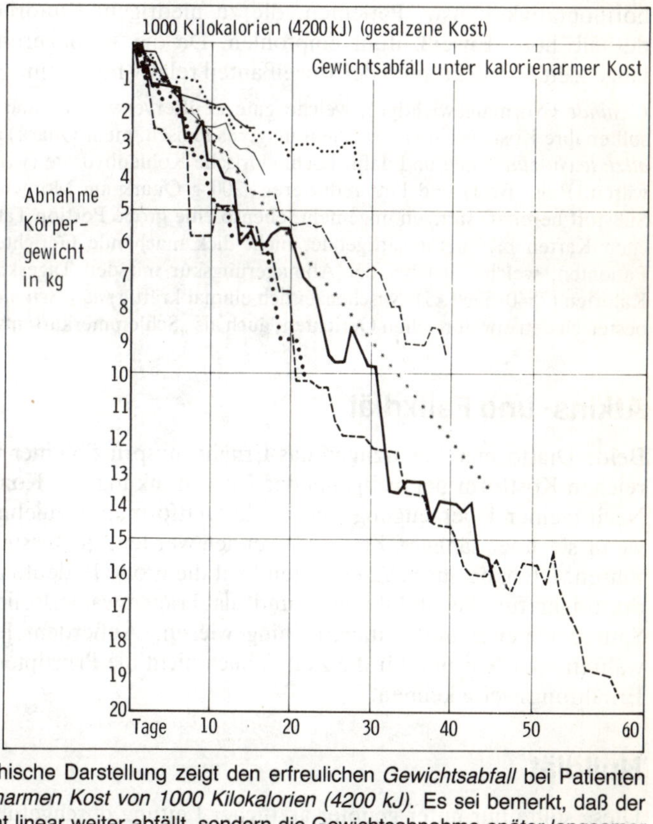

Abb. 31 Die graphische Darstellung zeigt den erfreulichen *Gewichtsabfall* bei Patienten unter einer *kalorienarmen Kost von 1000 Kilokalorien (4200 kJ).* Es sei bemerkt, daß der Gewichtsabfall nicht linear weiter abfällt, sondern die Gewichtsabnahme *später langsamer* und schwieriger wird. Im allgemeinen hat sich zur Abmagerung heute eine *Kalorieneinschränkung auf 800–1000 kcal (3360–4200 kJ)*/Tag bewährt.

Die von uns seit Jahren klinisch erprobte *stufenweise Kalorieneinschränkung* mit Hilfe der im Anhang befindlichen Tagesmenükarten für (1800), 1500, 1000 und 800 Kilokalorien ([7540], 6300, 4200 und 3360 kJ) täglich, ermöglicht eine physiologische Umstellung des Organismus bei weitgehender Minderung subjektiver und objektiver Beschwerden, die sich am häufigsten in Form von Kreislaufbeschwerden, Nervosität usw. äußern. Von stärkerer Gewichtsabnahme als 1 kg, besonders bei stark Übergewichtigen, wöchentlich wird abgeraten.
Der *beste Effekt bei Abmagerungskuren* wird (s. Eiweiß auf S. 110) durch *eine relativ eiweißreiche* (Abb. 23 und 31) *Kost erzielt.* Eiweiß macht satt, dynamisch und *beugt einem Auftreten von Blutdruckabfall vor.* Ausgangspunkt des Noradrenalinstoffwechsels (blutdrucksteigerndes Hormon) ist die essentielle Aminosäure *Phenylalanin,* welche exogen zugeführt wird und nicht selber im Organismus gebildet werden kann. Phenylalanin, einer der wichtigsten Eiweißbestandteile, führt bei mangelhafter Zufuhr an Mensch und Tier nach gewisser Zeit zum Blutdruckabfall, Beeinträchtigung der Nebennierenrindenhormontätigkeit usw. Patienten, die zu niedrigem Blutdruck neigen, wird deshalb hohe Eiweißzufuhr empfohlen. Da die Abmagerungskur sich über lange Zeit erstreckt, muß der Eiweißanteil relativ hoch sein.

Gesunde (Normalgewichtige), welche gute „Futterverwerter" sind und gerne essen, sollten ihre Kost *eiweißreicher* (mehr mageres Fleisch, mehr Quark) gestalten, *wenn sie allzu leicht zunehmen* und dafür hochkalorische Kohlenhydrate (wie Kartoffeln, Teigwaren, Reis, Brot) und Fett reduzieren. 200 g Quark am Morgen (mit Wasser und Süßstoff bereitet) sättigen ungemein, ebenso eine große Portion Tatar. Die eiweißreichen Karten bieten für sättigende, nicht dick machende Gerichte große Auswahl. Patienten, welche sich bei der Abmagerungskur mit den Tageskarten zu 1800–800 Kalorien (7540–3360 kJ) zwischenzeitlich einmal kräftig *satt essen möchten,* greifen am besten zu den eiweißreichen Gerichten, auch als „Schlemmerkarten" bezeichnet.

Atkins- und Felixdiät

Beide Diätformen bevorzugen das Ernährungsprinzip einer fett- und eiweißreichen Kostform bei weitgehender Einschränkung der Kohlenhydratträger. Nach meiner Überzeugung sind beide Diätformen abzulehnen und können, wenn sie über längere Zeit angewendet werden, zu Gesundheitsstörungen führen. Ich habe auf S. 72 eingehend auf die große Bedeutung der Kohlenhydratträger für die Stuhlbildung und als Träger wasserlöslicher Mineralien, Spurenelemente und Vitamine hingewiesen. Außerdem lernt der Patient während der Kur und für die Zeit danach nicht die Prinzipien einer gesunden Ernährungsweise kennen.

Nulldiät

Diese sollte nur unter geübter ärztlicher Leitung durchgeführt werden. Stets müssen ausreichend Wasser, Mineralien, Spurenelemente und Vitamine zugeführt werden, um Nebenwirkungen zu vermeiden. Wichtig ist, daß den

Patienten in jedem Fall für später die Regeln gesunder Ernährungsweise beigebracht werden, da diese sonst nach der Abmagerungskur rasch wieder an Körpergewicht zunehmen.

Punktdiät (= Diät, um Herzinfarkt zu bekommen)

Diese z. Z. modische Diätform beruht auf dem psychologisch wirksamen Prinzip, dem Laien alle Nahrungsgenüsse (vom Cognac und Sekt bis zu Mayonnaise, Aal, Schweineschmalz) zu empfehlen ohne Rücksicht auf alle modernen wissenschaftlichen Erkenntnisse, welche als Richtlinien einer gesunden Ernährung gelten (s. S. 110). Die Berechnung einer als typisch angepriesenen *Tageskarte* ergibt: *171,53 g Fett* (62,3%), 132,56 g Eiweiß (21,23%), 102,84 g Kohlenhydrate (16,47%) und damit insgesamt *2660 Kilokalorien (11 170 kJ)*. Eine wirksame Abmagerungskur kann erst unter dem Grundumsatzbereich von 1500 Kilokalorien (6300 kJ) beginnen. Nur Dicke, die täglich 4000–5000 Kilokalorien (16 800–21 000 kJ) essen, würden natürlich mit 2600 Kilokalorien (10 920 kJ) weniger Speck als mit 5000 Kilokalorien (21 000 kJ) ansetzen. Ernährungsphysiologisch ist der *hohe Fettanteil* wegen der *Gefahren für Blutgefäßveränderungen* und das gehäufte Auftreten von *Herzinfarkt, Schlaganfällen* usw. (Förderung der Arteriosklerose) in den westlichen Industrienationen, deren Menschen kaum mehr einen übermäßigen Energieumsatz infolge geringer körperlicher Arbeit haben, geradezu lebensgefährdend. Die Verfasserin der Punktdiät ERNA CARISE ist ehemalige Tänzerin.

Sog. „Schlankheitsprodukte" der Nahrungsmittelindustrie

Zum Nachteil *seriöser* Firmen, die mit einem großen Aufwand an finanziellen Mitteln Produkte herstellen, die sich für Gewichtsabnahmen eignen, wird der Markt mit „Schlankprodukten" überschwemmt, die gleichviel oder sogar mehr an Kalorien als das ursprüngliche Produkt aufweisen. Zahllose „Schlankbrote" ersetzen einen Teil der Kohlenhydrate durch Eiweiß ohne den Kaloriengehalt zu ändern ebenso wie viele „Schlankmehlsorten". Viele sogenannte *„kalorienarme Mahlzeiten"* (als Suppen registriert) haben mehr Kalorien als handelsübliche Suppen. Ähnliches gilt für zahlreiche *„Schlankbiere"*. Das Ausmaß der Reklame und die Überflutung mit derartigen Produkten ist besorgniserregend.

Anwendung von Medikamenten

Es befinden sich *Medikamente zur Minderung von Appetit und Förderung des Stoffwechsels* auf dem Markt, um eine beschleunigte Abmagerung zu erwirken. Ihre Anwendung bedarf stets ärztlicher Verordnung und Beratung, da der Laie keine genügenden Vorstellungen über Dosierung und Gefahren besitzt. Bekanntlich können bei älteren Leuten Gaben von Schilddrüsenhormonen zu Beschwerden von seiten der Herzkranzgefäße, zu Herzkrämpfen und Herztod durch Herzinfarkt führen.

Die Anwendung von Schilddrüsenhormonen[1] bedarf zuvor einer genauen ärztlichen Untersuchung zum Ausschluß anderer Erkrankungen sowie vorsichtiger Dosierung. Wir verwenden zur Unterstützung der Abmagerungsdiät (sofern kein Verdacht auf Veränderung der Herzkranzgefäße oder stärkere Arteriosklerose vorliegt) *standardisierte Schilddrüsenhormone. Unter ärztlicher Aufsicht* können diese durchaus über längere Zeit verabreicht werden. Sie erhöhen den Stoffwechsel und beschleunigen das Abmagern. Man beginnt in der 1. Woche mit täglich 1 Dragee „Thyreoidin"[2] Merck zu 0,1 g, steigert in der 2. und 3. Woche auf 2 × 1 Dragee zu 0,1 g (je 0,1 g Trockensubstanz = 0,5 g frische Substanz = 40 Ax. E.). Sofort aufhören, wenn Herzbeschwerden auftreten! Nicht höher dosieren. Dauer der Behandlung: einige Wochen nach ärztlicher Empfehlung. Schilddrüsenhormone ohne diätetische Behandlung reichen zur Abmagerungskur nicht aus. Vorsicht ab 50. Lebensjahr. Anwendung bei Herzbeschwerden und Herzleiden untersagt.

In Apotheken werden *Medikamente zur Minderung des Appetits* angeboten. Die kritische Prüfung zeigt, daß nahezu alle auf dem Markt befindlichen Substanzen unangenehme Nebenwirkungen auf das Wohlbefinden aufweisen, wie Trockenheit der Schleimhäute, Nervosität, Störungen der Darmfunktionen und neuerdings Gefahr der Mißbildungen usw. Dagegen ist die *Förderung der Verdauung* durch Verabreichung harmloser pflanzlicher Stuhlmittel zu empfehlen, weil regelmäßige Entleerung die diätetischen Maßnahmen sinnvoll unterstützt.

Bei Abmagerungskuren treten gelegentlich Kreislaufbeschwerden auf, welche Herzbehandlung und Verabreichung peripher wirkender *Kreislaufmittel* erfordern. Weil auch in diesen Fällen Kenntnis geeigneter Kreislaufmedikamente nicht vorausgesetzt werden kann, empfehlen wir Rücksprache mit dem behandelnden Arzt.

Diuretika (wassertreibende Medikamente) gehören nur in Ausnahmefällen und nur unter strenger ärztlicher Kontrolle zur Abmagerungskur, da unangenehme Nebenwirkungen eintreten können, z. B. eine Verschlechterung von Zuckerkrankheit oder – durch Verluste von Mineralien wie Kalium – Muskelschwächen, Rhythmusstörungen des Herzens oder Gicht. Gewichtsabnahmen infolge Anwendung dieser Medikamente beruhen ausschließlich auf Wasserverlusten, welche in kurzer Zeit vom gesunden Organismus wieder aufgeholt werden, ohne daß eigentliche Körpersubstanz verloren geht. (Nebenwirkungen wassertreibender Medikamente s. auf S. 99 und 100.)

Keine Abmagerungskur ohne medikamentöse Vitaminzufuhr

Die *Zufuhr von Vitaminen durch Medikamente empfiehlt sich grundsätzlich* bei Kalorienzufuhr unter 1800 kcal (7540 kJ) täglich *in Form von Tabletten,* Dragees usw., auch bei Anwendung unserer Tageskarten. Leider ist es *nicht möglich,* selbst im Sommer und Herbst, *die lebensnotwendige Vitaminzufuhr bei eingeschränkter Nahrungszufuhr ohne einseitige Ernährung zu ermöglichen,* ohne die ideale Zusammensetzung der Abmagerungsdiät an Nährwertträgern nachteilig zu verändern. Wir empfehlen deshalb allen Patienten,

---

[1] Anwendung von Schilddrüsenhormonen bei Fettsucht s. in *„Fettsucht"*, Lehmann Verlag, München 1968, Seite 127/128 (K. Schwarz, Fettsucht und Endokrinologie).

[2] Fa. Merck AG, Darmstadt.

Tabelle 57a *Kalorienarme Nahrungsmittel.*
100 Kilokalorien (420 kJ) sind enthalten in:

500 g	300 g	200 g	150 g
Salat Brunnenkresse Chicorée Endivien Eskariol Feldsalat Gurkensalat Kopfsalat Sauerampfer **Gemüse** (frisch) Buschbohnen Gurken Mangold Radieschen Rhabarber Rotkohl Sauerkraut Spargel Spinat Tomaten Weißkohl Rettich **Getränke** Zitronensaft Tomatensaft	**Gemüse** (frisch) Blumenkohl Champignons Karotten Kohlrabi Kohlrüben Kürbis Lauch Melone Paprika Pfifferlinge Rote Rüben Stangenbohnen Wirsing **Getränke** Buttermilch Magermilch Grapefruitsaft	**Obst** (frisch) Ananas Aprikosen Apfelsinen Äpfel Birnen Brombeeren Erdbeeren Grapefruit Heidelbeeren Himbeeren Holunderbeeren Johannisbeeren Kirschen, sauer Mandarinen Pfirsiche Preiselbeeren Quitten Stachelbeeren Zitrone **Getränke** Ananassaft Apfelsaft Apfelsinensaft Birnensaft Coca-Cola Limonade (i. Durchschn.) **Gemüse** Grünkohl Rosenkohl Sellerie Zwiebeln	**Gemüse** (frisch) Artischocken Fenchel Gartenpuff- bohnen Grünkohl Schwarzwurzeln Teltower Rübchen **Obst**(frisch) Kirschen, süß Mirabellen Pflaumen Reineclauden **Getränke** Bier (i. Durchschn.) Obstweine (i. Durchschn.) Rotwein (i. Durchschn.) Sekt Südweine (i. Durchschn.) Traubensaft Weißwein (i. Durchschn.) **Verschiedenes** Dickmilch Joghurt Kuhmilch Suppe, gebunden (i. Durchschn.)

Kalorienbedarf: Normalverbraucher 2000–2500 Kilokalorien (8 400–10 500 kJ)

Tabelle 57b *Kalorienreiche Nahrungsmittel.*
100 Kilokalorien (420 kJ) sind enthalten in:

100 g	80 g	60 g	50 g
Fisch (frisch) Dorsch Flunder Flußbarsch Hecht Heilbutt Schleie Seeforelle Schellfisch Scholle Seezunge **Schalentiere und Weichtiere** (frisch) Austern, Fleisch Garnele Hummer, Fleisch Krabbe, Fleisch Krebs, Fleisch **Geflügel** (frisch) Huhn, mager Taube **Gemüse** (frisch) Erbsen, grün Kartoffeln, ohne Schale Mais, süß **Verschiedenes** Quark, (mager 0,1% Fett) Pudding (fertig) **Obst** (frisch) Banane Weintrauben	**Fisch** (frisch) Bachforelle Karpfen Makrele Sprotten **Fleisch** (frisch) Kalbfleisch, mager Kalbshirn Kalbsleber Niere Rindfleisch, mager (Filet) Rindsleber **Wild** (frisch) Fasan Hase Reh **Geflügel** (frisch) Huhn (i. Durchschn.)	**Fleisch** (frisch) Hammelfleisch, mager Schweinefleisch, Schnitzel **Fisch** (frisch) Ostseehering Lachs Thunfisch **Verschiedenes** Hühnerei, ohne Schale Kondensmilch (ohne Zucker) Liköre (i. Durchschn.)	**Fleisch** Kalbsbraten Schinken, mager (roh) Schweinebraten Zunge (roh) **Fisch** Aal (frisch) Fischfilet, paniert **Käse** Harzer Mainzer Thüringer Schichtkäse, 10% Fett

FREI (praktisch ohne Kalorien)

Getränke	Verschiedenes
Kaffee (ohne Milch und Zucker Mineralwasser (bis 1 Liter/Tag) Tee (ohne Milch und Zucker)	Aromastoffe Kochsalz (wenn ärztlich erlaubt) Küchenkräuter Nestargel®-Nestle (anstelle von Mondamin), Saccharin (Süßstoff) z. B. Sachillen® (Bayerwerke) anstelle von Zucker

Tabelle 57c *Kalorienreiche Nahrungsmittel.*
100 Kilokalorien (420 kJ) sind enthalten in:

40 g	**30 g**	**20 g**	**10 g**
Brot Brötchen Kommißbrot Maisbrot Pumpernickel Roggenbrot Weißbrot Weizen-mischbrot Weizen-schrotbrot **Marmelade** Pflaumenmus Quittengelee	**Wurstwaren** Blutwurst Bratwurst Brühwurst Jagdwurst Sülzwurst **Käse** Dreiviertelfett-käse (30%) Limburger (40%) Schmelzkäse (45%) **Honig** Blütenhonig **Geflügel** Entenbraten Gänsebraten **Verschiedenes** Branntwein Eigelb Gelee (i. Durchschn.) Hülsenfrüchte Marmelade Magermilch-pulver Rum Schlagrahm (30%) Whisky **Südfrüchte** (getrocknet) Datteln Feigen Rosinen	**Nährmittel** Cornflakes Grieß Haferflocken Mehl Mondamin Reis Stärkemehl Teigwaren **Käse** Butterkäse Briekäse Camembert Emmentaler Gervais Münster Roquefort **Wurstwaren** Leberwurst Salami Mettwurst **Brot und Backwaren** Biskuit Kekse Knäckebrot Zwieback Kuchen (i. Durchschn.) **Süßigkeiten** Kakao Marzipan Pralinen Schokolade Zucker Mandeln Nüsse (i. Durchschn.) **Geflügel** (frisch) Gans, fett	**Fette** Butter Erdnußbutter Kokosfett Margarine Öle Schmalz **Verschiedenes** Lebertran Mayonnaise

Bei Abmagerungsdiät stufenweise reduzieren: 1500–1000 Kilokalorien (6300–4200 kJ)/1000–800 Kilokalorien (4200–3360 kJ)

welche eine Abmagerungskur durchführen, die Verabreichung von Multivitaminpräparaten, welche möglichst alle Vitamine und Mineralien in ausreichender Form enthalten. Die Verabreichung von Vitaminen in Medikamentenform ist gesundheitlich unschädlich (s. Tab. 43, S. 104).

Formuladiät

Zur Behandlung von Übergewicht sind Nährpulver käuflich erhältlich, welche bei Tagesrationen mit 900 Kilokalorien (3780 kJ) alle sonst erforderlichen Nährstoffe, Mineralien usw. enthalten. Zusätzliche Verabreichung von Salaten oder zellulosereichen, kalorienarmen Gemüsen als Ballaststoffe ist erforderlich, um Verstopfungen vorzubeugen, welche durch geringe Darmfüllung bei ausschließlich flüssiger Ernährung entstehen können. Das Präparat *Minvitine®* wurde von uns an zahlreichen Patienten mit Erfolg getestet und eignet sich auch ausgezeichnet als flüssige Nahrung (auch durch Magenschlauch) bei Kranken zur Sondenernährung.

Die Abmagerungskur

Dem Übergewichtigen bietet dieses Buch zwei Möglichkeiten abzunehmen:

1. *Eigene Berechnung des täglichen Nahrungsbedarfs* z. B. mit Hilfe der Tab. 58 und 59 oder mit Hilfe der Tab. 62 und 63 im Tabellenanhang mit Angaben von Kalorien, Eiweiß, Fett, Kohlenhydraten für jedes Nahrungsmittel.
2. Einfacher ist der *Gebrauch der von uns berechneten Tagesmenükarten* (im Tabellenanhang S. 176 ff. und 240 ff.), welche alle wichtigen ernährungsphysiologischen, medizinischen und kochtechnischen Gesichtspunkte berücksichtigen. Die Kochrezepte sind für jeden verständlich, ihre Anwendung *führt unbedingt zum Erfolg.*

Für Arzt und interessierten Leser enthält jede Tageskarte einen kurzen Hinweis über die Zusammensetzung der Nahrung.

Es wurde bewußt eine *Unterteilung* in sog. *„Vollkosttagesmenükarten"* und *„Schonkosttagesmenükarten"* vorgenommen. Der Gesunde kann selbstverständlich alle Tagesmenükarten, auch die Schonkostkarten, verwenden. *Schonkosttagesmenükarten* wurden für Übergewichtige entwickelt, *welche zugleich an Magen-, Darm-, Leber-, Galle- und Herzerkrankung oder an Zuckerkrankheit leiden,* um auch ihnen die Möglichkeit zu geben, fachgerecht abzumagern (ab S. 176 bis 224).

Der Zuckerkranke kann sich an Hand von Kohlenhydratangaben in jeder Tageskarte über erforderliche Insulinmengen usw. informieren. Der Herzkranke mit Wassersucht wird alle Tageskarten ohne Kochsalz verwenden. Entsprechende Hinweise sind überall gegeben.

Mit welchen Tagesmenükarten beginnt die Kur

Die Frage, mit welcher täglichen Kalorienzahl die Abmagerungskur beginnt, bitten wir jeden selber nach den ausführlichen Angaben auf S. 111 und S. 145

Tabelle 58 *Kalorien- und Nährwertbedarf verschiedener Personengruppen* (bei weitgehender Einschränkung im Gebrauch technischer Hilfsmittel).

Personengruppen	Kilokalorien = kcal (Kilojoule = kJ)		Eiweiß g/Tag		Fett g/Tag		Kohlenhydrate g/Tag	
	Männer	Frauen	Männer	Frauen	Männer	Frauen	Männer	Frauen
Jugendliche								
Jugendliche 15–20 Jahre	2800–3600 (11760–15120)	2400–3000 (10080–12600)	102–132	88–110	90–116	77–97	375–483	322–402
Normalverbraucher								
Energieverbrauch in völliger Ruhe (im Liegen)	um 1500 kcal (6300 kJ)							
Verbrauch ohne Arbeit (zu Hause) und bei alten Leuten	2000 (8400)	1900 (7980)	95	95	60	55	260	240
Krankenernährung (im Durchschnitt)	2200 (9240)	2200 (9240)	96	96	71	71	279	279
Buchhalter, Studienrat, Beamter usw.	2400 (10 080)	2000 (8460)	88	73	77	64	322	268
Uhrmacher, Friseur, Stenotypistin, Näherin usw.	2700 (11 340)	2250 (9450)	99	82	87	72	362	302
Mittelschwerarbeiter								
Weber, Schneider, Mechaniker, prakt. Arzt usw.	3000 (12 600)	2500 (10 500)	110	91	97	80	402	335
Briefträger, Schlosser, Schreiner, Hausangestellte (8 Std.) usw.	3300 (13 860)	2700 (11 340)	120	99	106	87	443	362
Metzger, Anstreicher, Montageschlosser, Hausfrau usw.	3600 (15 120)	3000 (12 600)	132	110	116	97	483	402
Schwerarbeiter								
Bauzimmerer, Kokereiarbeiter, Wegebauarbeiter, Waschfrau (Handarbeit) usw.	3900 (16 380)	3250 (13 650)	143	119	126	105	523	436
Ofenmann Walzwerk (Feinstraße bei Handbedienung), Winzer usw.	4200 (17 640)	–	154	–	135	–	563	–
Schwerstarbeiter								
Kohlenhauer (günstige Lagerung), Holzfäller usw.	4500 (18 900)	–	164	–	145	–	604	–
Kohlenhauer (ungünstige Lagerung), Gleisbauarbeiter usw.	4800 (20 160)	–	176	–	155	–	645	–
Handmäher (während der Ernte), best. Hochofenarbeiter, Radrennfahrer usw.	5100 und mehr (21 420)		–	–	–	–	–	–

Tabelle 58 Fortsetzung

Personengruppen	Kilokalorien = kcal (Kilojoule = kJ)		Eiweiß g/Tag		Fett g/Tag		Kohlenhydrate g/Tag	
	Männer	Frauen	Männer	Frauen	Männer	Frauen	Männer	Frauen
Militär								
in der Garnison	3100 (13 020)	–	121	–	83	–	446	–
beim Manöver	3400 (14 280)	–	137	–	99	–	468	–
im Kriege	3600 evtl. mehr (15 120)		146	–	116	–	469	–

Um eine tägliche Eiweißzufuhr von 12,3% zu erreichen, muß der Nahrungsanteil 15% Eiweiß betragen. Jugendliche, alte Leute, Militärpersonen und Krankenhauskost erfordern höhere Eiweißzufuhr.

Tabelle 59 *Wie errechne ich meinen Energiebedarf?* – Eine Faustregel.

bei Bettruhe	Idealgewicht × 100 Joule (24 Kalorien)
bei **leichter** körperlicher Arbeit (Büro)	Idealgewicht × 134 Joule (32 Kalorien)
bei **mittelschwerer** körperlicher Arbeit (Haushalt)	Idealgewicht × 167 Joule (40 Kalorien)
bei **schwerer** körperlicher Arbeit (Maurer)	Idealgewicht × 200 Joule (48 Kalorien)

zu errechnen. Die erforderliche Kalorienzahl hängt individuell von der körperlichen Tätigkeit in einer Berufsgruppe ab (s. Tab. 44, 45, 48 und 58). In der Regel wird man aber zuerst die Gruppe der Tageskarten mit 1500 Kilokalorien (6300 kJ) wählen. Erfahrungsgemäß werden dann die Tageskarten mit 1000–800 Kilokalorien (4200–3360 kJ) für eine Dauerkur bevorzugt, da sie rascher zum Erfolg führen.

Von ärztlicher Seite wird die *stufenweise Diätkur* nach folgendem Schema *befürwortet:*

5 Tage Tagesmenükarten für 1800 Kilokalorien (7540 kJ) auf S. 224 und 288 (nur bei stark Fettsüchtigen über 120 kg, sonst beginnt man sofort mit 1500 Kilokalorien [6300 kJ], S. 208 und 272),

5–10 Tage Tagesmenükarten für 1500 Kilokalorien (6300 kJ) (s. auch teuere eiweißreiche Tageskarten [= Schlemmerkarten zu 1500 (6300 kJ) und 1000 Kilokalorien (4200 kJ) auf S. 304 und 311]).

Zur fortlaufenden Kur werden meistens 1000–800 Kilokalorien (4200–3360 kJ) nach Wohlbefinden im Wechsel verwendet, bis die erwünschte Gewichtsabnahme erzielt ist. Danach empfiehlt sich langsame Umgewöhnung zu einer reichhaltigeren Kost durch stufenweisen Aufbau in umgekehrter Reihenfolge wie beim Abmagern. Stets Vitamintabletten während der Abmagerungskur nehmen (Tab. 43 auf S. 104).

Anweisungen zum Gebrauch von „Schlemmerkarten"

Das Buch enthält *„Schlemmerkarten"* für 1500 Kilokalorien (6300 kJ) (S. 311) und 1000 Kilokalorien (4200 kJ) (S. 304). Wie der Ausdruck bereits sagt, handelt es sich um *teure* Menüvorschläge. Der hohe Eiweißgehalt von Fleisch, Fisch usw. bedingt den hohen Preis. Diese Tageskarten können zur Abwechslung der Vollkosttageskarten (S. 240) mit 1500, 1000 und 800 Kilokalorien (6300, 4200 und 3360 kJ) dienen oder (wie vorgeschlagen) über längere Zeit alleine verwendet werden. Die Vorschläge eignen sich auch für Festlichkeiten, anspruchsvolle Hotelküchen usw.

Die Vorteile der *„Schlemmerkarten"* sind hoher *Sättigungsgrad,* raschere *Gewichtsabnahme* und *Energiesteigerung.* Subjektiv ist diese Kur ohne Hungergefühl und Abgeschlagenheit leichter durchführbar und wird viele Anhänger finden.

Schlemmerkarten für 1500 und 1000 Kilokalorien (6300 und 4200 kJ) sind *Vollkost*-Tageskarten. Es wurde darauf geachtet, daß keine schwerverdauliche Nahrung verwendet wurde. Infolge hoher Eiweißzufuhr und damit verbundener einseitiger Ernährungsweise eignen sich diese Karten nicht als Schonkost, sondern nur für Gesunde. Übergewichtige mit Gicht und Nierenerkrankungen usw. müssen diese Karten meiden. Im Zweifelsfall soll der Arzt entscheiden. Bei Gebrauch der Schlemmerkarten empfehlen wir zusätzlich Gabe von Vitaminen (s. S. 104), z. B. *Eunova®* usw.

Anweisungen für Herzkranke

Übergewicht bei Herzerkrankungen stellt eine gefährliche Komplikation dar. Es gibt viele Formen von Herzerkrankungen, so daß nur der Arzt entscheiden kann, in welcher Weise und zu welchem Zeitpunkt Gewichtsabnahme empfehlenswert ist.

Gegenwärtig ist der sog. *„Herzinfarkt",* d. h. Verschluß der Herzkranzgefäße, außerordentlich verbreitet. Übergewicht und Bluthochdruck sind die häufigsten Ursachen. Umfangreiche Untersuchungen in Amerika haben bewiesen, daß die Mehrzahl von Patienten, welche einmal einen Herzinfarkt hatten, einen zweiten bekamen (der meist tödlich wirkte), wenn das Körpergewicht zwischenzeitlich nicht reduziert wurde. Diejenige Gruppe von Patienten, welche ihr Übergewicht erfolgreich bekämpfte, bekam nur noch in einem geringen Prozentsatz erneut Herzinfarkt. Diese Warnung kann nicht ernst genug genommen werden. Besonders ist das männliche Geschlecht betroffen (Abb. 12). *Nach* erfolgreicher *Abmagerungskur* sind die Anweisungen für eine *gesunde Ernährung* (s. eingangs S. 110) zu beachten[1].

---

[1] Diätbücher über kochsalzarme Kost: H.-J. HOLTMEIER: Kochsalzarme Voll- und Schonkost, 2. Aufl., Thieme, Stuttgart 1980, und Kochsalzarme Kost, Goldmann Verlag, München 1965.

Patienten mit Übergewicht, welche zugleich herzkrank sind oder eine Herzerkrankung überstanden haben, können *Vollkosttageskarten* und *Schonkosttageskarten* verwenden. Die Wahl der Kost hängt von der Art der Erkrankung ab. Patienten mit oder nach Herzinfarkten, krampfartigen Zuständen der Herzkranzgefäße, Herzmuskelversagen mit Wassersucht usw. benötigen in der Regel Schonkosttageskarten.
Die Tageskarten ermöglichen nicht nur stufenweise Abmagerung, welche allen Patienten empfohlen wird, sondern auch Reduzierung des *Kochsalzgehaltes*. Die meisten Tageskarten sind ohne zusätzliche Verwendung von Kochsalz „kochsalzarm“[2]. Diejenigen Patienten, welche Kochsalz nicht einschränken müssen, können Speisen zusätzlich salzen. Es empfiehlt sich, Kochsalz erst unmittelbar vor dem Essen auf die fertigen Speisen zu streuen. Auf diese Weise wird wesentlich weniger Kochsalz verwendet und eine ausgezeichnete geschmackliche Verbesserung erzielt. Die größte Menge Kochsalz wird erfahrungsgemäß während des Kochens verbraucht, weil es in die Speisen einzieht. Herzkranke sollten zusätzlich Vitamine zu sich nehmen (siehe S. 104). Alle „kochsalzarmen“ Tageskarten sind selbstverständlich zugleich auch „natriumarm“, denn eine kochsalzarme Diät (NaCl-arm) ist immer zugleich auch Na-arm[2].

Anweisungen für Zuckerkranke

Zuckerkranke können eine Abmagerungskur[1] ebenfalls nach den vorliegenden Tageskarten (unter ärztlicher Kontrolle) durchführen. Die Behandlung der Übergewichtigkeit bei Zuckerkrankheit bedeutet einen *Eingriff in Stoffwechsellage* und Einstellung auf bisherige Diätformen, Insulindosierung, Gabe blutzuckersenkender Medikamente usw. Übergewichtigkeit wird häufig bei Zuckerkrankheit festgestellt. Bei keiner anderen Erkrankung wirkt sich Fettsucht so nachteilig aus, wie bei Diabetikern. Die Folge sind Bluthochdruck, schwere Schädigung der Herzkranzgefäße aber auch der Durchblutung von Armen und Beinen oder des Gehirns. Der Prozentsatz, welcher an Herzinfarkt, Schlaganfall stirbt oder wegen Beinfäulnis amputiert werden muß, ist groß (s. auch Ausführungen auf S. 50).
Um so *wichtiger* ist eine *frühzeitige* fachgerechte *Reduzierung* des Körpergewichtes. Besonders Zuckerkranke müssen später die Richtlinien für eine *gesunde* Ernährung beachten und dürfen nicht im Übermaß Fett verwenden.

---

[2] Man versteht unter:
„streng kochsalzarmer Kost“ = Tageszufuhr an Na^+ und Cl^- (aller Mahlzeiten) bis 17 mmol Na^+ und 17 mmol Cl^-, (s. Anmerkungen hinter den Tageskarten) = ~ 1 g „Salz“ „streng Na-arm“ bis 17 mmol Na^+/Tag.
„kochsalzarmer Kost“ = Tageszufuhr bis 51 mmol Na^+ und 51 mmol Cl^- = ~ 3 g „Salz“, „Na-arm“ bis 51 mmol Na^+/Tag.

[1] s. auch HOLTMEIER, H.-J.: Diät des übergewichtigen Zuckerkranken, Thieme, Stuttgart 1976, 2. Aufl.

Die Ernährungswissenschaften haben bewiesen, daß die Lebenserwartungen des Diabetikers nicht allein von der Berechnung des Kohlenhydratgehaltes der Nahrung abhängen, sondern auch von der Berücksichtigung der Fett- und Eiweißzufuhr. Der Arzt muß bei Kalorienbeschränkung in niedrigen Bereichen um 1000 und 800 Kilokalorien (4200 und 3360 kJ) auf das Auftreten einer Acidose bzw. Acetonurie achten. Für den Diabetiker ist die stufenweise Abmagerungskur – beginnend mit 1500, dann 1000 Kilokalorien (6300, dann 4200 kJ) usw. – unerläßlich. *Abrupte Maßnahmen* führen zur *Entgleisung* des Zuckerstoffwechsels.

Zuckerkranke können *Vollkost-* und *Schonkostkarten* für 1800, 1500, 1000 und 800 Kilokalorien (7540, 6300, 4200 und 3360 kJ) verwenden. Sollte zugleich eine andere Erkrankung vorliegen (Magen-, Darm-, Leber-, Gallenleiden), empfehlen sich jedoch die Schonkostkarten. Da die Kohlenhydratzufuhr um so *niedriger* wird, je strenger die Abmagerungsdiät ist, sind Medikamente zur Blutzuckersenkung ärztlicherseits entsprechend zu reduzieren bzw. ganz abzusetzen. Die Entscheidung hierüber kann allein der Arzt treffen. Das Verhältnis der Nährwertträger (Kohlenhydrate, Fett, Eiweiß) zueinander entspricht hinsichtlich der Behandlung der Übergewichtigkeit von Zuckerkranken den neusten wissenschaftlichen Erkenntnissen. Dieses Verhältnis spielt bei Zuckerkrankheit, wie bereits gesagt, zur Vorbeugung von Gefäßleiden eine große Rolle. Tab. 60 gibt eine Übersicht über unsere Nährwertrelationen, sowie die für den Diabetiker wichtigen Angaben der durchschnittlichen Kohlenhydratmengen (in Gramm) bzw. *Broteinheiten* (BE)[1]. Geringe Schwankungen des Kohlenhydratgehaltes einzelner Tageskarten sind ohne Bedeutung, da die Gesamtmenge in so niedrigem Bereich liegt, daß störende Auswirkungen nicht auftreten. Patienten, welche ausschließlich nach *Brotein-*

Tabelle 60 *Kalorien- und Nährstoffgehalt der Vollkost- und Schonkosttageskarten.*

Kilokalorien (kJ)	Eiweiß g	Eiweiß %	Fett g	Fett %	Kohlenhydrate g	Kohlenhydrate %	Broteinheiten (= BE)
Vollkosttageskarten (s. S. 240)							
800 (3360)	63	32	17	20	93	48	8 BE
1000 (4200)	69	28	24	23	118	49	10 BE
1500 (6300)	89	25	42	26	177	49	15 BE
1800 (7540)	97	22	61	32	200	46	16 BE
Schonkosttageskarten (s. S. 176)							
800 (3360)	57	29	21	25	89	46	7 BE
1000 (4200)	66	28	29	27	107	45	9 BE
1500 (6300)	83	23	49	31	165	46	14 BE
1800 (7540)	99	23	62	32	195	45	16 BE

heiten (BE)[1] rechnen, finden entsprechende Anmerkungen unter den jeweiligen Tageskarten. Auch Diabetiker sollten zusätzlich Vitamine (s. S. 104) zu sich nehmen.
Ist die gewünschte Gewichtsabnahme erreicht, wird dem Diabetiker empfohlen, mit Hilfe der Tageskarten die Diät langsam wieder aufzubauen, um unerwünschte Stoffwechselreaktionen zu vermeiden. Man wird also bei Gebrauch der Tageskarten mit 1000 Kilokalorien (4200 kJ) zunächst einige Tage 1500 (6300 kJ), dann 1800 Kilokalorien (7540 kJ) usw. zu sich nehmen. Später empfehlen wir die Anschaffung eines Diätbüchleins für Diabetiker, da die Diätvorschriften sich nicht allein durch ein kurzes Übersichtsschema hinreichend wiedergeben lassen.

Anweisungen für Magen-, Darm-, Galle- und Leberkranke

Alle Patienten mit Übergewicht, welche gleichzeitig an einer der genannten Erkrankungen leiden, sollten *Schonkostkarten* verwenden, wenn sie die Vollkostkarten nicht vertragen. Bekanntlich ist Übergewicht *häufige Ursache* von *Gallenleiden,* die sich bessern, wenn die Fettsucht erfolgreich behandelt wird. Besondere Vorsicht ist bei *Leberkranken* erforderlich. Plötzliche und zu rasche Gewichtsabnahme kann zu lebensgefährlichen Stoffwechselstörungen führen. Fettsüchtige haben in einem großen Prozentsatz eine Fettleber, die Vorstufe schwerer Leberleiden, welche zum Tode führen können. Um so wichtiger ist frühzeitige Behandlung der Übergewichtigkeit und später gesunde Ernährung, deren Richtlinien auf S. 110 eingehend dargestellt sind.
Es ist uns gelungen, für die obengenannten Krankheiten eine einheitliche Schonkost zu entwickeln. Eine solche Lösung war möglich, da zur Behandlung von Übergewichtigkeit in der Regel nur Patienten infrage kommen, welche nicht akut erkrankt sind. Auch hier muß der Arzt entscheiden, in welcher Form und zu welchem Zeitpunkt die Kur ablaufen soll. Wir empfehlen stets stufenweise Abmagerung beginnend mit 1800, dann 1500, 1000 Kilokalorien (7540, 6300, 4200 kJ) usw. Es wird davon abgeraten, Abmagerungskuren noch strenger zu gestalten, wenn bereits die gewünschte Gewichtsabnahme stattfindet. Auch die Schonkostkarten sind so berechnet, daß das Verhältnis der *Nährwertträger* (Kohlenhydrate zu Eiweiß und Fett) den neuesten wissenschaftlichen Erkenntnissen entspricht. Auch Magen- und Darmkranke sollen vorsichtig abmagern und später unsere Richtlinien für gesunde Ernährung oder ein Diätbuch beachten.

Wichtiges in Schlagzeilen

1. *Körpersubstanz und Körpergewicht* werden *ausschließlich durch Nahrungszufuhr aufrecht erhalten.* Drosselung der Nahrungszufuhr nach vernünftigen Gesichtspunkten führt deshalb immer zur Gewichtsabnahme.

---

[1] 1 BE = 12 g Kohlenhydrate.

2. Ebenso wie man ohne Nahrung verhungert, *nimmt man bei Unterernährung* (= Abmagerungskur) bestimmt *ab.*
3. Die Abmagerungskur *steht und fällt mit Kalorien* und dem *guten Willen, abnehmen zu wollen.* Kalorie ist jedoch nicht Kalorie. Es ist entscheidend, wer sie liefert. *Eiweißhaltige Nahrungsmittel haben bei Abmagerungsdiät große Vorteile.*
4. *Fettsüchtige,* die *nicht abnehmen* und beteuern, daß sie wenig essen, haben meistens recht; *aber sie essen falsch,* weil sie sich *nicht im Kaloriengehalt* von Nahrungsmitteln *genau auskennen.* (1 Paranuß hat genauso viele Kalorien wie ca. 500 g Gemüse.)
5. Um *1 kg abzumagern* benötige ich ca. 6000 Kilokalorien (25 200 kJ) an Energieaufwand = *18 Stunden Foxtrottanz* oder Holzhacken. Durch körperliche Bewegung allein kann man also nicht abmagern, es sei denn, man wird Schwerarbeiter. Aber Schwer- und Schwerstarbeiter haben fast niemals Fettsucht.
6. Die Bedeutung von *körperlicher Bewegung* als *„Kreislauftraining"* zur Vorbeugung von Infarkten des Herzens usw. bleibt unverändert groß („Schreibtischherz").
7. *Alkohol ist Nahrungs- und Genußmittel und enthält nach Fett die meisten Kalorien* (1 g = 7,1 Kilokalorien [29,8 kJ]). Er wird vom Magen direkt aufgenommen. Obwohl Alkohol nicht zu Fett umgewandelt und direkt verbrannt wird, hindert er durch rasche Energiebildung andere Nahrungsmittel in Wärmeenergie umgewandelt zu werden und veranlaßt sie zur Fettbildung.

   Patienten, welche abends Neigung zum Alkoholgenuß haben und nicht widerstehen können, sollen bis zur Beendigung der Abmagerungskur frühzeitig ein wirksames barbitursäurefreies *Schlafmittel* nehmen, um depressive Stimmungslagen zu betäuben. Diese Methode hat sich gut bewährt. Schlafmittel dämpfen rasch Gelüste und vermitteln ruhigen Schlaf.
8. Die *Waage* warnt den Gesunden und ist dem Übergewichtigen wichtiges Handwerkszeug bei einer Abmagerungskur. Nimmt man bei einer ausgewählten Diät nicht ab, muß der Speisezettel um weitere 100 bis 200 Kilokalorien (420–840 kJ) gekürzt werden, oder die nächst niedrige Tagesmenükarte gewählt werden. Nur nicht verzagen!
9. *Appetit* ist oft Gewohnheitssache. Warum noch essen, wenn man satt ist. Anstelle von Zucker Süßstoff (Sachillen® Fa. Bayer, Natreen® Drugofa Köln) benützen.

   Bis der Appetit verschwindet vergeht ca. ¼ Stunde. Daher ¼ Stunde vor dem Essen eine Kleinigkeit essen.
10. Da jede Art von Abmagerungsdiät eine Form der „Unterernährung" und „Vitaminmangelernährung" darstellt, sind stets Gaben von *Vitamintabletten* erforderlich (S. 104, z. B. *Eunova*®, *Edinol*® usw.).
11. Fisch- und Fleischgerichte kochen, dämpfen, grillen, im Ofen backen, aber selten braten. Dampfkochtöpfe und Pfannen mit Kunststoffbelag

sind zu empfehlen! Die Sättigung erfolgt in der Reihenfolge *Fleisch, Milch, Fisch, Eier, grünes Gemüse, Brot.* (Fett sättigt sehr, ist aber nicht für Abmagerungskuren geeignet). Iß ausreichend zum Frühstück und hungere nicht. Iß ein großes Stück mageres Fleisch oder Quark, um Hunger rasch zu stillen. Iß so oft Du magst, aber keine verbotenen Dinge. Zähle immer Kalorien. Tüchtiges Kauen sättigt auch. Vermeide Süßigkeiten und Aperitifs (1 Whisky = 100 Kilokalorien [420 kJ]).

12. Butter, Margarine, Rahm, Fett und Öle beim Kochen äußerst sparsam verwenden. Fett nicht überhitzen!
13. Für die Zunahme sind in erster Linie die durch Fett und danach die durch Alkohol gelieferten Kalorien schuld.
14. *Wer auswärts ißt soll beachten:*
    Als *Vorspeisen* nur Tomatensaft, Grapefruit oder Muscheln. Gebundene Suppen meiden, nur klare Bouillon und Gemüsesuppen. Das Wichtigste am *Hauptgang* ist ein mageres, großes Stück Fleisch, alles Fett abschneiden, nur grilliert oder gedünstet bestellen. Erlaubt sind auch Geflügel und Fisch, fettarme grüne Gemüse, nur gedämpft, z. B. Karotten, Bohnen, Kohl usw. Gemüse enthalten wenig Kalorien. ½ bis 1 Kartoffel erlaubt. Meide alle Soßen, Teigwaren und Reis.
    Zum *Nachtisch* frisches Obst. Vermeide Süßigkeiten und Alkohol.

Tabellenanhang

Tabelle 61 *Umrechnungstabelle: Kalorien – Joule, Kilokalorien – Kilojoule.*

1 cal = 4,184 J   1 kcal = 4,184 kJ   1 kJ = 0,24 kcal

1 kcal = 4,184 kJ	10 kcal = 41,840 kJ	20 kcal = 83,680 kJ	30 kcal = 125,520 kJ	40 kcal = 167,360 kJ
2 kcal = 8,368 kJ	11 kcal = 46,024 kJ	21 kcal = 87,864 kJ	31 kcal = 129,704 kJ	41 kcal = 171,544 kJ
3 kcal = 12,552 kJ	12 kcal = 50,208 kJ	22 kcal = 92,048 kJ	32 kcal = 133,888 kJ	42 kcal = 175,728 kJ
4 kcal = 16,367 kJ	13 kcal = 54,392 kJ	23 kcal = 96,232 kJ	33 kcal = 138,072 kJ	43 kcal = 179,912 kJ
5 kcal = 20,920 kJ	14 kcal = 58,576 kJ	24 kcal = 100,416 kJ	34 kcal = 142,256 kJ	44 kcal = 184,096 kJ
6 kcal = 25,104 kJ	15 kcal = 62,760 kJ	25 kcal = 104,600 kJ	35 kcal = 146,440 kJ	45 kcal = 188,280 kJ
7 kcal = 29,288 kJ	16 kcal = 66,944 kJ	26 kcal = 108,784 kJ	36 kcal = 150,624 kJ	46 kcal = 192,464 kJ
8 kcal = 33,472 kJ	17 kcal = 71,128 kJ	27 kcal = 112,968 kJ	37 kcal = 154,808 kJ	47 kcal = 196,648 kJ
9 kcal = 37,656 kJ	18 kcal = 75,312 kJ	28 kcal = 117,152 kJ	38 kcal = 158,992 kJ	48 kcal = 200,832 kJ
	19 kcal = 79,496 kJ	29 kcal = 121,336 kJ	39 kcal = 163,176 kJ	49 kcal = 205,016 kJ
50 kcal = 209,200 kJ	60 kcal = 251,040 kJ	70 kcal = 292,880 kJ	80 kcal = 334,720 kJ	90 kcal = 376,560 kJ
51 kcal = 213,384 kJ	61 kcal = 255,224 kJ	71 kcal = 297,064 kJ	81 kcal = 338,904 kJ	91 kcal = 380,744 kJ
52 kcal = 217,568 kJ	62 kcal = 259,408 kJ	72 kcal = 301,248 kJ	82 kcal = 343,088 kJ	92 kcal = 384,928 kJ
53 kcal = 221,752 kJ	63 kcal = 263,592 kJ	73 kcal = 305,432 kJ	83 kcal = 347,272 kJ	93 kcal = 389,112 kJ
54 kcal = 225,936 kJ	64 kcal = 267,776 kJ	74 kcal = 309,616 kJ	84 kcal = 351,456 kJ	94 kcal = 393,296 kJ
55 kcal = 230,120 kJ	65 kcal = 271,960 kJ	75 kcal = 313,800 kJ	85 kcal = 355,640 kJ	95 kcal = 397,480 kJ
56 kcal = 234,304 kJ	66 kcal = 276,144 kJ	76 kcal = 317,984 kJ	86 kcal = 359,824 kJ	96 kcal = 401,664 kJ
57 kcal = 238,488 kJ	67 kcal = 280,324 kJ	77 kcal = 322,168 kJ	87 kcal = 364,008 kJ	97 kcal = 405,848 kJ
58 kcal = 242,672 kJ	68 kcal = 284,512 kJ	78 kcal = 326,352 kJ	88 kcal = 368,192 kJ	98 kcal = 410,032 kJ
59 kcal = 246,856 kJ	69 kcal = 288,696 kJ	79 kcal = 330,536 kJ	89 kcal = 372,376 kJ	99 kcal = 414,216 kJ

Tabelle 62 *Kalorienaustauschtabelle.* Sie zeigt in kcal einen für den praktischen Gebrauch zusammengestellten möglichen Kalorienaustausch. Jeweils über einer Gruppe von bestimmten Nahrungsmitteln ist der Kaloriengehalt (kcal) angegeben, daneben sind die entsprechenden Mengen genannt, die alle ungefähr den gleichen Kaloriengehalt besitzen. So kann man anstelle von 400 g Magermilch nur 200 g Vollmilch trinken, um 120–150 Kilokalorien (500–630 kJ) zu erhalten. Mit Hilfe dieser Angaben lassen sich rasch die kalorienärmsten Nahrungsmittel ermitteln.

Inhaltsangabe:

Milchsorten
Energiewerte: 120–150 kcal (500–630 kJ)

Sorten	Menge g	Eiweiß g	Fett g
Vollmilch 3,5% F.	200	6,7	7,1
Magermilch	400	14,0	0,3
Trinkmilch fettarm 1,5% F.	300	10,1	4,8
Buttermilch	400	14,0	2,0
Joghurt 3,5% F.	200	7,8	7,5
Joghurt fettarm 1,5% F.	300	10,7	4,8
Magermilchjoghurt	350	15,2	0,4
Magermilchpulver	40	14,0	0,4
Vollmilchpulver	25	6,3	6,6

Sahne und Kondensmilch
Energiewerte: 30–40 kcal (125–165 kJ)

Sorten	Menge g	Eiweiß g	Fett g
Sahne 30% F.	10	0,2	3,2
Sahne 10% F.	30	0,9	3,2
Kondensmilch 4% F.	30	2,4	1,2
Kondensmilch 7,5% F.	25	1,6	1,9
Kondensmilch 10% F.	20	1,8	2,0

Tab. 62 Fortsetzung

Käsesorten Energiewerte: 80–100 kcal (335–420 kJ)

Sorten	Menge g	Eiweiß g	Fett g
Emmentaler 45% F. i. Tr.	20	5,5	6,1
Gouda 45% F. i. Tr.	20	5,1	5,8
Tilsiter 45% F. i. Tr.	25	6,6	6,9
Schmelzkäse 45% F. i. Tr.	30	4,3	7,1
Camembert 45% F. i. Tr.	30	5,6	6,8
Chester 45% F. i. Tr.	20	5,1	6,4
Edamer 45% F. i. Tr.	25	6,2	7,1
Romadur 45% F. i. Tr.	30	6,4	6,9
Brie 50% F. i. Tr.	25	5,7	7,0
Camembert 50% F. i. Tr.	30	5,4	7,7
Edamer 40% F. i. Tr.	25	6,5	5,9
Limburger 40% F. i. Tr.	30	6,7	5,9
Romadur 40% F. i. Tr.	30	6,9	6,0
Camembert 40% F. i. Tr.	30	6,8	6,2
Edamer 30% F. i. Tr.	30	7,9	4,9
Camembert 30% F. i. Tr.	40	8,8	5,3
Romadur 30% F. i. Tr.	40	9,5	5,5
Schmelzkäse 20% F. i. Tr.	50	8,6	4,6
Limburger 20% F. i. Tr.	50	13,2	4,3
Schnittkäse 20% F. i. Tr.	40	11,9	4,4
Harzer	50	19,5	1,4
Magerquark	100	17,2	0,6
Speisequark 20% F. i. Tr.	80	10,1	3,9
Speisequark 40% F. i. Tr.	55	6,6	6,7
Schichtkäse 20% F. i. Tr.	80	9,5	4,0
Schichtkäse 40% F. i. Tr.	60	6,5	6,8
Doppelrahmfrischkäse 60% F. i. Tr.	25	3,7	7,6
ausländische Sorten:			
Coulommiers	35	5,3	7,7
Munster	30	6,3	7,2
Roquefort	20	4,6	7,0
Chèvre (i. Durchschn.)	25	6,3	5,0
Cantal	25	5,8	7,5
Saint-Paulin	25	6,0	7,3
Comté	25	7,5	7,5

Fette Energiewerte: 70–90 kcal (290–375 kJ)

Sorten	Menge g	Fett g	Gesamtgehalt an essentiellen Fettsäuren g	Cholesterin mg
Butter	10	8	0,2	28
Butterschmalz	8	7	0,2	34
Rindertalg	8	7	0,2	8
Schweineschmalz	8	8	0,8	8
Gänseschmalz	8	8	1,8	6
Erdnußöl	8	8	2,5	–
Sonnenblumenöl	8	8	5,1	–
Distelöl	8	8	6,0	–
Maiskeimöl	8	8	4,6	–

Tab. 62 Fortsetzung

Fette Energiewerte: 70–90 kcal (290–375 kJ)

Sorten	Menge g	Fett g	Gesamtgehalt an essentiellen Fettsäuren g	Cholesterin mg
Olivenöl	8	8	0,6	–
Becel-Öl	8	8	5,6	–
Margarine (i. Durchschn.)	10	8	2,5	–
Kokosfett	8	8	0,1	–
Speck	10	8	3,7	10
Mayonnaise 80% F.	10	8	4,9	14
Mayonnaise 50% F.	15	8	4,6	12

Fleisch Energiewerte: bis 150 kcal (bis 630 kJ)

Sorten	Menge g	Eiweiß g	Fett g
Kalbsfilet	125	25,8	1,8
Kalbshaxe	125	26,1	2,0
Kalbskeule	125	25,9	2,0
Kalbsschnitzel	125	25,9	2,3
Schabefleisch	125	26,5	4,6
Pferdefleisch	125	25,8	3,3
Hühnerbrust	125	28,5	1,1
Truthahnbrust	125	28,5	1,2
Rehkeule	125	26,8	1,6
Wildschwein	125	26,3	2,5
Fasan	125	27,5	2,5
Rebhuhn	125	31,3	1,8
Kalbsbries	100	17,2	3,4
Kalbshirn	100	10,1	7,6
Rinderhirn	100	10,4	9,6
Schweinehirn	100	10,6	9,0

Energiewerte: 150–200 kcal (630–840 kJ)

Sorten	Menge g	Eiweiß g	Fett g
Kalbsbrust	125	23,3	7,9
Kalbskotelett	125	26,4	3,8
Rinderfilet	125	24,0	5,5
Rinderkeule	125	26,3	8,9
Huhn (i. Durchschn.)	125	25,8	7,0
Truthahnkeule	125	25,6	4,5
Hase	125	27,0	3,8
Rehrücken	125	28,0	4,4
Wildente	125	27,5	5,0
Kalbsherz	125	19,9	6,3
Rinderherz	125	21,0	7,5
Schweineherz	125	21,1	6,0
Kalbsleber	125	24,0	5,2
Rinderleber	125	24,0	3,9
Schweineleber	125	25,1	7,1
Hühnerleber	125	27,6	5,9
Kalbszunge	100	17,1	6,2

Tab. 62 Fortsetzung

Energiewerte: 200–250 kcal (840–1040 kJ)

Sorten	Menge g	Eiweiß g	Fett g
Roastbeef	125	25,8	12,8
Schweinefilet	125	23,3	12,4
Schweineschnitzel	125	26,0	10,1
Kaninchenfleisch (i. Durchschn.)	125	26,0	9,5
Ziegenfleisch (i. Durchschn.)	125	24,4	9,9
Truthahn Jungtier (i. Durchschn.)	125	28,0	8,5
Rinderzunge	100	16,0	15,9
Schweinezunge	100	15,1	18,3

Energiewerte: über 250 kcal (über 1040 kJ)

Sorten	Menge g	kcal/kJ	Eiweiß g	Fett g
Hammelkeule	125	313/1310	22,5	22,5
Hammelkotelett	125	460/1920	18,6	40,0
Schaffleisch (i. Durchschn.)	125	295/1230	22,0	20,8
Rostbraten	125	298/1240	23,3	20,6
Schweinekeule	125	365/1530	21,1	28,6
Schweinekotelett	125	380/1590	20,5	30,6
Eisbein	125	360/1500	22,1	27,5
Kasseler	125	410/1710	23,1	32,5
Ente	125	305/1270	22,6	21,5
Gans	125	455/1900	19,6	38,8
Suppenhuhn	125	340/1420	23,1	25,4
Truthahn, ausgenommenes Tier (i. Durchschn.)	125	330/1380	24,0	23,9
Hackfleisch „halb und halb“	100	253/1060	20,0	19,0
Schweinemett	100	340/1420	15,0	31,0

Wurstwaren u. ä. Brotaufstrich
Energiewerte: 125–150 kcal (520–630 kJ)

Sorten	Menge g	Eiweiß g	Fett g
Bierschinken	50	7,8	9,6
Wiener	50	7,5	10,4
Weißwurst	50	5,6	10,9
Bockwurst	50	6,2	12,7
Bratwurst	40	5,1	13,0
Fleischkäse	50	6,3	11,3
Mettwurst	25	3,0	12,9
Salami	25	4,5	12,4
Mortadella	40	5,0	13,1
Jagdwurst	40	6,2	11,7
Gelbwurst	40	4,7	13,1
Leberwurst	30	3,7	12,4
Leberpastete	40	5,7	11,4
Blutwurst	30	4,0	11,6
Schwartenmagen	50	7,5	10,0
Cervelatwurst	30	5,1	13,0

Tab. 62 Fortsetzung

Wurstwaren u. ä. Brotaufstrich
Energiewerte: 125–150 kcal (520–630 kJ)

Sorten	Menge g	Eiweiß g	Fett g
Lyoner	40	5,0	11,5
Schinken gekocht	50	9,8	10,3
Schinken roh	35	6,3	11,7
Kasseler	40	7,4	10,4
Speck durchwachsen	20	1,8	13,0
Corned beef	90	19,5	5,4
Dosenschinken	75	15,2	8,0
Luncheon meat	40	5,9	10,2
Bündner Fleisch	50	19,5	4,8
ausländische Erzeugnisse:			
Pâté de foie gras	30	4,2	12,6
Rillettes	25	5,5	14,3
Andouillette	40	9,2	10,0
Saucisson d'Arles (u. a. französische Landwurstarten)	25	6,3	12,8

Fisch (Frischgewicht ohne Abfälle)
Energiewerte: 150–175 kcal (630–730 kJ)

Sorten	Menge g	Eiweiß g	Fett g
Kabeljau	200	34,0	0,6
Seelachs	200	36,6	1,6
Rotbarsch	150	27,3	5,4
Schellfisch	200	35,8	0,2
Seehecht	200	34,4	1,7
Seezunge	200	35,0	2,7
Steinbutt	200	33,4	3,5
Scholle	200	34,2	3,6
Heilbutt	150	30,2	3,4
Leng	200	38,0	1,1
Rotzunge	200	31,0	2,3
Makrele	80	13,0	9,3
Thunfisch	70	15,1	8,1
Hering	75	13,7	11,1
Sardinen	125	24,3	6,5
Walfleisch	125	29,0	4,2
Lachs, Salm	80	15,9	10,9
Aal	50	7,5	12,3
Forelle	150	29,3	4,1
Flußbarsch	200	36,8	1,6
Hecht	200	36,8	1,7
Karpfen	140	25,2	6,7
Felchen	150	26,7	4,8
Schleie	200	35,4	1,5
Wels	100	15,3	11,3
Zander	180	34,6	1,3
Heringsmilch	140	29,3	4,0
Heringsrogen	120	31,2	3,7

Tab. 62 Fortsetzung

Spezielle Fischwaren
Energiewerte: 125–150 kcal (520–630 kJ)

Sorten	Menge g	Eiweiß g	Fett g
Aal geräuchert	40	7,2	11,4
Bückling	60	13,1	8,6
Salzhering	60	11,9	9,2
Matjeshering	50	8,0	11,3
Heilbutt geräuchert	60	10,4	10,3
Makrele geräuchert	60	12,4	9,3
Schillerlocken	50	10,7	12,1
Hering mariniert	60	9,9	9,6
Lachs in Öl	50	8,2	11,4
Ölsardinen	60	14,5	8,3
Thunfisch in Öl	50	11,9	10,5
Heringsfilet in Tomatensoße	60	8,9	9,0
Kaviar	50	13,0	7,8

Meeresfrüchte, Weichtiere u. a.
Energiewerte: 50–75 kcal (210–310 kJ)

Sorten	Menge g	Eiweiß g	Fett g
Austern	75	6,8	0,9
Flußkrebs	75	11,3	–
Speisekrabbe	75	14,0	1,1
Hummer	75	11,9	–
Miesmuscheln	100	9,8	3,9
Pilgermuscheln	75	11,7	–
Weinbergschnecken	100	15,0	0,8
Froschschenkel	100	16,5	0,3

Brot und Backwaren
Energiewerte: 120–140 kcal (500–585 kJ)

Sorten	Menge g	Eiweiß g	Kohlenhydrate g	Vitamin B_1 mg
Kommißbrot	50	3,3	26,3	0,09
Roggenbrot	50	3,2	25,6	0,08
Roggenvollkornbrot	50	3,7	23,2	0,09
Brötchen	50	3,4	28,8	0,04
Weißbrot	50	4,1	25,0	0,04
Weizenvollkornbrot	50	3,8	23,7	0,13
Grahambrot	50	4,2	24,1	0,11
Knäckebrot (i. Durchschn.)	35	3,5	27,0	0,07
Steinmetzbrot	50	3,8	25,0	0,10
Pumpernickel	50	4,6	26,6	0,07
Weizenkeimbrot	50	4,9	24,0	0,13
Orvita (Bahlsen)	30	3,0	20,1	0,33
Rogga (Bahlsen)	35	4,2	28,0	0,11
Zwieback	30	3,0	22,7	0,03
Kekse trocken	30	4,4	21,0	–

Tab. 62 Fortsetzung

Brot und Backwaren
Energiewerte: 120–140 kcal (500–585 kJ)

Sorten	Menge g	Eiweiß g	Kohlenhydrate g	Vitamin B_1 mg
Biskuitplätzchen	30	2,6	24,5	–
Obstkuchen einfach	60	3,1	24,9	0,04
Biskuitrolle mit Konfitüre	50	2,2	30,2	0,02
Käsekuchen einfach	70	7,1	16,3	0,04
Sandkuchen	30	1,7	15,9	0,01
Hefegebäck	40	3,2	21,0	0,04

Nährmittel
Energiewerte: 170–190 kcal (710–795 kJ)

Sorten	Menge g	Eiweiß g	Kohlenhydrate g	Vitamin B_1 mg
Gerstengraupen	50	5,2	37,1	0,05
Haferflocken	45	6,1	29,9	0,27
Reis poliert	50	3,5	39,4	0,03
Reis unpoliert	50	3,7	37,7	0,21
Buchweizengrütze	50	4,1	37,0	0,14
Gerstengrütze	50	4,3	37,6	0,10
Hafergrütze	45	6,3	30,2	0,30
Weizengrieß	50	5,2	37,7	0,06
Cornflakes	45	3,5	37,1	0,02
Weizenkeime	45	12,0	20,7	0,90
Teigwaren (i. Durchschn.)	45	5,9	32,6	0,09
Maisgrieß	50	4,4	39,0	0,08
Hafermehl	45	6,7	29,6	0,25
Maismehl	50	4,5	36,8	0,22
Roggenmehl (T 1150)	50	4,5	37,6	0,11
Weizenmehl (T 550)	50	5,3	37,0	0,06

Süßigkeiten, Schokolade u. ä.
Energiewerte: 50–70 kcal (210–290 kJ)

Sorten	Menge g	Kohlenhydrate g	Fett g
Konfitüre (i. Durchschn.)	20	14,0	–
Honig	20	16,2	–
Zucker	15	15,0	–
Marzipan	15	9,6	2,7
Eiscreme	30	6,1	3,5
Vollmilchschokolade	10	5,5	3,3
Nuß-Nougat-Creme	10	6,0	3,0
Nußmus	8	1,0	4,8
Pralinen (i. Durchschn.)	15	8,0	2,0
Pralinen (gefüllt mit Alkohol)	8	2,0	2,0
Bonbons (i. Durchschn.)	15	14,1	–
Nougat	10	5,3	3,5
Milchkaramellen	15	12,6	1,0

Tab. 62 Fortsetzung

Gemüse (Rohgewicht ohne Abfall)
Energiewerte: 25–35 kcal (85–125 kJ)

Sorten	Menge g	Kohlenhydrate g	Vitamin C mg
Tomaten	200	6,6	48
Rettich	150	5,8	15
Radieschen	150	5,3	15
Spargel	150	4,4	32
Bleichsellerie (Stangensellerie)	150	5,4	11
Chinakohl	200	3,9	72
Endivie	150	3,0	14
Feldsalat	100	2,9	35
Kopfsalat	200	4,0	26
Kresse	150	4,4	76
Chicoree	200	4,5	20
Gurke	250	3,3	3
Zucchetti	200	8,6	36

Energiewerte: 30–50 kcal (125–210 kJ)

Kohlrabi	150	6,7	80
Blumenkohl	150	5,9	105
Aubergine	200	9,3	10
Mangold	200	5,8	78
Rotkohl	150	11,9	100
Weißkohl	150	6,4	69
Sauerampfer	150	5,4	71
Spinat	200	6,9	104
Kürbis	150	8,2	18
Paprikaschoten	150	7,1	209
Sauerkraut	150	6,0	30

Energiewerte: 50–75 kcal (210–315 kJ)

Möhren (Karotten)	200	14,5	11
Porree (Lauch)	150	9,4	60
Rote Rüben	150	11,4	15
Schwarzwurzeln	100	16,3	4
Knollensellerie	150	10,1	12
Weiße Rüben (Navet)	200	13,4	40
Zwiebel	150	14,3	13
Artischocke	100	12,2	8
Broccoli	200	8,8	228
Fenchel	125	11,3	116
Grünkohl	150	7,7	158
Löwenzahnblätter	125	9,4	38
Rosenkohl	125	8,9	130
Wirsingkohl	200	8,7	90
Grüne Bohnen	200	10,0	39
Erbsen grün	75	9,5	19
Kohlrübe, Wruke	200	14,5	66
Pastinake	100	14,9	18

Tab. 62 Fortsetzung

Pilze
Energiewerte: 40–50 kcal (165–210 kJ)

Sorten	Menge g	Kohlenhydrate g	Vitamin C mg
Champignons	200	6,0	10
Pfifferlinge	200	6,0	12
Steinpilze	150	7,3	5
Speisemorchel	150	8,0	10

Hülsenfrüchte (Trockengewicht)
Energiewerte: 160–180 kcal (670–750 kJ)

Sorten	Menge g	Eiweiß g	Kohlenhydrate g
Bohnen weiß	50	10,6	28,8
Erbsen gelb	45	10,3	27,3
Kichererbsen	45	8,9	26,6
Linsen	50	11,7	28,1
Sojabohnen	40	14,8	10,7

Kartoffeln
Energiewerte: 160–180 kcal (670–750 kJ)

Sorten	Menge g	Eiweiß g	Kohlenhydrate g	Fett g
Kartoffeln roh, ohne Schale	200	4,1	37,0	–
Kartoffelchips (eßfertig)	30	1,6	14,0	11,8
Kartoffelpüree (Trockenflocken)	45	3,9	35,4	–
Bratkartoffeln	120	2,8	21,1	8,3
Schweizer Rösti	120	3,1	23,2	8,0
Kartoffelpuffer	80	3,2	18,1	8,0
Kartoffelsalat	125	3,0	25,0	5,5

Obst frisch (Menge ohne Abfall)
Energiewerte: 80–100 kcal (330–420 kJ)

Sorten	Menge g	Kohlenhydrate g	Vitamin C mg
Apfel	150	18,9	18
Birne	150	19,2	7
Aprikosen	150	18,5	14
Kirschen süß	125	18,9	19
Kirschen sauer	150	19,5	18
Mirabellen	125	19,4	9
Pfirsiche	200	21,0	19
Pflaumen	150	21,8	8
Brombeeren	200	17,2	34
Erdbeeren	250	18,7	160
Heidelbeeren	150	20,4	33
Himbeeren	250	20,2	63

Tab. 62 Fortsetzung

Sorten	Menge g	Kohlenhydrate g	Vitamin C mg
Johannisbeeren rot	200	19,3	72
Johannisbeeren schwarz	150	18,6	266
Stachelbeeren	200	17,5	70
Weintrauben	125	21,0	5
Ananas	150	19,8	30
Orange	175	21,0	88
Banane	100	23,3	12
Grapefruit	200	18,0	80
Mandarine	200	21,2	60
Melone	400	20,0	24

Trockenobst (Menge ohne Abfall)
Energiewerte: 80–100 kcal (330–420 kJ)

Sorten	Menge g	Kohlenhydrate g	Kalium (K) mg/mval
Apfel	30	19,4	187/ 4,9
Aprikosen	30	21,1	411/10,5
Datteln	30	22,0	195/ 5,0
Feigen	30	18,5	255/ 6,5
Pflaumen	30	20,8	247/ 6,3
Rosinen	30	19,3	189/ 4,8
Bananen	30	19,8	342/ 8,8

Exotische Früchte (Menge ohne Abfall)
Energiewerte: 60–80 kcal (250–330 kJ)

Sorten	Menge g	Kohlenhydrate g	Vitamin C mg
Avocado	30	(Fett: 6 g)	6
Cherimoya	100	18,0	20
Kaki	100	15,0	15
Litchi	100	16,0	30
Mango	125	18,8	81
Granatapfel	100	18,0	8
Kiwi	125	13,8	375
Guave	125	16,3	250
Papaya	200	18,0	120
Feige	100	18,0	5
Passionsfrucht	100	18,0	5
Kumquat (kleine Orange)	100	17,1	36

Getränke (alkoholfrei)
Energiewerte: 50–70 kcal (210–290 kJ)

Sorten	Menge ml	Kohlenhydrate g
Apfelsaft	150	17,4
Orangensaft ungesüßt	150	15,9
Grapefruitsaft	200	19,2

Tab. 62 Fortsetzung

Sorten	Menge ml	Kohlenhydrate g
Johannisbeersaft rot	125	15,0
Johannisbeersaft schwarz	125	16,3
Himbeersaft frisch	150	14,8
Holundersaft	150	11,3
Traubensaft	80	14,1
Himbeersirup	20	13,7
Zitronensaft frisch	225	17,8
Karottensaft	225	13,5
Tomatensaft	300	11,7
Colagetränke	150	16,5 (Koffein: 17,7 mg)
Ananassaft	125	13,8
Limonaden (i. Durchschn.)	125	15,0
Bitter Lemon	125	13,8
Tonic Water	200	14,0

Alkoholische Getränke
Energiewerte: 80–100 kcal (335–420 kJ)

Sorten	Menge g	Alkohol g	Kohlenhydrate g
Weißwein (i. Durchschn.)	125	10,5	
Rotwein (i. Durchschn.)	125	9,8	
Portwein (i. Durchschn.)	60	9,6	
Bordeaux	125	12,0	
Burgunder	125	12,0	
Sekt (i. Durchschn.)	100	8,9	
Champagner (i. Durchschn.)	100	10,0	
Apfelwein	200	10,0	
Cidre (französischer Apfelwein)	200	8,8	
Bier (i. Durchschn.)	200	5,2	
Malzbier	150	1,9	12,9
Erdbeerbowle	80	8,0	4,0
Feuerzangenbowle	60	6,3	13,5
Rotweinpunsch	60	7,2	7,8

Energiewerte: 50–70 kcal (210–290 kJ)

Sorten	Menge g	Alkohol g	Kohlenhydrate g
Cognac (i. Durchschn.)	20	7,0	
Obstwässer (i. Durchschn.)	20	10,0	
Calvados	20	7,0	
Gin	20	8,0	
Whisky (schottisch)	20	7,0	
Wodka	20	7,0	
Liköre (i. Durchschn.)	20	5,0	6,0
Grand Marnier, Cointreau	15	5,3	4,5
Eierlikör	20	3,0	4,0

Tab. 62 Fortsetzung

Partyhappen, „Snacks" Energiewerte: 35–50 kcal (145–210 kJ)

Sorten	Menge g	Eiweiß g	Fett g	Kohlenhydrate g
Studentenfutter	10	1	2	6
Cashewnüsse	8	1	3	3
Erdnüsse geröstet	6	2	3	1
Haselnüsse	6	1	4	1
Maronen	20	1	–	9
Mandeln	6	1	3	1
Paranüsse	5	1	3	1
Pistazien	6	1	3	1
Walnüsse	5	1	3	1
Trockenobst (i. Durchschn.)	15	–	–	10
Salzgurken	250	2	–	7
Oliven	30	–	4	1
Mixed Pickles	100	–	–	8
Ananas in Dosen	50	–	–	12
Eier	½ Ei	3	3	–
Käse (i. Durchschn.)	15	4	3	–
Wurst (i. Durchschn.)	10	1	3	–
Schinken gekocht	15	3	3	–
Schinken roh	10	2	3	–
Bündner Fleisch	15	6	1	–
Ölsardinen	20	5	3	–
Thunfisch in Öl	15	4	3	–
Krebsfleisch in Dosen	50	9	1	–
Kaviar	15	4	2	–
Hering in Gelee	20	3	3	–
Schillerlocken	15	3	4	–
Sardellenfilets	15	5	3	–
Spargel in Dosen	200	2	–	5
Radieschen	200	2	–	7
Tomaten	200	2	–	6
Pommes frites	10	–	2	5
Knäckebrot	10	1	–	8
Pumpernickel	20	1	–	10
Mischbrot	15	1	–	8
Mayonnaise 80% F.	5	–	4	–
Mayonnaise 50% F.	8	–	4	–

Tabelle 63 *Nahrungsmitteltabelle.* Die Angaben erfolgen jeweils für 100 g eines bestimmten Nahrungsmittels (aus *Souci, Fachmann, Kraut*: Die Zusammensetzung unserer Nahrungsmittel. Wiss. Verlagsgesellschaft, Stuttgart 1966 ff).

Inhaltsangabe:

Tab. 63 Fortsetzung

Nahrungsmittel in 100 g	Eiweiß g	Fett g	Kohlen-hydrate g	*Kilokalorien und Kilojoule* kcal (kJ)	*Mineralien* Na 1 mval = 1 mmol	Mg mval (1mmol = ½ mval)	K 1 mval = 1 mmol	Ca mval (1 mmol = ½ mval)	*Vitamine* A mg	B_1 mg	B_2 mg	C mg	D µg
Milch- und Milchprodukte													
Trinkmilch 3,5% F.	3,34	3,57	4,68	66 (276)	2,09	0,99	4,02	5,99	0,04	0,04	0,18	1,70	0,06
Magermilch	3,50	0,07	4,80	35 (146)	2,30	1,15	3,84	6,14		0,04	0,17	1,60	
Buttermilch	3,50	0,51	4,00	36 (151)	2,48	1,32	3,76	5,44	0,01	0,03	0,16	0,60	
Joghurt	3,88	3,75	4,63	70 (293)	2,09	0,99	4,02	5,99	0,04	0,04	0,18	1,00	0,06
Kondensmilch 7,5% F.i.T.	6,49	7,57	9,72	137 (573)	4,26	2,22	8,24	12,08	0,07	0,07	0,37	2,10	0,10
Sahne 28% F.	2,36	31,70	3,44	317 (1326)	1,47	0,82	2,86	3,99	0,33	0,03	0,15	1,00	1,10
Käse													
Emmentaler 45% F.i.T.	28,70	29,70	2,00	409 (1711)	19,57	2,88	2,74	50,90	0,39	0,05	0,34	0,50	1,10
Parmesankäse	35,60	25,80	3,47	410 (1716)	30,61	3,70	3,35	64,37	0,34	0,02	0,62		0,65
Gouda 45% F.i.T.	25,50	29,20	4,70	401 (1678)	37,78	2,30	1,94	40,92	0,26	0,03	0,20	1,00	1,25
Edamer 40% F.i.T.	26,10	23,40	2,22	341 (1427)	39,13	2,55	2,69	39,57	0,26	0,05	0,37		0,29
Camembert 45% F.i.T.	21,00	22,30	0,80	301 (1259)	42,41	1,40	2,81	18,96	0,42	0,05	0,60		0,28
Doppelrahm-frischkäse 60% F.i.T.	11,30	31,50	3,00	353 (1477)	16,31	0,59	2,42	3,94	0,37	0,05	0,23		0,28
Quark (mager)	13,50	0,25	4,10	77 (322)	1,74	0,98	2,42	4,59		0,04	0,30	0,70	
Schmelzkäse 45% F.i.T.	14,40	23,60	6,10	305 (1277)	54,78	2,30	1,66	27,30	0,55	0,03	0,38		3,15
Ei (Gesamtinhalt)	12,90	11,20	0,70	167 (699)	6,26	0,99	3,76	2,79	0,46	0,10	0,31		5,00
Eigelb	16,10	31,90	0,30	377 (1578)	2,22	1,32	3,53	6,99	2,23	0,29	0,40		8,70
Eiweiß	11,10	0,20	0,70	55 (230)	7,39	0,99	3,94	0,55		0,02	0,32		
Fette													
Butter	0,67	83,20	0,72	776 (3247)	0,22	0,25	0,41	0,65	0,78	0,01	0,02		1,30
Maiskeimöl		100,00		930 (3893)	0,04		0,03	0,75	0,07				
Olivenöl		99,60	0,20	927 (3880)	0,04	0,03	0,03	0,02	0,12				
Margarine	0,50	80,50	0,45	761 (3185)	3,30	0,08	0,18	0,50	0,70				4,00
Fleisch													
Hammelfleisch (Schlegel)	18,00	18,00		250 (1046)	3,39	1,32	9,72	0,50	0,25	0,16	0,22		
Hammelfleisch (Kotelett)	14,90	32,00		370 (1549)	3,91	1,15	8,83	0,45	0,25	0,13	0,18		

Kalbfleisch (Keule)	20,07	1,63		106 (444)	3,74	1,32	8,77	0,65		0,15	0,27		3,80
Kalbfleisch (Kotelett)	21,10	3,05		122 (511)	4,04	1,32	9,44	0,65		0,14	0,26		3,80
Kalbfleisch (Bries)	17,20	3,40		108 (452)	3,78	1,81	9,87	0,02		0,08	0,17	56,00	
Kalbfleisch (Herz)	15,90	5,06	0,96	122 (511)	4,52	2,07	6,77	0,80	0,01	0,55	1,00	5,40	
Kalbfleisch (Hirn)	10,10	7,60	0,50	118 (494)	6,87	1,23	7,16	0,60		0,16	0,26	23,00	
Kalbfleisch (Leber)	19,20	4,14	4,09	139 (582)	3,78	1,56	8,08	0,43	3,92	0,28	2,61	35,00	0,33
Kalbfleisch (Niere)	16,70	6,37	0,83	138 (578)	8,70	1,73	7,42	0,50	0,21	0,37	2,48	12,70	
Kalbfleisch (Zunge)	17,10	6,20		134 (561)	3,65	0,82	5,12	0,45		0,15	0,29	2,80	
Rindfleisch (Filet)	19,20	4,41		126 (527)	2,22	1,65	8,70	0,13	0,30	0,10	0,13		
Rindfleisch (Keule)	21,00	7,10		159 (665)	3,48	1,64	9,13	0,65		0,09	0,17		
Rindfleisch (Rostbeef)	20,60	10,20		188 (787)	3,22	1,89	8,75	0,60	0,01	0,09	0,16	1,00	
Rindfleisch (Herz)	16,80	6,00	0,56	133 (557)	4,70	1,40	7,32	0,46	0,01	0,51	0,91	5,50	
Rindfleisch (Hirn)	10,40	9,63		137 (573)	7,26	0,90	7,19	0,50		0,13	0,24	17,00	
Rindfleisch (Leber)	19,70	3,10	5,90	141 (590)	5,04	1,23	7,47	0,35	8,34	0,30	2,88	30,00	0,50
Rindfleisch (Niere)	16,60	5,14		122 (511)	10,22	1,64	6,27	0,55	0,33	0,30	2,26	11,00	
Rindfleisch (Zunge)	16,00	15,90	0,40	223 (933)	4,35	0,82	6,52	0,47		0,14	0,29		
Schweinefleisch (Bauch)	11,70	42,00		450 (1883)	2,57	1,15	4,02	0,04		0,35	0,10		
Schweinefleisch (Filet)	18,60	9,92		176 (737)	3,22	1,81	8,90	0,11		1,10	0,31		
Schweinefleisch (Schinkenstück)	16,90	22,90		292 (1222)	3,13	1,73	7,47	0,45		0,80	0,19		
Schweinefleisch (Kotelett)	16,40	24,50		305 (1276)	2,83	1,97	8,06	0,55		0,82	0,20		
Schweinefleisch (Herz)	16,90	4,80	0,40	122 (511)	3,48	1,23	6,57	1,75	0,01	0,46	1,06	5,30	
Schweinefleisch (Leber)	20,10	5,71	1,14	147 (615)	3,35	1,48	8,95	0,50	3,54	0,31	3,17	23,00	1,12
Schweinefleisch (Niere)	16,50	5,20	0,80	125 (523)	7,52	1,32	6,19	0,35	0,11	0,34	1,80	16,00	
Kaninchenfleisch i. Durchschn.	20,80	7,62	0,60	167 (699)	2,04	2,38	9,77	0,70		0,11	0,06	3,00	
Schinken, gekocht und gesalzen	21,40	12,80		216 (904)	41,97	1,97	6,90	0,74		0,61	0,21		
Schinken, roh, gesalzen und geräuchert	18,00	33,30		395 (1653)	110,00	1,64	6,34	0,50		0,55	0,21		
Speck, durchwachsen	9,10	65,00		658 (2754)	77,00	1,23	5,76	0,45		0,43	0,14		
Corned beef (deutsch)	21,70	6,00		153 (640)	36,22	2,38	3,35	1,65		0,03	0,10		
Gelatine	84,20	0,10		339 (1419)	1,39	2,33	0,56	0,55					
Wurstwaren													
Mettwurst	11,90	51,50		541 (2264)	47,39	0,74	5,45	0,65		0,20	0,15		

Tab. 63 Fortsetzung

Nahrungsmittel in 100 g	Eiweiß g	Fett g	Kohlenhydrate g	*Kilokalorien und Kilojoule* kcal (kJ)	*Mineralien* Na 1 mval = 1 mmol	Mg mval (1mmol = ½ mval)	K 1 mval = 1 mmol	Ca mval (1 mmol = ½ mval)	*Vitamine* A mg	B$_1$ mg	B$_2$ mg	C mg	D µg
Bierschinken	15,50	19,20		250 (1046)	32,74	1,48	6,68	0,75		0,31	0,19		
Salami (deutsch)	17,80	49,70		550 (2302)	54,78	0,82	7,73	1,75		0,18	0,20		
Mortadella	12,40	32,80		367 (1536)	29,04	0,74	5,30	2,10		0,10	0,15		
Wiener Würstchen	14,90	20,80		264 (1105)	40,91	1,07	5,22	0,65		0,10	0,12		
Fleischkäse (Leberkäse)	12,50	22,60	0,30	271 (1134)	26,04	1,40	7,65	0,20		0,04	0,15		
Gelbwurst	11,80	32,70	0,18	364 (1524)	27,83		7,29	0,99		0,10	0,12		
Leberwurst	12,40	41,20	0,88	449 (1879)	35,22	1,20	3,66	2,05	1,46	0,21	0,92		
Leberpastete	14,20	28,60		334 (1398)	32,09	1,23	4,43	0,50	0,95	0,03	0,60		
Geflügel													
Ente	18,10	17,20		243 (1017)	2,83	1,23	7,47	0,55		0,30	0,20	7,50	
Gans	15,70	31,00		364 (1524)	3,74	2,53	10,74	0,60	0,06	0,12	0,26		
Huhn	20,60	5,60		144 (603)	3,61	3,04	9,18	0,60	0,01	0,08	0,16	2,50	
Huhn (Brust)	22,80	0,90		109 (456)	2,87	2,22	6,75	0,70		0,70	0,90		
Huhn (Schlegel)	20,60	3,10		120 (502)	4,13	1,81	6,40	0,75		0,10	0,24		
Hühnerleber	22,10	4,70	1,20	147 (615)	2,96	0,99	5,58	0,90	11,60	0,32	2,49	28,00	1,25
Truthahn, jung	22,40	6,79		164 (686)	2,87	2,30	8,06	1,30		0,08	0,14		
Wild													
Hase	21,60	3,00		124 (519)	2,17		10,23	0,45		0,09	0,06		
Rehfleisch (Keule)	21,40	1,25		106 (444)	2,61	2,38	7,90	0,25		0,37	0,28		
Rehfleisch (Rücken)	22,40	3,55		133 (557)	3,65	2,38	8,75	1,25		0,37	0,28		
Fisch													
Heilbutt	20,10	2,29		110 (460)	2,91	2,30	11,48	0,70	0,03	0,08	0,07		5,00
Hering	18,20	14,90		222 (929)	5,09	2,55	9,21	1,70	0,04	0,04	0,22	0,50	31,00
Kabeljau (Dorsch)	17,70	0,40		82 (343)	3,13	2,05	9,10	1,19	0,01	0,06	0,05	2,00	1,30
Köhler (Seelachs)	18,30	0,78		88 (368)	3,53	1,89	9,57	0,70	0,01	0,08	0,35		
Makrele	18,70	11,90		195 (816)	4,13	2,55	10,12	0,59	0,10	0,13	0,36		1,00
Rotbarsch (Goldbarsch)	18,20	3,61		114 (477)	3,48	2,38	7,88	1,10	0,01	0,11	0,08	0,80	2,30

Schellfisch	17,90	0,12		79 (331)	5,04	1,97	7,70	0,90	0,01	0,05	0,17		
Scholle	17,10	0,80		82 (343)	4,52	2,55	7,96	3,04		0,21	0,22	1,50	
Thunfisch	21,50	15,50		242 (1013)	1,87			2,00	0,45	0,16	0,16		25,00
Aal	15,00	24,50		299 (1251)	2,83	1,73	5,55	0,85	0,98	0,18	0,32	1,80	76,00
Forelle	19,50	2,73		112 (469)	1,74	2,22	11,89	0,90	0,05	0,08	0,08		
Barsch	18,40	0,80		89 (373)	2,04	2,22	8,44	1,00	0,01	0,08	0,12		
Hecht	18,40	0,85		89 (373)	2,74	2,06	6,40	1,00	0,01	0,08	0,05		
Karpfen	18,90	4,80		125 (523)	2,00	1,23	7,83	1,45	0,04	0,07	0,05	1,00	
Lachs	19,90	13,60		217 (908)	2,22	2,38	9,49	0,65	0,06	0,17	0,17	1,00	16,30
Schleie	17,70	0,74		85 (356)	3,48	1,48	6,27	1,55		0,07	0,18	1,00	
Kaviar[2]	26,10	15,50		262 (1096)	84,35	1,81	4,20	2,54					
Garnele	18,60	1,44		96 (402)	6,35	5,51	6,80	4,59		0,05	0,03	1,90	
Hummer	15,90	1,90	0,30	89 (373)	11,74	2,78	5,63	3,04		0,13	0,08	5,00	
Miesmuscheln (Blaumuscheln)	9,84	1,34	3,92	72 (301)	12,87	2,96	7,09	1,35	0,05	0,16	0,22		
Fischdauerwaren													
Aal, geräuchert	17,90	28,60		351 (1469)	21,74	1,48	6,22	0,95	0,94	0,19	0,37		90,00
Bückling	21,20	15,50		240 (1004)	6.78	2,63	8,18	1,74	0,03	0,04	0,25		30,00
Salzhering	19,80	15,40		233 (975)	257,84	3,21	6,14	5,59	0,04	0,03	0,25		50,00
Sprotten, geräuchert	19,40	18,40		260 (1088)	34,13		15,09	84,83	0,15	0,02	0,40		32,00
Heringe, mariniert	16,50	16,00		225 (942)	44,78	0,99	2,51	1,90	0,04	0,05	0,21		13,00
Ölsardinen	24,10	13,90	1,27	240 (1005)	21,96	4,28	10,16	16,47	0,06	0,04	0,30		7,50
Thunfisch in Öl	23,80	20,90		304 (1272)	15,70	2,30	8,77	0,35	0,37	0,05	0,06		5,80
Stockfisch (Kabeljau getrocknet)	79,20	2,50		372 (1557)	21,74		38,37	2,99		0,08	0,11		
Lachs in Dosen	21,10	8,93		178 (745)	23,48	2,47	7,67	9,23	0,05	0,03	0,17		
Mehl und Mehlprodukte													
Mais (ganzes Korn)	9,20	3,80	71,00	375 (1570)	0,26	9,87	8,44	0,75	0,19	0,36	0,20		
Roggen (ganzes Korn)	11,60	1,70	69,00	359 (1503)	1,74	11,51	13,56	5,74		0,35	0,17		
Weizen (ganzes Korn)	11,70	2,00	69,30	363 (1519)	0,35	14,23	12,84	2,18		0,48	0,14		
Haferflocken	13,50	7,00	66,40	405 (1695)	0,22	11,43	8,57	2,69		0,59	0,15		
Reis unpoliert	7,40	2,20	75,40	371 (1553)	0,43	9,79	3,84	1,15		0,41	0,09		
Reis poliert	7,00	0,62	78,70	368 (1540)	0,26	1,07	2,63	0,30		0,06	0,03		
Hafergrütze	13,90	5,84	67,10	399 (1670)	0,28	5,84	7,88	3,34		0,60	0,22		
Weizengrieß	10,30	0,79	75,30	370 (1549)	0,04	2,63	2,86	0,85		0,12	0,03		
Hafermehl	14,90	7,15	65,80	410 (1716)	0,26	10,77	6,86	2,73		0,56	0,12		
Maismehl	8,95	2,82	73,60	376 (1574)	0,04	2,22	3,07	0,90	0,10	0,44	0,13		
Roggenmehl (Typ 1150)	8,96		75,10	356 (1490)	0,04	5,51	7,60	1,00		0,22	0,08		
Weizenmehl (Typ 550)	10,60	1,13	74,00	370 (1549)	0,13	2,06	3,22	0,80	0,09	0,11	0,08		
Kartoffelstärke	0,57	0,10	83,40	361 (1511)	0,33	0,34	0,38	1,75					
Reisstärke	0,76		85,00	361 (1511)	2,65	1,64	0,20	1,00					

Tab. 63 Fortsetzung

Nahrungsmittel in 100 g	Eiweiß g	Fett g	Kohlenhydrate g	*Kilokalorien und Kilojoule* kcal (kJ)	*Mineralien* Na 1 mval = 1 mmol	Mg mval (1mmol = ½ mval)	K 1 mval = 1 mmol	Ca mval (1 mmol = ½ mval)	*Vitamine* A mg	B1 mg	B2 mg	C mg	D µg
Tapiokastärke	0,58	0,24	86,10	366 (1532)	0,17	0,25	0,51	0,60			0,10		
Maisfrühstücksflocken	7,70	0,60	82,50	388 (1624)	39,78	1,40	3,56	0,65		0,43	0,05		
Weizenkeime	26,60	9,20	46,00	400 (1674)	0,22	27,63	21,41	3,44	0,20	2,01	0,72		
Weizenkleie	16,00	4,65	51,20	361 (1511)	0,09	48,52	35,56	2,15	0,02	0,65	0,51		
Eierteigwaren	13,30	2,78	71,90	3,89 (1628)	0,73	5,51	4,19	1,34	0,06	0,17	0,07		
Brot													
Roggenbrot	6,70	1,00	51,50	255 (1067)	24,01	2,88	4,32	1,44		0,18	0,11		
Roggenvollkornbrot	7,30	1,20	46,40	239 (1000)	18,44	3,70	7,44	2,15		0,18	0,15		
Brötchen	8,95	1,87	51,00	272 (1138)	24,05	2,46	2,81	1,34		0,09	0,03		
Weißbrot	8,20	1,20	50,10	259 (1084)	16,74	1,97	3,38	2,94		0,08	0,06		
Grahambrot (Weizenschrotbrot)	8,40	1,00	48,20	250 (1046)	16,09	3,45	5,35	2,50		0,21	0,11		
Knäckebrot	10,10	1,40	77,20	383 (1603)	20,13	5,59	11,15	2,74		0,20	0,18		
Pumpernickel	6,83	0,92	49,40	247 (1034)	16,09	6,58	8,65	2,74		0,23	0,14		
Steinmetzbrot (Mischbrot)	7,63	1,00	50,00	254 (1063)	18,26	10,03	7,03	1,30		0,20	0,08		
Zwieback (eifrei)	9,90	4,30	75,60	403 (1687)	11,44	1,32	4,09	2,10		0,16	0,08		
Gemüse													
Möhren	0,98	0,20	8,71	41 (172)	2,61	1,48	7,41	2,04	6,00	0,07	0,05	7,10	
Kartoffeln	2,05	0,11	18,50	87 (364)	0,14	2,06	11,33	0,47		0,11	0,05	17,00	
Kohlrabi	1,94	0,10	4,36	26 (109)	1,39	3,53	9,71	3,39	0,10	0,05	0,05	63,30	
Porree	2,24	0,34	6,27	38 (159)	0,22	1,48	5,76	4,34	0,18	0,10	0,06	30,00	
Meerrettich	2,80	0,30	15,30	76 (318)	0,39	2,71	14,71	5,24	0,01	0,14	0,11	114,00	
Radieschen	1,05	0,14	3,51	19 (80)	0,74	0,66	6,52	1,70	0,01	0,03	0,03	29,00	
Rote Rübe	1,53	0,10	7,58	37 (155)	3,74	0,12	8,59	1,45	0,01	0,02	0,04	10,00	
Schwarzwurzel	1,39	0,43	16,30	74 (310)	0,22	1,89	8,19	2,64	0,01	0,11	0,03	4,00	
Knollensellerie	1,55	0,33	7,37	38 (159)	3,35	0,76	8,21	3,39	0,01	0,03	0,07	8,00	
Spargel	1,90	0,14	2,90	20 (84)	0,17	1,44	5,30	1,05	0,02	0,11	0,12	21,00	
Zwiebel	1,25	0,25	9,55	45 (188)	0,39	0,66	4,48	1,55	0,01	0,03	0,02	8,00	
Artischocke	2,40	0,12	12,20	61 (255)	2,04	2,14	9,03	2,64	0,05	0,14	0,01	7,60	
Blumenkohl	2,46	0,28	3,93	28 (117)	0,70	1,40	8,39	1,00	0,02	0,11	0,10	69,80	
Broccoli	3,30	0,20	4,40	33 (138)	0,56	1,97	11,87	5,24	0,95	0,09	0,21	114,00	

Brunnenkresse	1,60	0,30	2,90	21	(88)	0,52	2,80	7,06	8,98	1,34	0,08	0,17	51,00	
Endivie	1,75	0,20	2,05	17	(71)	2,30	1,07	8,85	2,69	0,57	0,05	0,12	9,40	
Aubergine	1,24	0,18	4,63	25	(105)	0,27	0,90	6,80	0,65	0,02	0,04	0,05	5,00	
Feldsalat	1,84	0,36	2,85	22	(92)	0,17	1,05	10,77	1,75	2,00	0,07	0,08	35,00	
Grünkohl	4,30	0,90	5,10	45	(193)	1,83	2,55	12,53	10,58	2,05	0,10	0,25	105,00	
Kopfsalat	1,25	0,22	2,17	16	(67)	0,43	0,90	5,73	1,85	0,40	0,06	0,08	13,00	
Chicorée	1,30	0,18	2,27	16	(67)	0,19	1,07	4,91	1,27	0,65	0,05	0,03	10,20	
Mangold	2,13	0,28	2,89	23	(96)	3,91	5,35	9,62	5,14	1,75	0,09	0,16	39,00	
Rhabarber	0,60	0,14	3,30	18	(75)	0,09	1,07	6,91	2,59	0,04	0,03	0,03	10,00	
Rosenkohl	4,45	0,50	7,20	54	(226)	0,30	1,81	10,50	1,54	0,20	0,11	0,14	114,00	
Rotkohl	1,50	0,18	4,75	27	(113)	0,17	1,48	6,80	1,75	0,02	0,06	0,05	50,00	
Spinat	2,52	0,30	3,43	26	(109)	2,83	4,77	16,19	6,29	2,10	0,11	0,23	52,00	
Weißkohl	1,37	0,20	4,24	24	(105)	0,57	1,89	5,81	2,30	0,02	0,04	0,04	45,80	
Wirsingkohl	2,95	0,38	4,37	33	(138)	0,39	0,99	7,21	2,35	0,02	0,05	0,05	45,00	
Gurke	0,60	0,20	1,30	9	(41)	0,39	0,66	3,61	0,75	0,09	0,01	0,03	7,50	
Kürbis	1,10	0,13	5,46	28	(117)	0,04	0,66	9,80	1,10	0,48	0,04	0,06	9,00	
Paprikaschoten	1,17	0,33	4,73	28	(117)	0,08	0,99	5,42	0,56	0,30	0,06	0,05	139,00	
Tomate	0,95	0,21	3,28	18	(75)	0,27	1,64	7,60	0,70	0,41	0,05	0,03	24,20	
Bohnen, grün	2,39	0,24	5,09	34	(142)	0,08	2,05	6,34	2,84	0,16	0,08	0,12	20,00	
Bohnen, weiß	21,30	1,60	57,60	352	(1473)	0,09	10,86	33,51	5,29	0,07	0,46	0,16	2,50	
Erbsen, grün	6,55	0,48	12,60	87	(364)	0,09	2,71	7,78	1,20	0,19	0,30	0,16	25,00	
Erbsen, reif, geschält	22,90	1,44	58,90	362	(1515)	1,13	9,54	23,90	2,54	0,04	0,76	0,27	1,60	
Linsen, getrocknet	23,50	1,40	56,20	354	(1482)	0,17	6,33	20,72	3,69	0,05	0,43	0,26	3,00	
Sojamehl, vollfett	37,30	20,60	26,40	469	(1963)	0,17	19,33	47,83	9,73	0,04	0,77	0,28		
Petersilie (Blatt)	4,43	0,36	9,82	61	(255)	1,43	3,37	25,58	12,23	3,60	0,14	0,30	166,00	
Schnittlauch	3,58	0,74	8,36	55	(230)	0,13	3,62	11,10	8,33	0,15	0,14	0,15	47,00	
Erbsen, grün, in Dosen	5,20	0,43	12,40	79	(331)	9,17	2,22	3,45	1,45	0,18	0,12	0,07	9,60	
Möhren in Dosen	0,58	0,33	6,09	29	(124)	2,65	0,41	3,58	1,20	3,64	0,02	0,02	2,50	
Spargel in Dosen	1,90	0,30	2,30	19	(80)	15,44	1,23	2,66	0,85	0,18	0,06	0,08	15,00	
Tomaten in Dosen	1,15	0,20	3,60	20	(87)	0,39	1,10	5,88	1,25	0,30	0,06	0,02	16,50	
Tomatenmark	2,30	0,50	9,00	49	(205)	25,65	1,65	29,67	2,99	0,62	0,09	0,05	9,00	
Sauerkraut (abgetropft)	1,52	0,31	3,98	26	(109)	15,44	0,58	7,37	2,40	0,01	0,02	0,05	20,00	
Pilze														
Champignon	2,74	0,24	3,00	24	(100)	0,35	1,07	10,79	0,40		0,10	0,44	5,00	1,94
Pfifferlinge	1,52	0,49	3,00	22	(92)	0,13	1,10	12,97	0,40		0,02	0,23	6,00	8,25
Steinpilze	2,77	0,40	4,84	33	(138)	0,26	1,23	12,43	0,45		0,03	0,37	2,50	8,30
Obst														
Apfel	0,34	0,40	12,60	55	(230)	0,13	0,53	3,68	0,35	0,02	0,04	0,03	12,00	

Tab. 63 Fortsetzung

Nahrungsmittel in 100 g	Eiweiß g	Fett g	Kohlenhydrate g	*Kilokalorien und Kilojoule* kcal (kJ)	*Mineralien* Na 1 mval = 1 mmol	Mg mval (1mmol = ½ mval)	K 1 mval = 1 mmol	Ca mval (1 mmol = ½ mval)	*Vitamine* A mg	B_1 mg	B_2 mg	C mg	D µg
Birne	0,47	0,29	12,80	56 (234)	0,09	0,64	3,22	0,50	0,02	0,03	0,04	4,60	
Quitte	0,42	0,50	15,50	68 (285)	0,09	0,66	5,14	0,51	0,01	0,03	0,03	13,00	
Aprikosen	0,90	0,13	12,30	54 (226)	0,09	0,76	7,11	0,80	0,09	0,04	0,05	9,40	
Kirschen, süß	0,90	0,36	15,10	67 (280)	0,12	0,90	5,86	0,84	0,04	0,04	0,04	15,00	
Kirschen, sauer	0,90	0,50	13,00	60 (251)	0,09	0,66	2,92	0,90	0,02			12,00	
Mirabellen	0,73	0,20	15,50	67 (280)	0,03	1,23	5,88	0,60	0,05	0,07	0,02	7,20	
Pfirsiche	0,76	0,11	10,50	46 (193)	0,06	0,76	5,24	0,39	0,22	0,03	0,05	9,50	
Pflaumen	0,60	0,17	14,50	62 (260)	0,07	0,82	5,65	0,69	0,11	0,07	0,04	5,40	
Reineclaude	0,79	0,10	17,30	72 (301)	0,03	0,79	6,22	0,66	0,09	0,07	0,04	5,80	
Brombeeren	1,20	1,00	8,60	48 (201)	0,13	1,97	4,83	1,45	0,13	0,03	0,04	17,00	
Erdbeeren	0,82	0,40	7,48	37 (155)	0,11	1,23	3,76	1,30	0,25	0,03	0,05	64,00	
Heidelbeeren	0,60	0,60	13,60	62 (260)	0,04	0,20	1,66	0,50	0,07	0,02	0,02	22,00	
Himbeeren	1,30	0,30	8,07	40 (167)	0,13	2,74	4,35	2,00	0,05	0,02	0,05	25,00	
Holunderbeeren	2,53	0,50	9,10	46 (193)	0,02		7,80	1,75	0,18	0,06	0,07	18,00	
Johannisbeeren, rot	1,13	0,20	9,66	45 (188)	0,06	1,07	6,08	1,45	0,02	0,04	0,03	36,00	
Johannisbeeren, schwarz	1,28	0,22	12,40	57 (239)	0,07	1,40	7,93	2,30	0,07	0,05	0,04	177,00	
Preiselbeeren	0,28	0,53	9,90	46 (193)	0,09	0,45	1,83	0,70	0,01	0,01	0,02	12,00	
Stachelbeeren	0,80	0,15	8,77	44 (184)	0,07	1,23	5,19	1,45	0,10	0,01	0,01	35,00	
Weintrauben	0,68	0,28	16,80	72 (301)	0,08	0,76	4,91	0,90	0,03	0,05	0,03	4,20	
Ananas	0,46	0,15	13,20	56 (234)	0,09	1,40	4,43	0,80	0,03	0,08	0,03	20,00	
Apfelsine	1,00	0,20	12,00	54 (226)	0,06	1,15	4,53	2,10	0,05	0,08	0,04	50,00	
Banane	1,15	0,18	23,30	99 (414)	0,04	2,96	10,05	0,43	0,06	0,04	0,06	12,00	
Grapefruit	0,60	0,15	9,50	42 (176)	0,06	0,82	4,60	0,89	0,01	0,05	0,02	44,00	
Mandarine	0,70	0,30	10,60	48 (201)	0,05	0,90	5,37	1,65	0,17	0,06	0,03	30,00	
Wassermelone	0,60	0,20	5,00	24 (100)	0,04	0,24	4,04	0,52	0,18	0,04	0,05	6,00	
Nüsse													
Erdnüsse (geröstet und geschält)	26,40	49,40	17,60	650 (2721)	0,25	14,97	19,88	3,24		0,25	0,14		
Haselnüsse	14,10	61,60	13,70	694 (2905)	0,09	12,83	16,27	11,28	0,01	0,39	0,21	3,00	
Edelkastanien	2,92	1,90	42,80	211 (883)	0,07	3,70	18,09	1,65	0,01	0,20	0,21	27,00	
Kokosnuß	3,92	36,50	10,30	399 (1670)	1,52	3,21	9,69	1,00		0,06	0,08	2,00	
Mandeln, süß	18,30	54,10	16,00	651 (2725)	0,13	13,98	21,36	12,57	0,06	0,22	0,62	0,80	

Paranüsse	14,00	66,80	7,27	714 (2988)	0,09	13,16	16,47	6,34		1,00	0,03	2,00
Walnüsse	14,40	62,50	14,20	705 (2951)	0,10	10,61	13,92	4,34	0,02	0,34	0,12	2,60
Trockenobst												
Aprikosen	5,00	0,50	70,20	306 (1281)	0,48	4,11	35,04	4,09	2,31	0,01	0,11	11,00
Datteln	1,85	0,53	73,20	305 (1277)	1,52	4,11	16,63	3,14	0,02	0,03	0,07	3,00
Feigen	3,54	1,30	61,50	272 (1138)	1,74	5,76	21,74	9,63	0,02	0,12	0,08	2,50
Pfirsiche	3,00	0,60	65,90	282 (1180)	0,39	3,95	34,27	2,20	0,25	0,01	0,20	16,70
Pflaumen	2,30	0,60	69,40	293 (1226)	0,35	2,63	21,08	2,05	0,34	0,15	0,12	4,00
Weinbeeren (Rosinen)	2,25	0,50	64,20	271 (1134)	6,26	5,35	16,12	1,55	0,02	0,12	0,05	1,00
Obstkonserven												
Pfirsiche	0,42	0,06	18,80	77 (322)	1,09	0,44	3,33	0,19	0,13	0,01	0,02	4,00
Pflaumen	0,48	0,11	22,10	91 (381)	0,50	0,41	3,02	0,51	0,07	0,02	0,02	1,50
Oliven, grün (mariniert)	1,38	13,90	2,92	146 (611)	91,31	1,81	1,10	4,79	0,05	0,03	0,08	
Obstsäfte												
Apfelsaft	0,07		11,60	46 (193)	0,09	0,35	2,97	0,34	0,02	0,02	0,03	1,40
Traubensaft	0,21		17,60	71 (297)	0,11	0,72	3,79	0,65	0,01	0,03	0,02	1,70
Apfelsinensaft frisch	0,65	0,18	10,60	46 (193)	0,04	0,99	4,02	0,55	0,04	0,09	0,03	54,00
Grapefruitsaft frisch	0,55	0,10	9,22	40 (167)	0,05	0,74	3,63	0,47		0,04	0,02	43,00
Zitronensaft frisch	0,40	0,10	8,16	25 (105)	0,04	0,82	3,52	0,54	0,02	0,04	0,01	53,00
Gemüsesäfte												
Karottensaft	0,63		6,00	27 (113)	2,26		5,60	1,35	1,31			4,00
Tomatensaft (ungesalzen)	0,76	0,05	4,27	20 (83)	0,22	0,78	6,03	0,74	0,27	0,06	0,03	14,80
Rote-Rüben-Saft	1,08		9,53	42 (176)	8,70		6,19	0,10				3,00
Süßigkeiten												
Blütenhonig	0,38		80,80	305 (1277)	0,30	0,45	1,20	0,22		0,03	0,05	2,40
Zucker (Rohr- oder Rübenzucker)			99,80	394 (1649)	0,01	0,01	0,05	0,05				
Marzipan	8,00	18,00	64,30	457 (1913)	0,22		5,35	2,15		0,10		
Kakaopulver (entölt)	19,80	24,50	37,90	472 (1976)	1,61	34,05	49,11	5,69		0,09	0,11	
Vollmilchschokolade	9,10	32,80	54,70	563 (2356)	2,52	8,55	10,74	10,68	0,04	0,08	0,39	
Verschiedenes												
Kaffee (geröstet), Pulver[1]	13,30	12,80	47,20	371 (1552)	0,16	16,53	44,25	7,29				
Tee (Schwarzer Tee), getrocknet[1]	26,00	5,10	44,40	342 (1431)	0,26	15,13	45,79	15,07				

Tab. 63 Fortsetzung

Nahrungsmittel in 100 g	Eiweiß g	Fett g	Kohlenhydrate g	*Kilokalorien und Kilojoule* kcal (kJ)	*Mineralien* Na 1 mval = 1 mmol	Mg mval (1mmol = ½ mval)	K 1 mval = 1 mmol	Ca mval (1 mmol = ½ mval)	*Vitamine* A mg	B_1 mg	B_2 mg	C mg	D µg
Bäckerhefe, gepreßt	16,70	1,18	6,72	102 (427)	1,48	4,85	16,60	1,40		1,43	2,31		
Tomatenketchup	2,00	0,40	24,10	107 (448)	56,52	1,72	20,46	0,60		0,06	0,06	11,00	
Alkohol													
Whisky (Scotch)[2]		35,00		245 (1025)	0,04		0,02						
Portwein[2]		15,00	14,00	161 (674)	0,17	0,82	1,92	0,25					
Rum (i. Durchschn.)[2]		35,10		246 (1030)	0,09		0,08						
Bier (i. Durchschn.)[2]		3,50	4,00	47 (197)	0,22		0,97	0,20					
Most (i. Durchschn.)[2]		5,20	1,00	40 (167)	0,30		1,84						

[1] Kaffee und Tee aufgebrüht,100 g trinkfertig, ca. 2–5 Kilokalorien (8,4–21 kJ).

[2] Wert nach „*Documenta Geigy*" Ernährungstabelle (revidierte Ausgabe 1975), Selbstverlag Basel. Der kalorische Wert bei alkoholischen Getränken resultiert aus dem in der Tab. nicht angeführten Anteil an Alkoholkalorien.

Sonstige Tabellenberechnung aus *Souci, Fachmann, Kraut*: Die Zusammensetzung unserer Nahrungsmittel, Wiss. Verlagsgesellschaft, Stuttgart; Tables Randoin, Paris; Nahrungsmitteltabellen, Schall, Leipzig.

Tabelle 64 *Gewürze,* die bei Voll- und Schonkost erlaubt sind.

bei Vollkost erlaubt	bei Schonkost erlaubt
Frische Kräuter und Suppengrün	
Borretsch	Basilikum
Basilikum	Bohnenkraut
Bohnenkraut / Beifuß	Beifuß
Dill / Estragon	Dill
Karotten	Estragon
Knoblauch	Karotten
Liebstöckel	Liebstöckel
Petersilie / Porrée	Petersilie
Rosmarin / Salbei	Rosmarin
Sellerie	Salbei
Schnittlauch	Sellerie
Thymian	Thymian
Zitronenmelisse	Zitronenmelisse
Zwiebel	
Getrocknete in- und ausländische Gewürze[1]	
Curry	Curry
Gewürznelken	Gewürznelken
Ingwer, ganz und gemahlen	Ingwer
Knoblauch, Puder	Lorbeerblätter
Kümmel	Majoran
Lorbeerblätter	Muskatnuß, gemahlen
Majoran	Paprika, gemahlen (nur in Spuren)
Muskatnuß, gemahlen	Pfeffer, gemahlen (nur in Spuren)
Paprika, gemahlen	Thymian, gemahlen
Pfeffer, gemahlen und Körner	Vanillestangen
Pfefferschote	Wacholderbeeren
Senf, gemahlen	Zimt (Stange und gemahlen)
Thymian, gemahlen	
Vanillestangen	
Wacholderbeeren	
Zimt (Stange und gemahlen)	
Zwiebelpuder	
Säuerliche Würzmittel, Süßmittel[1]	
Kräuteressig	Kräuteressig
Weinessig	Weinessig
Zitrone (Saft und Schale)	Zitrone (Saft und Schale)
Saccharin	Saccharin

[1] zum Würzen in kleinen Mengen frei verwendbar

Erläuterungen zu den Maßangaben

Der Erfolg einer Abmagerungsdiät hängt davon ab, die tägliche Nahrung *konsequent* einzuschränken. Leider ist dies ohne genaues Abwiegen nicht möglich. (Bereits 1 Teelöffel Öl enthält ca. 20 Kilokalorien bzw. 84 Kilojoule.)

Ohne Fleiß kein Preis,
ohne Waage keine Gewichtsabnahme

Wir wissen, wie unangenehm diese Bitte ist. Nach kurzer Zeit gewinnt man erfahrungsgemäß aber solche Übung, daß die Herstellung der Diät nicht mehr lästig wirkt. *Denken Sie stets daran, wie wichtig der Erfolg dieser Kur für Ihre Gesundheit ist.* Um das Abwiegen so weit wie möglich zu erleichtern, gibt Tab. 65 einige praktische, küchentechnische Hinweise. Aber unsere Vergleiche sind ungenau, da weder Teller, Tassen noch Geschirr einheitlich hergestellt sind. Man kann Tab. 65 nur gebrauchen, wenn sich der Betreffende überzeugt hat, ob unsere Angaben mit seiner Geschirrform übereinstimmen. Zur Not empfehlen wir, die Angaben sinngemäß abzuändern.

Tabelle 65 *Maßtabelle mit praktischen küchentechnischen Hinweisen.*

Nahrungsmittel	Menge	entspricht ca.
Bienenhonig	10 g	= 1 Teelöffel
Bohnenkaffee	10 g	= 60 Bohnen oder ca. 2 Teelöffel gemahlen
Gelatine	2 g	= 1 Blatt
	3 g	= 1½ Blatt
Kochsalz	0,25 g	= 1 kleine Prise
	0,50 g	= 1 Prise
	1,00 g	= 1 kleine Messerspitze
	1,50 g	= 1 Messerspitze
Maizena	5 g	= 1 Teelöffel (leicht gehäuft)
Malzkaffee	5 g	= 1 Teelöffel gehäuft
Marmelade	10 g	= 1 Teelöffel
Mehl	2 g	= ¼ Teelöffel gestrichen
	3 g	= ½ Teelöffel gestrichen
	5 g	= 1 Teelöffel gestrichen

Tabelle 65 Fortsetzung

Nahrungsmittel	Menge	entspricht ca.
Milch	10 g	= 2 Teelöffel
Öl	1 g	= ½ Teelöffel
	2 g	= 1 Teelöffel
	3 g	= 1½ Teelöffel
	4 g	= 2 Teelöffel
	5 g	= 2½ Teelöffel
	7 g	= 3½ Teelöffel
	10 g	= 5 Teelöffel
Rotwein	10 g	= 2 Teelöffel
Sahne	10 g	= 1 Eßlöffel
Salate	30–50 g	= 1 kleiner Glasteller
Tee (schwarz)	1 g	= 1 Teelöffel
Weißwein	10 g	= 2 Teelöffel
Joghurt	180–200 g	= 1 Becher
	150 g	= ¾ Becher
	90–100 g	= ½ Becher
Zucker	5 g	= 1 Teelöffel gestrichen
	10 g	= 2 Teelöffel gestrichen
Vollkornbrot	100 g	= 2 Scheiben
Knäckebrot	100 g	= 10 Scheiben

Inhalt eines Suppentellers	ca. 250 g (ml)
Inhalt einer Tasse	ca. 150 g (ml)
Inhalt eines Weinglases	ca. 90 g (ml)
Inhalt eines Wasserglases	ca. 150 g (ml)
Inhalt eines Teelöffels Milch oder Wasser	ca. 5 g (ml)
Inhalt eines Eßlöffels Milch oder Wasser	ca. 15 g (ml)

Tabelle 66 *Erläuterungen zu Maßangaben in den Tageskarten.*

1 mval = Milliäquivalent (Äquivalentgewicht in mg)
1 mg = 1 Milligramm
1 g = 1 Gramm
1 ccm = 1 Kubikzentimeter (= 1 cm^3 = 1 ml)
Na^+ (Natrium) 1 mval = 1 mmol = 23 mg
Cl^- (Chlorid) 1 mval = 1 mmol = 35,5 mg
K^+ (Kalium) 1 mval = 1 mmol = 39 mg
Ca^{2+} (Calcium) 1 mval = 0,5 mmol = 20 mg
NaCl = Kochsalz (58,5 mg = 1 mval [mmol] Na^+ + 1 mval [mmol] Cl^-)
1 g NaCl = 17,11 mval (mmol) Na^+ und 17,11 mval (mmol) Cl^-
2 g NaCl = 34,22 mval (mmol) Na^+ und 34,22 mval (mmol) Cl^- usw.
Vitamin A und D wird in IE (Internationale Einheiten) berechnet
1 BE = 1 Broteinheit (= 12 g Kohlenhydrate)

Kostanweisungen

Die erwünschten Mahlzeiten lassen sich leicht an Hand des *Sachregisters für Nahrungsmittel* auf Seite 324 ermitteln.
Die Abmagerungskur ist *nur von Erfolg,* wenn die Kostvorschläge konsequent eingehalten werden und keinerlei Nahrung, Süßigkeiten, Alkoholien, *auch kein Obst* zusätzlich verzehrt werden. Die Mahlzeiten der einzelnen Tageskarten lassen sich *nicht untereinander* austauschen, da sonst die gesamten ernährungsphysiologischen Berechnungen hinfällig werden und der Erfolg der Abmagerungskur in Frage gestellt ist.
Schonkost-Tagesmenükarten für Magen-, Darm-, Leber-, Galle-, Herz- und Zuckerkranke beginnen auf S. 178.
Bei Verwendung von *teflonbeschichteten Pfannen* oder *Edelstahlpfannen* (AMC-Geräte) (Gebrauch ohne Fett möglich) kann der Kaloriengehalt der Gerichte noch reduziert werden (s. S. 123). Mikrowellengeräte haben den gleichen Effekt.
Vergessen Sie nicht, *täglich ein Multivitamin-Mineralpräparat* zu nehmen (s. S. 104).
Wenn Sie anstelle normaler Butter oder Margarine *„fettarme Margarine“* oder *„fettarme Butter“* (s. S. 77) als *Brotaufstrich* nehmen, sparen Sie weitere Kalorien (nicht zum Braten oder Backen geeignet).

Kurzer Hinweis für den Rezeptteil

Schonkost (auch für Magen-, Darm-, Leber-, Galle-, Herz- und Zuckerkranke)

Vollkost

Schlemmerkarten (Vollkost)

Durchschnittliche Nahrungsmittelmenge pro Tag bei einer Schonkost von 800 kcal (≈ 3350 kJ)

Nahrungsmittel	Menge g	Eiweiß g	Fett g	Kohlenhydrate g	Kilokalorien kcal	Kilojoule kJ
Milch oder Joghurt	100	3,5	3,5	4,7	66	276
Magermilchpulver	10	3,5	0,1	5,2	37	155
Magerquark	75	10,1	0,2	3,1	58	243
Käse bis 20% F. i. Tr.	25	7,4	2,7	0,8	61	255
Speiseöl (hochwertig)	5	–	5,0	–	47	197
Butter oder hochwertige Margarine	5	–	4,2	–	38	159
Fleisch sehr mager	100	19,2	4,4	–	126	528
Brot (vorzugsweise dunkle Sorten)	70	5,9	0,7	33,7	175	733
Zwieback oder trockene Kekse	5	0,5	0,2	3,8	20	84
Frischobst oder reine Säfte	200	1,6	–	23,0	104	435
Gemüse frisch	200	3,4	–	12,6	68	285
Salat	100	1,8	–	2,6	20	84
Gesamtzufuhr	895	56,9 29%	21,0 25%	89,5 46%	820	3434

Durchschnittswerte der Stoffzufuhr pro Woche bei einer Schonkost von 800 kcal (≈ 3350 kJ)

	Eiweiß g	Fett g	Kohlen-hydrate g	Kilo-kalorien kcal	Kilojoule kJ
1. Woche	57 29%	21 25%	90 46%	810	3391
2. Woche	57 29%	21 25%	89 46%	810	3391

	Natrium Na mval (mmol)	Chlor Cl mval (mmol)	Kalium K mval (mmol)	Ma-gnesium Mg mval (mmol)	Kalzium Ca mval (mmol)	Phosphor P g (mmol)	Eisen Fe mg (mmol)
1. Woche	38	34	68	16 (8,0)	32 (16,0)	1,00 (32,3)	15,27 (0,273)
2. Woche	43	40	77	19 (9,5)	32 (16,0)	0,93 (30,0)	12,57 (0,225)

	Mangan Mn mg (μmol)	Kobalt Co μg (μmol)	Kupfer Cu mg (μmol)	Zink Zn mg (μmol)	Fluor F mg (μmol)	Jod J mg (μmol)
1. Woche	2,52 (45,9)	215,70 (3,66)	2,25 (35,4)	6,76 (103,4)	0,65 (34,2)	0,07 (0,55)
2. Woche	2,74 (49,9)	57,70 (0,98)	1,77 (27,9)	6,17 (94,4)	0,67 (35,3)	0,06 (0,47)

	Vitamin A mg (μmol)	Vitamin B_1 mg (μmol)	Vitamin B_2 mg (μmol)	Vitamin C mg (mmol)	Vitamin D IE
1. Woche	3,12 (10,9)	0,96 (2,85)	1,78 (4,73)	163 (0,93)	58
2. Woche	5,01 (17,5)	0,97 (2,88)	1,33 (3,53)	234 (1,33)	118

	Cholesterin mg (mmol)	Polyenfettsäuren g
1. Woche	150 (0,39)	4,30
2. Woche	177 (0,46)	5,08

Reduktionskost zu 800 kcal (≈ 3350 kJ) Schonkost

Frühstück

Kaffee oder Tee, 10 g Magermilchpulver, 40 g Brot (vorzugsweise Vollkornbrotsorten), 50 g Magerquark, 50 g Tomate.

Mittagessen

Geflügeleintopf: 80 g Hühnerfleisch (Gewicht ohne Knochen), 150 g Spargel, je 20 g Möhren, Lauch und Knollensellerie, 5 g Margarine oder Butter, gehackte Petersilie, Salz, Muskat, Paprika. – Fleisch und Gemüse kleinschneiden und zusammen mit Wasser aufsetzen, würzen und garen lassen, mit gehackter Petersilie anrichten.

Kopfsalat: 50 g Salatblätter, Salatsoße: 2 g Öl, Essig oder Zitronensaft, Salz, Gewürze und Kräuter.

Bratapfel: 125 g Apfel (Gewicht ohne Kernhaus), etwas Zitronensaft, evtl. Süßstoff. – Apfel kreuzweise einritzen, mit Zitronensaft beträufeln und mit etwas Süßstoff süßen. Im Ofen garen.

Nachmittag

Kaffee oder Tee, 5 g Kondensmilch (7,5% F.), 5 g Knäckebrot.

Abendessen

Kaltes Roastbeef: 60 g in feine Scheiben aufgeschnitten.

Radieschen: 150 g mit dem Roastbeef zusammen anrichten.

Brot: 20 g (vorzugsweise Vollkornbrotsorten).

Butter: 5 g.

Obstsalat: 125 g frische Früchte (außer Weintrauben und Bananen) zerkleinern und mit Zitronensaft abschmecken.

Getränk: ungesüßter Tee oder Mineralwasser.

Tageszufuhren: Eiweiß = 56 g, Fett = 21 g, Kohlenhydrate = 91 g, Kalorien = 797 kcal, Joule = 3337 kJ, Na = 19 mval (mmol), Cl = 22 mval (mmol), K = 63 mval (mmol), Mg = 15 mval (7,5 mmol), Ca = 23 mval (11,5 mmol), P = 0,83 g (26,8 mmol), Fe = 11,7 mg (0,21 mmol), Mn = 2,9 mg (52,8 μmol), Co = 85,3 μg (1,45 μmol), Cu = 1,3 mg (20,5 μmol), Zn = 5,3 mg (81,1 μmol), F = 0,77 mg (40,5 μmol), J = 45,5 μg (0,36 μmol). Vitamine: A = 2,20 mg (7,68 μmol), B_1 = 1,17 mg (3,17 μmol), B_2 = 1,64 mg (4,36 μmol), C = 170 mg (0,96 mmol), D = 11 IE. Cholesterin = 90 mg (0,23 mmol), Polyenfettsäuren = 3,29 g.

Reduktionskost zu 800 kcal (≈ 3350 kJ) Schonkost

Frühstück

Kaffee oder Tee, 10 g Magermilchpulver, 40 g Brot (vorzugsweise Vollkornbrotsorten), 25 g Harzer Käse, 100 g grüne Gurke.

Mittagessen

Schweinefilet garniert: 80 g Schweinefilet, 50 g Champignons, 2 g Öl, Salz, eine Spur Pfeffer, Lorbeerblatt, etwas gehackte Petersilie. – Filet in Öl anbraten, würzen, Champignons hinzufügen und zusammen garen lassen. Mit gehackter Petersilie bestreut anrichten.

Grüne Bohnen: 200 g grüne Bohnen, Salz, Muskat. – Bohnen in wenig Wasser garen.

Endiviensalat: 50 g Endiviensalat, Salatsoße: 2 g Öl, Essig oder Zitronensaft, Salz, Gewürze und Kräuter.

Grapefruit: 230 g (Gewicht mit Schale).

Nachmittag

Kaffee oder Tee, 5 g Kondensmilch (7,5% F.), 5 g Biskuitplätzchen.

Abendessen

Bündner Fleisch: 20 g in sehr feine Scheiben aufgeschnitten.

Gemischter Salat: 150 g gekochte rote Rüben, 30 g Feldsalat, Salatsoße: 2 g Öl, Essig oder Zitronensaft, Gewürze und Kräuter. – Rote Rüben in Scheiben oder Stifte schneiden und mit der Salatsoße anmachen, durchziehen lassen und auf dem Feldsalat anrichten.

Brot: 20 g (vorzugsweise Vollkornbrotsorten).

Joghurt: 125 g (1,5% F.).

Getränk: ungesüßter Tee oder Mineralwasser.

Tageszufuhren: Eiweiß = 56 g, Fett = 22 g, Kohlenhydrate = 89 g, Kalorien = 811 kcal, Joule = 3395 kJ, Na = 61 mval (mmol), Cl = 52 mval (mmol), K = 75 mval (mmol), Mg = 17 mval (8,5 mmol), Ca = 30 mval (15,0 mmol), P = 0,96 g (31,0 mmol), Fe = 12,9 mg (0,23 mmol), Mn = 3,6 mg (65,5 µmol), Co = 1,1 mg (18,7 µmol), Cu = 1,6 mg (25,2 µmol), Zn = 5,8 mg (89,7 µmol), F = 0,59 mg (31,1 µmol), J = 48 µg (0,38 µmol). Vitamine: A = 1,37 mg (4,78 µmol), B_1 = 1,48 mg (4,39 µmol), B_2 = 1,65 mg (4,38 µmol), C = 149 mg (0,85 mmol), D = 41 JE. Cholesterin = 110 mg (0,28 mmol), Polyenfettsäuren = 4,64 g.

Reduktionskost zu 800 kcal (≈ 3350 kJ) Schonkost

Frühstück

Kaffee oder Tee, 10 g Magermilchpulver, 40 g Brot (vorzugsweise Vollkornbrotsorten), 25 g Schmelzkäse (20% F. i. Tr.), 100 g Radieschen.

Mittagessen

Forelle blau: 1 Forelle (ca. 300 g), Salz, Zitronensaft, 5 g Butter, etwas Petersilie. – Forelle vorbereiten und in einem gut gewürzten Fischsud garen. Mit 5 g Butter anrichten.

Salzkartoffeln: 80 g geschälte Kartoffeln in Salzwasser garen.

Kressesalat: 30 g Kresse, Salatsoße: 2 g Öl, Essig oder Zitronensaft, Salz, Gewürze und Kräuter.

Himbeergelee: 75 g frischer Himbeersaft, Zitronensaft und etwas Süßstoff. 1 g Gelatine. – Himbeersaft mit Wasser verdünnen, die aufgelöste Gelatine unterrühren und die Speise erstarren lassen.

Nachmittag

Kaffee oder Tee, 5 g Kondensmilch (7,5% F.), 5 g Vollkornkekse.

Abendessen

Reissalat mit Schinken: 20 g Reis kochen, abgießen und abkühlen lassen. Je 50 g in Stifte geschnittene Tomaten und Gurken, einige Blätter Salat, 20 g in Streifen geschnittener Lachsschinken, 3 g Öl, Essig oder Zitronensaft, gehackte Kräuter, Salz, etwas Senf, eine Spur Pfeffer. – Reis mit den übrigen Zutaten vermischen, pikant abschmecken, durchziehen lassen und auf Salatblättern anrichten.

Brot: 10 g Knäckebrot.

Buttermilch: 125 g.

Getränk: ungesüßter Tee oder Mineralwasser.

Tageszufuhren: Eiweiß = 59 g, Fett = 21 g, Kohlenhydrate 91 g, Kalorien = 817 kcal, Joule = 3421 kJ, Na = 44 mval (mmol), Cl = 38 mval (mmol), K = 67 mval (mmol), Mg = 18 mval (9,0 mmol), Ca = 31 mval (15,5 mmol), P = 1,15 g (37,1 mmol), Fe = 10,8 mg (0,193 mmol), Mn = 2,8 mg (51,0 µmol), Co = 43,1 µg (0,73 µmol), Cu = 1,2 mg (18,9 µmol), Zn = 3,9 mg (59,7 µmol), F = 0,72 mg (37,9 µmol), J = 42,2 µg (0,33 µmol). Vitamine: A = 0,88 mg (3,07 µmol), B_1 = 0,80 mg (2,37 µmol), B_2 = 1,01 mg (2,68 µmol), C = 101 mg (0,57 mmol), D = 13 IE. Cholesterin = 110 mg (0,28 mmol), Polyenfettsäuren = 4,47 g.

Reduktionskost zu 800 kcal (≈ 3350 kJ) Schonkost

Frühstück

Kaffee oder Tee, 10 g Magermilchpulver, 40 g Brot (vorzugsweise Vollkornbrotsorten), 50 g Magerquark, 100 g grüne Gurke.

Mittagessen

Schweineleber gegrillt: 120 g Schweineleber, 2 g Öl, Salz, Oregano, etwas Paprika. – Leber vorbereiten, würzen und einölen und im Grillgerät garen. Kurz vor dem Anrichten salzen.

Tomaten gedünstet: 150 g Tomaten, Salz, etwas Rosmarin. – Tomaten kreuzweise einschneiden, in eine Auflaufform setzen, salzen und würzen, wenig Wasser angießen und im Backofen garen.

Kopfsalat: 50 g Salatblätter, Salatsoße: 2 g Öl, Essig oder Zitronensaft, Salz, Gewürze und Kräuter.

Obstsalat: 80 g frische Früchte (außer Bananen und Weintrauben) in Würfel schneiden und mit Zitronensaft abschmecken, mit 50 g Joghurt (1,5% F.) vermengen.

Nachmittag

Kaffee oder Tee, 5 g Kondensmilch (7,5% F.), 5 g Hartkekse.

Abendessen

Gemüsesuppe: 200 g Suppengemüse kleingeschnitten, gehackte Petersilie, Muskat, Salz. – Gemüse mit Wasser aufsetzen, abschmecken und garen, mit Petersilie bestreut anrichten.

Brot: 10 g Knäckebrot.

Butter: 5 g.

Käse: 20 g Schnittkäse (20% F. i. Tr.).

Pfirsiche: 125 g Pfirsichkompott ungesüßt (oder 140 g frisches Obst).

Getränk: ungesüßter Tee oder Mineralwasser.

Tageszufuhren: Eiweiß = 56 g, Fett = 22 g, Kohlenhydrate = 89 g, Kalorien = 804 kcal, Joule = 3366 kJ, Na = 36 mval (mmol), Cl = 39 mval (mmol), K = 69 mval (mmol), Mg = 15 mval (7,5 mmol), Ca = 34 mval (17,0 mmol), P = 1,14 g (36,8 mmol), Fe = 35,5 mg (0,636 mmol), Mn = 2,1 mg (38,2 µmol), Co = 149,6 µg (2,54 µmol), Cu = 7,6 mg (119,6 µmol), Zn = 11,5 mg (175,9 µmol), F = 0,50 mg (26,3 µmol), J = 47,7 µg (0,38 µmol). Vitamine: A = 6,69 mg (23,4 µmol), B_1 = 0,86 mg (2,55 µmol), B_2 = 4,75 mg (12,6 µmol), C = 179 mg (1,02 mmol), D = 35 IE. Cholesterin = 310 mg (0,80 mmol), Polyenfettsäuren = 2,73 g.

Reduktionskost zu 800 kcal (≈ 3350 kJ) Schonkost

Frühstück

Kaffee oder Tee, 10 g Magermilchpulver, 40 g Brot (vorzugsweise Vollkornbrotsorten) 25 g Limburger (20% F. i. Tr.), 50 g Tomate.

Mittagessen

Kalbsschnitzel mit Artischockenböden garniert: 80 g Kalbsschnitzel, 5 g Margarine oder Butter, 100 g Artischockenböden gekocht (oder aus der Dose), Salz, eine Spur Pfeffer, gehackte Petersilie. – Fleisch vorbereiten, salzen, würzen und in Fett von beiden Seiten braten. Artischockenböden in Stifte schneiden und zum Fleisch geben, abschmecken und mit Petersilie bestreut anrichten.

Chicoréesalat: 100 g Chicorée in Scheiben geschnitten, Salatsoße: 2 g Öl, Essig oder Zitronensaft, Salz, Gewürze und Kräuter.

Erdbeeren: 150 g.

Nachmittag

Kaffee oder Tee, 5 g Kondensmilch (7,5% F.), 5 g Knäckebrot.

Abendessen

Krabbensalat: 80 g speisefertiges Krabbenfleisch, 50 g Ananas, 75 g Joghurt (1,5% F.), 3 g Öl, gehackter Schnittlauch und Dill, 30 g Feldsalat, Salz, eine Spur Pfeffer, etwas Thymian und Rosmarin, Essig oder Zitronensaft. – Krabbenfleisch mit den übrigen Zutaten vermengen, abschmecken und durchziehen lassen. Auf Feldsalat anrichten.

Brot: 20 g Weißbrot als Toast zubereitet.

Melone: 150 g Melonenfleisch in Scheiben geschnitten.

Getränk: ungesüßter Tee oder Mineralwasser.

Tageszufuhren: Eiweiß = 59 g, Fett = 20 g, Kohlenhydrate = 89 g, Kalorien = 797 kcal, Joule = 3337 kJ, Na = 41 mval (mmol), Cl = 40 mval (mmol), K = 63 mval (mmol), Mg = 21 mval (10,5 mmol), Ca = 33 mval (36,5 mmol), P = 1,00 g (32,2 mmol), Fe = 12,7 mg (0,227 mmol), Mn = 2,4 mg (43,7 µmol), Co = 36,3 µg (0,62 µmol), Cu = 1,5 mg (23,6 µmol), Zn = 8,6 mg (131,6 µmol), F = 0,62 mg (32,6 µmol), J = 131,9 µg (1,04 µmol). Vitamine: A = 2,09 mg (7,30 µmol), B_1 = 0,74 mg (2,19 µmol), B_2 = 1,00 mg (2,66 µmol), C = 164 mg (0,93 mmol), D = 105 IE. Cholesterin = 160 mg (0,41 mmol), Polyenfettsäuren = 4,81 g.

Reduktionskost zu 800 kcal (≈ 3350 kJ) Schonkost

Frühstück

Kaffee oder Tee, 10 g Magermilchpulver, 40 g Brot (vorzugsweise Vollkornbrotsorten), 25 g Schmelzkäse (20% F. i. Tr.), 100 g Radieschen.

Mittagessen

Rotbarsch gedünstet: 125 g Rotbarsch, 30 g feingeschnittenes Suppengrün, 5 g Butter, Salz, Paprika, etwas Oregano, Zitronensaft. – Fisch vorbereiten, salzen, würzen und in eine Auflaufform legen. Suppengrün in Fett andünsten und über den Fisch verteilen, etwas Wasser angießen und zugedeckt im Backofen garen.

Fenchelsalat: 150 g Fenchel in feine Streifen geschnitten, Salatsoße: 2 g Öl, Essig oder Zitronensaft, Salz, Gewürze und Kräuter.

Orangensalat: 125 g Orangenfleisch in Würfel oder Stifte geschnitten mit Zitronensaft und etwas Süßstoff abschmecken.

Nachmittag

Kaffee oder Tee, 5 g Kondensmilch (7,5% F.), 5 g Roggenflachbrot.

Abendessen

Kaltes Huhn: 50 g kaltes Hühnerfleisch (Gewicht ohne Knochen).

Spargelsalat: 200 g gekochter Spargel, Salatsoße: 2 g Öl, Essig oder Zitronensaft, Salz, Gewürze und Kräuter. – Spargel auf Salatblättern anrichten und die Salatsoße darübergeben.

Brot: 20 g (vorzugsweise Vollkornbrotsorten).

Tomatensaft: 100 g.

Getränk: ungesüßter Tee oder Mineralwasser.

Tageszufuhren: Eiweiß = 59 g, Fett = 22 g, Kohlenhydrate = 89 g, Kalorien = 811 kcal, Joule = 3395 kJ, Na = 42 mval (mmol), Cl = 24 mval (mmol), K = 79 mval (mmol), Mg = 16 mval (8,0 mmol), Ca = 44 mval (22,0 mmol), P = 1,06 g (34,2 mmol), Fe = 13,9 mg (0,249 mmol), Mn = 1,5 mg (27,3 µmol), Co = 50,3 µg (0,85 µmol), Cu = 1,5 mg (23,6 µmol), Zn = 4,3 mg (65,8 µmol), F = 0,78 mg (41,0 µmol), J = 126,4 µg (1,00 µmol). Vitamine: A = 4,64 mg (16,20 µmol), B_1 = 1,12 mg (3,32 µmol), B_2 = 1,15 mg (3,06 µmol), C = 306 mg (1,74 mmol), D = 128 IE. Cholesterin = 130 mg (0,34 mmol), Polyenfettsäuren = 4,41 g.

Reduktionskost zu 800 kcal (≈ 3350 kJ) Schonkost

Frühstück

Kaffee oder Tee, 10 g Magermilchpulver, 40 g Brot (vorzugsweise Vollkornbrotsorten), 50 g Magerquark, 100 g grüne Gurke.

Mittagessen

Steak: 80 g mageres Rindersteak, 2 g Öl, Salz, eine Spur Pfeffer, Paprika. Fleisch salzen, würzen und von beiden Seiten im Grillgerät garen.

Zucchini-Möhren-Gemüse: 100 g Zucchini, 50 g Möhren, Salz, gehackte Petersilie. – Gemüse in Scheiben schneiden und mit wenig Wasser garen, abschmecken und mit Petersilie bestreut anrichten.

Endiviensalat: 50 g Endiviensalat, Salatsoße: 2 g Öl, Essig oder Zitronensaft, Salz, Gewürze und Kräuter.

Buttermilchgelee: 125 g Buttermilch mit Süßstoff und Zitronensaft abschmecken, die aufgelöste Gelatine unterrühren und die Speise erstarren lassen.

Nachmittag

Kaffee oder Tee, 5 g Kondensmilch (7,5% F.), 5 g Biskuitplätzchen.

Abendessen

Kalbsbraten kalt: 50 g in feine Scheiben geschnitten.

Rohkostplatte: Je 50 g Knollensellerie und Apfel reiben und mit 30 g Joghurt und etwas Zitronensaft vermengen. – 50 g Kopfsalat und 50 g in Scheiben geschnittene Tomaten mit 5 g Öl, Essig, Gewürzen und Kräutern anmachen. – Rohkost auf einem Salatteller anrichten.

Brot: 10 g Knäckebrot.

Birne: 125 g ungesüßtes Birnenkompott (oder 140 g frisches Obst).

Getränk: ungesüßter Tee oder Mineralwasser.

Tageszufuhren: Eiweiß = 57 g, Fett = 22 g, Kohlenhydrate = 89 g, Kalorien = 797 kcal, Joule = 3337 kJ, Na = 26 mval (mmol), Cl = 27 mval (mmol), K = 64 mval (mmol), Mg = 14 mval (7,0 mmol), Ca = 29 mval (14,5 mmol), P = 911 mg (29,4 mmol), Fe = 9,6 mg (0,172 mmol), Mn = 2,3 mg (41,9 µmol), Co = 47,7 µg (0,81 µmol), Cu = 1,1 mg (17,3 µmol), Zn = 8,1 mg (123,9 µmol), F = 0,59 mg (31,0 µmol), J = 34,8 µg (0,27 µmol). Vitamine: A = 4,00 mg (14,0 µmol), B_1 = 0,58 mg (1,72 µmol), B_2 = 1,30 mg (3,45 µmol), C = 74 mg (0,42 mmol), D = 77 IE. Cholesterin = 140 mg (0,36 mmol), Polyenfettsäuren = 5,79 g.

Reduktionskost zu 800 kcal (≈ 3350 kJ) Schonkost

Frühstück

Kaffee oder Tee, 10 g Magermilchpulver, 40 g Brot (vorzugsweise Vollkornbrotsorten), 25 g Harzer Käse, 50 g Tomate.

Mittagessen

Huhn gegrillt: 80 g Hühnerfleisch (Gewicht ohne Knochen), 2 g Öl, Salz, Paprika, Thymian. – Fleisch vorbereiten, salzen, würzen, einölen und im Grillgerät garen.

Blumenkohl: 200 g Blumenkohlröschen, Salz, Muskat, etwas gehackte Petersilie. – Blumenkohl in kochendem Wasser abwellen, abtropfen lassen und in einer Auflaufform im Backofen garen. Mit Petersilie bestreut anrichten.

Kopfsalat: 50 g Salatblätter, Salatsoße: 2 g Öl, Essig oder Zitronensaft, Salz, Gewürze und Kräuter.

Apfelkompott: 150 g Apfelstücke mit Zimt und Nelken in wenig Wasser garen.

Nachmittag

Kaffee oder Tee, 5 g Kondensmilch (7,5% F.), 5 g Roggenflachbrot.

Abendessen

Rinderragout: 50 g Rindfleisch mager, 50 g Champignons, 50 g Möhren, 50 g weiße Rüben, 3 g Öl, gehackte Petersilie, Salz, Wacholderbeeren, eine Spur Pfeffer, etwas Lorbeerblatt. – Gemüse und Fleisch würfeln und in Öl andünsten, salzen, würzen und gar schmoren. Mit Petersilie bestreut anrichten.

Brot: 20 g (vorzugsweise Vollkornbrotsorten).

Joghurt: 125 g (1,5% F.).

Getränk: ungesüßter Tee oder Mineralwasser.

Tageszufuhren: Eiweiß = 58 g, Fett = 21 g, Kohlenhydrate = 89 g, Kalorien = 799 kcal, Joule = 3345 kJ, Na = 45 mval (mmol), Cl = 44 mval (mmol), K = 70 mval (mmol), Mg = 15 mval (7,5 mmol), Ca = 34 mval (17,0 mmol), P = 0,90 mg (29,1 mmol), Fe = 10,3 mg (0,184 mmol), Mn = 1,6 mg (29,1 µmol), Co = 82,4 µg (1,40 µmol), Cu = 1,5 mg (23,6 µmol), Zn = 5,9 mg (90,3 µmol), F = 0,61 mg (32,1 µmol), J = 46,6 µg (0,37 µmol). Vitamine: A = 3,70 mg (12,92 µmol), B_1 = 0,73 mg (2,16 µmol), B_2 = 1,38 mg (3,67 µmol), C = 207 mg (1,18 mmol), D = 41 IE. Cholesterin = 140 mg (0,36 mmol), Polyenfettsäuren = 5,36 g.

Reduktionskost zu 800 kcal (≈ 3350 kJ) Schonkost

Frühstück

Kaffee oder Tee, 10 g Magermilchpulver, 40 g Brot (vorzugsweise Vollkornbrotsorten), 25 g Schnittkäse (20% F. i. Tr.), 100 g Radieschen.

Mittagessen

Kalbskotelett: 110 g Kalbskotelett (Gewicht mit Knochen), 2 g Öl, Salz, etwas Estragon. – Fleisch vorbereiten, salzen, würzen und in Öl von beiden Seiten braten.

Gemischter Salat: 150 g Chicorée, 50 g Tomaten, 30 g Kresse, Salatsoße: 5 g Öl, Essig oder Zitronensaft, Salz, Gewürze und Kräuter. – Chicorée und Tomaten in Scheiben schneiden und mit der Salatsoße anmachen, auf Kresse anrichten.

Joghurtspeise: 100 g Himbeeren, 50 g Joghurt, Zitronensaft, etwas Süßstoff. Himbeeren mit Zitronensaft und Süßstoff abschmecken, Joghurt darüber verteilen.

Nachmittag

Kaffee oder Tee, 5 g Kondensmilch (7,5% F.), 5 g Zwieback.

Abendessen

Lütticher Eintopf: 100 g Pellkartoffen, 150 g gekochte grüne Bohnen, 40 g Lachsschinken, 3 g Öl, gehackte Petersilie, Salz, eine Spur Pfeffer. – Pellkartoffeln in Scheiben schneiden und in eine Auflaufform geben, Bohnen mit Gewürzen und dem kleingeschnittenen Schinken andünsten, salzen und würzen und über die Kartoffeln verteilen. Im Backofen kurz erhitzen und mit Petersilie bestreut anrichten.

Orangensaft: 100 g.

Getränk: ungesüßter Tee oder Mineralwasser.

Tageszufuhren: Eiweiß = 57 g, Fett = 22 g, Kohlenhydrate = 89 g, Kalorien = 804 kcal, Joule = 3366 kJ, Na = 54 mval (mmol), Cl = 51 mval (mmol), K = 76 mval (mmol), Mg = 20 mval (10,0 mmol), Ca = 41 mval (20,5 mmol), P = 0,92 g (29,7 mmol), Fe = 12,6 mg (0,226 mmol), Mn = 2,6 mg (47,3 µmol), Co = 54,7 µg (0,93 µmol), Cu = 1,5 mg (23,6 µmol), Zn = 5,6 mg (85,7 µmol), F = 0,56 mg (29,5 µmol), J = 39,2 µg (0,31 µmol). Vitamine: A = 2,26 mg (7,89 µmol), B_1 = 1,08 mg (3,20 µmol), B_2 = 1,20 mg (3,19 µmol), C = 212 mg (1,20 µmol), D = 133 IE. Cholesterin = 100 mg (0,26 mmol), Polyenfettsäuren = 6,44 g.

Reduktionskost zu 800 kcal (≈ 3350 kJ) Schonkost

Frühstück

Kaffee oder Tee, 10 g Magermilchpulver, 40 g Brot (vorzugsweise Vollkornbrotsorten), 50 g Magerquark, 100 g grüne Gurke.

Mittagessen

Kalbfleischeintopf: 80 g Kalbfleisch, 200 g Suppengemüse, 3 g Butter oder Margarine, Salz, Paprika, gehackte Petersilie. – Fleisch und Gemüse in Würfel schneiden und mit Wasser aufsetzen, salzen, würzen und garen lassen. Mit Petersilie bestreut anrichten.

Spargel mit Feldsalat: 100 g gekochter Spargel, 30 g Feldsalat, Salatsoße: 2 g Öl, Essig oder Zitronensaft, Gewürze und Kräuter.

Aprikosenkompott: 125 g ungesüßt (oder 140 g frisches Obst).

Nachmittag

Kaffee oder Tee, 5 g Kondensmilch (7,5% F.), 5 g Biskuitplätzchen.

Abendessen

Rührei mit Champignons: 2 Eier, 30 g Champignons, gehackter Schnittlauch, Salz, Muskat, eine Spur Pfeffer. – Eier aufschlagen, Champignons kleinschneiden und gar dünsten, salzen und mit der Eimasse verrühren, Rührei zubereiten.

Tomaten gedünstet: 150 g Tomaten, Salz, Oregano. – Tomaten kreuzweise einritzen und in eine Auflaufform setzen, salzen und würzen und im Backofen garen. Mit Petersilie bestreut anrichten.

Brot: 5 g Knäckebrot.

Grapefruitsaft frisch: 125 g.

Getränk: ungesüßter Tee oder Mineralwasser.

Tageszufuhren: Eiweiß = 56 g, Fett = 22 g, Kohlenhydrate = 90 g, Kalorien = 808 kcal, Joule = 3383 kJ, Na = 25 mval (mmol), Cl = 26 mval (mmol), K = 79 mval (mmol), Mg = 19 mval (9,5 mmol), Ca = 24 mval (12,0 mmol), P = 1,02 g (32,9 mmol), Fe = 13,7 mg (0,245 mmol), Mn = 1,9 mg (34,6 µmol), Co = 102,5 µg (1,74 µmol), Cu = 1,6 mg (25,2 µmol), Zn = 8,6 mg (131,6 µmol), F = 0,70 mg (36,8 µmol), J = 57,6 µg (0,45 µmol). Vitamine: A = 3,80 mg (13,27 µmol), B_1 = 0,87 mg (2,58 µmol), B_2 = 1,53 mg (4,07 µmol), C = 199 mg (1,13 mmol), D = 350 IE. Cholesterin = 550 mg (1,42 mmol), Polyenfettsäuren = 4,67 g.

Reduktionskost zu 800 kcal (≈ 3350 kJ) Schonkost

Frühstück

Kaffee oder Tee, 10 g Magermilchpulver, 40 g Brot (vorzugsweise Vollkornbrotsorten), 25 g Schmelzkäse (20% F. i. Tr.), 50 g Tomate.

Mittagessen

Roastbeef: 80 g Roastbeef, Salz, Paprika. – Fleisch wie üblich zubereiten, Bratenfond abschmecken.

Möhren-Kohlrabi-Gemüse: 50 g Möhren, 150 g Kohlrabi, Salz, Muskat, gehackte Petersilie. – Gemüse in Scheiben oder Würfel schneiden und in wenig Wasser garen. Mit Petersilie bestreut anrichten.

Kopfsalat: 50 g Salatblätter, Salatsoße: 2 g Öl, Essig oder Zitronensaft, Salz, Gewürze und Kräuter.

Obstsalat: 125 g frisches Obst (außer Bananen oder Weintrauben) zerkleinern und mit Zitronensaft und etwas Süßstoff abschmecken.

Nachmittag

Kaffee oder Tee, 5 g Kondensmilch (7,5% F.), 5 g Hartkekse.

Abendessen

Heilbutt gegrillt: 100 g Heilbuttscheibe, Salz, Zitronensaft, etwas provenzalisches Gewürz. – Heilbutt vorbereiten, salzen, würzen und im Grillgerät von beiden Seiten garen.

Salzkartoffeln: 100 g geschälte Kartoffeln in Salzwasser garen.

Kressesalat: 30 g Kresse, Salatsoße: 2 g Öl, Essig oder Zitronensaft, Salz, Gewürze und Kräuter.

Melone: 150 g (Gewicht ohne Schale).

Getränk: ungesüßter Tee oder Mineralwasser.

Tageszufuhren: Eiweiß = 59 g, Fett = 21 g, Kohlenhydrate = 88 g, Kalorien = 806 kcal, Joule = 3375 kJ, Na = 33 mval (mmol), Cl = 31 mval (mmol), K = 81 mval (mmol), Mg = 20 mval (10,0 mmol), Ca = 29 mval (14,5 mmol), P = 0,95 g (30,7 mmol), Fe = 10,2 mg (0,183 mmol), Mn = 2,4 mg (43,7 µmol), Co = 30,9 µg (0,52 µmol), Cu = 1,3 mg (20,5 µmol), Zn = 5,1 mg (78,0 µmol), F = 0,69 mg (36,3 µmol), J = 95,6 µg (0,75 µmol). Vitamine: A = 4,54 mg (15,85 µmol), B_1 = 0,66 mg (1,96 µmol), B_2 = 0,91 mg (2,42 µmol), C = 205 mg (1,16 mmol), D = 210 IE. Cholesterin = 100 mg (0,26 mmol), Polyenfettsäuren = 5,11 g.

Reduktionskost zu 800 kcal (≈ 3350 kJ) Schonkost

Frühstück

Kaffee oder Tee, 10 g Magermilchpulver, 40 g Brot (vorzugsweise Vollkornbrotsorten), 25 g Harzer Käse, 100 g Radieschen.

Mittagessen

Rinderfilet: 80 g Rinderfilet, 2 g Öl, Salz, Paprika. – Fleisch vorbereiten, einfetten und im Grillgerät oder in der Pfanne garen.

Broccoli: 200 g Broccoliröschen, Salz, Muskat, gehackte Petersilie. – Broccoliröschen mit wenig Wasser garen, mit Petersilie bestreut anrichten.

Tomatensalat: 50 g Tomatenscheiben, Salatsoße: 2 g Öl, Essig oder Zitronensaft, Salz, Gewürze und Kräuter.

Ananas: 150 g frische Frucht (oder ungesüßtes Kompott aus der Dose).

Nachmittag

Kaffee oder Tee, 5 g Kondensmilch (7,5% F.), 5 g Vollkornkekse.

Abendessen

Hackbraten: 80 g Hackmasse (30 g Rindfleisch mager, 30 g Kalbfleisch, 10 g Schweinefleisch mager, 5 g Ei, 5 g Brötchen), Salz, Paprika, Muskat, etwas gehackte Petersilie. – Hackfleisch mit den übrigen Zutaten gut vermengen und einen Hackbraten daraus formen. In einer beschichteten Pfanne von beiden Seiten garen.

Möhren mit grünem Salat: 100 g gekochte Möhren in Scheiben geschnitten, 50 g grüner Salat, Salatsoße: 2 g Öl, Essig oder Zitronensaft, Salz, Gewürze und Kräuter.

Erdbeeren: 150 g.

Getränk: ungesüßter Tee oder Mineralwasser.

Tageszufuhren: Eiweiß = 57 g, Fett = 22 g, Kohlenhydrate = 90 g, Kalorien = 813 kcal, Joule = 3404 kJ, Na = 37 mval (mmol), Cl = 33 mval (mmol), K = 80 mval (mmol), Mg = 18 mval (9,0 mmol), Ca = 31 mval (15,5 mmol), P = 0,89 g (28,7 mmol), Fe = 13,6 mg (0,244 mmol), Mn = 4,3 mg (78,3 μmol), Co = 51,3 μg (0,87 μmol), Cu = 4,0 mg (62,9 μmol), Zn = 8,4 mg (128,5 μmol), F = 0,69 mg (36,3 μmol), J = 47,8 μg (0,38 μmol). Vitamine: A = 8,72 mg (30,44 μmol), B_1 = 0,91 mg (2,70 μmol), B_2 = 1,38 mg (3,67 μmol), C = 415 mg (2,36 mmol), D = 59 IE. Cholesterin = 130 mg (0,34 mmol), Polyenfettsäuren = 4,68 g.

Reduktionskost zu 800 kcal (≈ 3350 kJ) Schonkost

Frühstück

Kaffee oder Tee, 10 g Magermilchpulver, 40 g Brot (vorzugsweise Vollkornbrotsorten), 25 g Schmelzkäse (20% F. i. Tr.), 100 g grüne Gurke.

Mittagessen

Seezungenfilet: 100 g Seezungenfilet, 5 g Butter, 20 g feingehacktes Suppengrün, Salz, Thymian, Zitronensaft, eine Spur Pfeffer. – Fisch vorbereiten, in eine Auflaufform legen, salzen, würzen und mit Suppengrün bestreuen, Butterflöckchen darauf verteilen und im Backofen garen.

Tomaten-Zucchini-Gemüse: je 100 g Tomaten- und Zucchinischeiben, Salz, provenzalisches Gewürz. – Gemüse abwechselnd in eine Auflaufform schichten, salzen, würzen, mit etwas Wasser angießen und zugedeckt im Backofen garen.

Endiviensalat: 50 g Endiviensalat, Salatsoße: 2 g Öl, Essig oder Zitronensaft, Salz, Gewürze und Kräuter.

Orange: 210 g (Gewicht mit Schale).

Nachmittag

Kaffee oder Tee, 5 g Kondensmilch (7,5% F.), 5 g Roggenflachbrot.

Abendessen

Lachsschinken gefüllt: 50 g Lachsschinken in feine Scheiben aufgeschnitten. 50 g Magerquark mit Schnittlauch, Gewürzen und Salz pikant abschmecken. Schinkenscheiben aufrollen und den Quark in die Öffnungen spritzen, auf Salatblättern anrichten.

Feldsalat: 30 g Feldsalat, Salatsoße: 2 g Öl, Essig oder Zitronensaft, Salz, Gewürze und Kräuter.

Brot: 20 g (vorzugsweise Vollkornbrotsorten).

Butter: 5 g.

Schwarzer Johannisbeersaft: 100 g.

Getränk: ungesüßter Tee oder Mineralwasser.

Tageszufuhren: Eiweiß = 58 g, Fett = 22 g, Kohlenhydrate = 91 g, Kalorien = 808 kcal, Joule = 3383 kJ, Na = 68 mval (mmol), Cl = 65 mval (mmol), K = 65 mval (mmol), Mg = 18 mval (9,0 mmol), Ca = 37 mval (18,5 mmol), P = 0,93 g (30,0 mmol), Fe = 9,1 mg (0,163 mmol), Mn = 1,7 mg (30,9 µmol), Co = 31,5 µg (0,53 µmol), Cu = 1,1 mg (17,3 µmol), Zn = 3,5 mg (53,5 µmol), F = 0,60 mg (31,6 µmol), J = 48,5 µg (0,38 µmol). Vitamine: A = 2,01 mg (7,02 µmol), B_1 = 0,95 mg (2,82 µmol), B_2 = 1,07 mg (2,84 µmol), C = 177 mg (1,00 mmol), D = 21 IE. Cholesterin = 120 mg (0,31 mmol), Polyenfettsäuren = 5,49 g.

Reduktionskost zu 800 kcal (≈ 3350 kJ) Schonkost

Frühstück

Kaffee oder Tee, 10 g Magermilchpulver, 40 g Brot (vorzugsweise Vollkornbrotsorten), 25 g Harzer Käse, 100 g Radieschen.

Mittagessen

Schweineschnitzel: 80 g Schweineschnitzel, 2 g Öl, Salz, eine Spur Pfeffer. – Fleisch vorbereiten, salzen, würzen und von beiden Seiten braten oder grillen.

Spinat: 200 g Blattspinat, Salz, Muskat, 5 g Butter. – Spinat in Butter dünsten und abschmecken.

Tomatensalat: 50 g Tomatenscheiben, Salatsoße: 2 g Öl, Essig oder Zitronensaft, Salz, Gewürze und Kräuter.

Pfirsichkompott: 125 g ungesüßt.

Nachmittag

Kaffee oder Tee, 5 g Kondensmilch (7,5% F.), 5 g Zwieback.

Abendessen

Geflügelsalat: 50 g Hühnerfleisch, 50 g Ananas, 30 g Joghurt, 100 g gekochter Spargel, Zitronensaft, Salz, eine Spur Pfeffer, gehackte Petersilie, Salatblätter. – Fleisch, Ananas und Spargel kleinschneiden und mit den übrigen Zutaten vermengen, abschmecken und durchziehen lassen. Auf Salatblättern anrichten.

Brot: 10 g Knäckebrot.

Brombeeren: 150 g mit etwas Zitronensaft und Süßstoff angemacht.

Getränk: ungesüßter Tee oder Mineralwasser.

Tageszufuhren: Eiweiß = 58 g, Fett = 21 g, Kohlenhydrate = 90 g, Kalorien = 805 kcal, Joule = 3370 kJ, Na = 39 mval (mmol), Cl = 32 mval (mmol), K = 91 mval (mmol), Mg = 25 mval (12,5 mmol), Ca = 34 mval (17,0 mmol), P = 0,92 g (29,7 mmol), Fe = 18,7 mg (0,335 mmol), Mn = 4,6 mg (83,7 µmol), Co = 50,7 µg (0,86 µmol), Cu = 1,5 mg (23,6 µmol), Zn = 6,1 mg (93,3 µmol), F = 0,88 mg (46,3 µmol), J = 101,7 µg (0,80 µmol). Vitamine: A = 5,17 mg (18,05 µmol), B_1 = 1,63 mg (4,83 µmol), B_2 = 1,84 mg (4,89 µmol), C = 228 mg (1,29 mmol), D = 4 IE. Cholesterin = 100 mg (0,26 mmol), Polyenfettsäuren = 3,82 g.

Durchschnittliche Nahrungsmittelmenge pro Tag bei einer Schonkost von 1000 kcal (≈ 4190 kJ)

Nahrungsmittel	Menge g	Eiweiß g	Fett g	Kohlenhydrate g	Kilokalorien kcal	Kilojoule kJ
Milch oder Joghurt	75	2,5	2,6	3,5	50	209
Magermilch, Buttermilch oder Magermilchjoghurt	75	2,6	0,4	3,0	27	113
Magermilchpulver	10	3,5	0,1	5,2	37	155
Magerquark	100	13,5	0,3	4,1	77	322
Käse bis 20% F. i. Tr.	30	8,9	3,3	1,0	74	310
Speiseöl (hochwertig)	4	–	4,0	–	37	155
Butter oder hochwertige Margarine	5	–	4,2	–	38	159
Fleisch mager	100	18,8	13,7	–	213	892
Brot (vorzugsweise dunkle Sorten)	100	8,4	1,0	48,2	250	1047
Zwieback oder trockene Kekse	5	0,5	0,2	3,8	20	84
Frischobst oder reine Säfte	200	1,7	–	23,0	104	435
Gemüse frisch	200	3,4	–	12,6	68	285
Salat	100	1,8	–	2,6	20	84
Gesamtzufuhr	1004	65,5 27%	29,8 28%	107,0 45%	1015	4250

Durchschnittswerte der Stoffzufuhr pro Woche bei einer Schonkost von 1000 kcal (≈ 4190 kJ)

	Eiweiß g	Fett g	Kohlen-hydrate g	Kilo-kalorien kcal	Kilojoule kJ
1. Woche	66 28%	29 27%	107 45%	990	4145
2. Woche	66 28%	30 28%	107 44%	1000	4187

	Natrium Na mval (mmol)	Chlor Cl mval (mmol)	Kalium K mval (mmol)	Magnesium Mg mval (mmol)	Kalzium Ca mval (mmol)	Phosphor P g (mmol)	Eisen Fe mg (mmol)
1. Woche	46	40	73	19 (9,5)	40 (20,0)	1,14 (36,8)	14,17 (0,254)
2. Woche	44	38	73	18 (9,0)	35 (17,5)	1,11 (35,8)	13,46 (0,241)

	Mangan Mn mg (µmol)	Kobalt Co µg (µmol)	Kupfer Cu mg (µmol)	Zink Zn mg (µmol)	Fluor F mg (µmol)	Jod J mg (µmol)
1. Woche	2,90 (52,8)	131,49 (2,23)	1,44 (22,7)	7,86 (120,2)	0,66 (34,7)	0,06 (0,47)
2. Woche	2,75 (50,1)	109,50 (1,86)	2,49 (39,2)	8,39 (128,3)	0,64 (33,7)	0,05 (0,39)

	Vitamin A mg (µmol)	Vitamin B_1 mg (µmol)	Vitamin B_2 mg (µmol)	Vitamin C mg (mmol)	Vitamin D IE
1. Woche	3,92 (13,7)	0,92 (2,73)	1,47 (3,91)	164 (0,93)	102
2. Woche	4,12 (14,4)	1,04 (3,08)	1,76 (4,68)	172 (0,98)	95

	Cholesterin mg (mmol)	Polyenfettsäuren g
1. Woche	161 (0,42)	6,02
2. Woche	215 (0,56)	5,97

Reduktionskost zu 1000 kcal (≈ 4190 kJ) Schonkost

Frühstück

Kaffee oder Tee, 10 g Magermilchpulver, 50 g Brot (vorzugsweise Vollkornbrotsorten), 5 g Butter, 75 g Magerquark.

Mittagessen

Kalbfleischragout: 80 g Kalbfleisch mittelfett, 50 g Champignons, 2 g Öl, Salz, eine Spur Pfeffer, Estragon. – Kalbfleisch in Würfel schneiden und anbraten, Champignons dazugeben, salzen, würzen, etwas Wasser angießen und im geschlossenen Topf garen.

Spargelgemüse: 200 g Spargel, 5 g Butter, Salz, gehackte Petersilie. – Spargel in Salzwasser garen und mit zerlassener Butter und gehackter Petersilie anrichten.

Kopfsalat: 50 g Salatblätter, Salatsoße: 2 g Öl, Essig oder Zitronensaft, Salz, Gewürze und Kräuter.

Erdbeeren: 200 g Erdbeeren.

Nachmittag

Kaffee oder Tee, 10 g Kondensmilch (7,5% F.), 5 g Zwieback.

Abendessen

Seezungenfilet gebacken: 100 g Seezungenfilet, 3 g Öl, 3 g Weizenmehl, Salz, Oregano, eine Spur Pfeffer. – Fisch vorbereiten, salzen, würzen und in Mehl wenden, in Öl kurz backen und in eine Auflaufform legen, im Backofen zu Ende garen. Mit Petersilie bestreut anrichten.

Gemischter Salat: 30 g Kresse, 50 g grüne Gurken in Scheiben geschnitten, 75 g Artischockenböden. Salatsoße: 5 g Öl, Essig oder Zitronensaft, Salz, Gewürze und Kräuter. Gemüse auf einem Salatteller anrichten und die Salatsoße darüber verteilen.

Brot: 30 g (vorzugsweise Vollkornbrotsorten).

Obstsalat: 125 g frisches Obst (außer Bananen und Weintrauben) zerkleinern und mit Zitronensaft und evtl. etwas Süßstoff abschmecken.

Getränk: ungesüßter Tee oder Mineralwasser.

Tageszufuhren: Eiweiß = 67 g, Fett = 29 g, Kohlenhydrate = 107 g, Kalorien = 987 kcal, Joule = 4132 kJ, Na = 32 mval (mmol), Cl = 35 mval (mmol), K = 72 mval (mmol), Mg = 23 mval (11,5 mmol), Ca = 28 mval (14,0 mmol), P = 1,1 g (35,5 mmol), Fe = 14,2 mg (0,254 mmol), Mn = 3,5 mg (63,7 µmol), Co = 45,2 µg (0,77 µmol), Cu = 2,0 mg (31,5 µmol), Zn = 7,7 mg (117,8 µmol), F = 0,79 mg (41,6 µmol), J = 74,6 µg (0,59 µmol). Vitamine: A = 1,13 mg (3,94 µmol), B_1 = 0,91 mg (2,70 µmol), B_2 = 1,54 mg (4,09 µmol), C = 249 mg (1,41 mmol), D = 166 IE. Cholesterin = 160 mg (0,41 mmol), Polyenfettsäuren = 8,19 g.

Reduktionskost zu 1000 kcal (≈ 4190 kJ) Schonkost

Frühstück

Kaffee oder Tee, 10 g Magermilchpulver, 50 g Brot (vorzugsweise Vollkornbrotsorten), 5 g Butter, 30 g Schmelzkäse (20% F. i. Tr.).

Mittagessen

Hackbarten: 100 g Hackmasse (35 g Rindfleisch mager, 35 g Kalbfleisch, 10 g Schweinefleisch mager, 10 g Ei, 10 g Brötchen), Salz, Paprika, Muskat, gehackte Petersilie. – Hackmasse mit den restlichen Zutaten gut verkneten und einen Hackbraten daraus formen, im Backofen garen lassen.

Spinatgemüse: 200 g frischer oder tiefgekühlter Spinat, 5 g Butter oder Margarine, Salz, Muskat. – Spinat in Fett dünsten, würzen und salzen, garen lassen.

Tomatensalat: 80 g Tomatenscheiben, Salatsoße: 2 g Öl, Essig oder Zitronensaft, Salz, Gewürze und Kräuter.

Bratapfel: 150 g Apfel (Gewicht ohne Kerngehäuse), Zitronensaft, etwas Süßstoff, Zimt. – Apfel kreuzweise einschneiden und mit Zitronensaft beträufeln, mit Zimt und Süßstoff würzen und im Ofen backen.

Nachmittag

Kaffee oder Tee, 50 g Magermilch, 5 g Roggenflachbrot.

Abendessen

Pikanter Quark: 150 g Magerquark, Schnittlauch, Petersilie, 30 g gewürfelte Tomaten, Salz, etwas Senf, eine Spur Pfeffer. – Quark mit den restlichen Zutaten gut verrühren und pikant abschmecken.

Pellkartoffeln: 100 g Kartoffeln mit der Schale garen.

Kopfsalat: 50 g Salatblätter, Salatsoße: 2 g Öl, Essig oder Zitronensaft, Salz, Gewürze und Kräuter.

Tomatensaft: 125 g.

Getränk: ungesüßter Tee oder Mineralwasser.

Tageszufuhren: Eiweiß = 66 g, Fett = 29 g, Kohlenhydrate = 107 g, Kalorien = 982 kcal, Joule = 4111 kJ, Na = 35 mval (mmol), Cl = 34 mval (mmol), K = 91 mval (mmol), Mg = 22 mval (11,0 mmol), Ca = 53 mval (26,5 mmol), P = 1,19 g (38,4 mmol), Fe = 17,8 mg (0,319 mmol), Mn = 3,6 mg (65,5 µmol), Co = 49,3 µg (0,84 µmol), Cu = 1,5 mg (23,6 µmol), Zn = 8,1 mg (123,9 µmol), F = 0,75 mg (39,5 µmol), J = 63,8 µg (0,50 µmol). Vitamine: A = 5,38 mg (18,8 µmol), B_1 = 0,96 mg (2,85 µmol), B_2 = 1,81 mg (4,81 µmol), C = 201 mg (1,14 mmol), D = 96 IE. Cholesterin = 120 mg (0,31 mmol), Polyenfettsäuren = 5,06 g.

Reduktionskost zu 1000 kcal (≈ 4190 kJ) Schonkost

Frühstück

Kaffee oder Tee, 10 g Magermilchpulver, 50 g Brot (vorzugsweise Vollkornbrotsorten), 5 g Butter, 30 g Schnittkäse (20% F. i. Tr.).

Mittagessen

Putenschnitzel: 80 g Putenschnitzel, 2 g Öl, Salz, Paprika. – Fleisch würzen, salzen und im Grillgerät oder im Backofen garen.

Kartoffelbrei: 80 g geschälte Kartoffeln, 20 g Vollmilch, Salz, Muskat. – Kartoffeln in Salzwasser kochen und noch heiß durch ein Sieb drücken, mit heißer Milch verrühren und abschmecken.

Feldsalat: 50 g Feldsalat, Salatsoße: 2 g Öl, Essig oder Zitronensaft, Salz, Gewürze und Kräuter.

Melone: 150 g Melonenfleisch in Streifen oder Würfel schneiden und mit Zitronensaft beträufeln.

Nachmittag

Kaffee oder Tee, 10 g Kondensmilch (7,5% F.), 5 g Biskuitplätzchen.

Abendessen

Schinkenplatte: 60 g Lachsschinken in dünne Scheiben aufgeschnitten.

Rohkostsalat: 75 g Möhren, 75 g Apfel, 2 g Öl, etwas Zitronensaft. – Möhren und Apfel reiben und mit den restlichen Zutaten vermengen, auf Salatblättern anrichten.

Brot: 30 g Knäckebrot.

Butter: 5 g.

Joghurt: 125 g (3,5% F.).

Getränk: ungesüßter Tee oder Mineralwasser.

Tageszufuhren: Eiweiß = 66 g, Fett = 30 g, Kohlenhydrate = 108 g, Kalorien = 996 kcal, Joule = 4170 kJ, Na = 77 mval (mmol), Cl = 65 mval (mmol), K = 65 mval (mmol), Mg = 15 mval (7,5 mmol), Ca = 39 mval (19,5 mmol), P = 0,89 g (28,7 mmol), Fe = 9,3 mg (0,167 mmol), Mn = 1,1 mg (20,0 µmol), Co = 19,1 µg (0.32 µmol), Cu = 0,75 mg (11,8 µmol), Zn = 4,9 mg (75,0 µmol), F = 0,45 mg (23,7 µmol), J = 43,5 µg (0,34 µmol). Vitamine: A = 5,89 mg (20,6 µmol), B_1 = 1,04 mg (3,08 µmol), B_2 = 1,10 mg (2,92 µmol), C = 60 mg (0,34 mmol), D = 22 IE. Cholesterin = 130 mg (0,34 mmol), Polyenfettsäuren = 4,95 g.

Reduktionskost zu 1000 kcal (≈ 4190 kJ) Schonkost

Frühstück

Kaffee oder Tee, 10 g Magermilchpulver, 50 g Brot (vorzugsweise Vollkornbrotsorten), 5 g Butter, 75 g Magerquark.

Mittagessen

Rinderbraten: 80 g Rindfleisch mager, 2 g Öl, Salz, Paprika, etwas Lorbeerblatt. – Fleisch vorbereiten, salzen, würzen und im Backofen garen.

Gemischter Salat: 50 g Kopfsalat, 100 g gekochte rote Rüben, 50 g gekochte Schwarzwurzeln. Salatsoße: 5 g Öl, Essig oder Zitronensaft, Salz, Gewürze und Kräuter. – Rote Rüben in Scheiben oder Würfel schneiden, Schwarzwurzeln in Stifte schneiden. Gemüse auf Salat anrichten und die Salatsoße darüber verteilen.

Joghurtspeise: 100 g Joghurt (1,5% F.), 50 g Brombeeren, Zitronensaft, evtl. Süßstoff. – Brombeeren mit Zitronensaft und Süßstoff durchziehen lassen und Joghurt unterrühren.

Nachmittag

Kaffee oder Tee, 10 g Kondensmilch (7,5% F.), 5 g Hartkekse.

Abendessen

Kalbsschnitzel: 80 g Kalbsschnitzel im Grillgerät garen, als Gewürze Salz, etwas Curry und eine Spur Pfeffer verwenden.

Chicorée gedünstet: 150 g Chicoréestauden, 5 g Butter oder Margarine, gehackte Petersilie, Salz, Muskat. – Chicoréestauden vorbereiten und in kochendem Wasser kurz abwellen. In eine ausgefettete Auflaufform schichten, salzen und würzen und im Backofen garen. Mit Petersilie bestreut anrichten.

Brot: 50 g (vorzugsweise Vollkornbrotsorten).

Mandarine: 200 g (Gewicht mit Schale).

Getränk: ungesüßter Tee oder Mineralwasser.

Tageszufuhren: Eiweiß = 67 g, Fett = 38 g, Kohlenhydrate = 108 g, Kalorien = 992 kcal, Joule = 4153 kJ, Na = 34 mval (mmol), Cl = 23 mval (mmol), K = 68 mval (mmol), Mg = 19 mval (9,5 mmol), Ca = 31 mval (15,5 mmol), P = 1,11 g (35,8 mmol), Fe = 14,0 mg (0,251 mmol), Mn = 3,1 mg (56,4 µmol), Co = 714,2 µg (12,1 µmol), Cu = 1,4 mg (22,0 µmol), Zn = 10,1 mg (154,5 µmol), F = 0,6 mg (31,6 µmol), J = 29,1 µg (0,23 µmol). Vitamine: A = 1,69 mg (5,90 µmol), B_1 = 0,78 mg (2,31 µmol), B_2 = 1,32 mg (3,51 µmol), C = 95 mg (0,54 mmol), D = 12 IE. Cholesterin = 160 mg (0,41 mmol), Polyenfettsäuren = 5,82 g.

Reduktionskost zu 1000 kcal (≈ 4190 kJ) Schonkost

Frühstück

Kaffee oder Tee, 10 g Magermilchpulver, 50 g Brot (vorzugsweise Vollkornbrotsorten), 5 g Butter, 30 g Harzer Käse.

Mittagessen

Rotbarsch gedünstet: 125 g Rotbarschfilet, 50 g feingehacktes Suppengrün, 2 g Öl, Salz, Zitronensaft, Paprika. – Fisch vorbereiten, würzen und in eine Auflaufform schichten. Gemüse in Öl andünsten und über den Fisch verteilen, im Backofen garen.

Fenchelgemüse: 150 g Fenchel, Salz, Muskat, gehacktes Fenchelgrün. – Fenchel je nach Größe halbieren oder vierteln, kurz in kochendem Wasser abwellen, abtropfen lassen, auf ein Blech setzen, salzen, würzen und im Backofen garen.

Kopfsalat: 50 g Salatblätter, Salatsoße: 2 g Öl, Essig oder Zitronensaft, Gewürze und Kräuter.

Orangensalat: 125 g Orangenfleisch in Würfel oder Stifte schneiden und mit Zitronensaft und etwas Süßstoff abschmecken.

Nachmittag

Kaffee oder Tee, 50 g Magermilch, 5 g Vollkornkekse.

Abendessen

1 weichgekochtes Ei: Ei wie gewohnt zubereiten.

Gemischter Salat: 100 g Radieschen, 30 g Kresse, Salatsoße: 2 g Öl, Essig oder Zitronensaft, Salz, Gewürze und Kräuter. – Radieschen in Scheiben schneiden und mit Kresse und der Salatsoße vermischen.

Brot: 50 g (vorzugsweise Vollkornbrotsorten).

Butter: 5 g.

Buttermilch: 150 g.

Getränk: ungesüßter Tee oder Mineralwasser.

Tageszufuhren: Eiweiß = 66 g, Fett = 30 g, Kohlenhydrate = 107 g, Kalorien = 1002 kcal, Joule = 4195 kJ, Na = 60 mval (mmol), Cl = 44 mval (mmol), K = 74 mval (mmol), Mg = 19 mval (9,5 mmol), Ca = 43 mval (21,5 mmol), P = 1,17 g (37,8 mmol), Fe = 13,7 mg (0,245 mmol), Mn = 2,6 mg (47,3 μmol), Co = 37,3 μg (0,63 μmol), Cu = 1,2 mg (18,9 μmol), Zn = 5,2 mg (79,5 μmol), F = 0,70 mg (36,8 μmol), J = 138,2 μg (1,09 μmol). Vitamine: A = 10,46 mg (36,5 μmol), B_1 = 1,07 mg (3,17 μmol), B_2 = 1,41 mg (3,75 μmol), C = 272 mg (1,54 mmol), D = 220 IE. Cholesterin = 330 mg (0,85 mmol), Polyenfettsäuren = 6,40 g.

Reduktionskost zu 1000 kcal (≈ 4190 kJ) Schonkost

Frühstück

Kaffee oder Tee, 10 g Magermilchpulver, 50 g Brot (vorzugsweise Vollkornbrotsorten), 5 g Butter, 30 g Schmelzkäse (20% F. i.Tr.).

Mittagessen

Gemüseeintopf mit Rindfleisch: 100 g Kalbfleisch mittelfett, je 50 g Möhren, Blumenkohl, weiße Rüben und Kartoffeln, 5 g Margarine, gehackte Petersilie, Salz, Muskat, Estragon, eine Spur Pfeffer. – Fleisch und Gemüse in Würfel schneiden, in Fett andünsten, Wasser dazugeben, würzen und im geschlossenen Topf garen. Mit Petersilie bestreut anrichten.

Endiviensalat: 50 g Endiviensalat, Salatsoße: 2 g Öl, Essig oder Zitronensaft, Salz, Gewürze und Kräuter.

Buttermilchgelee: 150 g Buttermilch, Zitronensaft, 2 g Gelatine, evtl. etwas Süßstoff. – Buttermilch abschmecken und die aufgelöste Gelatine unterrühren, die Speise erstarren lassen.

Nachmittag

Kaffee oder Tee, 10 g Kondensmilch (7,5% F.), 5 g Hartkekse.

Abendessen

Kalter Braten: 60 g Rinderbratenfilet in Scheiben aufgeschnitten.

Spargelsalat: 250 g Spargel gekocht, Salatsoße: 5 g Öl, Essig oder Zitronensaft, Salz, Gewürze und Kräuter. – Spargel auf Salatblättern anrichten und mit der Soße übergießen.

Brot: 30 g (vorzugsweise Vollkornbrotsorten).

Aprikosenkompott: 150 g ungesüßt (oder 165 g frisches Obst).

Getränk: ungesüßter Tee oder Mineralwasser.

Tageszufuhren: Eiweiß = 67 g, Fett = 29 g, Kohlenhydrate = 107 g, Kalorien = 989 kcal, Joule = 4141 kJ, Na = 47mval (mmol), Cl = 37 mval (mmol), K = 83 mval (mmol), Mg = 19 mval (9,5 mmol), Ca = 37 mval (18,5 mmol), P = 1,24 g (40,0 mmol), Fe = 13,1 mg (0,235 mmol), Mn = 3,7 mg (67,3 μmol), Co = 22,7 μg (0,39 μmol), Cu = 1,9 mg (29,9 μmol), Zn = 11,0 mg (168,3 μmol), F = 0,69 mg (36,3 μmol), J = 61,0 μg (0,48 μmol). Vitamine: A = 5,40 mg (18,9 μmol), B_1 = 0,97 mg (2,88 μmol), B_2 = 1,61 mg (4,28 μmol), C = 157 mg (0,89 mmol), D = 175 IE. Cholesterin = 140 mg (0,36 mmol), Polyenfettsäuren = 6,21 g.

Reduktionskost zu 1000 kcal (≈ 4190 kJ) Schonkost

Frühstück

Kaffee oder Tee, 10 g Magermilchpulver, 50 g Brot (vorzugsweise Vollkornbrotsorten), 5 g Butter, 75 g Magerquark.

Mittagessen

Filetsteak: 80 g Filet, 2 g Öl, Salz, Paprika, eine Spur Pfeffer. – Fleisch vorbereiten, würzen, salzen und im Grillgerät oder in der Pfanne garen.

Zucchini-Tomaten-Gemüse: 100 g Zucchini, 100 g Tomaten, 2 g Öl, Salz, provenzalisches Gewürz. – Gemüse in Scheiben schneiden und in eine ausgefettete Auflaufform schichten, würzen, salzen und im Backofen garen.

Feldsalat: 50 g Feldsalat, Salatsoße: 2 g Öl, Essig oder Zitronensaft, Salz, Gewürze und Kräuter.

Pfirsiche: 150 g ungesüßtes Kompott (oder 165 g frisches Obst).

Nachmittag

Kaffee oder Tee, 50 g Magermilch, 5 g Zwieback.

Abendessen

Bohnensalat: 150 g gekochte grüne Bohnen, Salz, Estragon, etwas Pfeffer, 2 g Öl, Essig oder Zitronensaft, gehackte Petersilie. – Bohnen mit der Salatsoße anmachen und gut durchziehen lassen, mit Petersilie bestreut anrichten.

Brot: 50 g (vorzugsweise Vollkornbrotsorten).

Butter: 5 g.

Käse: 40 g Schnittkäse (20% F. i. Tr.).

Joghurt: 150 g (1,5% F.).

Getränk: ungesüßter Tee oder Mineralwasser.

Tageszufuhren: Eiweiß = 66 g, Fett = 31 g, Kohlenhydrate = 107 g, Kalorien = 1006 kcal, Joule = 4212 kJ, Na = 43 mval (mmol), Cl = 47 mval (mmol), K = 64 mval (mmol), Mg = 20 mval (10,0 mmol), Ca = 53 mval (26,5 mmol), P = 1,24 g (40,0 mmol), Fe = 11,5 mg (0,206 mmol), Mn = 2,7 mg (49,1 μmol), Co = 32,6 μg (0,55 μmol), Cu = 1,1 mg (17,3 μmol), Zn = 7,9 mg (120,9 μmol), F = 0,64 mg (33,7 μmol), J = 44,3 μg (0,35 μmol). Vitamine: A = 2,45 mg (8,55 μmol), B_1 = 0,75 mg (2,22 μmol), B_2 = 1,53 mg (4,07 μmol), C = 114 mg (0,65 mmol), D = 23 IE. Cholesterin = 90 mg (0,23 mmol), Polyenfettsäuren = 5,53 g.

Reduktionskost zu 1000 kcal (≈ 4190 kJ) Schonkost

Frühstück

Kaffee oder Tee, 10 g Magermilchpulver, 50 g Brot (vorzugsweise Vollkornbrotsorten), 5 g Butter, 30 g Limburger (20% F. i. Tr.).

Mittagessen

Hähnchen gebacken: 100 g Hähnchen (Gewicht ohne Knochen), 2 g Öl, Salz, Curry, etwas Thymian. – Hähnchen vorbereiten, würzen, mit Fett einpinseln und im Backofen oder im Grillgerät garen.

Kohlrabi-Möhren-Gemüse: 50 g Kohlrabi, 100 g Möhren, Salz, gehackte Petersilie. – Gemüse in Scheiben oder Würfel schneiden, mit wenig Wasser ansetzen, salzen und garen lassen. Mit gehackter Petersilie bestreut anrichten.

Kopfsalat: 50 g Salatblätter, Salatsoße: 2 g Öl, Essig oder Zitronensaft, Salz, Gewürze und Kräuter.

Apfelschnee: 150 g ungesüßtes Apfelmus, 2 g Gelatine, etwas Süßstoff, Zitronensaft, ½ Eiweiß. – Apfelmus abschmecken und die aufgelöste Gelatine unterrühren. Eiweiß steif schlagen und unter die halberstarrte Speise ziehen.

Nachmittag

Kaffee oder Tee, 50 g Magermilch, 5 g Biskuitplätzchen.

Abendessen

Fleischspieß mit Ananas: 80 g mageres Schweinefleisch, 50 g Ananaswürfel, 3 g Öl, Curry, Salz, eine Spur Pfeffer. – Schweinefleisch in Würfel schneiden und abwechselnd mit Ananas auf einen Fleischspieß stecken, würzen, salzen, einfetten und im Grillgerät garen.

Reis: 25 g Reis mit der entsprechenden Menge Wasser garen.

Kopfsalat: 50 g Salatblätter, Salatsoße: 2 g Öl, Essig oder Zitronensaft, Salz, Gewürze und Kräuter.

Karottensaft: 150 g.

Getränk: ungesüßter Tee oder Mineralwasser.

Tageszufuhren: Eiweiß = 66 g, Fett = 29 g, Kohlenhydrate = 107 g, Kalorien = 991 kcal, Joule = 4149 kJ, Na = 47 mval (mmol), Cl = 37 mval (mmol), K = 62 mval (mmol), Mg = 17 mval (8,5 mmol), Ca = 29 mval (14,5 mmol), P = 0,92 g (29,7 mmol), Fe = 10,2 mg (0,183 mmol), Mn = 2,6 mg (47,3 µmol), Co = 71,3 µg (1,21 µmol), Cu = 1,2 mg (18,9 µmol), Zn = 8,2 mg (125,4 µmol), F = 0,65 mg (µ 34,2 µmol), J = 39,8 µg (0,31 µmol). Vitamine: A = 8,55 mg (29,8 µmol), B_1 = 1,19 mg (3,53 µmol), B_2 = 1,12 mg (2,98 µmol), C = 93 mg (0,53 mmol), D = 15 IE. Cholesterin = 150 mg (0,39 mmol), Polyenfettsäuren = 7,51 g.

Reduktionskost zu 1000 kcal (≈ 4190 kJ) Schonkost

Frühstück

Kaffee oder Tee, 10 g Magermilchpulver, 50 g Brot (vorzugsweise Vollkornbrotsorten), 5 g Butter, 30 g Schmelzkäse (20% F. i. Tr.).

Mittagessen

Kalbsbraten: 80 g Kalbfleisch mittelfett, 3 g Öl, Estragon, eine Spur Pfeffer. – Fleisch vorbereiten, würzen, einfetten und im Ofen oder im Grillgerät garen.

Broccoli: 200 g Broccoliröschen, 3 g Butter oder Margarine, Salz, Muskat. Broccoli in Fett andünsten, etwas Wasser angießen, würzen und garen.

Chicoréesalat: 100 g Chicoréeblätter, Salatsoße: 2 g Öl, Essig oder Zitronensaft, Salz, Gewürze und Kräuter.

Birnen: 165 g frisches Obst (oder 150 g ungesüßtes Kompott).

Nachmittag

Kaffee oder Tee, 10 g Kondensmilch (7,5% F.), 5 g Vollkornkekse.

Abendessen

Fisch Vinaigrette: 100 g Heilbuttscheiben in gut gewürztem Fischsud gegart, Salatsoße: 5 g Öl, Essig oder Zitronensaft, Salz, Gewürze und Kräuter. 30 g Feldsalat, 50 g Tomate. – Fisch in der Salatsoße gut durchziehen lassen und auf Feldsalat anrichten. Mit Tomatenschnitzen garnieren.

Brot: 50 g (vorzugsweise Vollkornbrotsorten).

Obstsalat: 100 g Melonenfleisch, 50 g Orangenfleisch, Zitronensaft. – Obst würfeln oder in Stifte schneiden und mit Zitronensaft abschmecken.

Getränk: ungesüßter Tee oder Mineralwasser.

Tageszufuhren: Eiweiß = 66 g, Fett = 29 g, Kohlenhydrate = 107 g, Kalorien = 991 kcal, Joule = 4149 kJ, Na = 44 mval (mmol), Cl = 33 mval (mmol), K = 82 mval (mmol), Mg = 19 mval (9,5 mmol), Ca = 36 mval (18,0 mmol), P = 1,21 g (39,1 mmol), Fe = 10,8 mg (0,193 mmol), Mn = 3,1 mg (56,4 µmol), Co = 54,2 µg (0,92 µmol), Cu = 4,2 mg (66,1 µmol), Zn = 7,7 mg (117,8 µmol), F = 0,65 mg (34,2 µmol), J = 74,2 µg (0,58 µmol). Vitamine: A = 3,72 mg (13,0 µmol), B_1 = 0,94 mg (2,79 µmol), B_2 = 1,46 mg (3,88 µmol), C = 306 mg (1,74 mmol), D = 342 IE. Cholesterin = 130 mg (0,34 mmol), Polyenfettsäuren = 9,13 g.

Reduktionskost zu 1000 kcal (≈ 4190 kJ) Schonkost

Frühstück

Kaffee oder Tee, 10 g Magermilchpulver, 50 g Brot (vorzugsweise Vollkornbrotsorten), 5 g Butter, 75 g Magerquark.

Mittagessen

Tomaten gefüllt: 100 g Tomaten, 100 g gehacktes mageres Rindfleisch, Salz, Muskat, eine Spur Pfeffer, gehackte Petersilie. – Gehacktes Rindfleisch abschmecken und in die ausgehöhlten Tomaten füllen. Tomaten in eine Auflaufform setzen, etwa Wasser angießen und im Backofen garen.

Kartoffelbrei: 80 g geschälte Kartoffeln, 20 g Vollmilch, Salz. – Kartoffeln kochen und noch heiß durch ein Sieb drücken, mit heißer Milch verrühren und abschmecken.

Endiviensalat: 50 g Endiviensalat, Salatsoße: 2 g Öl, Essig oder Zitronensaft, Salz, Gewürze und Kräuter.

Joghurtspeise: 100 g Joghurt (1,5% F.), mit 100 g Erdbeeren vermengen.

Nachmittag

Kaffee oder Tee, 10 g Kondensmilch (7,5% F.), 5 g Roggenflachbrot.

Abendessen

Kaltes Roastbeef: 60 g in dünne Scheiben aufgeschnitten.

Gemischter Salat: 150 g grüne Gurke, 30 g Kresse, Salatsoße: 5 g Öl, Essig oder Zitronensaft, Salz, Gewürze und Kräuter.

Brot: 30 g (vorzugsweise Vollkornbrotsorten).

Apfelkompott: 125 g ungesüßt.

Getränk: ungesüßter Tee oder Mineralwasser.

Tageszufuhren: Eiweiß = 66 g, Fett = 31 g, Kohlenhydrate = 108 g, Kalorien = 1010 kcal, Joule = 4229 kJ, Na = 31 mval (mmol), Cl = 34 mval (mmol), K = 71 mval (mmol), Mg = 20 mval (10,0 mmol), Ca = 38 mval (19,0 mmol), P = 1,0 g (32,3 mmol), Fe = 13,5 mg (0,242 mmol), Mn = 1,8 mg (32,8 μmol), Co = 45,7 μg (0,78 μmol), Cu = 1,1 mg (17,3 μmol), Zn = 8,9 mg (136,1 μmol), F = 0,73 mg (38,4 μmol), J = 48,8 μg (0,38 μmol). Vitamine: A = 1,42 mg (4,96 μmol), B_1 = 0,69 mg (2,05 μmol), B_2 = 1,33 mg (3,53 μmol), C = 148 mg (0,84 mmol), D = 5 IE. Cholesterin = 180 mg (0,47 mmol), Polyenfettsäuren = 4,82 g.

Reduktionskost zu 1000 kcal (≈ 4190 kJ) Schonkost

Frühstück

Kaffee oder Tee, 10 g Magermilchpulver, 50 g Brot (vorzugsweise Vollkornbrotsorten), 5 g Butter, 30 g Schnittkäse (20% F. i. Tr.).

Mittagessen

Schweinefilet mit Champignons: 100 g Schweinefilet, 50 g Champignons, 2 g Öl, Salz, Curry, gehackte Petersilie. – Fleisch in Fett anbraten, die vorbereiteten Champignons dazugeben, salzen und würzen, garen lassen. Mit Petersilie bestreut anrichten.

Schwarzwurzeln: 125 g Schwarzwurzeln, Salz, Muskat. – Schwarzwurzeln in wenig Wasser garen.

Kopfsalat: 50 g Salatblätter, Salatsoße: 2 g Öl, Essig oder Zitronensaft, Salz, Gewürze und Kräuter.

Himbeergelee: 100 g frischer Himbeersaft, Zitronensaft, etwas Süßstoff, 2 g Gelatine. – Himbeersaft mit etwas Wasser verdünnen und abschmecken, die aufgelöste Gelatine unterrühren, und die Speise erstarren lassen.

Nachmittag

Kaffee oder Tee, 50 g Magermilch, 5 g Hartkekse.

Abendessen

Bündner Fleisch: 30 g in sehr dünne Scheiben geschnitten.

Waldorfsalat: je 50 g Apfel, Ananas, Joghurt, 30 g Knollensellerie, Salz, Anis, Salatblätter. – Apfel, Ananas und Sellerie in Stifte schneiden und mit Joghurt vermischen, abschmecken und auf Salatblättern anrichten.

Brot: 15 g Knäckebrot.

Buttermilch: 150 g.

Getränk: ungesüßter Tee oder Mineralwasser.

Tageszufuhren: Eiweiß = 66 g, Fett = 30 g, Kohlenhydrate = 108 g, Kalorien = 998 kcal, Joule = 4178 kJ, Na = 70 mval (mmol), Cl = 62 mval (mmol), K = 63 mval (mmol), Mg = 17 mval (8,5 mmol), Ca = 47 mval (23,5 mmol), P = 1,24 g (40,0 mmol), Fe = 18,4 mg (0,330 mmol), Mn = 3,7 mg (67,3 µmol), Co = 36,2 µg (0,61 µmol), Cu = 1,2 mg (18,9 µmol), Zn = 4,9 mg (75,0 µmol), F = 0,48 mg (25,3 µmol), J = 34,9 µg (0,28 µmol). Vitamine: A = 0,48 mg (1,68 µmol), B_1 = 1,72 mg (5,10 µmol), B_2 = 1,74 mg (4,62 µmol), C = 71 mg (0,40 mmol), D = 55 IE. Cholesterin = 140 mg (0,36 mmol), Polyenfettsäuren = 3,49 g.

Reduktionskost zu 1000 kcal (≈ 4190 kJ) Schonkost

Frühstück

Kaffee oder Tee, 10 g Magermilchpulver, 50 g Brot (vorzugsweise Vollkornbrotsorten), 5 g Butter, 30 g Schmelzkäse (20% F. i. Tr.).

Mittagessen

Forelle gegrillt: 1 Forelle (ca. 300 g), 5 g Butter, Zitronensaft, etwas Oregano. – Fisch vorbereiten und im Grillgerät garen, mit zerlassener Butter anrichten.

Salzkartoffeln: 80 g geschälte Kartoffeln in Salzwasser garen.

Gemischter Salat: 100 g gekochter Spargel, 50 g Tomaten, 30 g Kresse, Salatsoße: 5 g Öl, Essig oder Zitronensaft, Salz, Gewürze und Kräuter.

Melone: 150 g Fruchtfleisch in Scheiben oder Würfel schneiden und mit Zitronensaft beträufeln. Gekühlt servieren.

Nachmittag

Kaffee oder Tee, 10 g Kondensmilch (7,5% F.), 5 g Zwieback.

Abendessen

Kalter Kalbsbraten: 60 g in feine Scheiben geschnitten.

Zucchini-Möhren-Gemüse: 100 g Zucchini, 100 g Möhren, Salz, etwas Thymian, gehackte Petersilie. – Gemüse in Scheiben schneiden und mit wenig Wasser aufsetzen, würzen und garen lassen. Mit Petersilie bestreut anrichten.

Brot: 20 g Weißbrot als Toast zubereitet.

Butter: 5 g.

Orangensaft: 150 g.

Getränk: ungesüßter Tee oder Mineralwasser.

Tageszufuhren: Eiweiß = 67 g, Fett = 30 g, Kohlenhydrate = 107 g, Kalorien = 994 kcal, Joule = 4162 kJ, Na = 40 mval (mmol), Cl = 37 mval (mmol), K = 84 mval (mmol), Mg = 18 mval (9,0 mmol), Ca = 30 mval (15,0 mmol), P = 1,2 g (38,7 mmol), Fe = 10,5 mg (0,188 mmol), Mn = 2,9 mg (52,8 µmol), Co = 39,3 µg (0,67 µmol), Cu = 1,8 mg (28,3 µmol), Zn = 6,9 mg (105,6 µmol), F = 0,78 mg (41,1 µmol), J = 54,9 µg (0,43 µmol). Vitamine: A = 7,41 mg (25,9 µmol), B_1 = 0,94 mg (2,79 µmol), B_2 = 1,20 mg (2,79 µmol), C = 192 mg (1,09 mmol), D = 112 IE. Cholesterin = 170 mg (0,44 mmol), Polyenfettsäuren = 4,55 g.

Reduktionskost zu 1000 kcal (≈ 4190 kJ) Schonkost

Frühstück

Kaffee oder Tee, 10 g Magermilchpulver, 50 g Brot (vorzugsweise Vollkornbrotsorten), 5 g Butter, 30 g Limburger (20% F. i. Tr.).

Mittagessen

Kalbsleber gegrillt: 100 g Kalbsleber, 2 g Öl, Salz, eine Spur Pfeffer, etwas Oregano. – Kalbsleber vorbereiten, würzen, einölen und von beiden Seiten grillen. Kurz vor dem Anrichten salzen.

Blumenkohl überbacken: 200 g Blumenkohlröschen, 5 g Butter oder Margarine, Salz, Muskat, gehackte Petersilie. – Blumenkohl in kochendem Wasser abwellen, abtropfen lassen und in eine Auflaufform schichten, Fettflöckchen darauf verteilen und im Backofen garen. Mit Petersilie bestreut anrichten.

Feldsalat: 50 g Feldsalat, Salatsoße: 2 g Öl, Essig oder Zitronensaft, Salz, Gewürze und Kräuter.

Aprikosen: 150 g Kompott ungesüßt (oder 165 g frische Früchte mit Stein).

Nachmittag

Kaffee oder Tee, 50 g Magermilch, 5 g Biskuitplätzchen.

Abendessen

Hühnerschlegel gegrillt: 110 g Hühnerschlegel (Gewicht mit Knochen), Salz, Paprika. – Fleisch vorbereiten, salzen, würzen und im Grillgerät garen.

Gemischter Salat: 50 g Endiviensalat, je 50 g gekochte rote Rüben und Kartoffeln, Salatsoße: 5 g Öl, Essig oder Zitronensaft, Gewürze und Kräuter. – Rote Rüben und Kartoffeln in Scheiben schneiden und mit der Salatsoße anmachen, durchziehen lassen und auf Salatblättern anrichten.

Birnenkompott: 150 g ungesüßt.

Getränk: ungesüßter Tee oder Mineralwasser.

Tageszufuhren: Eiweiß = 66 g, Fett = 30 g, Kohlenhydrate = 108 g, Kalorien = 998 kcal, Joule = 4178 kJ, Na = 42 mval (mmol), Cl = 31 mval (mmol), K = 84 mval (mmol), Mg = 20 mval (10,0 mmol), Ca = 29 mval (14,5 mmol), P = 1,13 g (36,5 mmol), Fe = 18,4 mg (0,330 mmol), Mn = 2,5 mg (45,5 µmol), Co = 473,7 µg (8,04 µmol), Cu = 6,9 mg (108,6 µmol), Zn = 15,1 mg (231,0 µmol), F = 0,61 mg (32,1 µmol), J = 38,6 µg (0,30 µmol). Vitamine: A = 7,36 mg (25,7 µmol), B_1 = 1,00 mg (2,97 µmol), B_2 = 3,77 mg (10,0 µmol), C = 250 mg (1,42 mmol), D = 36 IE. Cholesterin = 420 mg (1,09 mmol), Polyenfettsäuren = 8,05 g.

Reduktionskost zu 1000 kcal (≈ 4190 kJ) Schonkost

Frühstück

Kaffee oder Tee, 10 g Magermilchpulver, 50 g Brot (vorzugsweise Vollkornbrotsorten), 5 g Butter, 75 g Magerquark.

Mittagessen

Roastbeef: 100 g Roastbeef, 2 g Öl, Salz, eine Spur Pfeffer. – Fleisch wie üblich zubereiten, Bratenfond abschmecken.

Grüne Bohnen: 200 g grüne Bohnen, Salz, eine Spur Pfeffer. – Bohnen in wenig Wasser gardünsten.

Kopfsalat: 50 g Salatblätter, Salatsoße: 2 g Öl, Essig oder Zitronensaft, Salz, Gewürze und Kräuter.

Obstsalat: 150 g frisches Obst (außer Bananen und Weintrauben) zerkleinern und mit Zitronensaft und Süßstoff abschmecken.

Nachmittag

Kaffee oder Tee, 10 g Kondensmilch (7,5% F.), 5 g Vollkornkekse.

Abendessen

Tomaten mit Rührei gefüllt: 100 g Tomaten, 1 Ei, 5 g Magermilchpulver, etwas Schnittlauch, Salz, Muskat, etwas Kresse. – Tomaten aushöhlen und mit dem zubereiteten Rührei füllen, auf Kresse anrichten.

Brot: 50 g (vorzugsweise Vollkornbrotsorten).

Joghurt: 150 g (1,5% F.).

Getränk: ungesüßter Tee oder Mineralwasser.

Tageszufuhren: Eiweiß = 65 g, Fett = 31 g, Kohlenhydrate = 108 g, Kalorien = 1014 kcal, Joule = 4245 kJ, Na = 36 mval (mmol), Cl = 33 mval (mmol), K = 66 mval (mmol), Mg = 19 mval (9,5 mmol), Ca = 41 mval (20,5 mmol), P = 1,08 g (34,9 mmol), Fe = 12,5 mg (0,224 mmol), Mn = 2,6 mg (47,3 µmol), Co = 46,2 µg (0,78 µmol), Cu = 1,1 mg (17,3 µmol), Zn = 7,1 mg (108,6 µmol), F = 0,64 mg (33,7 µmol), J = 55,2 µg (0,44 µmol). Vitamine: A = 1,93 mg (6,74 µmol), B_1 = 0,84 mg (2,49 µmol), B_2 = 1,73 mg (4,60 µmol), C = 144 mg (0,82 mmol), D = 105 IE. Cholesterin = 320 mg (0,83 mmol), Polyenfettsäuren = 4,28 g.

Durchschnittliche Nahrungsmittelmenge pro Tag bei einer Schonkost von 1500 kcal (≈ 6280 kJ)

Nahrungsmittel	Menge g	Eiweiß g	Fett g	Kohlenhydrate g	Kilokalorien kcal	Kilojoule kJ
Vollmilch oder Joghurt	100	3,3	3,5	4,7	66	276
Magermilch, Buttermilch oder Magermilchjoghurt	100	3,5	0,5	4,0	36	151
Magermilchpulver	15	5,3	0,1	7,8	55	230
Kondensmilch	10	0,7	0,8	1,0	14	59
Magerquark	100	13,5	0,3	4,1	77	322
Käse bis 30% F. i. Tr.	30	7,9	4,9	1,1	84	352
Speiseöl (hochwertig)	5	–	5,0	–	47	197
Butter oder hochwertige Margarine	10	–	8,3	–	78	327
Fleisch mager	125	23,5	17,1	–	266	1114
Brotaufstrich mager	30	4,5	6,2	–	79	331
Brot (vorzugsweise dunkle Sorten)	120	10,1	1,2	57,8	300	1256
Zwieback oder trockene Kekse	5	0,5	0,2	3,8	20	84
Diabetikerkonfitüre	20	–	–	6,8	28	117
Kartoffeln	100	2,1	–	18,5	87	364
Frischobst oder reine Säfte	300	2,4	–	34,5	156	653
Gemüse frisch	300	5,2	–	18,9	102	427
Salat	100	1,8	–	2,6	20	84
Gesamtzufuhr	1470	84,3 24%	48,1 30%	165,6 46%	1515	6344

Durchschnittswerte der Stoffzufuhr pro Woche bei einer Schonkost von 1500 kcal (≈ 6280 kJ)

	Eiweiß g	Fett g	Kohlenhydrate g	Kilokalorien kcal	Kilojoule kJ
1. Woche	83 23%	49 31%	165 46%	1490	6238
2. Woche	83 23%	49 31%	165 46%	1490	6238

	Natrium Na mval (mmol)	Chlor Cl mval (mmol)	Kalium K mval (mmol)	Magnesium Mg mval (mmol)	Kalzium Ca mval (mmol)	Phosphor P g (mmol)	Eisen Fe mg (mmol)
1. Woche	63	53	95	26 (13,0)	48 (24,0)	1,44 (46,5)	17,32 (0,310)
2. Woche	53	50	92	25 (12,5)	50 (25,0)	1,41 (45,5)	15,78 (0,283)

	Mangan Mn mg (µmol)	Kobalt Co µg (µmol)	Kupfer Cu mg (µmol)	Zink Zn mg (µmol)	Fluor F mg (µmol)	Jod J mg (µmol)
1. Woche	9,16 (166,7)	121,10 (2,06)	3,09 (48,6)	10,35 (158,3)	0,75 (39,5)	0,08 (0,63)
2. Woche	3,85 (70,1)	63,23 (1,07)	2,39 (37,6)	9,66 (147,8)	0,72 (37,9)	0,07 (0,55)

	Vitamin A mg (µmol)	Vitamin B_1 mg (µmol)	Vitamin B_2 mg (µmol)	Vitamin C mg (mmol)	Vitamin D IE
1. Woche	4,18 (14,6)	1,47 (4,36)	2,28 (6,06)	244 (1,39)	120
2. Woche	5,32 (18,6)	1,29 (3,82)	1,90 (5,05)	216 (1,23)	105

	Cholesterin mg (mmol)	Polyenfettsäuren g
1. Woche	358 (0,93)	7,84
2. Woche	272 (0,70)	6,72

Reduktionskost zu 1500 kcal (= 6280 kJ) Schonkost

1. Frühstück

Kaffee oder Tee, 50 g Vollmilch, 60 g Brot (vorzugsweise Vollkornbrotsorten), 10 g Butter, 20 g Diabetikerkonfitüre, 30 g Edamer (30% F. i. Tr.).

2. Frühstück

200 g Orangensaft.

Mittagessen

Schweineschnitzel: 100 g Schweineschnitzel, 50 g weiße Rüben in Würfel geschnitten, 3 g Öl, Salz, Paprika, gehackte Petersilie, etwas Curry. – Fleisch in Öl anbraten, die Rüben dazugeben, salzen, würzen und gar schmoren lassen. Mit Petersilie bestreut anrichten.

Wirsinggemüse: 200 g Wirsing in Streifen geschnitten, Salz, Muskat. Wirsing mit wenig Wasser aufsetzen, salzen, würzen und garen lassen.

Salzkartoffeln: 100 g geschälte Kartoffeln in wenig Wasser garen.

Kopfsalat: 50 g Salatblätter, Salatsoße: 2 g Öl, Essig oder Zitronensaft, Salz, Gewürze und Kräuter.

Bratapfel: 150 g Apfel (Gewicht ohne Kerngehäuse), etwas Zitronensaft. – Apfel kreuzweise einritzen, mit Zitronensaft beträufeln und im Backofen garen.

Nachmittag

Kaffee oder Tee, 10 g Kondensmilch (7,5% F.), 10 g Vollkornkekse.

Abendessen

Schinken mit Spargel: 60 g mageren Schinken in dünne Scheiben aufschneiden. 250 g Spargel in wenig Salzwasser kochen, abtropfen lassen und mit 5 g zerlassener Butter und dem Schinken zusammen anrichten.

Brot: 60 g (vorzugsweise Vollkornbrotsorten).

Käse: 30 g Limburger (20% F. i. Tr.).

Getränk: ungesüßter Tee oder Mineralwasser.

Spätmahlzeit

150 g Joghurt (1,5% F.).

Tageszufuhren: Eiweiß = 84 g, Fett = 50 g, Kohlenhydrate = 166 g, Kalorien = 1502 kcal, Joule = 6289 kJ, Na = 89 mval (mmol), Cl = 47 mval (mmol), K = 85 mval (mmol), Mg = 28 mval (14,0 mmol), Ca = 50 mval (25,0 mmol), P = 1,44 g (46,5 mmol), Fe = 14,7 mg (0,263 mmol), Mn = 38,6 mg (702,6 µmol), Co = 79,3 µg (1,35 µmol), Cu = 2,2 mg (34,6 µmol), Zn = 13,7 mg (209,6 µmol), F = 0,87 mg (45,8 µmol), J = 57,6 µg (0,45 µmol). Vitamine: A = 0,59 mg (2,06 µmol), B_1 = 2,25 mg (6,67 µmol), B_2 = 1,79 mg (4,76 µmol), C = 310 mg (1,76 mmol), D = 35 IE. Cholesterin = 190 mg (0,49 mmol), Polyenfettsäuren = 5,85 g.

Reduktionskost zu 1500 kcal (= 6280 kJ) Schonkost

1. Frühstück

Kaffee oder Tee, 50 g Vollmilch, 60 g Brot (vorzugsweise Vollkornbrotsorten), 10 g Butter, 20 g Diabetikerkonfitüre, 30 g Schnittkäse (20% F. i. Tr.).

2. Frühstück

Mixgetränk: 150 g Magermilch mit 50 g Bananenfleisch, 20 g Magerquark und etwas Zitronensaft im Mixer verquirlen, sofort anrichten.

Mittagessen

Leberscheiben mit Apfel: 150 g Kalbsleber, 5 g Margarine, 50 g Apfelscheiben, Salz, Paprika, Estragon, eine Spur Pfeffer. – Apfelscheiben dünsten oder grillen. Kalbsleber von beiden Seiten braten, die Apfelscheiben dazulegen, würzen und salzen und zusammen kurze Zeit schmoren lassen.

Stampfkartoffeln: 100 g Kartoffeln, Salz, Muskat, gehackte Petersilie. – Kartoffeln mit den Gewürzen in wenig Wasser garen, Kartoffeln zerdrücken oder zerrühren, abschmecken und mit Petersilie bestreut anrichten.

Tomaten mit Feldsalat: 50 g Feldsalat, 50 g Tomaten in Scheiben geschnitten, Salatsoße: 5 g Öl, Essig oder Zitronensaft, Salz, Gewürze und Kräuter.

Aprikosen: 150 g ungesüßtes Kompott oder 165 g Frischobst (Gewicht mit Stein).

Nachmittag

Kaffee oder Tee, 10 g Magermilchpulvwer, 10 g Biskuitplätzchen.

Abendessen

Kartoffelomelett: 2 Eier, 50 g Vollmilch, 100 g Kartoffeln, etwas Schnittlauch, 3 g Öl, Salz, Muskat, Paprika, gehackte Petersilie. – Kartoffeln kochen und in Würfel schneiden. Aus Eiern, Milch, Gewürzen und Schnittlauch eine Omelettmasse schlagen, in der Pfanne stocken lassen, die Kartoffeln auf dem Omelett verteilen, einschlagen und sofort servieren.

Endiviensalat: 50 g Endiviensalat, Salatsoße: 2 g Öl, Essig oder Zitronensaft, Salz, Gewürze und Kräuter.

Getränk: ungesüßter Tee oder Mineralwasser.

Spätmahlzeit

200 g Tomatensaft, 5 g Zwieback.

Tageszufuhren: Eiweiß = 83 g, Fett = 50 g, Kohlenhydrate = 166 g, Kalorien = 1500 kcal, Joule = 6280 kJ, Na = 55 mval (mmol), Cl = 57 mval (mmol), K = 105 mval (mmol), Mg = 22 mval (11,0 mmol), Ca = 50 mval (25,0 mmol), P = 1,60 g (51,7 mmol), Fe = 25,2 mg (0,451 mmol), Mn = 2,4 mg (43,7 μmol), Co = 107,1 μg (1,82 μmol), Cu = 9,8 mg (154,2 μmol), Zn = 18,5 mg (283,0 μmol), F = 0,57 mg (30,0 μmol), J = 68,8 μg (0,54 μmol). Vitamine: A = 9,99 mg (34,9 μmol), B_1 = 1,27 mg (3,77 μmol), B_2 = 5,48 mg (14,6 μmol), C = 193 mg (1,10 mmol), D = 247 IE. Cholsterin = 1050 mg (2,72 mmol), Polyenfettsäuren = 11,02 g.

Reduktionskost zu 1500 kcal (= 6280 kJ) Schonkost

1. Frühstück

Kaffee oder Tee, 50 g Vollmilch, 60 g Brot (vorzugsweise Vollkornbrotsorten), 10 g Butter, 20 g Diabetikerkonfitüre, 1 Ei.

2. Frühstück

Müsli: 15 g Haferflocken, 55 g Apfel, 45 g Orange, 30 g Joghurt, Zitronensaft, 5 g Magermilchpulver. – Obst zerkleinern und mit den übrigen Zutaten vermischen, sofort servieren.

Mittagessen

Tomaten gefüllt: 120 g Tomaten, 100 g Hackmasse (35 g Rindfleisch, 35 g Kalbfleisch, 10 g Schweinefleisch, 10 g Ei, 10 g Brötchen), Salz, Muskat, gehackte Petersilie, 3 g Öl. – Tomaten aushöhlen und mit der würzig abgeschmeckten Hackmasse füllen, in eine ausgefettete Auflaufform setzen und im Backofen garen.

Chinakohl: 200 g Chinakohl grob schneiden, salzen und mit Muskat würzen, mit wenig Wasser garen und mit Petersilie bestreut anrichten.

Salzkartoffeln: 100 g geschälte Kartoffeln in Salzwasser garen.

Kressesalat: 30 g Kresse, Salatsoße: 2 g Öl, Essig oder Zitronensaft, Salz, Gewürze und Kräuter.

Joghurtspeise: 100 g Joghurt (3,5% F.), 100 g Erdbeeren, Zitronensaft und Süßstoff. – Erdbeeren mit Zitronensaft und Süßstoff abschmecken und mit Joghurt schichtweise in Schälchen füllen.

Nachmittag

Kaffee oder Tee, 10 g Kondensmilch (7,5% F.), 10 g Zwieback.

Abendessen

Seezungenfilet garniert: 150 g Seezungenfilet, 50 g Champignons, 3 g Öl, gehackte Petersilie, Salz, Thymian, Rosmarin, eine Spur Pfeffer. – Fisch vorbereiten und in Öl von beiden Seiten anbraten, beiseite stellen und die Champignons im restlichen Fett dünsten. Den Fisch wieder dazugeben und noch kurz zusammen ziehen lassen. Mit Petersilie bestreut anrichten.

Reis: 30 g Reis mit der entsprechenden Menge Wasser garen.

Kopfsalat: 50 g Salatblätter, Salatsoße: 2 g Öl, Essig oder Zitronensaft, Gewürze und Kräuter.

Getränk: ungesüßter Tee oder Mineralwasser.

Spätmahlzeit

Obstsalat: 150 g frisches Obst (außer Weintrauben und Bananen) zerkleinern und mit Zitronensaft und Süßstoff abschmecken. Mit 5 g Weizenkeimen bestreut anrichten.

Tageszufuhren: Eiweiß = 83 g, Fett = 49 g, Kohlenhydrate = 166 g, Kalorien 1500 kcal, Joule 6280 kJ, Na = 34 mval (mmol), Cl = 37 mval (mmol), K = 100 mval (mmol), Mg = 34 mval (17,0 mmol), Ca = 37 mval (18,5 mmol), P = 1,50 g (48,4 mmol), Fe = 16,3 mg (0,292 mmol), Mn = 5,8 mg (105,6 µmol), Co = 60,3 µg (1,02 µmol), Cu = 2,2 mg (34,6 µmol), Zn = 9,1 mg (139,2 µmol), F = 0,86 mg (45,3 µmol), J = 81,0 µg (0,64 µmol). Vitamine: A = 2,15 mg (7,51 µmol), B_1 = 1,26 mg (3,74 µmol), B_2 = 1,68 mg (4,46 µmol), C = 304 mg (1,73 mmol), D = 228 IE. Cholesterin = 470 mg (1,22 mmol), Polyenfettsäuren = 9,57 g.

Reduktionskost zu 1500 kcal (= 6280 kJ) Schonkost

1. Frühstück

Kaffee oder Tee, 50 g Vollmilch, 60 g Brot (vorzugsweise Vollkornbrotsorten), 10 g Butter, 20 g Diabetikerkonfitüre, 100 g Magerquark.

2. Frühstück

150 g ungesüßtes Birnenkompott.

Mittagessen

Huhn gebacken: 100 g Hühnerfleisch (Gewicht ohne Knochen), 3 g Öl, Salz, Paprika, Majoran und Thymian. – Hühnerfleisch vorbereiten, salzen, würzen und einölen und im Grillgerät oder im Backofen garen.

Pellkartoffeln: 100 g Kartoffeln mit der Schale garen.

Gemischter Salat: 50 g Salatblätter, 50 g gekochter Spargel, 50 g gekochte Möhrenscheiben, 50 g Tomatenscheiben, Salatsoße: 5 g Öl, Essig oder Zitronensaft, Salz, Gewürze und Kräuter. – Das Gemüse auf einem Salatteller anrichten und mit der Salatsoße übergießen.

Himbeergelee: 100 g Himbeersaft frisch, etwas Zitronensaft und Süßstoff, 2 g Gelatine, 10 g Schlagsahne. – Himbeersaft mit etwas Wasser verdünnen und abschmecken, die aufgelöste Gelatine unterrühren und die Speise erstarren lassen. Mit Schlagsahne verzieren.

Nachmittag

Kaffee oder Tee, 10 g Kondensmilch (7,5% F.), 10 g Hartkekse.

Abendessen

Roastbeef kalt: 60 g Roastbeef in feine Scheiben aufgeschnitten.

Blumenkohlsalat: 200 g Blumenkohlröschen gekocht, Salatsoße: 5 g Öl, Essig oder Zitronensaft, Salz, Gewürze und Kräuter. – Blumenkohl auf Salatblättern anrichten und mit der Salatsoße begießen, einige Zeit ziehen lassen.

Brot: 60 g (vorzugsweise Vollkornbrotsorten).

Butter: 5 g.

Getränk: ungesüßter Tee oder Mineralwasser.

Spätmahlzeit

200 g Buttermilch, 10 g Knäckebrot.

Tageszufuhren: Eiweiß = 81 g, Fett = 49 g, Kohlenhydrate = 166 g, Kalorien = 1480 kcal, Joule = 6196 kJ, Na = 47 mval (mmol), Cl = 41 mval (mmol), K = 90 mval (mmol), Mg = 28 mval (14,0 mmol), Ca = 32 mval (16,0 mmol), P = 1,27 g (41,0 mmol), Fe = 16,2 mg (0,290 mmol), Mn = 3,9 mg (71,0 µmol), Co = 92,8 µg (1,57 µmol), Cu = 1,7 mg (26,8 µmol), Zn = 7,7 mg (117,8 µmol), F = 0,72 mg (37,9 µmol), J = 49,6 µg (0,39 µmol). Vitamine: A = 3,79 mg (13,2 µmol), B_1 = 1,03 mg (3,05 µmol), B_2 = 1,58 mg (4,20 µmol), C = 236 mg (1,34 mmol), D = 14 IE. Cholesterin = 170 mg (0,44 mmol), Polyenfettsäuren = 9,27 g.

Reduktionskost zu 1500 kcal (= 6280 kJ) Schonkost

1. Frühstück

Kaffee oder Tee, 50 g Vollmilch, 60 g Brot (vorzugsweise Vollkornbrotsorten), 10 g Butter, 20 g Diabetikerkonfitüre, 30 g Schmelzkäse (20% F. i. Tr.).

2. Frühstück

150 g Joghurt (1,5% F.).

Mittagessen

Rotbarsch gedünstet: 150 g Rotbarschfilet, 3 g Margarine, 10 g feingehacktes Suppengrün, Salz, Rosmarin. – Fisch vorbereiten und in eine ausgefettete Auflaufform legen, salzen, würzen und mit Suppengrün bestreuen, etwas Wasser angießen und im Backofen garen.

Kartoffelscheiben gegrillt: 100 g Kartoffeln mit der Schale garen, pellen und in Scheiben schneiden, im Grillgerät braten und mit Petersilie bestreut anrichten.

Spinat: 200 g Blattspinat, 5 g Butter, Salz, Muskat. – Spinat in Fett andünsten, salzen, würzen und garen.

Fenchel mit Kopfsalat: 50 g Fenchel in Stifte geschnitten, 50 g Salatblätter, Salatsoße: 2 g Öl, Essig oder Zitronensaft, Gewürze und Kräuter.

Orangensalat: 150 g Orangenfleisch, etwas Zitronensaft und Süßstoff. – Orangenfleisch in Scheiben oder Stifte schneiden und mit Zitronensaft und Süßstoff abschmecken.

Nachmittag

Kaffee oder Tee, 10 g Kondensmilch (7,5% F.), 10 g Vollkornkekse.

Abendessen

Pikanter Quarkauflauf: 100 g Magerquark, ½ Ei, 20 g Grieß, 20 g Vollmilch, 10 g geriebener Emmentaler, 2 g Öl, Salz, Muskat, gehackte Petersilie. – Quark, Ei, Milch und Gewürze verrühren, Grieß und geriebenen Käse dazugeben und die Masse in eine ausgefettete Auflaufform füllen. Im Ofen backen.

Bohnengemüse: 150 g grüne Bohnen in wenig Wasser mit Salz und Bohnenkraut garen. In 5 g zerlassener Butter schwenken.

Getränk: ungesüßter Tee oder Mineralwasser.

Spätmahlzeit

150 g Johannisbeersaft, 10 g Knäckebrot.

Tageszufuhren: Eiweiß = 86 g, Fett = 50 g, Kohlenhydrate = 166 g, Kalorien 1510 kcal, Joule = 6322 kJ, Na = 54 mval (mmol), Cl = 39 mval (mmol), K = 111 mval (mmol), Mg = 33 mval (16,5 mmol), Ca = 79 mval (39,5 mmol), P = 1,56 g (50,4 mmol), Fe = 19,9 mg (0,356 mmol), Mn = 3,0 mg (54,6 mmol), Co = 44,6 µg (0,76 µmol), Cu = 1,7 mg (26,8 µmol), Zn = 6,58 mg (100,6 µmol), F = 0,98 mg (51,6 µmol), J = 184,3 µg(1,45 µmol). Vitamine: A = 6,47 mg (22,6 µmol), B_1 = 1,22 mg (3,62 µmol), B_2 = 1,99 mg (5,29 µmol), C = 334 mg (1,90 mmol), D = 226 IE. Cholsterin = 270 mg (0,70 mmol), Polyenfettsäuren = 5,81 g.

Reduktionskost zu 1500 kcal (= 6280 kJ) Schonkost

1. Frühstück

Kaffee oder Tee, 50 g Vollmilch, 60 g Brot (vorzugsweise Vollkornbrotsorten), 10 g Butter, 20 g Diabetikerkonfitüre, 30 g Camembert (30% F. i. Tr.).

2. Frühstück

200 g Erdbeeren.

Mittagessen

Steak: 100 g Rindersteak, 2 g Öl, Salz, eine Spur Pfeffer. – Fleisch vorbereiten, salzen, würzen und im Grillgerät oder in der Pfanne garen.

Chicorée gedünstet: 200 g Chicorée, 5 g Margarine, Salz, Muskat, gehackte Petersilie. – Chicorée in kochendem Salzwasser überwellen, in eine Auflaufform füllen, salzen und würzen und im Backofen garen. Mit Petersilie bestreut anrichten.

Reis: 30 g Reis mit der entsprechenden Menge Wasser garen.

Kopfsalat: 50 g Salatblätter, Salatsoße: 2 g Öl, Essig oder Zitronensaft, Salz, Gewürze und Kräuter.

Quarkspeise: 75 g Magerquark, 75 g Brombeeren, Zitronensaft und Süßstoff. – Brombeeren mit den übrigen Zutaten verrühren und abschmecken.

Nachmittag

Kaffee oder Tee, 10 g Magermilchpulver, 30 g Weißbrot als Toast zubereitet.

Abendessen

Bündner Fleisch: 20 g in sehr feine Scheiben geschnitten.

Gemischter Salat: 50 g Artischockenherzen, 50 g Tomaten, 30 g Kresse, 50 g Radieschen, 50 g Joghurt, 3 g Öl, Essig oder Zitronensaft, Salz, Gewürze und Kräuter. – Artischockenherzen ganz lassen, Tomaten in Scheiben schneiden, Radieschen vierteln und alles mit der Kresse auf einem Salatteller anrichten. Eine pikante Soße herstellen und über den Salat verteilen.

Brot: 60 g (vorzugsweise Vollkornbrotsorten).

Butter: 5 g.

Getränk: ungesüßter Tee oder Mineralwasser.

Spätmahlzeit

150 g Joghurt (1,5% F.).

Tageszufuhren: Eiweiß = 82 g, Fett = 48 g, Kohlenhydrate = 165 g, Kalorien = 1480 kcal, Joule = 6196 kJ, Na = 77 mval (mmol), Cl = 79 mval (mmol), K = 76 mval (mmol), Mg = 24 mval (12,0 mmol), Ca = 49 mval (24,5 mmol), P = 1,41 g (45,5 mmol), Fe = 17,3 mg (0,310 mmol), Mn = 5,2 mg (94,6 µmol), Co = 45,4 µg (0,77 µmol), Cu = 1,8 mg (28,3 µmol), Zn = 9,1 mg (139,2 µmol), F = 0,70 mg (36,8 µmol), J = 64,8 µg (0,51 µmol). Vitamine: A = 2,54 mg (8,87 µmol), B_1 = 0,99 mg (2,94 µmol), B_2 = 1,69 mg (4,49 µmol), C = 223 mg (1,27 mmol), D = 22 IE. Cholesterin = 210 mg (0,54 mmol), Polyenfettsäuren = 6,57 g.

Reduktionskost zu 1500 kcal (= 6280 kJ) Schonkost

1. Frühstück

Kaffee oder Tee, 50 g Vollmilch, 60 g Brot (vorzugsweise Vollkornbrotsorten), 10 g Butter, 20 g Diabetikerkonfitüre, 30 g Limburger (20% F. i. Tr.).

2. Frühstück

Quarkspeise: 100 g Magerquark mit 30 g Vollmilch, Zitronensaft und Süßstoff verrühren und mit 5 g Weizenkeimen bestreut anrichten.

Mittagessen

Schweinefilet: 80 g Schweinefilet, 3 g Maiskeimöl, 50 g Champignons, 50 g Lauch, Salz, Paprika, Rosmarin, Lorbeerblatt, gehackte Petersilie. – Fleisch anbraten und beiseite legen. Im restlichen Öl die Champignons dünsten, salzen und würzen, das Fleisch dazugeben und gar dünsten. Mit Petersilie bestreut anrichten.

Kartoffelbrei: 100 g geschälte Kartoffeln in Wasser garen, durch ein Sieb drücken, mit Kartoffelwasser verrühren und abschmecken.

Gemischter Salat: 50 g Feldsalat, 50 g gekochte rote Rüben in Scheiben oder Stifte geschnitten. Salatsoße: 5 g Öl, Essig oder Zitronensaft, Salz, Gewürze und Kräuter, evtl. etwas Kümmelpulver.

Apfelkompott: 150 g Apfelstücke in wenig Wasser mit Zimt und Nelken garen.

Nachmittag

Kaffee oder Tee, 10 g Kondensmilch (7,5% F.), 10 g Knäckebrot.

Abendessen

Schinken: 60 g magerer roher Schinken in feine Scheiben aufgeschnitten.

Melone: 250 g Melonenfleisch in Würfel oder dicke Streifen geschnitten. Mit dem Schinken zusammen anrichten.

Brot: 60 g (vorzugsweise Vollkornbrotsorten).

Butter: 10 g.

Käse: 20 g Edamer (30% F. i. Tr.).

Getränk: ungesüßter Tee oder Mineralwasser.

Spätmahlzeit

150 g Karottensaft, 10 g Zwieback.

Tageszufuhren: Eiweiß = 85 g, Fett = 50 g, Kohlenhydrate = 165 g, Kalorien = 1490 kcal, Joule = 6238 kJ, Na = 86 mval (mmol), Cl = 74 mval (mmol), K = 88 mval (mmol), Mg = 17 mval (8,5 mmol), Ca = 42 mval (21,0 mmol), P = 1,34 g (43,3 mmol), Fe = 13,2 mg (0,236 mmol), Mn = 5,2 mg (94,6 μmol), Co = 0,42 mg (7,13 μmol), Cu = 2,2 mg (34,6 μmol), Zn = 7,9 mg (120,9 μmol), F = 0,59 mg (31,1 μmol), J = 59,1 μg (0,47 μmol). Vitamine: A = 3,75 mg (13,1 μmol), B_1 = 2,28 mg (6,76 μmol), B_2 = 1,75 mg (4,65 μmol), C = 110 mg (0,62 mmol), D = 73 IE. Cholsterin = 150 mg (0,39 mmol), Polyenfettsäuren = 6,84 g.

Reduktionskost zu 1500 kcal (= 6280 kJ7 Schonkost

1. Frühstück

Kaffee oder Tee, 50 g Vollmilch, 60 g Brot (vorzugsweise Vollkornbrotsorten), 10 g Butter, 20 g Diabetikerkonfitüre, 100 g Magerquark.

2. Frühstück

150 g Orangensaft, 5 g Biskuitplätzchen.

Mittagessen

Roastbeef: 80 g Roastbeef, 2 g Öl, Salz, Paprika, etwas Lorbeerblatt. – Fleisch wie üblich zubereiten, Bratenfond abschmecken.

Mischgemüse: 100 g Kartoffeln, je 50 g Karotten, grüne Bohnen und Kohlrabi, 5 g Butter, Salz, eine Spur Pfeffer, gehackte Petersilie. - Gemüse vorbereiten, in Würfel oder kurze Stücke schneiden und in wenig Wasser mit Salz und Gewürzen garen. In Butter schwenken und mit Petersilie bestreut anrichten.

Kopfsalat: 50 g Salatblätter, Salatsoße: 2 g Öl, Essig oder Zitronensaft, Salz, Gewürze und Kräuter.

Ananas: 150 g frische Ananasscheibe (oder 150 g ungesüßte Ananas aus Dosen).

Nachmittag

Kaffee oder Tee, 10 g Magermilchpulver, 10 g Vollkornkekse.

Abendessen

Gemüsesuppe mit Hühnerfleisch: 150 g kleingeschnittenes Suppengrün, 5 g Margarine, 60 g Hühnerfleisch (Gewicht ohne Knochen), Salz, Majoran, etwas Bohnenkraut, gehackte Petersilie. – Fleisch und Gemüse mit der entsprechenden Menge Wasser aufsetzen und garen lassen. Abschmecken und mit Petersilie bestreut anrichten.

Brot: 30 g Knäckebrot.

Butter: 5 g.

Käse: 30 g Harzer Käse.

Getränk: ungesüßter Tee oder Mineralwasser.

Spätmahlzeit

150 g Joghurt (3,5% F.).

Tageszufuhren: Eiweiß = 83 g, Fett = 49 g, Kohlenhydrate = 165 g, Kalorien = 1490 kcal, Joule = 6238 kJ, Na = 54 mval (mmol), Cl = 51 mval (mmol), K = 89 mval (mmol), Mg = 24 mval (12,0 mmol), Ca = 40 mval (20,0 mmol), P = 1,25 g (40,4, mmol), Fe = 12,5 mg (0,224 mmol), Mn = 5,7 mg (103,7 µmol), Co = 101,1 µg (1,72 µmol), Cu = 1,5 mg (23,6 µmol), Zn = 7,4 mg (113,2 µmol), F = 0,67 mg (35,3 µmol), J = 56,9 µg (0,45 µmol). Vitamine: A = 4,33 mg (15,1 µmol), B_1 = 1,15 mg (3,41 µmol), B_2 = 1,85 mg (4,92 µmol), C = 232 mg (1,32 mmol), D = 24 IE. Cholesterin = 160 mg (0,41 mmol), Polyenfettsäuren = 5,90 g.

Reduktionskost zu 1500 kcal (= 6280 kJ) Schonkost

1. Frühstück

Kaffee oder Tee, 50 g Vollmilch, 60 g Brot (vorzugsweise Vollkornbrotsorten), 10 g Butter, 20 g Diabetikerkonfitüre, 30 g Schnittkäse (20% F. i. Tr.).

2. Frühstück

Milchmixgetränk: 100 g Magermilch mit 75 g Himbeeren und etwas Zitronensaft im Mixer verschlagen. Mit 10 g Knäckebrot anrichten.

Mittagessen

Forelle blau: 1 Forelle (ca. 300 g), 5 g Butter, Zitronensaft, Salz, Fischsud. – Fischsud zubereiten und pikant abschmecken, zum Kochen bringen und die Forelle darin gar ziehen lassen. Mit Zitronensaft und zerlassener Butter anrichten.

Kartoffelbrei: 100 g geschälte Kartoffeln, 30 g Vollmilch, Salz, Muskat. Kartoffeln kochen und noch heiß durch ein Sieb drücken, mit heißer Milch verrühren und abschmecken.

Tomaten gedünstet: 200 g Tomaten, Salz, Thymian, eine Spur Pfeffer, 5 g Butter. – Tomaten kreuzweise einschneiden und in eine ausgefettete Auflaufform setzen, salzen, würzen und im Backofen garen.

Endiviensalat: 50 g Endiviensalat, Salatsoße: 2 g Öl, Essig oder Zitronensaft, Salz, Gewürze und Kräuter.

Obstsalat: 150 g frisches Obst (außer Bananen und Weintrauben) zerkleinern und mit Zitronensaft und etwas Süßstoff abschmecken.

Nachmittag

Kaffee oder Tee, 10 g Kondensmilch (7,5% F.), 10 g Zwieback.

Abendessen

Pellkartoffeln mit Quarksoße: 125 g Kartoffeln mit der Schale garen. 125 g Speisequark (20% F.), gehackte Kräuter, Salz, Paprika, ½ hartgekochtes Ei. – Ei würfeln oder mit der Gabel zerdrücken und mit den übrigen Zutaten verrühren, pikant abschmecken. Mit den gepellten Kartoffeln und 5 g Butter anrichten.

Kopfsalat: 50 g Salatblätter, Salatsoße: 2 g Öl, Essig oder Zitronensaft, Salz, Gewürze und Kräuter.

Getränk: ungesüßter Tee oder Mineralwasser.

Spätmahlzeit

150 g ungesüßtes Birnenkompott.

Tageszufuhren: Eiweiß = 83 g, Fett = 50 g, Kohlenhydrate = 166 g, Kalorien = 1490 kcal, Joule = 6238 kJ, Na = 46 mval (mmol), Cl = 55 mval (mmol), K = 103 mval (mmol), Mg = 24 mval (12,0 mmol), Ca = 64 mval (32,0 mmol), P = 1,43 g (46,2 mmol), Fe = 14,0 mg (0,251 mmol), Mn = 2,4 mg (43,7 µmol), Co = 73,1 µg (1,24 µmol), Cu = 1,9 mg (29,9 µmol), Zn = 5,63 mg (86,1 µmol), F = 0,76 mg (40,0 µmol), J = 48,5 µg (0,38 µmol). Vitamine: A = 2,46 mg (8,59 µmol), B_1 = 0,91 mg (2,70 µmol), B_2 = 1,49 mg (3,96 µmol), C = 201 mg (1,14 mmol), D = 81 IE. Cholesterin = 350 mg (0,91 mmol), Polyenfettsäuren = 5,41 g.

Reduktionskost zu 1500 kcal (= 6280 kJ) Schonkost

1. Frühstück

Kaffee oder Tee, 50 g Vollmilch, 60 g Brot (vorzugsweise Vollkornbrotsorten), 10 g Butter, 20 g Diabetikerkonfitüre, 30 g Edamer (30% F. i. Tr.).

2. Frühstück

150 g ungesüßtes Kirschkompott (oder 170 g Frischobst).

Mittagessen

Geschnetzeltes Kalbfleisch: 80 g Kalbfleisch, 50 g Champignons, 2 g Öl, 10 g Sahne, Salz, eine Spur Pfeffer, etwas Estragon, etwas Zwiebelpulver. – Champignons vorbereiten und mit etwas Zitronensaft vermischen. Fleisch in schmale Streifen schneiden und in Öl anbraten, salzen, würzen und gar dünsten, mit Sahne abschmecken.

Röstkartoffeln: 125 g Pellkartoffeln, 2 g Öl, Salz, Majoran. – Kartoffel in Scheiben schneiden und mit Öl bepinseln, salzen, würzen und im Grillgerät oder im Backofen goldbraun backen.

Feldsalat: 50 g Feldsalat, Salatsoße: 2 g Öl, Essig oder Zitronensaft, Salz, Gewürze und Kräuter.

Orange: 210 g (Gewicht mit Schale).

Nachmittag

Kaffee oder Tee, 10 g Magermilchpulver, 10 g Biskuitplätzchen.

Abendessen

Kalter Braten: 80 g Rinderbraten in feine Scheiben aufgeschnitten.

Gurkensalat: 150 g grüne Gurke, 50 g Joghurt (3,5% F.), gehackter Dill, Salz, eine Spur Pfeffer, Essig oder Zitronensaft. – Gurken in feine Scheiben schneiden, Salatsoße zubereiten und mit den Gurkenscheiben vermischen. Mit gehacktem Dill bestreuen.

Brot: 60 g (vorzugsweise Vollkornbrotsorten).

Butter: 5 g.

Käse: 30 g Camembert (30% F. i. Tr.).

Getränk: ungesüßter Tee oder Mineralwasser.

Spätmahlzeit

150 g Joghurt (1,5% F.), 5 g Weizenkeime.

Tageszufuhren: Eiweiß = 83 g, Fett = 50 g, Kohlenhydrate = 165 g, Kalorien = 1500 kcal, Joule = 6280 kJ, Na = 59 mval (mmol), Cl = 54 mval (mmol), K = 89 mval (mmol), Mg = 23 mval (11,5 mmol), Ca = 54 mval (27,0 mmol), P = 1,52 g (49,1 mmol), Fe = 13,1 mg (0,235 mmol), Mn = 4,2 mg (76,4 μmol), Co = 42,5 μg (0,72 μmol), Cu = 1,9 mg (29,9 μmol), Zn = 13,8 mg (211,1 μmol), F = 0,75 mg (39,5 μmol), J = 58,9 μg (0,46 μmol). Vitamine: A = 1,73 mg (6,04 μmol), B_1 = 1,13 mg (3,35 μmol), B_2 = 1,79 mg (4,76 μmol), C = 155 mg (0,88 mmol), D = 192 IE. Cholesterin = 250 mg (0,65 mmol), Polyenfettsäuren = 5,25 g.

Reduktionskost zu 1500 kcal (= 6280 kJ) Schonkost

1. Frühstück

Kaffee oder Tee, 50 g Vollmilch, 60 g Brot (vorzugsweise Vollkornbrotsorten), 10 g Butter, 20 g Diabetikerkonfitüre, 100 g Magerquark.

2. Frühstück

Müsli: 15 g Haferflocken, 55 g Apfel, 45 g Orange, 30 g Joghurt, Zitronensaft. – Obst zerkleinern und mit den übrigen Zutaten vermischen. Sofort anrichten.

Mittagessen

Fleischspieß mit Ananas: 50 g Schweinefleisch mager, 50 g Schweineleber, 50 g Ananas, 2 g Öl, Salz, Paprika, etwas Zitronensaft. – Fleisch, Leber und Ananas in gleichgroße Würfel schneiden, salzen, mit Öl einpinseln und würzen, auf einen Spieß stecken und im Grillgerät garen.

Reis: 30 g Reis mit der entsprechenden Menge Wasser garen.

Gemischter Salat: 50 g Salatblätter, 50 g Chicoréescheiben, 50 g Tomatenscheiben, Salatsoße: 5 g Öl, Essig oder Zitronensaft, Salz, Gewürze und Kräuter.

Erdbeerschnee: 150 g Erdbeeren, Zitronensaft, ½ Eiweiß, evtl. etwas Süßstoff. – Erdbeeren zerdrücken und mit Zitronensaft und Süßstoff abschmecken. Eiweiß steif schlagen und unter die Erdbeeren ziehen.

Nachmittag

Kaffee oder Tee, 10 g Kondensmilch (7,5% F.), 10 g Hartkekse.

Abendessen

Truthahnschnitzel: 80 g Truthahnschnitzel, Salz, Paprika, 3 g Öl, Curry. – Schnitzel salzen, würzen, mit Öl einpinseln und im Grillgerät oder im Ofen garen.

Mischgemüse: 100 g Möhren, 100 g Spargel, Salz, eine Spur Pfeffer, gehackte Petersilie. – Gemüse vorbereiten und in wenig Wasser garen, abschmecken und mit Petersilie bestreut anrichten.

Brot: 20 g Knäckebrot.

Butter: 5 g.

Käse: 20 g Limburger (20% F. i. Tr.).

Getränk: ungesüßter Tee oder Mineralwasser.

Spätmahlzeit

150 g Orangensaft.

Tageszufuhren: Eiweiß = 84 g, Fett = 49 g, Kohlenhydrate = 166 g, Kalorien = 1490 kcal, Joule = 6238 kJ, Na = 40 mval (mmol), Cl = 32 mval (mmol), K = 75 mval (mmol), Mg = 24 mval (12,0 mmol), Ca = 30 mval (15,0 mmol), P = 1,15 g (37,1 mmol), Fe = 23,4 mg (0,419 mmol), Mn = 5,6 mg (101,9 µmol), Co = 66,4 µg (1,13 µmol), Cu = 4,6 mg (72,4 µmol), Zn = 10,5 mg (160,6 µmol), F = 0,61 mg (32,1 µmol), J = 54,4 µg (0,43 µmol). Vitamine: A = 8,79 mg (30,7 µmol), B_1 = 1,54 mg (4,57 µmol), B_2 = 2,85 mg (7,57 µmol), C = 293 mg (1,66 mmol), D = 27 IE. Cholesterin = 220 mg (0,57 mmol), Polyenfettsäuren = 9,01 g.

Reduktionskost zu 1500 kcal (= 6280 kJ) Schonkost

1. Frühstück

Kaffee oder Tee, 50 g Vollmilch, 60 g Brot (vorzugsweise Vollkornbrotsorten), 10 g Butter, 20 g Diabetikerkonfitüre, 1 Ei.

2. Frühstück

150 g Joghurt (1,5% F.), 5 g Weizenkeime.

Mittagessen

Hammelkeule: 80 g Hammelkeule, Salz, eine Spur Pfeffer, Rosmarin. – Fleisch vorbereiten, salzen, würzen und im Grillgerät garen.

Pellkartoffeln: 100 g geschälte Kartoffeln mit der Schale garen.

Bohnengemüse: 200 g grüne Bohnen, Salz, gehackte Petersilie. – Bohnen in wenig Wasser mit Salz und Gewürzen garen.

Endiviensalat: 50 g Endiviensalat, Salatsoße: 2 g Öl, Essig oder Zitronensaft, Salz, Gewürze und Kräuter.

Apfelkompott: 150 g Apfelstücke in wenig Wasser mit Zimt und Nelken garen.

Nachmittag

Kaffee oder Tee, 10 g Magermilchpulver, 10 g Knäckebrot.

Abendessen

Fischsalat: 150 g gekochter Rotbarsch, 30 g Kresse, je 50 g Fenchel und Tomate, 5 g Öl, Essig oder Zitronensaft, gehackter Dill, Estragon, Salz, eine Spur Pfeffer. – Fenchel und Tomaten in Streifen schneiden, den Fisch grob zerpflücken. Salatsoße zubereiten und das Gemüse und den Fisch damit vermengen. Gut durchziehen lassen. Auf Kresse anrichten.

Bort: 60 g Brot (vorzugsweise Vollkornbrotsorten).

Getränk: ungesüßter Tee oder Mineralwasser.

Spätmahlzeit

230 g Grapefruit (Gewicht mit Schale).

Tageszufuhren: Eiweiß = 83 g, Fett = 50 g, Kohlenhydrate = 166 g, Kalorien = 1500 kcal, Joule = 6280 kJ, Na = 49 mval (mmol), Cl = 36 mval (mmol), K = 99 mval (mmol), Mg = 29 mval (14,5 mmol), Ca = 40 mval (20,0 mmol), P = 1,46 g (47,1 mmol), Fe = 17,0 mg (0,304 mmol), Mn = 3,2 mg (58,2 µmol), Co = 69,7 µg (1,18 µmol), Cu = 2,1 mg (33,0 µmol), Zn = 9,0 mg (137,7 µmol), F = 0,87 mg (45,8 µmol), J = 165,1 µg (1,30 µmol). Vitamine: A = 3,07 mg (10,7 µmol), B_1 = 1,36 mg (4,03 µmol), B_2 = 1,69 mg (4,49 µmol), C = 233 mg (1,32 mmol), D = 247 IE. Cholesterin = 410 mg (1,06 mmol), Polyenfettsäuren = 7,20 g.

Reduktionskost zu 1500 kcal (= 6280 kJ) Schonkost

1. Frühstück

Kaffee oder Tee, 50 g Vollmilch, 60 g Brot (vorzugsweise Vollkornbrotsorten), 10 g Butter, 20 g Diabetikerkonfitüre, 100 g Magerquark.

2. Frühstück

150 g schwarzer Johannisbeersaft, 10 g Roggenflachbort.

Mittagessen

Gemüseeintopf mit Rindfleisch: 80 g Rindfleisch mager, 3 g Öl, 50 g Möhren, 100 g Broccoli, 25 g Porree, gehackte Petersilie, Salz, Muskat, Estragon. – Gemüse und Fleisch vorbereiten und kleinschneiden, in Öl andünsten, Wasser dazugeben, salzen, würzen und im geschlossenen Topf garen. Mit Petersilie bestreut anrichten.

Kopfsalat: 50 g Salatblätter, Salatsoße: 2 g Öl, Essig oder Zitronensaft, Salz, Gewürze und Kräuter.

Joghurt mit Früchten: 100 g Joghurt (3,5% F.), 10 g Magermilchpulver, 50 g kleingeschnittenes Obst (wie Apfel, Orange oder Beerenobst), Zitronensaft, evtl. Süßstoff. – Joghurt mit Zitronensaft, Milchpulver und Süßstoff abschmecken und das Obst unterziehen.

Nachmittag

Kaffee oder Tee, 10 g Kondensmilch (7,5% F.), 30 g Weißbrot als Toast zubereitet, 5 g Butter.

Abendessen

Schinken: 80 g magerer roher Schinken in dünne Scheiben aufgeschnitten.

Teigwaren: 30 g Teigwaren in Salzwasser garen.

Tomaten gedünstet: 150 g Tomaten, Salz, Paprika, 5 g Butter, Dill. – Tomaten kreuzweise einritzen und in eine ausgefettete Auflaufform setzen, salzen, würzen und im Ofen garen. Mit Dill bestreut anrichten.

Endiviensalat: 50 g Endiviensalat, Salatsoße: 2 g Öl, Essig oder Zitronensaft, Salz, Gewürze und Kräuter.

Getränk: ungesüßter Tee oder Mineralwasser.

Spätmahlzeit

50 g einfacher Vanillepudding, 100 g ungesüßtes Aprikosenkompott.

Tageszufuhren: Eiweiß = 84 g, Fett = 51 g, Kohlenhydrate = 166 g, Kalorien = 1500 kcal, Joule = 6280 kJ, Na = 80 mval (mmol), Cl = 78 mval (mmol), K = 96 mval (mmol), Mg = 24 mval (12,0 mmol), Ca = 60 mval (30,0 mmol), P = 1,22 g (39,4 mmol), Fe = 14,4 mg (0,258 mmol), Mn = 2,1 mg (38,2 µmol), Co = 49,2 µg (0,83 µmol), Cu = 2,5 mg (39,3 µmol), Zn = 7,6 mg (116,3 µmol), F = 0,68 mg (35,8 µmol), J = 37,5 µg (0,30 µmol). Vitamine: A = 6,74 mg (23,5 µmol), B_1 = 1,42 mg (4,21 µmol), B_2 = 1,79 mg (4,76 µmol), C = 269 mg (1,53 mmol), D = 23 IE. Cholesterin = 250 mg (0,65 mmol), Polyenfettsäuren = 6,74 g.

Reduktionskost zu 1500 kcal (= 6280 kJ) Schonkost

1. Frühstück

Kaffee oder Tee, 50 g Vollmilch, 60 g Brot (vorzugsweise Vollkornbrotsorten), 10 g Butter, 20 g Diabetikerkonfitüre, 30 g Edamer (30% F. i. Tr.).

2. Frühstück

Quarkspeise: 25 g Vollmilch, 75 g Speisequark (20% F.), Zitronensaft, evtl. Süßstoff, 10 g Weizenkeime. – Quarkspeise zubereiten und mit Weizenkeimen bestreut anrichten.

Mittagessen

Filetsteak: 80 g Rinderfilet, 2 g Öl, Salz, Paprika, 50 g Champignons, gehackte Petersilie. – Fleisch in Öl anbraten, Champignons dazugeben, salzen, würzen, garen lassen. Mit Petersilie bestreut anrichten.

Salzkartoffeln: 100 g geschälte Kartoffeln in Salzwasser garen.

Zucchini-Möhren-Gemüse: 100 g Zucchini, 100 g Möhren, 5 g Butter, Salz, eine Spur Pfeffer. – Gemüse in Scheiben schneiden und in Butter andünsten, etwas Wasser angießen, salzen, würzen und garen lassen.

Feldsalat: 50 g Feldsalat, Salatsoße: 2 g Öl, Essig oder Zitronensaft, Gewürze und Kräuter.

Obstsalat: 150 g Melonenfleisch, 50 g Bananenfleisch, Zitronensaft. – Obst in Würfel oder Stifte schneiden und mit Zitronensaft abschmecken.

Nachmittag

Kaffee oder Tee, 10 g Kondensmilch (7,5% F.), 15 g Biskuitplätzchen.

Abendessen

Reisfleisch: 30 g Reis, je 50 g Kalbfleisch und Schweinefleisch mager, 3 g Öl, 100 g feingeschnittenes Suppengrün, Salz, Paprika, eine Spur Pfeffer, Oregano, Lorbeerblatt. – Fleisch würfeln und anbraten, Gemüse dazugeben, salzen, würzen, den Reis dazuschütten, ½ Tasse Wasser angießen und garen lassen, abschmecken und mit Petersilie bestreut anrichten.

Kressesalat: 30 g Kresse, Salatsoße: 2 g Öl, Essig oder Zitronensaft, Salz, Gewürze und Kräuter.

Getränk: ungesüßter Tee oder Mineralwasser.

Spätmahlzeit

150 g Buttermilch, 10 g Vollkornkekse.

Tageszufuhren: Eiweiß = 85 g, Fett = 50 g, Kohlenhydrate = 165 g, Kalorien = 1490 kcal, Joule = 6238 kJ, Na = 43 mval (mmol), Cl = 46 mval (mmol), K = 94 mval (mmol), Mg = 27 mval (13,5 mmol), Ca = 62 mval (31,0 mmol), P = 1,48 g (47,8 mmol), Fe = 16,1 mg (0,288 mmol), Mn = 3,9 mg (71,0 µmol), Co = 40,8 µg (0,69 µmol), Cu = 2,2 mg (34,6 µmol), Zn = 13,7 mg (209,6 µmol), F = 0,71 mg (37,4 µmol), J = 103,4 µg (0,81 µmol). Vitamine: A = 10,15 mg (35,4 µmol), B_1 = 1,56 mg (4,63 µmol), B_2 = 1,86 mg (4,94 µmol), C = 131 mg (0,74 mmol), D = 142 IE. Cholesterin = 270 mg (0,70 mmol), Polyenfettsäuren = 7,55 g.

Durchschnittliche Nahrungsmittelmenge pro Tag bei einer Schonkost von 1800 kcal (≈ 7540 kJ)

Nahrungsmittel	Menge g	Eiweiß g	Fett g	Kohlenhydrate g	Kilokalorien kcal	Kilojoule kJ
Vollmilch oder Joghurt	100	3,3	3,5	4,7	66	276
Magermilch, Buttermilch oder Magermilchjoghurt	100	3,5	0,5	4,0	36	151
Kondensmilch	10	0,7	0,8	1,0	14	59
Magermilchpulver	10	3,5	0,1	5,2	37	155
Magerquark	150	20,2	0,5	6,2	116	486
Käse 30–45% F. i. Tr.	50	12,6	10,5	1,0	156	653
Ei	10	1,3	1,1	–	17	71
Butter	15	–	12,5	–	116	486
Margarine (hochwertig)	5	–	4,2	–	39	163
Speiseöl (hochwertig)	5	–	5,0	–	47	197
Fleisch mager	125	23,5	17,1	–	266	1114
Brotaufstrich mager	30	4,5	6,2	–	79	331
Brot (vorzugsweise dunkle Sorten)	150	12,6	1,5	72,3	375	1570
Zwieback oder trockene Kekse	10	1,0	0,4	7,6	40	167
Diabetikerkonfitüre	20	–	–	6,8	28	117
Frischobst oder reine Säfte	350	2,8	–	40,3	182	762
Kartoffeln	125	2,6	–	23,1	109	456
Gemüse frisch	300	5,2	–	18,9	102	427
Salat	150	2,7	–	3,9	30	126
Gesamtzufuhr	1715	100,0 23%	62,9 32%	195,0 45%	1855	7767

Durchschnittswerte der Stoffzufuhr pro Woche bei einer Schonkost von 1800 kcal (≈ 7540 kJ)

	Eiweiß g	Fett g	Kohlenhydrate g	Kilokalorien kcal	Kilojoule kJ
1. Woche	99 23%	62 32%	195 45%	1810	7578
2. Woche	100 23%	62 32%	195 45%	1810	7578

	Natrium Na mval (mmol)	Chlor Cl mval (mmol)	Kalium K mval (mmol)	Magnesium Mg mval (mmol)	Kalzium Ca mval (mmol)	Phosphor P g (mmol)	Eisen Fe mg (mmol)
1. Woche	79	64	105	30 (15,0)	58 (29,0)	1,71 (55,2)	17,86 (0,320)
2. Woche	86	75	99	30 (15,0)	60 (30,0)	1,74 (56,2)	19,52 (0,350)

	Mangan Mn mg (µmol)	Kobalt Co µg (µmol)	Kupfer Cu mg (µmol)	Zink Zn mg (µmol)	Fluor F mg (µmol)	Jod J mg (µmol)
1. Woche	4,95 (90,1)	73,14 (1,24)	2,95 (46,4)	12,28 (187,9)	0,80 (42,1)	0,08 (0,63)
2. Woche	6,97 (126,9)	166,93 (2,83)	3,19 (50,2)	12,78 (195,5)	0,78 (41,1)	0,08 (0,63)

	Vitamin A mg (µmol)	Vitamin B_1 mg (µmol)	Vitamin B_2 mg (µmol)	Vitamin C mg (mmol)	Vitamin D IE
1. Woche	4,82 (16,8)	1,73 (5,13)	1,95 (5,18)	256 (1,45)	226
2. Woche	6,27 (21,9)	1,32 (3,91)	2,52 (6,70)	203 (1,15)	138

	Cholesterin mg (mmol)	Polyenfettsäuren g
1. Woche	364 (0,94)	9,28
2. Woche	445 (1,15)	7,18

Reduktionskost zu 1800 kcal (≈ 7540 kJ) Schonkost

1. Frühstück

Kaffee oder Tee, 10 g Kondensmilch (7,5% F.), 80 g Brot (vorzugsweise Vollkornbrotsorten), 10 g Butter, 20 g Diabetikerkonfitüre, 40 g Edamer (40% F. i. Tr.).

2. Frühstück

Bananenmilch: 100 g Magermilch, 50 g Bananenfleisch, 5 g Zitronensaft und etwas Süßstoff im Mixer verquirlen und sofort anrichten.

Mittagessen

Rinderragout: 125 g mageres Rindfleisch, 3 g Öl, Salz, Paprika, Lorbeerblatt. – Rindfleisch in Würfel schneiden und in Öl scharf anbraten, salzen, würzen, etwas Wasser angießen und gar schmoren.

Teigwaren: 30 g Teigwaren in Salzwasser garen.

Gemischter Salat: 50 g gekochter Knollensellerie, 100 g gekochte Möhren, Zitronensaft, 5 g Öl, 50 g Salatblätter, Salz, Gewürze und Kräuter. – Sellerie und Möhren in Scheiben oder Stifte schneiden und mit den restlichen Zutaten anmachen, abschmecken und auf Salatblättern anrichten.

Bratapfel: 150 g Apfel (Gewicht ohne Kerngehäuse) mit Zitronensaft beträufeln und mit 10 g Diabetikerkonfitüre füllen. Im Backofen garen.

Nachmittag

Kaffee oder Tee, 10 g Magermilchpulver, 10 g Hartkekse.

Abendessen

Rotbarsch gedünstet: 150 g Rotbarschfilet, Salz, Zitronensaft, eine Spur Pfeffer, gehackter Dill, 5 g Butter. – Fisch vorbereiten und in eine ausgefettete Auflaufform legen, salzen, würzen und zugedeckt im Ofen garen, mit Dill bestreut anrichten.

Salzkartoffeln: 125 g geschälte Kartoffeln in Salzwasser garen.

Feldsalat: 50 g Feldsalat, Salatsoße: 2 g Öl, Essig oder Zitronensaft, Salz, Gewürze und Kräuter.

Brot: 30 g (vorzugsweise Vollkornbrotsorten).

Käse: 20 g Harzer Käse.

Getränk: ungesüßter Tee oder Mineralwasser.

Spätmahlzeit

165 g Birne (oder 150 g ungesüßtes Birnenkompott).

Tageszufuhr: Eiweiß = 99 g, Fett = 61 g, Kohlenhydrate = 196 g, Kalorien = 1800 kcal, Joule = 7536 kJ, Na = 68 mval (mmol), Cl = 56 mval (mmol), K = 96 mval (mmol), Mg = 27 mval (13,5 mmol), Ca = 45 mval (22,5 mmol), P = 1,53 g (49,4 mmol), Fe = 14,0 mg (0,251 mmol), Mn = 4,2 mg (76,4 µmol), Co = 63,5 µg (1,08 µmol), Cu = 1,7 mg (26,8 µmol), Zn = 11,6 mg (177,5 µmol), F = 0,92 mg (48,4 µmol), J = 168,9 µg (1,33 µmol). Vitamine: A = 7,61 mg (26,6 µmol), B_1 = 1,02 mg (3,02 µmol), B_2 = 1,45 mg (3,85 µmol), C = 102 mg (0,58 mmol), D = 151 IE. Cholesterin = 320 mg (0,83 mmol), Polyenfettsäuren = 8,50 g.

Reduktionskost zu 1800 kcal (≈ 7540 kJ) Schonkost

1. Frühstück

Kaffee oder Tee, 10 g Kondensmilch (7,5% F.), 80 g Brot (vorzugsweise Vollkornbrotsorten), 10 g Butter, 20 g Diabetikerkonfitüre, 1 Ei.

2. Frühstück

200 g Orangensaft, 10 g Knäckebrot, 25 g Magerquark.

Mittagessen

Kalbsbraten: 100 g Kalbfleisch mittelfett, 3 g Öl, Pfeffer, Salz, Estragon. – Fleisch wie üblich zubereiten, den Bratenfond abschmecken.

Broccoli: 200 g Broccoliröschen, 5 g Butter, Salz, Muskat. – Broccoli mit Gewürzen in Butter dünsten, etwas Wasser angießen und garen.

Reis: 30 g Reis mit entsprechender Wassermenge garen.

Kopfsalat: 50 g Salatblätter, Salatsoße: 2 g Öl, Essig oder Zitronensaft, Salz, Gewürze und Kräuter.

Aprikosenkompott: 150 g Aprikosen (ohne Stein) in wenig Wasser mit Zitronensaft und Süßstoff garen.

Nachmittag

Kaffee oder Tee, 50 g Vollmilch, 15 g Zwieback.

Abendessen

Schinken: 80 g magerer roher Schinken in dünne Scheiben aufgeschnitten.

Spargelsalat: 250 g gekochter Spargel, Salatsoße: 5 g Öl, Essig oder Zitronensaft, Salz, Gewürze und Kräuter.

Bort: 60 g (vorzugsweise Vollkornbrotsorten).

Butter: 5 g.

Käse: 30 g Emmentaler (45% F. i. Tr.).

Getränk: ungesüßter Tee oder Mineralwasser.

Spätmahlzeit

150 g Joghurt (3,5% F.).

Tageszufuhren: Eiweiß = 101 g, Fett = 62 g, Kohlenhydrate = 196 g, Kalorien = 1810 kcal, Joule = 7578 kJ, Na = 102 mval (mmol), Cl = 91 mval (mmol), K = 109 mval (mmol), Mg = 35 mval (17,5 mmol), Ca = 53 mval (26,5 mmol), P = 1,79 g (57,8 mmol), Fe = 19,3 mg (0,346 mmol), Mn = 4,8 mg (87,4 µmol), Co = 71,7 µg (1,22 µmol), Cu = 5,1 mg (80,3 µmol), Zn = 13,3 mg (203,5 µmol), F = 0,78 mg (41,1 µmol), J = 48,8 µg (0,38 µmol). Vitamine: A = 4,18 mg (14,6 µmol), B_1 = 2,31 mg (6,85 µmol), B_2 = 2,27 mg (6,03 µmol), C = 419 mg (2,38 mmol), D = 284 IE. Cholesterin = 470 mg (1,22 mmol), Polyenfettsäuren = 9,41 g.

Reduktionskost zu 1800 kcal (≈ 7540 kJ) Schonkost

1. Frühstück

Kaffee oder Tee, 10 g Kondensmilch (7,5% F.), 80 g Brot (vorzugsweise Vollkornbrotsorten), 10 g Butter, 20 g Diabetikerkonfitüre, 100 g Magerquark.

2. Frühstück

150 g Joghurt (3,5% F.), 5 g Magermilchpulver, 10 g Zwieback.

Mittagessen

Schweinefilet garniert: 120 g Schweinefilet, 50 g Champignons, 5 g Öl, Salz, eine Spur Pfeffer, Thymian, gehackte Petersilie. – Fleisch vorbereiten und in Öl anbraten, beiseite legen. Champignons mit den restlichen Zutaten im verbliebenen Öl dünsten, abschmecken und das Filet wieder dazugeben und kurze Zeit zusammen schmoren lassen. Mit Petersilie bestreut anrichten.

Tomaten gedünstet: 150 g Tomaten, Salz, etwas Oregano. – Tomaten kreuzweise einschneiden und in eine Auflaufform setzen, im Ofen garen.

Schweizer Rösti: 125 g Pellkartoffeln, gehackte Petersilie, 5 g Margarine, Salz, Muskat. – Kartoffeln auf einer groben Reibe reiben, Fett in der Pfanne erhitzen, die Kartoffeln darin verteilen und leicht andrücken. Die Kartoffelmasse salzen und würzen und von beiden Seiten braten. Mit Petersilie bestreut anrichten.

Kopfsalat: 50 g Salatblätter, Salatsoße: 2 g Öl, Essig oder Zitronensaft, Salz, Gewürze und Kräuter.

Süßkirschen: 170 g Frischobst oder 150 g ungesüßtes Kirschkompott.

Nachmittag

Kaffee oder Tee, 50 g Vollmilch, 15 g Knäckebrot.

Abendessen

Kaltes Huhn: 80 g Hühnerfleisch (Gewicht ohne Knochen).

Chicorée gedünstet: 200 g Chicoréestauden, 3 g Öl, Salz, Zitronensaft, Muskat und gehackte Petersilie. – Chicorée in kochendem Salzwasser kurz abwellen, abtropfen lassen und in ausgefettete Auflaufform schichten, salzen, würzen und mit dem restlichen Fett bepinseln. Im Ofen garen und mit Petersilie bestreut anrichten.

Brot: 60 g (vorzugsweise Vollkornbrotsorten).

Butter: 5 g.

Käse: 40 g Camembert (30% F. i. Tr.).

Getränk: ungesüßter Tee oder Mineralwasser.

Spätmahlzeit

200 g Orangensaft.

Tageszufuhren: Eiweiß = 99 g, Fett = 62 g, Kohlenhydrate = 195 g, Kalorien = 1800 kcal, Joule = 7536 kJ, Na = 54 mval (mmol), Cl = 53 mval (mmol), K = 107 mval (mmol), Mg = 31 mval (15,5 mmol), Ca = 45 mval (22,5 mmol), P = 1,65 g (53,3 mmol), Fe = 17,0 mg (0,304 mmol), Mn = 3,7 g (67,3 μmol), Co = 90,7 μg (1,54 μmol), Cu = 2,6 mg (40,9 μmol), Zn = 9,8 mg (149,9 μmol), F = 0,77 mg (40,5 μmol), J = 45,9 μg (0,36 μmol). Vitamine: A = 2,91 mg (10,2 μmol), B_1 = 2,55 mg (7,56 μmol), B_2 = 2,08 mg (5,53 μmol), C = 245 mg (1,39 mmol), D = 64 IE. Cholesterin = 200 mg (0,52 mmol), Polyenfettsäuren = 9,72 g.

Reduktionskost zu 1800 kcal (≈ 7540 kJ) Schonkost

1. Frühstück

Kaffee oder Tee, 10 g Kondensmilch (7,5% F.), 80 g Brot (vorzugsweise Vollkornbrotsorten), 10 g Butter, 20 g Diabetikerkonfitüre, 40 g Edamer (30% F. i. Tr.).

2. Frühstück

Obstsalat: 150 g Obstsalat aus frischen Früchten (außer Bananen und Weintrauben) mit Zitronensaft anmachen und mit 10 g Weizenkeimen bestreut anrichten.

Mittagessen

Gurke gefüllt: 150 g grüne Gurke, 125 g Hackmasse (45 g Rindfleisch, 45 g Kalbfleisch, 15 g Schweinefleisch, 10 g Ei, 10 g Brötchen, Salz, Muskat, etwas Paprika), 3 g Öl, Salz, gehackte Petersilie. – Die entkernte Gurke in kochendem Salzwasser abwellen, abtropfen lassen. Hackmasse in die Gurke füllen und diese in eine ausgefettete Form legen, wenig Wasser angießen und im Ofen garen. Mit Petersilie bestreut anrichten.

Kartoffelbrei: 125 g geschälte Kartoffeln, 50 g Vollmilch, Salz, Muskat. – Kartoffeln kochen und noch heiß durch ein Sieb pressen, mit heißer Milch verrühren und abschmecken.

Endiviensalat: 50 g Endiviensalat, Salatsoße: 2 g Öl, Essig oder Zitronensaft, Salz, Gewürze und Kräuter.

Erdbeeren: 200 g.

Nachmittag

Kaffee oder Tee, 10 g Magermilchpulver, 15 g Biskuitplätzchen.

Abendessen

Rührei mit Schinken und Schnittlauch: 2 Eier, 20 g magerer roher Schinken, 5 g Magermilchpulver, etwas gehackter Schnittlauch, 5 g Margarine, Salz, etwas Paprika. – Schinken kleinschneiden, Eier aufschlagen und mit den restlichen Zutaten und etwas Wasser gut verschlagen. Rührei in einer ausgefetteten Pfanne zubereiten.

Feldsalat: 50 g Feldsalat, Salatsoße: 2 g Öl, Essig oder Zitronensaft, Salz, Gewürze und Kräuter.

Brot: 60 g (vorzugsweise Vollkornbrotsorten).

Käse: 20 g Limburger (20% F. i. Tr.).

Getränk: ungesüßter Tee oder Mineralwasser.

Spätmahlzeit

200 g Buttermilch, 15 g Roggenflachbrot.

Tageszufuhren: Eiweiß = 97 g, Fett = 62 g, Kohlenhydrate = 195 g, Kalorien = 1800 kcal, Joule = 7536 kJ, Na = 87 mval (mmol), Cl = 77 mval (mmol), K = 94 mval (mmol), Mg = 32 mval (16,0 mmol), Ca = 89 mval (44,5 mmol), P = 1,84 g (59,4 mmol), Fe = 18,8 mg (0,337 mmol), Mn = 5,8 mg (105,6 µmol), Co = 42,8 µg (0,73 µmol), Cu = 2,3 mg (36,2 µmol), Zn = 14,2 mg (217,2 µmol), F = 0,71 mg (37,4 µmol), J = 65,1 µg (0,51 µmol). Vitamine: A = 2,52 mg (8,80 µmol), B_1 = 1,44 mg (4,27 µmol), B_2 = 2,12 mg (5,63 µmol), C = 233 mg (1,32 mmol), D = 333 IE. Cholesterin = 690 mg (1,87 mmol), Polyenfettsäuren = 10,54 g.

Reduktionskost zu 1800 kcal (≈ 7540 kJ) Schonkost

1. Frühstück

Kaffee oder Tee, 10 g Kondensmilch (7,5% F.), 1 Brötchen, 25 g Knäckebrot, 10 g Butter, 20 g Diabetikerkonfitüre, 40 g Gouda (45% F. i. Tr.).

2. Frühstück

15 g Cornflakes, 150 g Vollmilch.

Mittagessen

Heilbutt gegrillt: 150 g Heilbuttschnitte, 3 g Öl, Zitronensaft, Salz, Pfeffer, Rosmarin. – Fisch vorbereiten, mit Zitronensaft beträufeln, mit Öl einpinseln, salzen und würzen und im Grillgerät garen.

Fenchelgemüse: 200 g Fenchel, Salz, 5 g Butter, gehackte Petersilie. – Fenchel je nach Größe halbieren oder vierteln und in kochendem Salzwasser abwellen, abtropfen lassen und in eine ausgefettete Form schichten, salzen und würzen und im Ofen garen. Mit gehackter Petersilie bestreut anrichten.

Salzkartoffeln: 125 g geschälte Kartoffeln in wenig Salzwasser garen.

Kopfsalat: 50 g Salatblätter, Salatsoße: 2 g Öl, Essig oder Zitronensaft, Salz, Gewürze und Kräuter.

Apfelkompott: 150 g Apfelstücke in wenig Wasser mit Zimt und Nelken garen.

Nachmittag

Kaffee oder Tee, 10 g Magermilchpulver, 25 g Weißbrot als Toast zubereitet, 5 g Butter.

Abendessen

Gemüsesuppe mit Fleischklößchen: 100 g Gehacktes vom Kalb, ½ Ei, 150 kleingeschnittenes Suppengrün, 50 g gewürfelte Kartoffeln, 5 g Butter oder Margarine, Salz, Estragon, gehackte Petersilie und andere Kräuter. – Gehacktes mit Salz und Ei vermengen und abschmecken. Gemüse und Kartoffeln in Fett andünsten, Wasser angießen, würzen, salzen und garen lassen. Die Fleischbällchen in der Suppe gar ziehen lassen. Mit gehackten Kräutern bestreut anrichten.

Brot: 30 g (vorzugsweise Vollkornbrotsorten).

Butter: 5 g.

Getränk: ungesüßter Tee oder Mineralwasser.

Spätmahlzeit

150 g Tomatensaft mit Wasser verdünnt servieren.

Tageszufuhren: Eiweiß = 101 g, Fett = 62 g, Kohlenhydrate = 196 g, Kalorien = 1810 kcal, Joule = 7578 kJ, Na = 74 mval (mmol), Cl = 51 mval (mmol), K = 123 mval (mmol), Mg = 22 mval (11,0 mmol), Ca = 57 mval (28,5 mmol), P = 1,57 g (50,7 mmol), Fe = 18,5 mg (0,331 mmol), Mn = 2,5 mg (45,5 μmol), Co = 113,2 μg (1,92 μmol), Cu = 2,0 mg (31,5 μmol), Zn = 9,6 mg (146,9 μmol), F = 0,81 mg (42,6 μmol), J = 115,8 μg (0,91 μmol). Vitamine: A = 6,52 mg (22,8 μmol), B_1 = 1,49 mg (4,42 μmol), B_2 = 1,67 mg (4,44 μmol), C = 312 mg (1,77 mmol), D = 547 IE. Cholesterin = 370 mg (0,96 mmol), Polyenfettsäuren = 9,03 g.

Reduktionskost zu 1800 kcal (≈ 7540 kJ) Schonkost

1. Frühstück

Kaffee oder Tee, 10 g Kondensmilch (7,5% F.), 80 g Brot (vorzugsweise Vollkornbrotsorten), 10 g Butter, 20 g Diabetikerkonfitüre, 100 g Magerquark.

2. Frühstück

150 g Joghurt (3,5% F.), 50 g Heidelbeeren, 10 g Weizenkeime.

Mittagessen

Kartoffelsuppe mit Würstchen: 100 g Wiener, 150 g Kartoffeln, 100 g Möhren, gehackte Petersilie, Salz, Muskat, etwas Lorbeerblatt, gehackte Kräuter. – Kartoffeln und Möhren kleinschneiden und mit den Gewürzen und Salz in entsprechender Menge Wasser aufsetzen, garen lassen und abschmecken. Würstchen in der heißen Suppe gar ziehen lassen und mit Kräutern bestreut anrichten.

Endiviensalat: 50 g Endiviensalat, Salatsoße: 2 g Öl, Essig oder Zitronensaft, Salz, Gewürze und Kräuter.

Buttermilchspeise: 75 g Buttermilch, 100 g Himbeeren, Zitronensaft, Süßstoff, 2 g Gelatine. – Buttermilch, Himbeeren, Zitronensaft und Süßstoff im Mixer verschlagen und die ausgelöste Gelatine unter die Speise rühren, erstarren lassen.

Nachmittag

Kaffee oder Tee, 10 g Magermilchpulver, 10 g Zwieback.

Abendessen

Fleischsalat: 50 g kalter Schweinebraten, 50 g kaltes Hühnerfleisch, 30 g grüne Erbsen, 30 g Salzgurken, gehackte Petersilie, 50 g Joghurt (3,5% F.), 3 g Öl, Salz, Majoràn, eine Spur Pfeffer, Essig, Salatblätter. – Fleisch und Gurke in feine Streifen schneiden und mit den restlichen Zutaten vermengen, abschmecken und gut durchziehen lassen. Auf Salatblättern anrichten.

Brot: 60 g (vorzugsweise Vollkornbrotsorten).

Butter: 5 g.

Käse: 30 g Schnittkäse (20% F. i. Tr.).

Getränk: ungesüßter Tee oder Mineralwasser.

Spätmahlzeit

150 g Ananas frisch oder ungesüßtes Ananaskompott.

Tageszufuhren: Eiweiß = 100 g, Fett = 63 g, Kohlenhydrate = 195 g, Kalorien = 1820 kcal, Joule = 7620 kJ, Na = 119 mval (mmol), Cl = 77 mval (mmol), K = 96 mval (mmol), Mg = 35 mval (17,5 mmol), Ca = 58 mval (29,0 mmol), P = 1,79 g (57,8 mmol), Fe = 19,3 mg (0,346 mmol), Mn = 8,5 mg (154,7 µmol), Co = 39,9 µg (0,68 µmol), Cu = 4,5 mg (70,8 µmol), Zn = 10,3 mg (157,6 µmol), F = 0,81 mg (42,6 µmol), J = 62,0 µg (0,49 µmol). Vitamine: A = 7,32 mg (25,6 µmol), B_1 = 1,66 mg (4,92 µmol), B_2 = 1,99 mg (5,29 µmol), C = 149 mg (0,85 mmol), D = 29 IE. Cholesterin = 220 mg (0,57 mmol), Polyenfettsäuren = 7,54 g.

Reduktionskost zu 1800 kcal (≈ 7540 kJ) Schonkost

1. Frühstück

Kaffee oder Tee, 10 g Kondensmilch (7,5% F.), 80 g Brot (vorzugsweise Vollkornbrotsorten), 10 g Butter, 20 g Diabetikerkonfitüre, 40 g Edamer (40% F. i. Tr.).

2. Frühstück

Müsli: 15 g Haferflocken, 55 g Apfel, 45 g Orange, 30 g Joghurt, Zitronensaft. – Obst zerkleinern und mit den übrigen Zutaten vermischen, 10 g Weizenkeime dazugeben und sofort anrichten.

Mittagessen

Steak: 125 g Rindersteak, 3 g Öl, Salz, Paprika. – Fleisch vorbereiten, salzen, würzen und im Grillgerät garen.
Blumenkohl: 200 g Blumenkohlröschen, Salz, Muskat, Zitronensaft, 20 g geriebener Emmentaler. – Blumenkohl in kochendem Salzwasser abwellen, abtropfen lassen und in eine ausgefettete Auflaufform legen, salzen, würzen, mit Käse bestreuen und im Backofen backen.
Salzkartoffeln: 125 g geschälte Kartoffeln in Salzwasser garen.
Kopfsalat: 50 g Salatblätter, Salatsoße: 2 g Öl, Essig oder Zitronensaft, Salz, Gewürze und Kräuter.
Obstsalat: 150 g frisches Obst (außer Bananen und Weintrauben) zerkleinern und mit Zitronensaft abschmecken.

Nachmittag

Kaffee oder Tee, 50 g Vollmilch, 30 g Weißbrot als Toast zubereitet, 10 g Diabetikerkonfitüre.

Abendessen

Kalter Braten: 80 g Kalbsbraten in dünne Scheiben aufgeschnitten.
Zucchini-Tomaten-Gemüse: 100 g Tomaten, 100 g Zucchini, 5 g Butter oder Margarine, gehackte Petersilie, Salz, Paprika, Rosmarin und Thymian. – Tomaten und Zucchini in Scheiben schneiden und abwechselnd in eine Auflaufform schichten, salzen, würzen und zugedeckt im Ofen garen. Mit Petersilie bestreut anrichten.
Reis mit Champignons: 30 g Reis, 30 g Champignons, 2 g Öl, Salz, eine Spur Pfeffer. – Champignons in Öl andünsten, salzen, würzen und den Reis dazugeben, die entsprechende Menge Wasser angießen und garen lassen.
Feldsalat: 50 g Feldsalat, Salatsoße: 2 g Öl, Essig oder Zitronensaft, Salz, Gewürze und Kräuter.
Getränk: ungesüßter Tee oder Mineralwasser.

Spätmahlzeit

150 g Buttermilch, 10 g Vollkornkekse.

Tageszufuhren: Eiweiß = 100 g, Fett = 63 g, Kohlenhydrate = 185 g, Kalorien = 1800 kcal, Joule = 7536 kJ, Na = 54 mval (mmol), Cl = 46 mval (mmol), K = 113 mval (mmol), Mg = 32 mval (16,0 mmol), Ca = 59 mval (29,5 mmol), P = 1,86 g (60,1 mmol), Fe = 18,2 mg (0,326 mmol), Mn = 5,1 mg (92,8 µmol), Co = 90,2 µg (1,53 µmol), Cu = 2,5 mg (39,3 µmol), Zn = 17,1 mg (261,6 µmol), F = 0,80 mg (42,1 µmol), J = 60,7 µg (0,48 µmol). Vitamine: A = 2,75 mg (9,60 µmol), B_1 = 1,68 mg (4,98 µmol), B_2 = 2,10 mg (5,58 µmol), C = 335 mg (1,90 mmol), D = 176 IE. Cholesterin = 280 mg (0,72 mmol), Polyenfettsäuren = 10,25 g.

Reduktionskost zu 1800 kcal (≈ 7540 kJ) Schonkost

1. Frühstück

Kaffee oder Tee, 10 g Kondensmilch (7,5% F.), 80 g Brot (vorzugsweise Vollkornbrotsorten), 10 g Butter, 20 g Diabetikerkonfitüre, 1 Ei.

2. Frühstück

Quarkspeise: 150 g Magerquark und 50 g Aprikosen aus Dosen im Mixer zerschlagen und mit Zitronensaft abschmecken.

Mittagessen

Gebackenes Huhn: 120 g Huhn (Gewicht ohne Knochen), 3 g Öl, Salz, Paprika, Majoran. – Huhn vorbereiten, salzen, würzen und im Grillgerät garen.

Kohlrabi-Möhren-Gemüse: 100 g Kohlrabi, 100 g Möhren, 5 g Butter, Salz, etwas gemahlener Fenchel, gehackte Petersilie. – Gemüse würfeln oder in Stifte schneiden und in Butter andünsten, etwas Wasser angießen, salzen und würzen und garen lassen. Mit Petersilie bestreut anrichten.

Pellkartoffeln: 125 g Kartoffeln mit der Schale garen.

Kopfsalat: 50 g Salatblätter, Salatsoße: 2 g Öl, Essig oder Zitronensaft, Salz, Gewürze und Kräuter.

Pfirsiche: 150 g ungesüßtes Kompott oder 165 g frisches Obst.

Nachmittag

Kaffee oder Tee, 10 g Magermilchpulver, 10 g Knäckebrot.

Abendessen

Käseplatte: Je 30 g Gouda (45% F. i. Tr.), Harzer Käse, Camembert (45% F. i. Tr.). Käse auf Salatblättern anrichten.

Kresse-Gurken-Salat: 30 g Kresse, 100 g grüne Gurke, 2 g Öl, Essig oder Zitronensaft, Salz, Gewürze und Kräuter. – Gurke in Scheiben schneiden und mit der Salatsoße anmachen, auf der Kresse anrichten.

Brot: 60 g (vorzugsweise Vollkornbrotsorten).

Butter: 10 g.

Getränk: ungesüßter Tee oder Mineralwasser.

Spätmahlzeit

150 g schwarzer Johannisbeersaft.

Tageszufuhren: Eiweiß = 102 g, Fett = 62 g, Kohlenhydrate = 195 g, Kalorien = 1810 kcal, Joule = 7578 kJ, Na = 95 mval (mmol), Cl = 86 mval (mmol), K = 88 mval (mmol), Mg = 25 mval (12,5 mmol), Ca = 53 mval (26,5 mmol), P = 1,54 g (49,7 mmol), Fe = 15,0 mg (0,269 mmol), Mn = 4,1 mg (74,6 µmol), Co = 60,9 µg (1,03 µmol), Cu = 1,8 mg (28,3 µmol), Zn = 8,1 mg (123,9 µmol), F = 0,68 mg (35,8 µmol), J = 66,7 µg (0,53 µmol). Vitamine: A = 8,00 mg (27,9 µmol), B_1 = 0,89 mg (2,64 µmol), B_2 = 1,88 mg (5,00 µmol), C = 185 mg (1,05 mmol), D = 132 IE. Cholesterin = 420 mg (1,09 mmol), Polyenfettsäuren = 8,44 g.

Reduktionskost zu 1800 kcal (≈ 7540 kJ) Schonkost

1. Frühstück

Kaffee oder Tee, 10 g Kondensmilch (7,5% F.), 80 g Brot (vorzugsweise Vollkornbrotsorten), 10 g Butter, 20 g Diabetikerkonfitüre, 40 g Schmelzkäse (45% F. i. Tr.).

2. Frühstück

150 g Grapefruitsaft, 10 g Vollkornkekse.

Mittagessen

Leber gegrillt: 150 g Kalbsleber, 3 g Öl, Salz, Curry, Thymian. – Leber vorbereiten, einölen und würzen und im Grillgerät garen. Vor dem Anrichten salzen.

Teigwaren: 30 g Teigwaren in Salzwasser garen.

Tomaten gedünstet: 150 g Tomaten, Salz, etwas Oregano. – Tomaten kreuzweise einschneiden und in eine Auflaufform setzen, im Backofen garen.

Chicoréesalat: 50 g Chicoréeblätter, Salatsoße: 2 g Öl, Essig oder Zitronensaft, Salz, Gewürze und Kräuter.

Joghurtspeise: 150 g Joghurt (1,5% F.), 50 g Fruchtcocktail aus der Dose, 5 g Weizenkeime. Joghurt und Fruchtcocktail schichtweise in Schälchen füllen und mit Weizenkeimen bestreut anrichten.

Nachmittag

Kaffee oder Tee, 10 g Magermilchpulver, 10 g Biskuitplätzchen.

Abendessen

Verlorene Eier: 2 Eier, Salz, Essigwasser. – Aufgeschlagene Eier mit Hilfe einer Kelle in kochendem Essigwasser weichkochen und abtropfen lassen.

Spinat: 200 g tiefgefrorener Spinat, 5 g Butter, Salz, Muskat. – Spinat in Butter dünsten, abschmecken und garen lassen.

Brot: 60 g (vorzugsweise Vollkornbrotsorten).

Butter: 5 g.

Käse: 30 g Limburger (20% F. i. Tr.).

Getränk: ungesüßter Tee oder Mineralwasser.

Spätmahlzeit

200 g Magermilch, 10 g Zwieback.

Tageszufuhren: Eiweiß = 100 g, Fett = 62 g, Kohlenhydrate = 196 g, Kalorien = 1810 kcal, Joule = 7578 kJ, Na = 96 mval (mmol), Cl = 70 mval (mmol), K = 107 mval (mmol), Mg = 36 mval (18,0 mmol), Ca = 73 mval (36,5 mmol), P = 2,24 g (72,3 mmol), Fe = 30,5 mg (0,546 mmol), Mn = 5,1 mg (92,8 μmol), Co = 111,6 μg (1,89 μmol), Cu = 9,9 mg (155,8 μmol), Zn = 21,8 mg (333,5 μmol), F = 0,82 mg (43,2 μmol), J = 87,1 μg (0,69 μmol). Vitamine: A = 12,08 mg (42,2 μmol), B_1 = 1,71 mg (5,07 μmol), B_2 = 6,30 mg (16,7 μmol), C = 285 mg (1,62 mmol), D = 295 IE. Cholesterin = 1130 mg (2,92 mmol), Polyenfettsäuren = 8,10 g.

Reduktionskost zu 1800 kcal (≈ 7540 kJ) Schonkost

1. Frühstück

Kaffee oder Tee, 10 g Kondensmilch (7,5% F.), 80 g Brot (vorzugsweise Vollkornbrotsorten), 10 g Butter, 20 g Diabetikerkonfitüre, 40 g Tilsiter (45% F. i. Tr.).

2. Frühstück

200 g Buttermilch, 10 g Knäckebrot.

Mittagessen

Roastbeef: 125 g Roastbeef, 3 g Öl, Salz, etwas Pfeffer. – Fleisch wie üblich zubereiten und den Bratenfond abschmecken.

Grüne Bohnen: 200 g grüne Bohnen, Salz, Bohnenkraut, 5 g Butter. – Bohnen in wenig Wasser mit den Gewürzen garen, abschmecken und vor dem Anrichten in zerlassener Butter schwenken.

Pellkartoffeln: 125 g Kartoffeln mit der Schale garen.

Kopfsalat: 50 g Salatblätter, Salatsoße: 2 g Öl, Essig oder Zitronensaft, Salz, Gewürze und Kräuter.

Erdbeeren: 200 g Erdbeeren.

Nachmittag

Kaffee oder Tee, 50 g Vollmilch, 15 g Zwieback.

Abendessen

Forellenfilet mit Quarksoße: 100 g gekochte Forellenfilets, 50 g Speisequark (20% F. i. Tr.), etwas Schnittlauch oder Dill, Zitronensaft, Salz, eine Spur Pfeffer. – Quarksoße pikant abschmecken und mit den Forellenfilets auf Salatblättern anrichten.

Möhren mit Feldsalat: 150 g gekochte Möhren in Scheiben geschnitten, 50 g Feldsalat, Salatsoße: 5 g Öl, Essig oder Zitronensaft, Salz, Gewürze und Kräuter. – Möhren in der Salatsoße anmachen und mit dem Feldsalat garnieren.

Brot: 60 g (vorzugsweise Vollkornbrotsorten).

Getränk: ungesüßter Tee oder Mineralwasser.

Spätmahlzeit

210 g Orange (Gewicht mit Schale).

Tageszufuhren: Eiweiß = 99 g, Fett = 60 g, Kohlenhydrate = 196 g, Kalorien = 1800 kcal, Joule = 7536 kJ, Na = 65 mval (mmol), Cl = 63 mval (mmol), K = 109 mval (mmol), Mg = 34 mval (17,0 mmol), Ca = 57 mval (28,5 mmol), P = 1,63 g (52,6 mmol), Fe = 19,1 mg (0,342 mmol), Mn = 3,3 mg (60,1 μmol), Co = 46,4 μg (0,79 μmol), Cu = 2,1 mg (33,0 μmol), Zn = 9,6 mg (146,9 μmol), F = 0,91 mg (47,9 μmol), J = 96,1 μg (0,76 μmol). Vitamine: A = 10,98 mg (38,3 μmol), B_1 = 1,22 mg (3,62 μmol), B_2 = 1,74 mg (4,62 μmol), C = 315 mg (1,79 mmol), D = 32 IE. Cholesterin = 240 mg (0,62 mmol), Polyenfettsäuren = 8,77 g.

Reduktionskost zu 1800 kcal (≈ 7540 kJ) Schonkost

1. Frühstück

Kaffee oder Tee, 10 g Kondensmilch (7,5% F.), 80 g Brot (vorzugsweise Vollkornbrotsorten), 10 g Butter, 20 g Diabetikerkonfitüre, 40 g Edamer (30% F. i. Tr.).

2. Frühstück

150 g schwarzer Johannisbeersaft, 5 g Zwieback.

Mittagessen

Hackbraten: 125 g Hackmasse (45 g Rindfleisch, 45 g Kalbfleisch, 15 g Schweinefleisch, Salz, Muskat, eine Spur Pfeffer), 3 g Öl. – Hackmasse gut verkneten und ein Steak daraus formen, einölen und im Grillgerät oder im Backofen garen.

Schwarzwurzeln: 150 g Schwarzwurzeln, 5 g Butter, Salz, gehackte Petersilie. – Schwarzwurzeln vorbereiten, in kurze Stücke schneiden, in Butter andünsten, salzen und etwas Wasser angießen und im geschlossenen Topf garen. Mit Petersilie bestreut anrichten.

Salzkartoffeln: 125 g geschälte Kartoffeln in Salzwasser garen.

Endiviensalat: 50 g Endiviensalat, Salatsoße: 2 g Öl, Essig oder Zitronensaft, Salz, Gewürze und Kräuter.

Quarkspeise: 100 g Magerquark, 30 g Vollmilch und 50 g Pfirsiche aus der Dose im Mixer verquirlen und mit Zitronensaft abschmecken.

Nachmittag

Kaffee oder Tee, 10 g Kondensmilch (7,5% F.), 10 g Biskuitplätzchen.

Abendessen

Roastbeef kalt: 80 g Roastbeef in dünne Scheiben aufgeschnitten.

Gemischter Salat: 100 g gekochte rote Rüben, 100 g gekochter Spargel, 30 g Kresse, 5 g Öl, Essig oder Zitronensaft, Salz, Gewürze und Kräuter. – Rote Rüben in Scheiben oder Stifte schneiden und mit Spargel und Kresse auf einem Salatteller anrichten, mit Salatsoße übergießen.

Brot: 40 g (vorzugsweise Vollkornbrotsorten).

Butter: 5 g.

Käse: 30 g Harzer Käse.

Getränk: ungesüßter Tee oder Mineralwasser.

Spätmahlzeit

150 g Joghurt (1,5% F.).

Tageszufuhren: Eiweiß = 101 g, Fett = 63 g, Kohlenhydrate = 194 g, Kalorien = 1810 kcal, Joule = 7578 kJ, Na = 83 mval (mmol), Cl = 71 mval (mmol), K = 92 mval (mmol), Mg = 23 mval (11,5 mmol), Ca = 54 mval (27,0 mmol), P = 1,61 g (52,0 mmol), Fe = 20,0 mg (0,358 mmol), Mn = 3,4 mg (61,9 μmol), Co = 719,1 μg (12,2 μmol), Cu = 2,0 mg (31,5 μmol), Zn = 13,3 mg (203,5 μmol), F = 0,75 mg (39,5 μmol), J = 67,4 μg (0,53 μmol). Vitamine: A = 1,16 mg (4,05 μmol), B_1 = 1,12 mg (3,32 μmol), B_2 = 1,81 mg (4,81 μmol), C = 141 mg (0,80 mmol), D = 121 IE. Cholesterin = 270 mg (0,70 mmol), Polyenfettsäuren = 7,85 g.

Reduktionskost zu 1800 kcal (≈ 7540 kJ) Schonkost

1. Frühstück

Kaffee oder Tee, 10 g Kondensmilch (7,5% F.), 80 g Brot (vorzugsweise Vollkornbrotsorten), 10 g Butter, 20 g Diabetikerkonfitüre, 100 g Magerquark.

2. Frühstück

Müsli: 15 g Haferflocken, 55 g Apfel, 45 g Orange, 30 g Joghurt, Zitronensaft. – Obst zerkleinern und mit den übrigen Zutaten vermischen, mit 10 g Weizenkeimen bestreuen und sofort anrichten.

Mittagessen

Reisfleisch: 60 g mageres Rindfleisch, 60 g Kalbfleisch, 3 g Öl, 150 g Tomaten, 50 g weiße Rüben, 30 g Reis, gehackte Petersilie, Salz, Paprika, etwas Lorbeerblatt. – Fleisch in Würfel schneiden und in Öl anbraten, salzen und würzen. Das zerkleinerte Gemüse dazugeben, kurz andünsten lassen, Reis dazuschütten und noch etwas Wasser angießen, garen lassen. Mit Petersilie bestreut anrichten.

Kopfsalat: 50 g Salatblätter, Salatsoße: 2 g Öl, Essig oder Zitronensaft, Salz, Gewürze und Kräuter.

Buttermilchgelee: 150 g Buttermilch, Zitronensaft, 2 g Gelatine, evtl. Süßstoff, 20 g Schlagsahne. – Buttermilch mit Zitronensaft und Süßstoff abschmecken, die aufgelöste Gelatine unterrühren und die Speise erstarren lassen. Mit Schlagsahne garnieren.

Nachmittag

Kaffee oder Tee, 50 g Vollmilch, 10 g Vollkornkekse.

Abendessen

Bündner Fleisch: 40 g Bündner Fleisch in sehr feine Scheiben aufgeschnitten.

Waldorfsalat: Je 50 g Knollensellerie, Apfel, Ananas und Joghurt, Salatblätter, Salz, Paprika. – Gemüse und Obst in Stifte schneiden, mit Joghurt vermischen und abschmecken. Auf Salatblättern anrichten.

Brot: 60 g (vorzugsweise Vollkornbrotsorten).

Butter: 5 g.

Käse: 30 g Gouda (45% F. i. Tr.).

Getränk: ungesüßter Tee oder Mineralwasser.

Spätmahlzeit

200 g Brombeeren.

Tageszufuhren: Eiweiß = 100 g, Fett = 63 g, Kohlenhydrate = 195 g, Kalorien = 1810 kcal, Joule = 7578 kJ, Na = 88 mval (mmol), Cl = 77 mval (mmol), K = 87 mval (mmol), Mg = 30 mval (15,0 mmol), Ca = 55 mval (27,5 mmol), P = 1,75 g (56,5 mmol), Fe = 18,9 mg (0,338 mmol), Mn = 7,8 mg (142,0 μmol), Co = 50,5 μg (0,86 μmol), Cu = 1,9 mg (29,9 μmol), Zn = 11,4 mg (174,4 μmol), F = 0,62 mg (32,6 μmol), J = 89,2 μg (0,70 μmol). Vitamine: A = 1,94 mg (6,77 μmol), B_1 = 1,38 mg (4,09 μmol), B_2 = 2,20 mg (5,85 μmol), C = 170 mg (0,97 mmol), D = 127 IE. Cholesterin = 290 mg (0,75 mmol), Polyenfettsäuren = 5,53 g.

Reduktionskost zu 1800 kcal (≈ 7540 kJ) Schonkost

1. Frühstück

Kaffee oder Tee, 10 g Kondensmilch (7,5% F.), 80 g Brot (vorzugsweise Vollkornbrotsorten), 10 g Butter, 20 g Diabetikerkonfitüre, 40 g Edamer (40% F. i. Tr.).

2. Frühstück

150 g Vollmilch, 15 g Zwieback.

Mittagessen

Gemüseeintopf mit Hammelfleisch: 100 g Hammelfleisch aus der Keule, 100 g Möhren, 100 g Wirsing, 125 g Kartoffeln, gehackte Petersilie, Salz, Majoran, Estragon, Muskat, etwas Lorbeerblatt. – Fleisch in Würfel schneiden und mit dem zerkleinerten Gemüse und entsprechender Menge Wasser aufsetzen, salzen und würzen, garen lassen. Mit Petersilie bestreut anrichten.

Tomatensalat: 100 g Tomaten in Scheiben geschnitten, Salatsoße: 2 g Öl, Essig oder Zitronensaft, Gewürze, Salz, Kräuter.

Birnenkompott: 150 g Birnenstücke in wenig Wasser mit Zimt und Nelken garen.

Nachmittag

Kaffe oder Tee, 10 g Magermilchpulver, 10 g Biskuitplätzchen

Abendessen

Seezungenfilet garniert: 125 g Seezungenfilet, 50 g Champignons, 50 g eßfertiges Krabbenfleisch, 3 g Öl, Schnittlauch und Dill, Salz, Zitronensaft. – Seezungenfilet in Fett braten und warm stellen. Champignons im verbliebenen Fett andünsten, salzen, Krabbenfleisch dazugeben, abschmecken, über das Fischfilet verteilen und mit gehackten Kräutern bestreuen.

Brot: 60 g (vorzugsweise Vollkornbrotsorten).

Käse: 20 g Emmentaler (45% F. i. Tr.).

Getränk: ungesüßter Tee oder Mineralwasser.

Spätmahlzeit

Obstsalat: 150 g frisches Obst (außer Bananen und Weintrauben) zerkleinern und mit Zitronensaft abschmecken. Mit 5 g Weizenkeimen bestreut anrichten.

Tageszufuhren: Eiweiß = 101 g, Fett = 61 g, Kohlenhydrate = 196 g, Kalorien = 1810 kcal, Joule = 7578 kJ, Na = 73 mval (mmol), Cl = 72 mval (mmol), K = 106 mval (mmol), Mg = 39 mval (19,5 mmol), Ca = 60 mval (30,0 mmol), P = 1,85 g (59,7 mmol), Fe = 16,7 mg (0,299 mmol), Mn = 21,0 mg (382,2 µmol), Co = 118,7 µg (2,01 µmol), Cu = 2,7 mg (42,5 µmol), Zn = 14,8 mg (226,4 µmol), F = 1,04 mg (54,7 µmol), J = 141,9 µg (1,12 µmol). Vitamine: A = 7,79 mg (27,2 µmol), B_1 = 1,19 mg (3,53 µmol), B_2 = 1,79 mg (4,76 µmol), C = 184 mg (1,04 mmol), D = 115 IE. Cholesterin = 310 mg (0,80 mmol), Polyenfettsäuren = 5,37 g.

Reduktionskost zu 1800 kcal (≈ 7540 kJ) Schonkost

1. Frühstück

Kaffee oder Tee, 10 g Kondensmilch (7,5% F.), 1 Brötchen, 25 g Knäckebrot, 10 g Butter, 20 g Diabetikerkonfitüre, 1 Ei.

2. Frühstück

150 g Joghurt (1,5% F.), 5 g Weizenkeime.

Mittagessen

Rinderfilet: 125 g Rinderfilet, 3 g Öl, Salz, etwas Curry. – Rinderfilet vorbereiten, salzen, würzen und einölen, im Grillgerät oder in der Pfanne garen.

Zucchini überbacken: 200 g Zucchini, 5 g Margarine oder Butter, 10 g geriebener Emmentaler, Salz, provenzalische Gewürzmischung, gehackte Petersilie. – Zucchini der Länge nach in Scheiben schneiden und in eine ausgefettete Auflaufform schichten, salzen, würzen und mit geriebenem Käse bestreuen. Im Backofen garen.

Kartoffelbrei: 125 g geschälte Kartoffeln in Salzwasser garen und noch heiß durch ein Sieb drücken, mit 50 g heißer Milch verrühren und mit etwas Muskat abschmecken.

Endiviensalat: 50 g Endiviensalat, Salatsoße: 2 g Öl, Essig oder Zitronensaft, Salz, Gewürze und Kräuter.

Bratapfel: 150 g Apfel (Gewicht ohne Kerngehäuse), Zitronensaft, 10 g Diabetikerkonfitüre. – Apfel kreuzweise einschneiden, mit Zitronensaft beträufeln und mit Konfitüre füllen, im Backofen garen.

Nachmittag

Kaffee oder Tee, 10 g Magermilchpulver, 10 g Vollkornkekse.

Abendessen

Roher Schinken: 80 g roher magerer Schinken in feine Scheiben geschnitten.

Gemischtes Gemüse: 100 g grüne Bohnen, 50 g Tomaten, 3 g Margarine, gehackte Petersilie, Salz, Bohnenkraut. – Bohnen und Tomaten in Fett andünsten, salzen, würzen, etwas Wasser angießen und garen. Mit Petersilie bestreut anrichten.

Brot: 60 g (vorzugsweise Vollkornbrotsorten).

Butter: 5 g.

Käse: 30 g Tilsiter (45% F. i. Tr.).

Getränk: ungesüßter Tee oder Mineralwasser.

Spätmahlzeit

100 g Banane (Gewicht ohne Schale).

Tageszufuhren: Eiweiß = 99 g, Fett = 63 g, Kohlenhydrate = 195 g, Kalorien = 1790 kcal, Joule = 7494 kJ, Na = 103 mval (mmol), Cl = 91 mval (mmol), K = 107 mval (mmol), Mg = 28 mval (14,0 mmol), Ca = 72 mval (36,0 mmol), P = 1,56 g (50,4 mmol), Fe = 16,4 mg (0,294 mmol), Mn = 3,7 mg (67,3 µmol), Co = 61,3 µg (1,04 µmol), Cu = 2,0 mg (31,5 µmol), Zn = 10,6 mg (162,2 µmol), F = 0,69 mg (36,3 µmol), J = 46,5 µg (0,37 µmol). Vitamine: A = 2,07 mg (7,23 µmol), B_1 = 1,76 mg (5,22 µmol), B_2 = 1,95 mg (5,18 µmol), C = 142 mg (0,81 mmol), D = 144 IE. Cholesterin = 460 mg (1,19 mmol), Polyenfettsäuren = 8,30 g.

Durchschnittliche Nahrungsmittelmenge pro Tag bei einer Vollkost von 800 kcal (≈ 3350 kJ)

Nahrungsmittel	Menge g	Eiweiß g	Fett g	Kohlenhydrate g	Kilokalorien kcal	Kilojoule kJ
Milch oder Joghurt	100	3,3	3,5	4,7	66	276
Magermilchpulver	10	3,5	0,1	5,2	37	155
Magerquark	75	10,1	0,2	3,1	58	243
Käse bis 20% F. i. Tr.	30	8,9	3,3	1,0	74	310
Speiseöl (hochwertig)	4	–	4,0	–	37	155
Fleisch sehr mager	125	24,0	5,5	–	158	662
Vollkornbrot	70	5,9	0,7	33,7	175	733
Zwieback oder trockene Kekse	5	0,5	0,2	3,8	20	84
Frischobst oder reine Säfte	200	1,6	–	23,0	104	435
Gemüse frisch	250	4,4	–	15,8	85	356
Salat	100	1,8	–	2,6	20	84
Gesamtzufuhr	969	64,0 32%	17,5 20%	92,9 48%	834	3493

Durchschnittswerte der Stoffzufuhr pro Woche bei einer Vollkost von 800 kcal (≈ 3350 kJ)

	Eiweiß g	Fett g	Kohlenhydrate g	Kilokalorien kcal	Kilojoule kJ
1. Woche	63 32%	17 20%	93 48%	810	3391
2. Woche	62 32%	17 20%	93 48%	800	3349

	Natrium Na mval (mmol)	Chlor Cl mval (mmol)	Kalium K mval (mmol)	Magnesium Mg mval (mmol)	Kalzium Ca mval (mmol)	Phosphor P g (mmol)	Eisen Fe mg (mmol)
1. Woche	51	42	74	17 (8,5)	33 (16,5)	0,98 (31,6)	13,03 (0,233)
2. Woche	42	44	71	17 (8,5)	33 (16,5)	1,08 (34,9)	13,88 (0,249)

	Mangan Mn mg (μmol)	Kobalt Co μg (μmol)	Kupfer Cu mg (μmol)	Zink Zn mg (μmol)	Fluor F mg (μmol)	Jod J mg (μmol)
1. Woche	5,03 (91,6)	149,55 (2,54)	1,60 (25,2)	6,87 (105,1)	0,66 (34,7)	0,05 (0,39)
2. Woche	7,63 (138,9)	67,82 (1,15)	2,94 (46,3)	8,77 (134,2)	0,66 (34,7)	0,07 (0,55)

	Vitamin A mg (μmol)	Vitamin B_1 mg (μmol)	Vitamin B_2 mg (μmol)	Vitamin C mg (mmol)	Vitamin D IE
1. Woche	4,87 (17,0)	0,85 (2,52)	1,22 (3,24)	231 (1,31)	90
2. Woche	3,23 (11,3)	0,81 (2,40)	2,11 (5,61)	213 (1,21)	123

	Cholesterin mg (mmol)	Polyenfettsäuren g
1. Woche	190 (0,49)	2,90
2. Woche	261 (0,68)	3,52

Reduktionskost zu 800 kcal (≈ 3350 kJ) Vollkost

Frühstück

Kaffee oder Tee, 10 g Magermilchpulver, 40 g Brot (vorzugsweise Vollkornbrotsorten), 50 g Magerquark, 50 g Tomate.

Mittagessen

Kalbsroulade: 100 g Kalbsroulade, 20 g saure Gurke, etwas Tomatenmark, gehackte Zwiebeln, gehackte Petersilie, Salz, Paprika. – Kalbsroulade salzen und würzen, mit Zwiebeln und Gurke belegen, aufrollen und feststecken, kräftig anbraten, etwas Wasser angießen und gar schmoren lassen. Bratenfond abschmecken.

Kohlrabigemüse: 150 g Kohlrabi in Stifte oder Scheiben geschnitten, Salz, Muskat, gehackte Kohlrabiblätter. – Kohlrabi mit wenig Wasser aufsetzen, salzen und würzen, das gehackte Kohlrabigrün dazugeben und garen lassen.

Kopfsalat: 50 g Salatblätter, Salatsoße: 2 g Öl, Essig oder Zitronensaft, Salz, Gewürze und Kräuter.

Orangengelee: 100 g kleingeschnittenes Orangenfleisch, Zitronensaft, Süßstoff, 1 g Gelatine. – Orangenfleisch mit etwas Wasser vermischen und mit Zitronensaft und Süßstoff abschmecken. Die aufgelöste Gelatine unterheben und die Speise erstarren lassen.

Nachmittag

Kaffee oder Tee, 5 g Kondensmilch (7,5% F.), 5 g Zwieback.

Abendessen

Reissalat mit Ei und Schinken: 60 g gekochter Reis, 50 g gehackte saure Gurke, 30 g gewürfelter magerer Schinken, 1 hartgekochtes Ei, Salatblätter, gehackte Petersilie, Essig, Salz, Pfeffer, etwas Senf. – Den Reis mit Schinken und saurer Gurke vermengen. Das Ei mit der Gabel zerdrücken und mit Salz, Gewürzen, Essig und Senf verrühren, abschmecken. Alle Zutaten vermischen und gut durchziehen lassen. Auf Salatblättern mit Petersilie bestreut anrichten.

Brot: 5 g Knäckebrot

Fruchtjoghurt: 100 g Joghurt (1,5% F.) mit 100 g Brombeeren anrichten.

Getränk: ungesüßter Tee oder Mineralwasser.

Tageszufuhren: Eiweiß = 63 g, Fett = 18 g, Kohlenhydrate = 93 g, Kalorien = 810 kcal, Joule = 3391 kJ, Na = 55 mval (mmol), Cl = 52 mval (mmol), K = 68 mval (mmol), Mg = 20 mval (10,0 mmol), Ca = 31 mval (15,5 mmol), P = 0,99 g (32,0 mmol), Fe = 11,7 mg (0,210 mmol), Mn = 2,2 mg (40,0 mmol), Co = 29,0 µg (0,49 µmol), Cu = 3,1 mg (48,8 µmol), Zn = 7,6 mg (116,3 µmol), F = 0,58 mg (30,5 µmol), J = 48,5 µg (0,38 µmol). Vitamine: A = 1,38 mg (4,82 µmol), B_1 = 0,95 mg (2,82 µmol), B_2 = 1,33 mg (3,53 µmol), C = 204 mg (1,16 mmol), D = 253 IE. Cholesterin = 350 mg (0,91 mmol), Polyenfettsäuren = 2,88.

Reduktionskost zu 800 kcal (≈ 3350 kJ) Vollkost

Frühstück

Kaffee oder Tee, 10 g Magermilchpulver, 40 g Brot (vorzugsweise Vollkornbrotsorten), 25 g Schmelzkäse (20% F. i. Tr.), 100 g Radieschen.

Mittagessen

Huhn gegrillt: 80 g gegrilltes Hühnerfleisch (Gewicht ohne Knochen).

Chicorée gedünstet: 200 g Chicorée, Zitronensaft, gehackte Petersilie, Salz, Pfeffer. – Chicorée in kochendem Wasser kurz abwellen, abtropfen lassen und in eine Auflaufform schichten, mit Zitronensaft beträufeln, salzen und würzen und im Backofen garen. Mit Petersilie bestreut anrichten.

Kressesalat: 30 g Kresse, Salatsoße: 2 g Öl, Essig oder Zitronensaft, Salz, Gewürze und Kräuter.

Melone: 250 g (Gewicht ohne Schale).

Nachmittag

Kaffee oder Tee, 5 g Kondensmilch (7,5% F.), 5 g Roggenflachbrot.

Abendessen

Fisch mit Joghurtsoße: 100 g gekochter Rotbarsch, 50 g Joghurt (1,5% F.), gehackte Petersilie und Schnittlauch, Salz, Pfeffer, etwas Senf, Thymian. – Fisch auf Salatblättern anrichten. Aus den übrigen Zutaten eine pikante Soße zubereiten und abschmecken. Soße über den Fisch verteilen.

Grüne-Bohnen-Salat: 150 g gekochte grüne Bohnen, Salatsoße: 2 g Öl, Essig oder Zitronensaft, Salz, Gewürze und Kräuter.

Brot: 25 g Weißbrot als Toast zubereitet.

Obstsalat: 125 g frisches Obst (außer Bananen und Weintrauben) zerkleinern und mit Zitronensaft abschmecken.

Getränk: ungesüßter Tee oder Mineralwasser.

Tageszufuhren: Eiweiß = 62 g, Fett = 17 g, Kohlenhydrate = 93 g, Kalorien = 800 kcal, Joule = 3349 kJ, Na = 36 mval (mmol), Cl = 30 mval (mmol), K = 73 mval (mmol), Mg = 18 mval (9,0 mmol), Ca = 44 mval (22,0 mmol), P = 1,02 g (32,9 mmol), Fe = 12,8 mg (0,229 mmol), Mn = 3,1 mg (56,4 μmol), Co = 71,7 μg (1,22 μmol), Cu = 1,6 mg (25,2 μmol), Zn = 5,9 mg (90,3 μmol), F = 0,75 mg (39,5 μmol), J = 113,9 μg (0,90 μmol). Vitamine: A = 2,66 mg (9,29 μmol), B_1 = 0,79 mg (2,34 μmol), B_2 = 1,22 mg (3,24 μmol), C = 161 mg (0,91 mmol), D = 103 IE. Cholesterin = 110 mg (0,28 mmol), Polyenfettsäuren = 3,69 g.

Reduktionskost zu 800 kcal (≈ 3350 kJ) Vollkost

Frühstück

Kaffee oder Tee, 10 g Magermilchpulver, 40 g Brot (vorzugsweise Vollkornbrotsorten), 25 g Harzer Käse, 100 g grüne Gurke.

Mittagessen

Hacksteak: 100 g Tatar, Salz, Pfeffer, etwas Curry. – Tatar mit den Gewürzen und Salz gut verkneten, ein Steak formen und im Grillgerät oder in der Pfanne garen.

Karottengemüse: 200 g Karotten, Salz, gehackte Petersilie. – Karotten in Würfel oder Stifte schneiden und mit wenig Wasser garen, abschmecken und mit Petersilie bestreut anrichten.

Endiviensalat: 50 g Endiviensalat, Salatsoße: 2 g Öl, Essig oder Zitronensaft, Salz, Gewürze und Kräuter.

Pfirsiche: 165 g frisch (Gewicht mit Stein).

Nachmittag

Kaffee oder Tee, 5 g Kondensmilch (7,5% F.), 5 g Knäckebrot.

Abendessen

Zucchini-Tomaten-Gemüse: 100 g Tomaten, 100 g Zucchini, gehackte Petersilie, 2 g Öl, Salz, Pfeffer, provenzalische Gewürzmischung. – Gemüse in Scheiben schneiden und abwechselnd in eine Auflaufform schichten. Mit Fett einpinseln, salzen, würzen und im Backofen garen.

Lachsschinken: 80 g in feine Scheiben geschnitten.

Apfelmus: 150 g ungesüßt.

Getränk: ungesüßter Tee oder Mineralwasser.

Tageszufuhren: Eiweiß = 23 g, Fett = 17 g, Kohlenhydrate = 94 g, Kalorien = 810 kcal, Joule = 3391 kJ, Na = 86 mval (mmol), Cl = 78 mval (mmol), K = 82 mval (mmol), Mg = 16 mval (8,0 mmol), Ca = 23 mval (11,5 mmol), P = 0,85 g (27,4 mmol), Fe = 11,2 mg (0,201 mmol), Mn = 1,8 mg (32,8 µmol), Co = 43,0 µg (0,73 µmol), Cu = 1,1 mg (17,3 µmol), Zn = 6,7 mg (102,5 µmol), F = 0,65 mg (34,2 µmol), J = 47,6 µg (0,38 µmol). Vitamine: A = 13,44 mg (46,9 µmol), B_1 = 1,26 mg (3,74 µmol), B_2 = 1,16 mg (3,08 µmol), C = 106 mg (0,60 mmol), D = 0 IE. Cholesterin = 190 mg (0,49 mmol), Polyenfettsäuren = 3,22 g.

Reduktionskost zu 800 kcal (≈ 3350 kJ) Vollkost

Frühstück

Kaffee oder Tee, 10 g Magermilchpulver, 40 g Brot (vorzugsweise Vollkornbrotsorten), 25 g Schnittkäse (20% F. i. Tr.), 50 g Tomate.

Mittagessen

Kalbskotelett: 130 g Kalbskotelett (Gewicht mit Knochen), Salz, Paprika, Kerbel, Estragon. – Fleisch vorbereiten, salzen, würzen und im Grillgerät garen.

Sauerkrautsalat: 100 g feingeschnittenes rohes Sauerkraut, 50 g geriebener Apfel, 2 g Öl, etwas gehackte Petersilie. – Alle Zutaten gut vermengen, abschmecken und durchziehen lassen.

Erdbeeren: 200 g Erdbeeren mit Zitronensaft und etwas Süßstoff abschmecken.

Nachmittag

Kaffee oder Tee, 5 g Kondensmilch (7,5% F.), 5 g Hartkekse.

Abendessen

Gemüsesuppe: 150 g Suppengemüse, 100 g Blumenkohlröschen, gehackte Zwiebeln und Petersilie, Salz, Muskat, Paprika. – Suppengemüse zerkleinern und mit dem Blumenkohl, Salz und Gewürzen aufsetzen, garen lassen, abschmecken und mit Petersilie bestreut anrichten.

Brot: 20 g (vorzugsweise Vollkornbrotsorten).

Butter: 5 g.

Quarkspeise: 125 g Magerquark und 50 g frische Himbeeren (oder tiefgekühlt) verrühren und mit Zitronensaft und etwas Süßstoff abschmecken.

Getränk: ungesüßter Tee oder Mineralwasser.

Tageszufuhren: Eiweiß = 64 g, Fett = 16 g, Kohlenhydrate = 93 g, Kalorien = 810 kcal, Joule = 3391 kJ, Na = 54 mval (mmol), Cl = 50 mval (mmol), K = 67 mval (mmol), Mg = 16 mval (8,0 mmol), Ca = 40 mval (20,0 mmol), P = 1,07 g (34,5 mmol), Fe = 12,3 mg (0,220 mmol), Mn = 3,6 mg (65,5 µmol), Co = 44,2 µg (0,75 µmol), Cu = 1,6 mg (25,2 µmol), Zn = 7,1 mg (108,6 µmol), F = 0,47 mg (24,7 µmol), J = 32,1 µg (0,25 µmol). Vitamine: A = 3,70 mg (12,9 µmol), B_1 = 0,69 mg (2,05 µmol), B_2 = 1,38 mg (3,67 µmol), C = 285 mg (1,62 mmol), D = 165 IE. Cholesterin = 100 mg (0,26 mmol), Polyenfettsäuren = 1,81 g.

Reduktionskost zu 800 kcal (≈ 3350 kJ) Vollkost

Frühstück

Kaffee oder Tee, 10 g Magermilchpulver, 40 g Brot (vorzugsweise Vollkornbrotsorten), 50 g Magerquark, 50 g Paprikaschoten.

Mittagessen

Forelle gegrillt: 1 Forelle (ca. 300 g), Salz, Zitronensaft, Thymian, Pfeffer. – Forelle vorbereiten, innen mit Zitronensaft beträufeln, salzen und würzen und im Grillgerät garen.

Fenchelgemüse: 200 g Fenchel, gehacktes Fenchelkraut, Salz, Muskat. – Fenchelknollen je nach Größe halbieren oder vierteln, in kochendem Wasser abwellen, abtropfen lassen und in eine Auflaufform schichten. Salzen, würzen und im Backofen garen.

Kopfsalat: 50 g Salatblätter, Salatsoße: 2 g Öl, Essig oder Zitronensaft, Salz, Gewürze und Kräuter.

Grapefruit: 180 g (Gewicht mit Schale).

Nachmittag

Kaffee oder Tee, 5 g Kondensmilch (7,5% F.), 5 g Zwieback.

Abendessen

Omelett mit Schnittlauch: Zubereitung aus: 1 Ei, 5 g Magermilchpulver, Salz, Muskat, Pfeffer, gehacktem Schnittlauch, etwas Wasser.

Feldsalat: 30 g Feldsalat, Salatsoße: 2 g Öl, Essig oder Zitronensaft, Salz, Gewürze und Kräuter.

Brot: 20 g (vorzugsweise Vollkornbrotsorten).

Orangensaft: 100 g mit etwas Wasser verdünnen.

Getränk: ungesüßter Tee oder Mineralwasser.

Tageszufuhren: Eiweiß = 62 g, Fett = 17 g, Kohlenhydrate = 93 g, Kalorien = 810 kcal, Joule = 3391 kJ, Na = 31 mval (mmol), Cl = 24 mval (mmol), K = 79 mval (mmol), Mg = 15 mval (7,5 mmol), Ca = 32 mval (16,0 mmol), P = 1,06 g (34,2 mmol), Fe = 14,0 mg (0,251 mmol), Mn = 0,93 mg (16,9 µmol), Co = 24,1 µg (0,41 µmol), Cu = 0,99 mg (15,6 µmol), Zn = 4,0 mg (61,2 µmol), F = 0,72 mg (37,9 µmol), J = 30,0 µg (0,24 µmol). Vitamine: A = 6,10 mg (21,3 µmol), B_1 = 1,04 mg (3,08 µmol), B_2 = 1,16 mg (3,08 µmol), C = 388 mg (2,20 mmol), D = 100 IE. Cholesterin = 320 mg (0,83 mmol), Polyenfettsäuren = 4,32 g.

Reduktionskost zu 800 kcal (≈ 3350 kJ) Vollkost

Frühstück

Kaffee oder Tee, 10 g Magermilchpulver, 40 g Brot (vorzugsweise Vollkornbrotsorten), 25 g Harzer Käse, 100 g Radieschen.

Mittagessen

Eintopf mit Fleischklößchen: 80 g Tatar, je 50 g grüne Bohnen und Möhren, 100 g Wirsing, gehackte Petersilie und Zwiebeln, Salz, Paprika, Lorbeerblatt, Küchenkräuter. – Gemüse zerkleinern und mit Wasser aufsetzen, salzen, würzen und garen lassen. Fleisch mit Salz und Paprika vermengen, kleine Klößchen formen und in der Gemüsesuppe gar ziehen lassen. Mit Petersilie bestreut anrichten.

Kressesalat: 30 g Kresse, Salatsoße: 2 g Öl, Essig oder Zitronensaft, Salz, Gewürze und Kräuter.

Joghurtspeise: 150 g Brombeeren, 50 g Joghurt (1,5% F.), etwas Zitronensaft und Süßstoff. Joghurt mit Zitronensaft und Süßstoff abschmecken und über die Brombeeren verteilen.

Nachmittag

Kaffee oder Tee, 5 g Kondensmilch (7,5% F.), 5 g Biskuitplätzchen.

Abendessen

Kaltes Hühnerfleisch: 80 g gebratenes Huhn (Gewicht ohne Knochen) auf Salatblättern anrichten.

Rohkostsalat: 100 g rote Rüben, 75 g Apfel, Zitronensaft, 2 g Öl, geriebener Meerrettich, Salatblätter. – Rote Rüben und Apfel reiben und mit den restlichen Zutaten vermischen, durchziehen lassen und auf Salat anrichten.

Melone: 200 g (Gewicht ohne Schale).

Getränk: ungesüßter Tee oder Mineralwasser.

Tageszufuhren: Eiweiß = 62 g, Fett = 18 g, Kohlenhydrate = 93 g, Kalorien = 810 kcal, Joule = 3391 kJ, Na = 43 mval (mmol), Cl = 40 mval (mmol), K = 77 mval (mmol), Mg = 16 mval (8,0 mmol), Ca = 29 mval (14,5 mmol), P = 0,88 g (28,4 mmol), Fe = 13,7 mg (0,245 mmol), Mn = 21,1 mg (384,1 μmol), Co = 777,2 μg (13,2 μmol), Cu = 1,4 mg (22,0 μmol), Zn = 9,9 mg (151,4 μmol), F = 0,80 mg (42,1 μmol), J = 79,3 μg (0,63 μmol). Vitamine: A = 4,39 mg (15,3 μmol), B_1 = 0,80 mg (2,37 μmol), B_2 = 1,24 mg (3,30 μmol), C = 178 mg (1,01 mmol), D = 1 IE. Cholesterin = 140 mg (0,36 mmol), Polyenfettsäuren = 2,92 g

Reduktionskost zu 800 kcal (≈ 3350 kJ) Vollkost

Frühstück

Kaffee oder Tee, 10 g Magermilchpulver, 40 g Brot (vorzugsweise Vollkornbrotsorten), 25 g Schmelzkäse (20% F. i. Tr.), 50 g Tomate.

Mittagessen

Rinderfilet: 100 g Filet, Salz, Pfeffer, Paprika. – Fleisch salzen, würzen und im Grillgerät garen.

Rosenkohl: 150 g Rosenkohlröschen, Salz, Muskat, gehackte Petersilie. – Rosenkohl mit den Gewürzen in wenig Wasser garen und mit Petersilie bestreut anrichten.

Kopfsalat: 50 g Salatblätter, Salatsoße: 2 g Öl, Essig oder Zitronensaft, Salz, Gewürze und Kräuter.

Aprikosen: 150 g Aprikosenkompott ungesüßt (oder 165 g frisches Obst).

Nachmittag

Kaffee oder Tee, 5 g Kondensmilch (7,5% F.), 5 g Vollkornkekse.

Abendessen

Corned beef: 80 g in feine Scheiben geschnitten auf Salatblättern anrichten und mit 50 g Tomaten und 100 g Rettich (in Scheiben geschnitten und leicht gesalzen) garnieren.

Brot: 5 g Knäckebrot.

Himbeeren: 200 g mit Zitronensaft und Süßstoff angemacht.

Getränk: ungesüßter Tee oder Mineralwasser.

Tageszufuhren: Eiweiß = 63 g, Fett = 17 g, Kohlenhydrate = 92 g, Kalorien = 800 kcal, Joule = 3349 kJ, Na = 58 mval (mmol), Cl = 26 mval (mmol), K = 78 mval (mmol), Mg = 23 mval (11,5 mmol), Ca = 36 mval (18,0 mmol), P = 0,99 g (32,0 mmol), Fe = 15,5 mg (0,278 mmol), Mn = 2,5 mg (45,5 μmol), Co = 57,8 μg (0,98 μmol), Cu = 1,4 mg (22,0 μmol), Zn = 7,0 mg (107,1 μmol), F = 0,65 mg (34,2 μmol), J = 24,8 μg (0,20 μmol). Vitamine: A = 2,60 mg (9,08 μmol), B_1 = 0,64 mg (1,90 μmol), B_2 = 1,08 mg (2,87 μmol), C = 298 mg (1,69 mmol), D = 10 IE. Cholesterin = 120 mg (0,31 mmol), Polyenfettsäuren = 1,51 g.

Reduktionskost zu 800 kcal (≈ 3350 kJ) Vollkost

Frühstück

Kaffee oder Tee, 10 g Magermilchpulver, 40 g Brot (vorzugsweise Vollkornbrotsorten), 25 g Limburger (20% F. i. Tr.), 100 g grüne Gurke.

Mittagessen

Leber gebacken: 100 g Rinderleber, gehackte Zwiebeln und Petersilie, 100 g Champignons, Salz, Pfeffer, 1 Prise Curry. – Zwiebeln und Champignons dünsten, salzen und würzen. Die Leber braten und mit dem Gemüse zusammen kurz schmoren lassen, mit Petersilie bestreut anrichten.

Endiviensalat: 50 g Endiviensalat, Salatsoße: 2 g Öl, Essig oder Zitronensaft, Salz, Gewürze und Kräuter.

Orange: 210 g (Gewicht mit Schale).

Nachmittag

Kaffee oder Tee, 5 g Kondensmilch (7,5% F.), 5 g Knäckebrot.

Abendessen

Käseplatte mit Radieschen: 150 g Radieschen, je 20 g Schnittkäse (20% F. i. Tr.) und Harzer Käse, 50 g Magerquark angemacht mit Kräutern.

Brot: 20 g (vorzugsweise Vollkornbrotsorten).

Butter: 5 g.

Obstsalat: 150 g frisches Obst (außer Bananen und Weintrauben) zerkleinern und mit Zitronensaft und Süßstoff abschmecken.

Getränk: ungesüßter Tee oder Mineralwasser.

Tageszufuhren: Eiweiß = 64 g, Fett = 17 g, Kohlenhydrate = 94 g, Kalorien = 800 kcal, Joule = 3349 kJ, Na = 61 mval (mmol), Cl = 55 mval (mmol), K = 64 mval (mmol), Mg = 14 mval (7,0 mmol), Ca = 40 mval (20,0 mmol), P = 1,23 g (39,7 mmol), Fe = 17,4 mg (0,312 mmol), Mn = 2,8 mg (51,0 µmol), Co = 84,5 µg (1,43 µmol), Cu = 5,2 mg (81,8 µmol), Zn = 9,5 mg (145,3 µmol), F = 0,65 mg (34,2 µmol), J = 58,5 µg (0,46 µmol). Vitamine: A = 9,13 mg (31,9 µmol), B_1 = 0,81 mg (2,40 µmol), B_2 = 4,22 mg (11,2 µmol), C = 206 mg (1,17 mmol), D = 119 IE. Cholesterin = 330 mg (0,85 mmol), Polyenfettsäuren = 2,25 g.

Reduktionskost zu 800 kcal (≈ 3350 kJ) Vollkost

Frühstück

Kaffee oder Tee, 10 g Magermilchpulver, 40 g Brot (vorzugsweise Vollkornbrotsorten), 50 g Magerquark, 50 g Tomate.

Mittagessen

Kalbsbraten: 80 g Kalbfleisch mittelfett, Salz, Pfeffer, Estragon. – Fleisch wie üblich zubereiten und den Bratenfond abschmecken.

Blumenkohl: 200 g Blumenkohlröschen, Salz, Muskat. – Blumenkohl in kochendem Salzwasser überwellen, abtropfen lassen und in eine Auflaufform schichten, würzen und im Ofen garen.

Kopfsalat: 50 g Salatblätter, Salatsoße: 2 g Öl, Essig oder Zitronensaft, Salz, Gewürze und Kräuter.

Kirschgelee: 150 g Sauerkirschkompott ungesüßt, Zitronensaft, Süßstoff, 1 g Gelatine. – Kompott abschmecken und die aufgelöste Gelatine unterheben, Speise erstarren lassen.

Nachmittag

Kaffee oder Tee, 5 g Kondensmilch (7,5% F.), 5 g Hartkekse.

Abendessen

Gemischter Salat: 30 g Feldsalat, 1 hartgekochtes Ei, 100 g Chicorée, 30 g Joghurt (1,5% F.), 2 g Öl, Essig oder Zitronensaft, Salz, Pfeffer, Kräuter. – Feldsalat mit Öl, Essig und den Gewürzen anmachen. Chicorée in Scheiben schneiden und mit Joghurt, Gewürzen und Kräutern anmachen. Das hartgekochte Ei in Scheiben schneiden und zum Garnieren verwenden.

Lachsschinken: 30 g in dünne Scheiben geschnitten.

Brot: 10 g Knäckebrot.

Apfelschnee: 125 g ungesüßtes Apfelmus, 1 Eiweiß, etwas Zitronensaft und Süßstoff. – Apfelmus abschmecken, Eiweiß steifschlagen und unter das Apfelmus ziehen.

Getränk: ungesüßter Tee oder Mineralwasser.

Tageszufuhren: Eiweiß = 61 g, Fett = 18 g, Kohlenhydrate = 93 g, Kalorien = 800 kcal, Joule = 3349 kJ, Na = 43 mval (mmol), Cl = 39 mval (mmol), K = 69 mval (mmol), Mg = 17 mval (8,5 mmol), Ca = 22 mval (11,0 mmol), P = 0,90 g (29,1 mmol), Fe = 11,4 mg (0,204 mmol), Mn = 1,4 mg (25,5 µmol), Co = 53,1 µg (0,90 µmol), Cu = 2,6 mg (40,9 µmol), Zn = 7,3 mg (111,7 µmol), F = 0,62 mg (32,6 µmol), J = 31,3 µg (0,247 µmol). Vitamine: A = 1,98 mg (6,91 µmol), B_1 = 0,97 mg (2,88 µmol), B_2 = 1,29 mg (3,43 µmol), C = 219 mg (1,24 mmol), D = 222 IE. Cholesterin = 320 mg (0,83 mmol), Polyenfettsäuren = 3,92 g.

Reduktionskost zu 800 kcal (≈ 3350 kJ) Vollkost

Frühstück

Kaffee oder Tee, 10 g Magermilchpulver, 40 g Brot (vorzugsweise Vollkornbrotsorten), 25 g Schmelzkäse (20% F. i. Tr.), 100 g Radieschen.

Mittagessen

Rinderbraten: 100 g sehr mageres Rindfleisch, Salz, Pfeffer, Lorbeerblatt. – Braten wie üblich zubereiten und den Bratenfond abschmecken.

Wirsinggemüse: 200 g Wirsing, 2 g Öl, gehackte Zwiebeln, Salz, Muskat, gehackte Petersilie. – Wirsing in Streifen schneiden und in Öl andünsten, etwas Wasser angießen, salzen und würzen. Garen lassen und mit Petersilie bestreut anrichten.

Kressesalat: 30 g Kresse, Salatsoße: 2 g Öl, Essig oder Zitronensaft, Salz, Gewürze und Kräuter.

Erdbeeren: 150 g mit Zitronensaft und Süßstoff abschmecken.

Nachmittag

Kaffee oder Tee, 5 g Kondensmilch (7,5% F.), 5 g Vollkornkekse.

Abendessen

Pikanter Quark: 125 g Magerquark, gehackte Zwiebeln, Gewürze und Kräuter. – Quark mit den genannten Zutaten verrühren und pikant abschmecken.

Pellkartoffeln: 120 g Kartoffeln mit der Schale garen.

Tomatensaft: 200 g.

Getränk: ungesüßter Tee oder Mineralwasser.

Tageszufuhren: Eiweiß = 64 g, Fett = 18 g, Kohlenhydrate = 94 g, Kalorien = 820 kcal, Joule = 3433 kJ, Na = 32 mval (mmol), Cl = 36 mval (mmol), K = 81 mval (mmol), Mg = 17 mval (8,5 mmol), Ca = 35 mval (17,5 mmol), P = 1,10 g (35,5 mmol), Fe = 13,1 mg (0,235 mmol), Mn = 37,9 mg (689,8 µmol), Co = 71,9 µg (1,22 µmol), Cu = 1,6 mg (25,2 µmol), Zn = 10,4 mg (159,1 µmol), F = 0,81 mg (42,6 µmol), J = 42,9 µg (0,34 µmol). Vitamine: A = 1,29 mg (4,50 µmol), B_1 = 0,74 mg (2,19 µmol), B_2 = 1,41 mg (3,75 µmol), C = 293 mg (1,66 mmol), D = 10 IE. Cholesterin = 120 mg (0,31 mmol), Polyenfettsäuren = 2,56 g.

Reduktionskost zu 800 kcal (≈ 3350 kJ) Vollkost

Frühstück

Kaffee oder Tee, 10 g Magermilchpulver, 40 g Brot (vorzugsweise Vollkornbrotsorten), 50 g Magerquark, 100 g grüne Gurke.

Mittagessen

Fischgulasch: 125 g Rotbarsch, je 50 g Zwiebeln, Tomaten und Paprikaschoten, 2 g Öl, gehackte Petersilie, Salz, Pfeffer, Paprika, Thymian, Rosmarin und Oregano. – Gemüse zerkleinern und mit den gehackten Zwiebeln in Fett dünsten, etwas Wasser angießen, salzen, würzen und garen lassen. Fisch vorbereiten und in grobe Würfel schneiden, unter das Gemüse ziehen und garen. Mit Petersilie bestreut anrichten.

Kopfsalat: 50 g Salatblätter, Salatsoße: 2 g Öl, Essig oder Zitronensaft, Salz, Gewürze und Kräuter.

Grapefruit: 200 g (Gewicht mit Schale).

Nachmittag

Kaffee oder Tee, 5 g Kondensmilch (7,5% F.), 5 g Biskuitplätzchen.

Abendessen

Kalter Braten: 60 g Kalbsbraten in feine Scheiben geschnitten.

Spargelsalat: 250 g gekochter Spargel, Kopfsalat, 4 g Öl, Essig oder Zitronensaft, Salz, Gewürze und Kräuter. – Spargelstangen auf Salatblättern anrichten, Salatsoße zubereiten und über den Spargel gießen.

Brot: 20 g (vorzugsweise Vollkornbrotsorten).

Pfirsich: 150 g ungesüßtes Pfirsichkompott.

Getränk: ungesüßter Tee oder Mineralwasser.

Tageszufuhren: Eiweiß = 62 g, Fett = 18 g, Kohlenhydrate = 92 g, Kalorien = 800 kcal, Joule = 3349 kJ, Na = 23 mval (mmol), Cl = 24 mval (mmol), K = 73 mval (mmol), Mg = 17 mval (8,5 mmol), Ca = 22mval (11,0 mmol), P = 0,97 g (31,3 mmol), Fe = 11,2 mg (0,201 mmol), Mn = 3,2 mg (58,2 µmol), Co = 35,0 µg (0,59 µmol), Cu = 1,6 mg (25,2 µmol), Zn = 7,5 mg (114,7 µmol), F = 0,84 mg (44,2 µmol), J = 127,9 µg (1,01 µmol). Vitamine: A = 1,36 mg (1,01 µmol), B_1 = 0,88 mg (2,61 µmol), B_2 = 1,24 mg (3,29 µmol), C = 233 mg (1,32 mmol), D = 207 IE. Cholesterin = 140 mg (0,36 mmol), Polyenfettsäuren = 5,55 g.

Reduktionskost zu 800 kcal (≈ 3350 kJ) Vollkost

Frühstück

Kaffee oder Tee, 10 g Magermilchpulver, 40 g Brot (vorzugsweise Vollkornbrotsorten), 25 g Harzer Käse, 100 g Rettich.

Mittagessen

Putenschnitzel: 80 g Putenschnitzel, gehackte Zwiebeln, 2 g Öl, 100 g Champignons, Salz, Pfeffer, provenzalisches Gewürz. – Fleisch in Öl scharf anbraten und beiseite legen. Die restlichen Zutaten im verbliebenen Fett dünsten, salzen und würzen, das Fleisch dazugeben und alles zusammen kurz schmoren lassen.

Tomatensalat: 100 g Tomaten in Scheiben geschnitten, Salatsoße: 2 g Öl, Essig oder Zitronensaft, Salz, Gewürze und Kräuter.

Birnenkompott: 125 g Birnenachtel in wenig Wasser mit Zimt und Nelken gar dünsten.

Nachmittag

Kaffee oder Tee, 5 g Kondensmilch (7,5% F.), 5 g Zwieback.

Abendessen

Bündner Fleisch: 30 g in sehr feine Scheiben geschnitten.

Waldorfsalat: Je 50 g in Stifte geschnittener Apfel, Sellerie und Ananas, 50 g Joghurt (1,5% F.), 25 g Orangenschnitze, Zitronensaft, eine Spur Anis. – Alle Zutaten vermischen und gut durchziehen lassen.

Brot: 10 g Knäckebrot.

Buttermilch: 150 g.

Getränk: ungesüßter Tee oder Mineralwasser.

Tageszufuhren: Eiweiß = 61 g, Fett = 17 g, Kohlenhydrate = 94 g, Kalorien = 800 kcal, Joule = 3349 kJ, Na = 66 mval (mmol), Cl = 62 mval (mmol), K = 67 mval (mmol), Mg = 15 mval (7,5 mmol), Ca = 31 mval (15,5 mmol), P = 1,08 g (34,9 mmol), Fe = 10,6 mg (0,190 mmol), Mn = 1,9 mg (34,6 µmol), Co = 74,4 µg (1,26 µmol), Cu = 1,3 mg (20,5 µmol), Zn = 5,5 mg (84,1 µmol), F = 0,53 mg (27,9 µmol), J = 46,3 µg (0,365 µmol). Vitamine: A = 0,50 mg (1,75 µmol), B_1 = 0,63 mg (1,87 µmol), B_2 = 1,69 mg (4,49 µmol), C = 101 mg (0,57 mmol), D = 79 IE. Cholesterin = 120 mg (0,31 mmol), Polyenfettsäuren = 3,56 g.

Reduktionskost zu 800 kcal (≈ 3350 kJ) Vollkost

Frühstück

Kaffee oder Tee, 10 g Magermilchpulver, 40 g Brot (vorzugsweise Vollkornbrotsorten), 25 g Schnittkäse (20% F. i. Tr.), 50 g Tomate.

Mittagessen

Kalbsleber gegrillt: 100 g Kalbsleber, Salz, Pfeffer, etwas gehackte Petersilie. – Leber vorbereiten und würzen. Im Grillgerät garen und erst kurz vor dem Anrichten salzen.

Gemischter Salat: 100 g Paprikaschoten in Streifen geschnitten, 50 g Endiviensalat, Salatsoße: 2 g Öl, Essig oder Zitronensaft, Salz, Gewürze und Kräuter.

Brombeeren: 150 g mit Zitronensaft und Süßstoff angemacht.

Nachmittag

Kaffee oder Tee, 5 g Kondensmilch (7,5% F.), 5 g Vollkornkekse.

Abendessen

Artischockenböden mit Krabben: 100 g Artischockenböden (ca. 2 Stück) frisch gekocht oder aus der Dose, 100 g eßfertiges Krabbenfleisch, 20 g Kresse, 100 g Tomatenscheiben, 2 g Öl, Essig oder Zitronensaft, gehackter Dill, Salz, Pfeffer, Paprika, etwas Senf. – Krabbenfleisch mit Essig, Öl, Salz, Gewürzen und gehacktem Dill pikant abschmecken, mit Kresse vermischen und auf die Artischockenböden verteilen. Auf Tomatenscheiben anrichten.

Brot: 20 g Weißbrot als Toast zubereitet.

Melone: 150 g (Gewicht ohne Schale).

Getränk: ungesüßter Tee oder Mineralwasser.

Tageszufuhren: Eiweiß = 64 g, Fett = 17 g, Kohlenhydrate = 92 g, Kalorien = 800 kcal, Joule = 3349 kJ, Na = 44 mval (mmol), Cl = 52 mval (mmol), K = 71 mval (mmol), Mg = 21 mval (10,5 mmol), Ca = 45 mval (22,5 mmol), P = 1,18 g (38,1 mmol), Fe = 19,4 mg (0,347 mmol), Mn = 2,6 mg (47,3 μmol), Co = 94,4 μg (1,60 μmol), Cu = 6,9 mg (108,6 μmol), Zn = 13,7 mg (209,6 μmol), F = 0,54 mg (28,4 μmol), J = 193,3 μg (1,52 μmol). Vitamine: A = 6,18 mg (21,6 μmol), B_1 = 0,88 mg (2,61 μmol), B_2 = 3,35 mg (8,90 μmol), C = 273 mg (1,55 mmol), D = 128 IE. Cholesterin = 500 mg (1,29 mmol), Polyenfettsäuren = 3,10 g.

Reduktionskost zu 800 kcal (≈ 3350 kJ) Vollkost

Frühstück

Kaffee oder Tee, 10 g Magermilchpulver, 40 g Brot (vorzugsweise Vollkornbrotsorten), 50 g Magerquark, 100 g Radieschen.

Mittagessen

Rinderfilet: 100 g Filet, Salz, Pfeffer, etwas Curry. – Filet salzen, würzen und im Grillgerät garen.

Grüne Bohnen: 200 g grüne Bohnen, Salz, Muskat, gehackte Petersilie. – Bohnen in wenig Wasser mit den Gewürzen garen.

Kopfsalat: 50 g Salatblätter, Salatsoße: 2 g Öl, Essig oder Zitronensaft, Salz, Gewürze und Kräuter.

Himbeergelee: 150 g Himbeeren, Zitronensaft, etwas Süßstoff, 2 g Gelatine. – Himbeeren mit Zitronensaft und Süßstoff im Mixer verschlagen und abschmekken, aufgelöste Gelatine unterrühren und die Speise erstarren lassen.

Nachmittag

Kaffee oder Tee, 5 g Kondensmilch (7,5% F.), 5 g Knäckebrot.

Abendessen

Tomaten gefüllt: 125 g Tomate, 1 Ei, 5 g Magermilchpulver, gehackter Schnittlauch, Salz, Pfeffer, Muskat. – Tomaten aushöhlen und mit dem Gemisch für das Rührei füllen. Die Tomaten auf ein Blech setzen und im Ofen garen lassen.

Feldsalat: 30 g Feldsalat, Salatsoße: 2 g Öl, Essig oder Zitronensaft, Salz, Gewürze und Kräuter.

Brot: 25 g (vorzugsweise Vollkornbrotsorten).

Magermilch: 200 g.

Getränk: ungesüßter Tee oder Mineralwasser.

Tageszufuhren: Eiweiß = 64 g, Fett = 18 g, Kohlenhydrate = 93 g, Kalorien = 810 kcal, Joule = 3391kJ, Na = 30 mval (mmol), Cl = 32 mval (mmol), K = 76 mval (mmol), Mg = 22 mval (11,0 mmol), Ca = 42 mval (21,0 mmol), P = 1,09 g (35,2 mmol), Fe = 14,1 mg (0,253 mmol), Mn = 3,6 mg (65,5 μmol), Co = 61,4 μg (1,04 μmol), Cu = 1,5 mg (23,6 μmol), Zn = 7,5 mg (114,7 μmol), F = 0,68 mg (35,8 μmol), J = 52,8 μg (0,42 μmol). Vitamine: A = 2,21 mg (7,72 μmol), B_1 = 0,76 mg (2,25 μmol), B_2 = 1,62 mg (4,30 μmol), C = 170 mg (0,965 mmol), D = 100 IE. Cholesterin = 300 mg (0,776 mmol), Polyenfettsäuren = 3,70 g.

Durchschnittliche Nahrungsmittelmenge pro Tag bei einer Vollkost von 1000 kcal (≈ 4190 kJ)

Nahrungsmittel	Menge g	Eiweiß g	Fett g	Kohlenhydrate g	Kilokalorien kcal	Kilojoule kJ
Milch oder Joghurt	75	2,5	2,6	3,5	50	209
Magermilch, Buttermilch oder Magermilchjoghurt	75	2,6	0,4	3,0	27	113
Magermilchpulver	15	5,3	0,1	7,8	55	230
Magerquark	100	13,5	0,3	4,1	77	322
Käse bis 20% F. i. Tr.	30	8,9	3,3	1,0	74	310
Speiseöl (hochwertig)	4	–	4,0	–	37	155
Fleisch mager	100	18,8	13,7	–	213	892
Vollkornbrot	100	8,4	1,0	48,2	250	1047
Zwieback oder trockene Kekse	5	0,5	0,2	3,8	20	84
Frischobst oder reine Säfte	250	2,5	–	28,8	130	544
Gemüse frisch	250	4,4	–	15,8	85	356
Salat	100	1,8	–	2,6	20	84
Gesamtzufuhr	1104	68,7 28%	25,6 24%	118,6 48%	1038	4346

Durchschnittswerte der Stoffzufuhr pro Woche bei einer Vollkost von 1000 kcal (≈ 4190 kJ)

	Eiweiß g	Fett g	Kohlenhydrate g	Kilokalorien kcal	Kilojoule kJ
1. Woche	69 29%	24 22%	118 49%	1010	4229
2. Woche	70 29%	24 23%	117 48%	1000	4187

	Natrium Na mval (mmol)	Chlor Cl mval (mmol)	Kalium K mval (mmol)	Magnesium Mg mval (mmol)	Kalzium Ca mval (mmol)	Phosphor P g (mmol)	Eisen Fe mg (mmol)
1. Woche	52	45	73	20 (10,0)	41 (20,5)	1,22 (39,4)	14,11 (0,253)
2. Woche	50	46	75	20 (10,0)	33 (16,5)	1,16 (37,5)	12,25 (0,219)

	Mangan Mn mg (µmol)	Kobalt Co µg (µmol)	Kupfer Cu mg (µmol)	Zink Zn mg (µmol)	Fluor F mg (µmol)	Jod J mg (µmol)
1. Woche	8,99 (163,6)	60,33 (1,02)	2,05 (32,3)	9,42 (144,1)	0,65 (34,2)	0,13 (1,02)
2. Woche	3,25 (59,2)	43,27 (0,73)	2,14 (33,7)	7,88 (120,5)	0,70 (36,8)	0,06 (0,47)

	Vitamin A mg (µmol)	Vitamin B_1 mg (µmol)	Vitamin B_2 mg (µmol)	Vitamin C mg (mmol)	Vitamin D IE
1. Woche	4,05 (14,1)	1,02 (3,02)	1,89 (5,02)	222 (1,26)	94
2. Woche	2,50 (8,7)	0,91 (2,70)	1,34 (3,56)	219 (1,24)	132

	Cholesterin mg (mmol)	Polyenfettsäuren g
1. Woche	207 (0,54)	4,25
2. Woche	205 (0,53)	4,63

Reduktionskost zu 1000 kcal (≈ 4190 kJ) Vollkost

Frühstück

Kaffee oder Tee, 10 g Magermilchpulver, 50 g Brot (vorzugsweise Vollkornbrotsorten), 75 g Magerquark.

Mittagessen

Hackbraten: 80 g Hackmasse (30 g Rindfleisch, 20 g Schweinefleisch, 15 g Brötchen, 5 g Zwiebeln, 10 g Ei), 2 g Öl, Salz, Muskat, gehackte Petersilie. – Hackmasse gut vermengen und abschmecken, einen Braten daraus formen, einfetten und im Grillgerät oder in der Pfanne von beiden Seiten garen.

Möhren-Lauch-Gemüse: Je 75 g Lauch und Möhren, Salz, Pfeffer, etwas Kerbel. – Gemüse in Scheiben schneiden und mit wenig Wasser garen, abschmecken.

Kopfsalat: 50 g Salatblätter, Salatsoße: 2 g Öl, Essig oder Zitronensaft, Salz, Gewürze und Kräuter.

Buttermilchgelee: 150 g Buttermilch, Zitronensaft, 2 g Gelatine, etwas Süßstoff. – Buttermilch mit Zitronensaft und Süßstoff abschmecken, die aufgelöste Gelatine unterrühren und die Speise erstarren lassen.

Nachmittag

Kaffee oder Tee, 10 g Kondensmilch (7,5% F.), 5 g Zwieback.

Abendessen

Krabbensalat: 60 g speisefertiges Krabbenfleisch, 100 g Tomaten, 100 g Fenchel gekocht, Kopfsalat, 4 g Öl, Zitronensaft, gehackter Dill, Salz, Pfeffer, Rosmarin, etwas gehackte Zwiebeln. – Tomaten und Fenchel in feine Streifen schneiden, Krabbenfleisch mit Öl, Gewürzen und Zwiebeln vermengen, Tomaten und Fenchel dazugeben und gut durchziehen lassen. Auf Salatblättern anrichten.

Brot: 50 g (vorzugsweise Vollkornbrotsorten).

Käse: 30 g Limburger (20% F. i. Tr.).

Ananaskompott: 150 g ungesüßt.

Getränk: ungesüßter Tee oder Mineralwasser.

Tageszufuhren: Eiweiß = 71 g, Fett = 24 g, Kohlenhydrate = 118 g, Kalorien = 1010 kcal, Joule = 4229 kJ, Na = 58 mval (mmol), Cl = 49 mval (mmol), K = 74 mval (mmol), Mg = 21 mval (10,5 mmol), Ca = 49 mval (24,5 mmol), P = 1,15 g (37,1 mmol), Fe = 13,3 mg (0,238 mmol), Mn = 4,4 mg (80,1 µmol), Co = 40,7 µg (0,69 µmol), Cu = 1,4 mg (22,0 µmol), Zn = 8,6 mg (131,6 µmol), F = 0,58 mg (30,5 µmol), J = 130,9 µg (1,03 µmol). Vitamine: A = 8,02 mg (28,0 µmol), B_1 = 1,00 mg (2,97 µmol), B_2 1,48 mg (3,93 µmol), C = 199 mg (1,13 mmol), D = 108 IE. Cholesterin = 210 mg (0,54 mmol), Polyenfettsäuren = 5,18 g.

Reduktionskost zu 1000 kcal (≈ 4190 kJ) Vollkost

Frühstück

Kaffee oder Tee, 10 g Magermilchpulver, 50 g Brot (vorzugsweise Vollkornbrotsorten), 30 g Schmelzkäse (20% F. i. Tr.).

Mittagessen

Schweinefilet: 75 g Schweinefilet, Salz Pfeffer. – Fleisch wie üblich zubereiten, Bratenfond abschmecken.

Wirsinggemüse: 200 g Wirsing, 20 g gehackte Zwiebeln, 2 g Öl, Salz, etwas Kümmelpulver, gehackte Petersilie. – Wirsing kleinschneiden, Zwiebeln in Öl andünsten, den zerkleinerten Kohl dazugeben, salzen, würzen und etwas Wasser angießen. Im geschlossenen Topf garen.

Feldsalat: 30 g Feldsalat, Salatsoße: 2 g Öl, Essig oder Zitronensaft, Salz, Gewürze und Kräuter.

Quarkspeise: 150 g Erdbeeren mit 50 g Magerquark verrühren und mit Zitronensaft und Süßstoff abschmecken.

Nachmittag

Kaffee oder Tee, 10 g Magermilchpulver, 10 g Knäckebrot.

Abendessen

Kaltes Huhn: 75 g kaltes Hühnerfleisch (Gewicht ohne Knochen) auf Salatblättern anrichten.

Tomatensalat: 150 g Tomaten in Scheiben geschnitten, Salatsoße: 2 g Öl, Essig oder Zitronensaft, Salz, Gewürze und Kräuter.

Brot: 50 g (vorzugsweise Vollkornbrotsorten).

Orangensaft: 150 g.

Getränk: ungesüßter Tee oder Mineralwasser.

Tageszufuhren: Eiweiß = 69 g, Fett = 24 g, Kohlenhydrate = 118 g, Kalorien = 1000 kcal, Joule = 4187 kJ, Na = 48 mval (mmol), Cl = 42 mval (mmol), K = 78 mval (mmol), Mg = 20 mval (10,0 mmol), Ca = 36 mval (18,0 mmol), P = 1,27 g (41,0 mmol), Fe = 12,1 mg (0,217 mmol), Mn = 39,6 mg (720,8 µmol), Co = 95,8 µg (1,63 µmol), Cu = 2,0 mg (31,5 µmol), Zn = 9,4 mg (143,8 µmol), F = 0,74 mg (38,9 µmol), J = 32,6 µg (0,257 µmol). Vitamine: A = 1,42 mg (4,96 µmol), B_1 = 1,58 mg (4,68 µmol), B_2 = 1,50 mg (3,99 µmol), C = 329 mg (1,87 mmol), D = 12 IE. Cholesterin = 110 mg (0,285 mmol), Polyenfettsäuren = 5,09 g.

Reduktionskost zu 1000 kcal ($\approx$ 4190 kJ) Vollkost

Frühstück

Kaffee oder Tee, 10 g Magermilchpulver, 50 g Brot (vorzugsweise Vollkornbrotsorten), 75 g Magerquark.

Mittagessen

Kalbsfrikassee: 80 g Kalbfleisch mittelfett, 50 g Champignons, 150 g Spargel, Zitronensaft, Salz, Pfeffer, Estragon, 5 g Margarine oder Butter. – Kalbfleisch würfeln und mit den Champignons zusammen andünsten, salzen und würzen und im geschlossenen Topf garen. Spargel separat mit wenig Wasser garen, zum Fleisch geben und alles gut durchziehen lassen.

Reis: 25 g Reis mit der entsprechenden Menge Wasser garen.

Endiviensalat: 50 g Endiviensalat, Salatsoße: 2 g Öl, Essig oder Zitronensaft, Salz, Gewürze und Kräuter.

Aprikosenkompott: 150 g Aprikosen (Gewicht ohne Stein) in wenig Wasser mit etwas Zitronensaft garen.

Nachmittag

Kaffee oder Tee, 50 g Magermilch, 5 g Roggenflachbrot.

Abendessen

Käseplatte: Je 20 g Harzer Käse, Camembert (30% F. i. Tr.), Schnittkäse (20% F. i. Tr.) mit 150 g Radieschen auf Salatblättern anrichten.

Brot: 50 g (vorzugsweise Vollkornbrotsorten).

Butter: 10 g.

Getränk: ungesüßter Tee oder Mineralwasser.

Tageszufuhren: Eiweiß = 67 g, Fett = 25 g, Kohlenhydrate = 118 g, Kalorien = 1000 kcal, Joule = 4187 kJ, Na = 65 mval (mmol), Cl = 59 mval (mmol), K = 64 mval (mmol), Mg = 17 mval (8,5 mmol), Ca = 49 mval (24,5 mmol), P = 1,20 g (38,7 mmol), Fe = 13,3 mg (0,238 mmol), Mn = 2,7 mg (49,1 µmol), Co = 53,8 µg (0,91 µmol), Cu = 1,7 mg (26,8 µmol), Zn = 9,1 mg (139,2 µmol), F = 0,68 mg (35,8 µmol), J = 51,9 µg (0,41 µmol). Vitamine: A = 1,85 mg (6,46 µmol), B_1 = 0,86 mg (0,255 µmol), B_2 = 1,59 mg (4,22 µmol), C = 103 mg (0,585 mmol), D = 183 IE. Cholesterin = 90 mg (0,233 mmol), Polyenfettsäuren = 2,97 g.

Reduktionskost zu 1000 kcal (≈ 4190 kJ) Vollkost

Frühstück

Kaffee oder Tee, 10 g Magermilchpulver, 1 Brötchen, 30 g Limburger (20% F. i. Tr.).

Mittagessen

Leber gegrillt: 100 g Rinder- oder Schweineleber, 2 g Öl, Salz, Pfeffer, Thymian. – Leber vorbereiten und mit Gewürzen einreiben, einfetten und im Grillgerät von beiden Seiten garen. Kurz vor dem Anrichten mit Salz bestreuen.
Kartoffelbrei: 125 g Kartoffeln in Salzwasser garen, abgießen und noch heiß durch ein Sieb pressen. Mit 30 g heißer Milch verrühren und abschmecken.
Kopfsalat: 50 g Salatblätter, Salatsoße: 2 g Öl, Essig oder Zitronensaft, Salz, Gewürze und Kräuter.
Joghurt: 150 g (1,5% F.).

Nachmittag

Kaffee oder Tee, 5 g Magermilchpulver, 5 g Vollkornkekse.

Abendessen

Reisfleisch: 75 g Kalbfleisch, 25 g Reis, je 50 g Tomaten und Paprikaschoten, 20 g gehackte Zwiebeln, 3 g Öl, Salz, Pfeffer, Paprika, provenzalische Kräutermischung, gehackte Petersilie. – Kalbfleisch in Fett kräftig anbraten, das gehackte Gemüse dazugeben, salzen, würzen, Reis und etwas Wasser untermengen und im geschlossenen Topf garen lassen. Mit Petersilie bestreut anrichten.
Feldsalat: 30 g Feldsalat, Salatsoße: 2 g Öl, Essig oder Zitronensaft, Salz, Gewürze und Kräuter.
Grapefruit: 210 g (Gewicht mit Schale).
Getränk: ungesüßter Tee oder Mineralwasser.

Tageszufuhren: Eiweiß = 69 g, Fett = 24 g, Kohlenhydrate = 119 g, Kalorien = 1010 kcal, Joule = 4229 kJ, Na = 45 mval (mmol), Cl = 40 mval (mmol), K = 68 mval (mmol), Mg = 17 mval (8,5 mmol), Ca = 35 mval (17,5 mmol), P = 1,22 g (39,4 mmol), Fe = 14,9 mg (0,267 mmol), Mn = 1,8 mg (32,8 µmol), Co = 43,7 µg (0,74 µmol), Cu = 4,7 mg (74,0 µmol), Zn = 12,8 mg (195,8 µmol), F = 0,65 mg (34,2 µmol), J = 39,3 µg (0,31 µmol). Vitamine: A = 9,56 mg (33,4 µmol), B_1 = 1,04 mg (3,08 µmol), B_2 = 4,11 mg (10,9 µmol), C = 224 mg (1,27 mmol), D = 148 IE. Cholesterin = 390 mg (1,01 mmol), Polyenfettsäuren = 6,17 g.

Reduktionskost zu 1000 kcal (≈ 4190 kJ) Vollkost

Frühstück

Kaffee oder Tee, 10 g Magermilchpulver, 50 g Brot (vorzugsweise Vollkornbrotsorten), 30 g Schmelzkäse (20% F. i. Tr.).

Mittagessen

Fisch gebraten: 125 g Schellfisch, 3 g Öl, Salz, Pfeffer, Oregano, Zitronensaft. – Fisch vorbereiten, würzen und in Öl braten.

Spinat: 200 g Blattspinat, 5 g Butter, Salz, Muskat. – Spinat in Butter dünsten und abschmecken.

Chicoréesalat: 50 g Chicoréeblätter, Salatsoße: 2 g Öl, Essig oder Zitronensaft, Salz, Gewürze und Kräuter.

Obstsalat: 150 g frisches Obst (außer Weintrauben und Bananen), Süßstoff und Zitronensaft. – Obst in Würfel oder Stifte schneiden und mit Zitronensaft abschmecken. Mit 5 g Weizenkeimen bestreut anrichten.

Nachmittag

Kaffee oder Tee, 50 g Magermilch, 10 g Biskuitplätzchen.

Abendessen

Tatar: 75 g Tatar, 1 Eigelb, 5 g Zwiebel, Salz, Pfeffer. – Tatar wie üblich zubereiten und auf Salatblättern anrichten.

Rettich: 150 g Rettich in Scheiben schneiden und leicht salzen.

Brot: 50 g (vorzugsweise Vollkornbrotsorten).

Mandarinen: 210 g (Gewicht mit Schale).

Getränk: ungesüßter Tee oder Mineralwasser.

Tageszufuhren: Eiweiß = 71 g, Fett = 24 g, Kohlenhydrate = 119 g, Kalorien = 1010 kcal, Joule = 4229 kJ, Na = 52 mval (mmol), Cl = 38 mval (mmol), K = 98 mval (mmol), Mg = 28 mval (14,0 mmol), Ca = 44 mval (22,0 mmol), P = 1,33 g (42,9 mmol), Fe = 18,5 mg (0,331 mmol), Mn = 5,0 mg (91,0 μmol), Co = 55,7 μg (0,945 μmol), Cu = 1,9 mg (29,9 μmol), Zn = 8,1 mg (123,9 μmol), F = 1,01 mg (53,2 μmol), J = 589,2 μg (4,64 μmol). Vitamine: A = 5,67 mg (19,8 μmol), B_1 = 0,96 mg (2,85 μmol), B_2 = 1,52 mg (4,04 μmol), C = 254 mg (1,44 mmol), D = 69 IE. Cholesterin = 370 mg (0,96 mmol), Polyenfettsäuren = 5,21 g.

Reduktionskost zu 1000 kcal (≈ 4190 kJ) Vollkost

Frühstück

Kaffee oder Tee, 10 g Magermilchpulver, 50 g Brot (vorzugsweise Vollkornbrotsorten), 75 g Magerquark.

Mittagessen

Kalbsbraten: 80 g Kalbfleisch mittelfett, Salz, Pfeffer, etwas Thymian. – Fleisch wie üblich zubereiten, Bratenfond abschmecken.

Grüne Bohnen: 150 g grüne Bohnen, 3 g Butter, Salz, Pfeffer, gehackte Petersilie. – Bohnen in Butter dünsten, salzen und würzen, etwas Wasser angießen und garen. Mit Petersilie bestreut anrichten.

Chinakohlsalat: 50 g Chinakohl in Streifen geschnitten, Salatsoße: 2 g Öl, Essig oder Zitronensaft, Salz, Gewürze und Kräuter.

Bratapfel: 150 g Apfel (ohne Kerngehäuse), etwas Zitronensaft. – Apfel kreuzweise einschneiden, mit Zitronensaft beträufeln und in einer Auflaufform im Ofen garen.

Nachmittag

Kaffee oder Tee, 10 g Kondensmilch (7,5% F.), 5 g Hartkekse.

Abendessen

Gemüsesuppe mit Rindfleisch: 75 g Rindfleisch mager, 50 g geschälte Kartoffeln, 150 g Suppengemüse, Salz, Pfeffer, Kerbel, Lorbeerblatt, gehackte Petersilie, Muskat. – Kartoffeln und Gemüse zerkleinern, Fleisch in Würfel schneiden und alles zusammen mit der entsprechenden Menge Wasser aufsetzen, salzen, würzen und im geschlossenen Topf garen. Mit Petersilie bestreut anrichten.

Brot: 50 g (vorzugsweise Vollkornbrotsorten).

Joghurt: 150 g Joghurt (1,5% F.) mit 5 g Weizenkeimen bestreuen.

Getränk: ungesüßter Tee oder Mineralwasser.

Tageszufuhren: Eiweiß = 69 g, Fett = 25 g, Kohlenhydrate = 117 g, Kalorien = 1010 kcal, Joule = 4229 kJ, Na = 33 mval (mmol), Cl = 22 mval (mmol), K = 70 mval (mmol), Mg = 19 mval (9,5 mmol), Ca = 34 mval (17,0 mmol), P = 1,17 g (37,8 mmol), Fe = 12,3 mg (0,220 mmol), Mn = 3,9 mg (71,0 µmol), Co = 89,6 µg (1,52 µmol), Cu = 1,5 mg (23,6 µmol), Zn = 10,9 mg (166,7 µmol), F = 0,44 mg (23,2 µmol), J = 37,3 µg (0,294 µmol). Vitamine: A = 1,12 mg (3,91 µmol), B_1 = 0,95 mg (2,82 µmol), B_2 = 1,60 mg (4,25 µmol), C = 123 mg (0,70 mmol), D = 127 IE. Cholesterin = 170 mg (0,44 mmol), Polyenfettsäuren = 1,84 g.

Reduktionskost zu 1000 kcal (≈ 4190 kJ) Vollkost

Frühstück

Kaffee oder Tee, 10 g Magermilchpulver, 50 g Brot (vorzugsweise Vollkornbrotsorten), 30 g Schnittkäse (20% F. i. Tr.).

Mittagessen

Roastbeef: 80 g Roastbeef, Salz, Pfeffer. – Zubereitung im Grillgerät.

Rosenkohl: 200 g Rosenkohlröschen, 10 g gehackte Zwiebeln, 3 g Öl, Salz, Muskat. – Rosenkohl in kochendem Wasser kurz abwellen, abtropfen lassen. Gehackte Zwiebeln in Öl andünsten, den Rosenkohl dazugeben, salzen, würzen, etwas Wasser angießen und garen.

Kopfsalat: 50 g Salatblätter, Salatsoße: 2 g Öl, Essig oder Zitronensaft, Salz, Kräuter und Gewürze.

Himbeeren: 200 g Himbeeren mit Zitronensaft und etwas Süßstoff abschmecken.

Nachmittag

Kaffee oder Tee, 5 g Magermilchpulver, 5 g Zwieback.

Abendessen

Bündner Fleisch: 30 g in sehr feine Scheiben geschnitten.

Waldorfsalat: Je 30 g Orange und Knollensellerie, je 50 g Apfel und ungezuckerte Ananas, 5 g Magermilchpulver, 10 g Zitronensaft, Salz, eine Spur Pfeffer. – Obst und Sellerie in feine Streifen schneiden und mit Milchpulver und Zitronensaft vermengen, salzen und würzen.

Brot: 50 g (vorzugsweise Vollkornbrotsorten).

Getränk: ungesüßter Tee oder Mineralwasser.

Tageszufuhren: Eiweiß = 68 g, Fett = 24 g, Kohlenhydrate = 118 g, Kalorien = 1000 kcal, Joule = 4187 kJ, Na = 63 mval (mmol), Cl = 66 mval (mmol), K = 65 mval (mmol), Mg = 18 mval (9,0 mmol), Ca = 44 mval (22,0 mmol), P = 1,20 g (38,7 mmol), Fe = 14,5 mg (0,260 mmol), Mn = 5,6 mg (101,9 µmol), Co = 43,2 µg (0,73 µmol), Cu = 1,2 mg (18,9 µmol), Zn = 7,3 mg (111,7 µmol), F = 0,49 mg (25,8 µmol), J = 19,2 µg (0,15 µmol). Vitamine: A = 0,72 mg (2,51 µmol), B_1 = 0,76 mg (2,25 µmol), B_2 = 1,47 mg (3,91 µmol), C = 327 mg (1,86 mmol), D = 12 IE. Cholesterin = 110 mg (0,285 mmol), Polyenfettsäure = 3,32 g.

Reduktionskost zu 1000 kcal (≈ 4190 kJ) Vollkost

Frühstück

Kaffee oder Tee, 10 g Magermilchpulver, 50 g Brot (vorzugsweise Vollkornbrotsorten), 30 g Harzer Käse.

Mittagessen

Tomaten gefüllt: 80 g Hackmasse (30 g Rindfleisch, 20 g Schweinefleisch, 15 g Brötchen, 5 g Zwiebeln, 10 g Ei), Salz, Pfeffer, Muskat, 100 g Tomaten, gehackte Petersilie. – Tomatenkerne entfernen und das Fruchtfleisch anderweitig verwenden. Die abgeschmeckte Hackmasse in die Tomaten füllen, die gefüllten Tomaten in eine Auflaufform setzen, mit Wasser angießen und im Backofen garen. Mit Petersilie bestreut anrichten.

Spargelgemüse: 200 g frischen Spargel in wenig Salzwasser garen

Kressesalat: 30 g Kresse, Salatsoße: 2 g Öl, Essig oder Zitronensaft, Salz, Gewürze und Kräuter.

Orangensalat: 150 g Orangenfleisch in Stifte oder Scheiben schneiden, mit Zitronensaft und Süßstoff abschmecken und mit 5 g Biskuitplätzchen anrichten.

Nachmittag

Kaffee oder Tee, 10 g Kondensmilch (7,5% F.), 10 g Knäckebrot.

Abendessen

Forelle blau: 1 Forelle (ca. 250–300 g), 5 g Butter, gut gewürzter Fischsud. – Forelle vorbereiten und im kochenden Fischsud garen, mit zerlassener Butter anrichten.

Salzkartoffeln: 150 g geschälte Kartoffeln in Salzwasser garen.

Obstsalat: 150 g frisches Obst (außer Weintrauben und Bananen), Obst zerkleinern und mit Zitronensaft und etwas Süßstoff abschmecken.

Getränk: ungesüßter Tee oder Mineralwasser.

Tageszufuhren: Eiweiß = 70 g, Fett = 23 g, Kohlenhydrate = 118 g, Kalorien = 990 kcal, Joule = 4145 kJ, Na = 39 mval (mmol), Cl = 35 mval (mmol), K = 85 mval (mmol), Mg = 21 mval (10,5 mmol), Ca = 26 mval (13,0 mmol), P = 1,12 g (36,2 mmol), Fe = 12,2 mg (0,219 mmol), Mn = 2,0 mg (36,4 μmol), Co = 29,7 μg (0,504 μmol), Cu = 1,6 mg (25,2 μmol), Zn = 7,1 mg (108,6 μmol), F = 0,79 mg (41,6 μmol), J = 52,4 μg (0,41 μmol). Vitamine: A = 1,37 mg (4,78 μmol), B_1 = 0,97 mg (2,88 μmol), B_2 = 1,22 mg (3,24 μmol), C = 236 mg (1,34 mmol), D = 35 IE. Cholesterin = 220 mg (0,57 mmol), Polyenfettsäuren = 3,72 g.

Reduktionskost zu 1000 kcal (≈ 4190 kJ) Vollkost

Frühstück

Kaffee oder Tee, 10 g Magermilchpulver, 50 g Brot (vorzugsweise Vollkornbrotsorten), 30 g Schnittkäse (20% F. i. Tr.).

Mittagessen

Rindergulasch: 80 g Rindfleisch mager, 10 g gehackte Zwiebeln, 2 g Öl, je 50 g Tomaten und Paprikaschoten, Salz, Pfeffer, Paprika, 10 g Tomatenmark, Lorbeerblatt. – Zwiebeln in Öl andünsten, das gewürfelte Fleisch dazugeben und scharf anbraten. Zerkleinertes Gemüse dazugeben, salzen, würzen und etwas Wasser angießen, garen lassen.

Reis: 25 g Reis mit der entsprechenden Menge Wasser garen.

Feldsalat: 30 g Feldsalat, Salatsoße: 2 g Öl, Essig oder Zitronensaft, Gewürze, Salz und Kräuter.

Pfirsiche: 170 g (Gewicht mit Stein).

Nachmittag

Kaffee oder Tee, 10 g Kondensmilch (7,5% F.), 5 g Biskuitplätzchen.

Abendessen

Pikanter Quark: 175 g Magerquark, 50 g Vollmilch, Küchenkräuter, Salz, Pfeffer, etwas gehackte Zwiebeln. – Quark mit Milch anrühren und mit den restlichen Zutaten abschmecken.

Brot: 50 g (vorzugsweise Vollkornbrotsorten).

Butter: 5 g.

Melone: 150 g (Gewicht ohne Schale).

Getränk: ungesüßter Tee oder Mineralwasser.

Tageszufuhren: Eiweiß = 70 g, Fett = 23 g, Kohlenhydrate = 120 g, Kalorien = 1010 kcal, Joule = 4229 kJ, Na = 47 mval (mmol), Cl = 43 mval (mmol), K = 57 mval (mmol), Mg = 17 mval (8,5 mmol), Ca = 42 mval (21,0 mmol), P = 1,24 g (40,0 mmol), Fe = 11,5 mg (0,206 mmol), Mn = 2,9 mg (52,8 μmol), Co = 22,1 μg (0,375 μmol), Cu = 1,4 mg (22,0 μmol), Zn = 8,0 mg (122,4 μmol), F = 0,61 mg (32,1 μmol), J = 34,9 μg (0,275 μmol). Vitamine: A = 1,74 mg (6,07 μmol), B_1 = 0,69 mg (2,05 μmol), B_2 = 1,45 mg (3,85 μmol), C = 123 mg (0,70 mmol), D = 16 IE. Cholesterin = 110 mg (0,285 mmol), Polyenfettsäuren = 2,63 g.

Reduktionskost zu 1000 kcal (≈ 4190 kJ) Vollkost

Frühstück

Kaffee oder Tee, 10 g Magermilchpulver, 50 g Brot (vorzugsweise Vollkornbrotsorten), 30 g Schmelzkäse (20% F. i. Tr.).

Mittagessen

Rinderfilet: 80 g Rinderfilet, Salz, Pfeffer, etwas Curry. – Filet salzen, würzen und im Grillgerät von beiden Seiten garen.

Broccoli: 200 g Broccoliröschen, 5 g Butter, Salz, Muskat. – Broccoli in Butter andünsten, salzen, würzen und etwas Wasser angießen. Im geschlossenen Topf garen.

Chicoréesalat: 50 g Chicoréeblätter, Salatsoße: 2 g Öl, Essig oder Zitronensaft, Salz, Gewürze und Kräuter.

Joghurt: 150 g (1,5% F.) mit 5 g Weizenkeimen bestreuen.

Nachmittag

Kaffee oder Tee, 10 g Magermilchpulver, 10 g Zwieback.

Abendessen

Fleischsalat: 75 g kalter Kalbsbraten, 10 g gehackte Zwiebeln, je 50 g Tomaten und Champignons, Salatsoße: 4 g Öl, Essig oder Zitronensaft, Salz, Pfeffer, Paprika, gehackte Kräuter. – Fleisch, Tomaten und Champignons in feine Streifen schneiden und mit der Salatsoße anmachen, gut durchziehen lassen und auf Salatblättern anrichten.

Brot: 50 g (vorzugsweise Vollkornbrotsorten).

Ananas: 150 g frisch oder ungesüßt aus der Dose.

Getränk: ungesüßter Tee oder Mineralwasser.

Tageszufuhren: Eiweiß = 70 g, Fett = 25 g, Kohlenhydrate = 118 g, Kalorien = 1010 kcal, Joule = 4229 kJ, Na = 52 mval (mmol), Cl = 49 mval (mmol), K = 84 mval (mmol), Mg = 21 mval (10,5 mmol), Ca = 46 mval (23,0 mmol), P = 1,37 g (44,2 mmol), Fe = 12,8 mg (0,229 mmol), Mn = 6,2 mg (112,9 µmol), Co = 41,6 µg (0,706 µmol), Cu = 4,3 mg (67,7 µmol), Zn = 11,1 mg (169,8 µmol), F = 0,60 mg (31,6 µmol), J = 41,3 µg (0,326 µmol). Vitamine: A = 2,92 mg (10,2 µmol), B_1 = 1,05 mg (3,11 µmol), B_2 = 1,96 mg (5,21 µmol), C = 291 mg (1,65 mmol), D = 171 IE. Cholesterin = 130 mg (0,336 mmol), Polyenfettsäuren = 4,26 g.

Reduktionskost zu 1000 kcal (≈ 4190 kJ) Vollkost

Frühstück

Kaffee oder Tee, 10 g Magermilchpulver, 50 g Brot (vorzugsweise Vollkornbrotsorten), 75 g Magerquark.

Mittagessen

Heilbutt gedünstet: 150 g Heilbuttschnitten, 10 g gehacktes Suppengrün, Salz, Pfeffer, etwas Thymian. – Fisch vorbereiten, mit Salz und Gewürzen einreiben und in eine Auflaufform setzen, mit Suppengrün bestreuen, etwas Wasser angießen und im Backofen garen.

Salzkartoffeln: 125 g geschälte Kartoffeln in Salzwasser garen.

Kopfsalat: 50 g Salatblätter, Salatsoße: 2 g Öl, Essig oder Zitronensaft, Salz, Gewürze und Kräuter.

Apfelkompott: 150 g geschälte Apfelstücke in wenig Wasser mit Zimt und Nelken garen.

Nachmittag

Kaffee oder Tee, 10 g Kondensmilch (7,5% F.), 5 g Hartkekse.

Abendessen

Rührei mit Schnittlauch: 2 Eier, 2 g Öl, Schnittlauch, Salz und Pfeffer. – Eier mit etwas Wasser und den Gewürzen verquirlen und in einer ausgefetteten Pfanne das Rührei zubereiten.

Tomaten gedünstet: 150 g Tomaten, Salz, etwas Oregano. – Tomaten kreuzweise einritzen, in eine Auflaufform setzen, salzen, würzen und im Ofen garen. Mit Petersilie bestreut anrichten.

Reis: 25 g Reis mit der entsprechenden Menge Wasser garen.

Erdbeeren: 150 g mit Süßstoff und Zitronensaft abschmecken.

Getränk: ungesüßter Tee oder Mineralwasser.

Tageszufuhren: Eiweiß = 72 g, Fett = 24 g, Kohlenhydrate = 119 g, Kalorien = 1010 kcal, Joule = 4229 kJ, Na = 26 mval (mmol), Cl = 27 mval (mmol), K = 76 mval (mmol), Mg = 20 mval (10,0 mmol), Ca = 23 mval (11,5 mmol), P = 1,16 g (37,5 mmol), Fe = 12,0 mg (0,215 mmol), Mn = 2,8 mg (51,0 µmol), Co = 52,8 µg (0,90 µmol), Cu = 1,8 mg (28,3 µmol), Zn = 5,7 mg (87,2 µmol), F = 0,80 mg (42,1 µmol), J = 111,8 µg (0,88 µmol). Vitamine: A = 1,66 mg (5,79 µmol), B_1 = 0,82 mg (2,43 µmol), B_2 = 1,25 mg (3,32 µmol), C = 185 mg (1,05 mmol), D = 500 IE. Cholesterin = 540 mg (1,40 mmol), Polyenfettsäuren = 7,31 g.

Reduktionskost zu 1000 kcal (≈ 4190 kJ) Vollkost

Frühstück

Kaffee oder Tee, 10 g Magermilchpulver, 50 g Brot (vorzugsweise Vollkornbrotsorten), 30 g Limburger (20% F. i. Tr.).

Mittagessen

Kalbsschnitzel: 100 g Kalbsschnitzel, 5 g Margarine, Salz, etwas Curry. – Kalbsschnitzel in Margarine anbraten, salzen, würzen und gar dünsten.

Sauerkrautsalat: 100 g feingeschnittenes Sauerkraut, 50 g feingeschnittener Apfel, 2 g Öl, etwas gehackte Petersilie. – Alle Zutaten vermengen und durchziehen lassen.

Kirschgelee: 150 g entsteintes Sauerkirschkompott, Zitronensaft, etwas Süßstoff, 2 g Gelatine. – Kirschkompott abschmecken und die aufgelöste Gelatine unterrühren. Die Speise erstarren lassen.

Nachmittag

Kaffee oder Tee, 50 g Magermilch, 5 g Knäckebrot.

Abendessen

Schinkenplatte: Je 40 g gekochter Schinken und Lachsschinken in dünne Scheiben aufgeschnitten auf Salatblättern anrichten.

Gemüsesalat: Je 50 g gekochte Kartoffeln, Möhre und Blumenkohl, 50 g Salatblätter, Salatsoße: 4 g Öl, Essig oder Zitronensaft, Salz, Gewürze und Kräuter. – Gemüse und Kartoffeln in Würfel schneiden und mit der Salatsoße anmachen, abschmecken und gut durchziehen lassen. Auf Salatblättern anrichten.

Brot: 25 g Weißbrot als Toast zubereitet.

Aprikosenkompott: 125 g ungesüßt oder 140 g frisches Obst.

Getränk: ungesüßter Tee oder Mineralwasser.

Tageszufuhren: Eiweiß = 70 g, Fett = 25 g, Kohlenhydrate = 117 g, Kalorien = 1000 kcal, Joule = 4187 kJ, Na = 97 mval (mmol), Cl = 86 mval (mmol), K = 76 mval (mmol), Mg = 19 mval (9,5 mmol), Ca = 29 mval (14,5 mmol), P = 0,92 g (29,7 mmol), Fe = 12,3 mg (0,220 mmol), Mn = 1,4 mg (25,5 μmol), Co = 34,1 μg (0,58 μmol), Cu = 2,7 mg (42,5 μmol), Zn = 8,6 mg (131,6 μmol), F = 0,68 mg (35,8 μmol), J = 27,5 μg (0,217 μmol). Vitamine: A = 4,65 mg (16,2 μmol), B_1 = 1,22 mg (3,62 μmol), B_2 = 1,21 mg (3,22 μmol), C = 132 mg (0,75 mmol), D = 20 IE. Cholesterin = 130 mg (0,336 mmol), Polyenfettsäuren = 5,97 g.

Reduktionskost zu 1000 kcal (≈ 4190 kJ) Vollkost

Frühstück

Kaffee oder Tee, 10 g Magermilchpulver, 50 g Brot (vorzugsweise Vollkosnbrotsorten), 30 g Schmelzkäse (20% F. i. Tr.).

Mittagessen

Geflügeleintopf: 80 g Hühnerfleisch (Gewicht ohne Knochen), je 50 g Kartoffeln, Rosenkohl, je 25 g Möhren und grüne Bohnen, Salz, Pfeffer, gehackte Zwiebeln und Petersilie, Salz, Pfeffer, Estragon, Rosmarin. – Hühnerfleisch grob würfeln und mit dem zerkleinerten Gemüse und der entsprechenden Menge Wasser aufsetzen, salzen, würzen und garen lassen. Mit Petersilie bestreut anrichten.

Feldsalat: 30 g Feldsalat, Salatsoße: 2 g Öl, Essig oder Zitronensaft, Salz, Gewürze und Kräuter.

Quarkspeise: 75 g Magerquark, Zitronensaft, 150 g Himbeeren, Süßstoff. – Alle Zutaten miteinander verrühren und abschmecken.

Nachmittag

Kaffee oder Tee, 10 g Kondensmilch (7,5% F.), 5 g Zwieback.

Abendessen

Kalter Braten: 60 g Rinderbraten in dünne Scheiben aufgeschnitten.

Rettich: 150 g Rettich in Scheiben schneiden und leicht salzen, mit dem Fleisch zusammen anrichten.

Brot: 50 g (vorzugsweise Vollkornbrotsorten).

Butter: 10 g.

Orangensaft: 100 g mit etwas Wasser verdünnen.

Getränk: ungesüßter Tee oder Mineralwasser.

Tageszufuhren: Eiweiß = 68 g, Fett = 26 g, Kohlenhydrate = 115 g, Kalorien = 1000 kcal, Joule = 4187 kJ, Na = 46 mval (mmol), Cl = 40 mval (mmol), K = 74 mval (mmol), Mg = 24 mval (12,0 mmol), Ca = 32 mval (16,0 mmol), P = 1,22 g (39,4 mmol), Fe = 12,3 mg (0,220 mmol), Mn = 3,4 mg (61,9 µmol), Co = 76,2 µg (1,29 µmol), Cu = 1,5 mg (23,6 µmol), Zn = 7,1 mg (108,6 µmol), F = 0,72 mg (37,9 µmol), J = 40,6 µg (0,32 µmol). Vitamine: A = 2,55 mg (8,90 µmol), B_1 = 0,70 mg (2,08 µmol), B_2 = 1,21 mg (3,22 µmol), C = 237 mg (1,35 mmol), D = 18 IE. Cholesterin = 160 mg (0,414 mmol), Polyenfettsäuren = 2,78 g.

Reduktionskost zu 1000 kcal (≈ 4190 kJ) Vollkost

Frühstück

Kaffee oder Tee, 10 g Magermilchpulver, 50 g Brot (vorzugsweise Vollkornbrotsorten), 30 g Schnittkäse (20% F. i. Tr.).

Mittagessen

Rinderfilet: 80 g Rinderfilet, 2 g Öl, 15 g gehackte Zwiebeln, 50 g Champignons, 100 g Paprikaschoten, Salz, Pfeffer, Paprika, gehackte Petersilie. – Champignons und Paprikaschoten kleinschneiden und mit den Zwiebeln zusammen andünsten, salzen, würzen und garen. Filet grillen oder braten und auf dem Gemüse anrichten. Mit Petersilie bestreuen.

Kopfsalat: 50 g Salatblätter, Salatsoße: 2 g Öl, Essig oder Zitronensaft, Salz, Gewürze und Kräuter.

Obstsalat: 150 g frisches Obst (außer Bananen und Weintrauben) kleinschneiden und mit Zitronensaft und Süßstoff abschmecken.

Nachmittag

Kaffee oder Tee, 10 g Kondensmilch (7,5% F.), 10 g Biskuitplätzchen.

Abendessen

Fischsalat: 125 gekochter Rotbarsch, 10 g gehackte Zwiebeln, 50 g kleingeschnittener Fenchel, 100 g gewürfelte Tomaten, gehackter Dill, Salz, Pfeffer. Salatsoße: 4 g Öl, Essig oder Zitronensaft, Gewürze und Kräuter. – Fisch grob zerpflücken und mit den restlichen Zutaten vermischen. Gut durchziehen lassen und auf Salatblättern anrichten.

Brot: 50 g (vorzugsweise Vollkornbrotsorten).

Grapefruit: 180 g (Gewicht mit Schale).

Getränk: ungesüßter Tee oder Mineralwasser.

Tageszufuhren: Eiweiß = 70 g, Fett = 24 g, Kohlenhydrate = 117 g, Kalorien = 1000 kcal, Joule = 4187 kJ, Na = 49 mval (mmol), Cl = 42 mval (mmol), K = 74 mval (mmol), Mg = 19 mval (9,5 mmol), Ca = 35 mval (17,5 mmol), P = 1,15 g (37,1 mmol), Fe = 12,8 mg (0,229 mmol), Mn = 3,6 mg (65,5 µmol), Co = 46,4 µg (0,79 µmol), Cu = 1,6 mg (25,2 µmol), Zn = 7,6 mg (116,3 µmol), F = 0,71 mg (37,4 µmol), J = 125,6 µg (0,99 µmol). Vitamine: A = 2,68 mg (9,36 µmol), B_1 = 0,94 mg (2,79 µmol), B_2 = 1,13 mg (3,00 µmol), C = 332 mg (1,89 mmol), D = 168 IE. Cholesterin = 150 mg (0,39 mmol), Polyenfettsäuren = 5,76 g.

Durchschnittliche Nahrungsmittelmenge pro Tag bei einer Vollkost von 1500 kcal (≈ 6280 kJ)

Nahrungsmittel	Menge g	Eiweiß g	Fett g	Kohlenhydrate g	Kilokalorien kcal	Kilojoule kJ
Vollmilch oder Joghurt	100	3,3	3,5	4,7	66	276
Magermilch, Buttermilch oder Magermilchjoghurt	100	3,5	0,5	4,0	36	151
Magermilchpulver	15	5,3	0,1	7,8	55	230
Kondensmilch	10	0,7	0,8	1,0	14	59
Magerquark	125	16,9	0,4	5,1	96	402
Käse bis 30% F. i. Tr.	30	7,9	4,9	1,1	84	352
Butter	10	–	8,3	–	78	327
Speiseöl (hochwertig)	4	–	4,0	–	37	155
Fleisch mager	125	23,5	17,1	–	266	1114
Brotaufstrich sehr mager	30	5,8	1,3	–	38	159
Vollkornbrot	120	10,1	1,2	57,8	300	1256
Zwieback oder trockene Kekse	5	0,5	0,2	3,8	20	84
Diabetikerkonfitüre	20	–	–	6,8	28	117
Frischobst oder reine Säfte	350	2,8	–	40,3	182	762
Kartoffeln	125	2,6	–	23,1	109	456
Gemüse frisch	300	5,2	–	18,9	102	427
Salat	100	1,8	–	2,6	20	84
Gesamtzufuhr	1569	89,9 25%	42,3 26%	177,0 49%	1531	6411

Durchschnittswerte der Stoffzufuhr pro Woche bei einer Vollkost von 1500 kcal (≈ 6280 kJ)

	Eiweiß g	Fett g	Kohlenhydrate g	Kilokalorien kcal	Kilojoule kJ
1. Woche	88 25%	42 26%	177 49%	1500	6280
2. Woche	90 25%	42 26%	176 49%	1500	6280

	Natrium Na mval (mmol)	Chlor Cl mval (mmol)	Kalium K mval (mmol)	Magnesium Mg mval (mmol)	Kalzium Ca mval (mmol)	Phosphor P g (mmol)	Eisen Fe mg (mmol)
1. Woche	77	62	100	30 (15,0)	52 (26,0)	1,57 (50,7)	18,02 (0,323)
2. Woche	70	62	101	27 (13,5)	47 (23,5)	1,55 (50,0)	17,47 (0,313)

	Mangan Mn mg (μmol)	Kobalt Co μg (μmol)	Kupfer Cu mg (μmol)	Zink Zn mg (μmol)	Fluor F mg (μmol)	Jod J mg (μmol)
1. Woche	9,30 (169,3)	77,92 (1,32)	3,37 (53,0)	11,34 (173,5)	0,63 (33,2)	0,08 (0,63)
2. Woche	3,72 (67,7)	83,35 (1,41)	2,97 (46,7)	12,00 (183,6)	0,63 (33,2)	0,08 (0,63)

	Vitamin A mg (μmol)	Vitamin B_1 mg (μmol)	Vitamin B_2 mg (μmol)	Vitamin C mg (mmol)	Vitamin D IE
1. Woche	3,72 (13,0)	1,39 (4,12)	2,20 (5,85)	277 (1,57)	152
2. Woche	4,63 (16,2)	1,36 (4,03)	2,24 (5,95)	247 (1,40)	177

	Cholesterin mg (mmol)	Polyenfettsäuren g
1. Woche	332 (0,86)	5,52
2. Woche	355 (0,92)	6,64

Reduktionskost zu 1500 kcal (= 6280 kJ) Vollkost

1. Frühstück

Kaffee oder Tee, 10 g Kondensmilch (7,5% F.), 60 g Brot (vorzugsweise Vollkornbrotsorten), 10 g Butter, 20 g Diabetikerkonfitüre, 1 Ei.

2. Frühstück

200 g Orangensaft, 5 g Knäckebrot, 25 g Magerquark.

Mittagessen

Hacksteak: 100 g Hackmasse (40 g Rindfleisch, 25 g Schweinefleisch, 15 g Brötchen, 5 g Zwiebeln, 15 g Ei), Salz, Pfeffer, Piment, 2 g Öl. – Hackmasse gut vermengen und abschmecken, ein flaches Steak daraus formen und in Öl braten.

Kohlrabigemüse: 200 g Kohlrabi, Salz, Muskat, gehackte Petersilie. – Kohlrabi in Scheiben oder Stifte schneiden und in wenig Wasser mit den Gewürzen garen. Mit Petersilie bestreut anrichten.

Salzkartoffeln: 125 g geschälte Kartoffeln in Salzwasser garen.

Kopfsalat: 50 g Salatblätter, Salatsoße: 2 g Öl, Essig oder Zitronensaft, Salz, Gewürze und Kräuter.

Aprikosenkompott: 150 g entsteinte Aprikosen in wenig Wasser mit etwas Süßstoff garen.

Nachmittag

Kaffee oder Tee, 10 g Magermilchpulver, 5 g Zwieback.

Abendessen

Geflügelsalat: 120 g Hühnerfleisch kalt (Gewicht ohne Knochen), 50 g gekochter Spargel, 50 g gedünstete Champignons, 50 g Ananas, 50 g Joghurt (1,5% F.), 5 g Magermilchpulver, 20 g Feldsalat, Salz, Essig, Paprika, Pfeffer, gehackte Petersilie. – Hühnerfleisch in Würfel schneiden und mit den restlichen Zutaten vermengen, abschmecken, gut durchziehen lassen und auf Feldsalat anrichten.

Brot: 60 g (vorzugsweise Vollkornbrotsorten).

Getränk: ungesüßter Tee oder Mineralwasser.

Spätmahlzeit

150 g Joghurt (1,5% F.).

Tageszufuhren: Eiweiß = 90 g, Fett = 42 g, Kohlenhydrate = 178 g, Kalorien = 1500 kcal, Joule = 6280 kJ, Na = 55 mval (mmol), Cl = 47 mval (mmol), K = 116 mval (mmol), Mg = 34 mval (17,0 mmol), Ca = 42 mval (21,0 mmol), P = 1,60 g (51,7 mmol), Fe = 18,3 mg (0,328 mmol), Mn = 4,2 mg (76,4 µmol), Co = 82,4 µg (1,40 µmol), Cu = 2,9 mg (45,6 µmol), Zn = 10,2 mg (156,0 µmol), F = 0,74 mg (38,9 µmol), J = 56,5 µg (0,445 µmol). Vitamine: A = 3,00 mg (10,5 µmol), B_1 = 1,26 mg (3,74 µmol), B_2 = 2,09 mg (5,55 µmol), C = 321 mg (1,82 mmol), D = 187 IE. Cholesterin = 530 mg (1,37 mmol), Polyenfettsäuren = 5,96 g.

Reduktionskost zu 1500 kcal (= 6280 kJ) Vollkost

1. Frühstück
Kaffee oder Tee, 10 g Kondensmilch (7,5% F.), 60 g Brot (vorzugsweise Vollkornbrotsorten), 10 g Butter, 20 g Diabetikerkonfitüre, 100 g Magerquark.

2. Frühstück
150 g Buttermilch, 10 g Zwieback, 5 g Butter.

Mittagessen
Kalbsleber: 100 g Kalbsleber, 2 g Öl, Pfeffer, Majoran. – Kalbsleber vorbereiten, würzen und einfetten und im Grillgerät von beiden Seiten garen. Kurz vor dem Anrichten salzen.

Blattspinat: 200 g Spinat, 10 g Zwiebeln, 5 g Margarine oder Butter, Salz, Pfeffer, Muskat. – Spinat mit den gehackten Zwiebeln in Fett dünsten und abschmecken.

Risotto: 30 g Reis mit der entsprechenden Menge Salzwasser aufsetzen und im vorgeheizten Backofen quellen lassen.

Chicoréesalat: 50 g Chicoréeblätter, Salatsoße: 2 g Öl, Essig oder Zitronensaft, Salz, Gewürze und Kräuter.

Bratapfel: 150 g Apfel (Gewicht ohne Kerngehäuse), 10 g Diabetikerkonfitüre, Zitronensaft. – Apfel kreuzweise einritzen, mit Konfitüre füllen, in eine Auflaufform setzen und im Ofen garen.

Nachmittag
Kaffee oder Tee, 10 g Kondensmilch (7,5% F.), 5 g Roggenflachbrot.

Abendessen
Fisch in Aspik: 80 g gekochtes Rotbarschfilet, 10 g sehr feingeschnittenes Suppengrün, 2 g Gelatine, gut gewürzter Fischsud. – Fischfilet in eine Aspikform schichten, Gemüse darüber verteilen. Gelatine im Fischsud auflösen und über den Fisch gießen, erstarren lassen und stürzen. Auf Salatblättern anrichten.

Gemischter Salat: 30 g Salatblätter, 100 g in Scheiben geschnittene Tomaten, 50 g in Streifen geschnittene Paprikaschoten, gehackte Petersilie, Salatsoße: 4 g Öl, Essig oder Zitronensaft, Salz, Gewürze und Kräuter.

Brot: 60 g (vorzugsweise Vollkornbrotsorten).

Butter: 5 g.

Käse: 30 g Harzer.

Getränk: ungesüßter Tee oder Mineralwasser.

Spätmahlzeit
160 g frische Birne (oder 150 g ungesüßtes Birnenkompott).

Tageszufuhren: Eiweiß = 88 g, Fett = 44 g, Kohlenhydrate = 178 g, Kalorien = 1510 kcal, Joule = 6322 kJ, Na = 65 mval (mmol), Cl = 55 mval (mmol), K = 96 mval (mmol), Mg = 30 mval (15,0 mmol), Ca = 48 mval (24,0 mmol), P = 1,43 g (46,2 mmol), Fe = 25,4 mg (0,455 mmol), Mn = 5,6 mg (101,9 μmol), Co = 121,3 μg (2,06 μmol), Cu = 7,3 mg (114,9 μmol), Zn = 14,4 mg (220,3 μmol), F = 0,63 mg (33,2 μmol), J = 137,1 μg (1,08 μmol). Vitamine: A = 9,54 mg 33,3 μmol), B_1 = 1,24 mg (3,68 μmol), B_2 = 4,18 mg (11,11 μmol), C = 278 mg (1,58 mmol), D = 106 IE. Cholesterin = 450 mg (1,16 mmol), Polyenfettsäuren = 7,85 g.

Reduktionskost zu 1500 kcal (= 6280 kJ) Vollkost

1. Frühstück

Kaffee oder Tee, 10 g Kondensmilch (7,5% F.), 60 g Brot (vorzugsweise Vollkornbrotsorten), 10 g Butter, 20 g Diabetikerkonfitüre, 30 g Schmelzkäse (20% F. i. Tr.).

2. Frühstück

200 g Erdbeeren.

Mittagessen

Kalbsbraten: 125 g Kalbfleisch mittelfett, 2 g Öl, Pfeffer, Salz, Lorbeerblatt, Zitronensaft. – Kalbfleisch vorbereiten, würzen, salzen und in Fett scharf anbraten, etwas Wasser angießen und im Backofen garen.

Broccoligemüse: 200 g Broccoliröschen, 5 g Butter, Salz, Muskat. – Broccoli in wenig Salzwasser garen und mit zerlassener Butter anrichten.

Kartoffelbrei: 125 g geschälte Kartoffeln, 50 g Magermilch, Salz. – Die gekochten Kartoffeln noch heiß durch ein Sieb drücken und mit heißer Milch verrühren, abschmecken.

Endiviensalat: 50 g Salatblätter, Salatsoße: 2 g Öl, Essig oder Zitronensaft, Salz, Gewürze und Kräuter.

Bananengelee: 120 g Bananenfleisch, 5 g Zucker, Zitronensaft, 50 g Weißwein, 2 g Gelatine, evtl. etwas Süßstoff. – Bananen in Scheiben schneiden und gleich mit Zitronensaft beträufeln, Weißwein und Zucker hinzufügen, evtl. noch etwas verdünnen. Gelatine auflösen und unter die Speise ziehen, erstarren lassen und stürzen.

Nachmittag

Kaffee oder Tee, 10 g Magermilchpulver, 5 g Knäckebrot.

Abendessen

Kalter Braten: 25 g kalter Rinderbraten, 25 g sehr magerer Schinken, 25 g Bündner Fleisch. – Die Fleischsorten dünn, Bündner Fleisch sehr dünn aufgeschnitten auf Salatblättern anrichten.

Rettich: 150 g in Scheiben schneiden und leicht salzen.

Brot: 60 g (vorzugsweise Vollkornbrotsorten).

Butter: 5 g.

Getränk: ungesüßter Tee oder Mineralwasser.

Spätmahlzeit

150 g Joghurt (1,5% F.).

Tageszufuhren: Eiweiß = 90 g, Fett = 41 g, Kohlenhydrate = 178 g, Kalorien = 1520 kcal, Joule = 6364 kJ, Na = 91 mval (mmol), Cl = 68 mval (mmol), K = 118 mval (mmol), Mg = 32 mval (16,0 mmol), Ca = 51 mval (25,5 mmol), P = 1,71 g (55,2 mmol), Fe = 19,8 mg (0,355 mmol), Mn = 3,0 mg (54,6 μmol), Co = 66,4 μg (1,13 μmol), Cu = 4,6 mg (72,4 μmol), Zn = 12,4 mg (189,7 μmol), F = 0,79 mg (41,6 μmol), J = 58,2 μg (0,46 μmol). Vitamine: A = 2,56 mg (8,94 μmol), B_1 = 1,23 mg (3,65 μmol), B_2 = 2,19 mg (5,82 μmol), C = 449 mg (2,55 mmol), D = 214 IE. Cholesterin = 260 mg (0,673 mmol), Polyenfettsäuren = 3,52 g.

Reduktionskost zu 1500 kcal (= 6280 kJ) Vollkost

1. Frühstück

Kaffee oder Tee, 10 g Kondensmilch (7,5% F.), 60 g Brot (vorzugsweise Vollkornbrotsorten), 10 g Butter, 20 g Diabetikerkonfitüre, 30 g Schmelzkäse (30% F. i. Tr.).

2. Frühstück

Müsli: 15 g Haferflocken, 55 g Apfel, 45 g Orange, 30 g Joghurt, Zitronensaft. – Obst zerkleinern und mit den restlichen Zutaten vermischen. Sofort servieren.

Mittagessen

Schweinefilet mit Champignons: 100 g Schweinefilet, 2 g Öl, 50 g Champignons, 20 g Zwiebeln, Salz, Paprika, Zitronensaft. – Champignons und Zwiebeln kleinhacken und andünsten. Fleisch scharf anbraten, das Gemüse dazugeben, salzen, würzen und im geschlossenen Topf garen.

Petersilienkartoffeln: 125 g geschälte Kartoffeln in Salzwasser garen und mit Petersilie bestreut anrichten.

Tomaten-Spargel-Salat: 100 g Tomatenscheiben, 100 g Spargel frisch gekocht oder aus der Dose, Salatsoße: 2 g Öl, Essig oder Zitronensaft, Salz, Gewürze und Kräuter.

Orange: 210 g (Gewicht mit Schale).

Nachmittag

Kaffee oder Tee, 10 g Magermilchpulver, 5 g Vollkornkekse.

Abendessen

Chicorée gedünstet: 200 g Chicorée, Zitronensaft, Salz, Muskat, gehackte Petersilie. – Chicoréestauden in kochendem Wasser kurz abwellen, abtropfen lassen und in eine ausgefettete Auflaufform legen, salzen, würzen, mit Zitronensaft beträufeln und im Backofen garen. Mit Petersilie bestreut anrichten.

Reis: 30 g Reis mit 10 g Zwiebeln andünsten, mit Wasser aufgießen, salzen und im geschlossenen Topf garen.

Lachsschinken: 50 g in dünne Scheiben aufgeschnitten.

Brot: 20 g Knäckebrot.

Käse: 30 g Limburger (20% F. i. Tr.).

Getränk: ungesüßter Tee oder Mineralwasser.

Spätmahlzeit

200 g Magermilch.

Tageszufuhren: Eiweiß = 86 g, Fett = 42 g, Kohlenhydrate = 178 g, Kalorien = 1480 kcal, Joule = 6196 kJ, Na = 107 mval (mmol), Cl = 79 mval (mmol), K = 97 mval (mmol), Mg = 32 mval (16,0 mmol), Ca = 52 mval (26,0 mmol), P = 1,66 g (53,6 mmol), Fe = 15,6 mg (0,279 mmol), Mn 3,0 mg (54,6 µmol), Co = 58,7 µg (1,00 µmol), Cu = 2,9 mg (45,6 µmol), Zn = 8,3 mg (127,0 µmol), F = 0,36 mg (18,9 µmol), J = 38,6 µg (0,304 µmol). Vitamine: A = 2,30 mg (8,03 µmol), B_1 = 2,60 mg (7,71 µmol), B_2 = 2,02 mg (5,37 µmol), C = 212 mg (1,20 mmol), D = 69 IE. Cholesterin = 140 mg (0,36 mmol), Polyenfettsäuren = 5,76 g.

Reduktionskost zu 1500 kcal (= 6280 kJ) Vollkost

1. Frühstück

Kaffee oder Tee, 10 g Kondensmilch (7,5% F.), 60 g Brot (vorzugsweise Vollkornbrotsorten), 10 g Butter, 20 g Diabetikerkonfitüre, 30 g Harzer Käse.

2. Frühstück

150 g Buttermilch, 10 g Hartkeks.

Mittagessen

Rotbarsch gedünstet: 150 g Rotbarschfilet, 30 g kleingeschnittenes Suppengrün, 2 g Öl, Salz, Zitronensaft, provenzalische Gewürzmischung, gehackte Petersilie. – Fischfilet vorbereiten, in eine ausgefettete Auflaufform legen und würzen. Mit Suppengrün bestreuen und im Backofen garen.

Zucchini-Tomaten-Gemüse: Je 100 g Zucchini und Tomaten in Scheiben geschnitten, 10 g gehackte Zwiebeln, 2 g Öl, Thymian, Oregano, Salz. – Gemüsescheiben abwechselnd in eine Auflaufform schichten, salzen, würzen, wenig Wasser angießen und im Ofen garen lassen.

Salzkartoffeln: 125 g geschälte Kartoffeln in Salzwasser garen.

Feldsalat: 30 g Feldsalat, Salatsoße: 2 g Öl, Essig oder Zitronensaft, Salz, Gewürze und Kräuter.

Kirschkompott: 150 g Kirschen ohne Stein in wenig Wasser mit Zimt und Nelken garen.

Nachmittag

Kaffee oder Tee, 10 g Kondensmilch (7,5% F.), 10 g Biskuitplätzchen.

Abendessen

Omelett mit Kräutern: 2 Eier, 2 g Öl, Salz, Schnittlauch. – Eier aufschlagen und mit Wasser und den restlichen Zutaten gut verschlagen, in einer ausgefetteten Pfanne backen.

Bohnengemüse: 150 g grüne Bohnen in wenig Wasser garen. Mit Petersilie bestreut anrichten.

Brot: 60 g (vorzugsweise Vollkornbrotsorten).

Käse: 30 g Schnittkäse (20% F. i. Tr.).

Getränk: ungesüßter Tee oder Mineralwasser.

Spätmahlzeit

150 g Tomatensaft, 10 g Knäckebrot.

Tageszufuhren: Eiweiß = 91 g, Fett = 44 g, Kohlenhydrate = 174 g, Kalorien = 1510 kcal, Joule = 6322 kJ, Na = 83 mval (mmol), Cl = 71 mval (mmol), K = 98 mval (mmol), Mg = 26 mval (13,0 mmol), Ca = 47 mval (23,5 mmol), P = 1,49 g (48,1 mmol), Fe = 15,4 mg (0,276 mmol), Mn = 3,8 mg (69,2 µmol), Co = 51,0 µg (0,865 µmol), Cu = 2,1 mg (33,0 µmol), Zn = 6,9 mg (105,6 µmol), F = 0,55 mg (28,9 µmol), J = 165,2 µg (1,30 µmol). Vitamine: A = 2,96 mg (1,30 µmol), B_1 = 1,09 mg (3,23 µmol), B_2 = 1,57 mg (4,17 µmol), C = 167 mg (0,95 mmol), D = 356 IE. Cholesterin = 610 mg (1,58 mmol), Polyenfettsäuren = 8,40 g.

Reduktionskost zu 1500 kcal (= 6280 kJ) Vollkost

1. Frühstück

Kaffee oder Tee, 10 g Kondensmilch (7,5% F.), 60 g Brot (vorzugsweise Vollkornbrotsorten), 10 g Butter, 20 g Diabetikerkonfitüre, 30 g Limburger (20% F. i. Tr.).

2. Frühstück

150 g ungesüßtes Apfelmus, 5 g Weizenkeime.

Mittagessen

Nudeleintopf mit Rindfleisch: 80 g mageres Rindfleisch, 30 g Teigwaren, je 50 g Lauch, Möhren, Knollensellerie und Blumenkohl, gehackte Petersilie, Salz, Pfeffer, Muskat, Wacholderbeeren. – Fleisch in Würfel schneiden, Gemüse vorbereiten und zerkleinern, Teigwaren separat kochen. Gemüse und Fleisch mit der entsprechenden Menge Wasser aufsetzen, salzen, würzen und im geschlossenen Topf garen. Nudeln mit dem Eintopf vermischen, abschmecken und mit Petersilie bestreut anrichten.

Kopfsalat: 50 g Salatblätter, Salatsoße: 2 g Öl, Essig oder Zitronensaft, Salz, Gewürze und Kräuter.

Quarkspeise: 75 g Magerquark, 10 g Magermilchpulver, 75 g frischer Himbeersaft, etwas Zitronensaft und Süßstoff, 5 g Biskuitplätzchen. – Quark mit den restlichen Zutaten vermischen und abschmecken, mit Biskuitplätzchen garnieren.

Nachmittag

Kaffee oder Tee, 10 g Magermilchpulver, 10 g Knäckebrot.

Abendessen

Kalbsbraten: 50 g Kalbsbraten in dünne Scheiben aufgeschnitten mit 150 g Tomaten auf Salatblättern anrichten.

Brot: 60 g (vorzugsweise Vollkornbrotsorten).

Butter: 5 g.

Käse: 30 g Camembert (30% F. i. Tr.).

Getränk: ungesüßter Tee oder Mineralwasser.

Spätmahlzeit

150 g Joghurt (1,5% F.), 5 g Zwieback.

Tageszufuhren: Eiweiß = 88 g, Fett = 42 g, Kohlenhydrate = 177 g, Kalorien = 1500 kcal, Joule = 6280 kJ, Na = 73 mval (mmol), Cl = 58 mval (mmol), K = 85 mval (mmol), Mg = 29 mval (14,5 mmol), Ca = 57 mval (28,5 mmol), P = 1,58 g (51,0 mmol), Fe = 15,8 mg (0,283 mmol), Mn = 4,4 mg (80,1 µmol), Co = 64,3 µg (1,09 µmol), Cu = 1,5 mg (23,6 µmol), Zn = 12,6 mg (192,7 µmol), F = 0,50 mg (26,3 µmol), J = 39,4 µg (0,31 µmol). Vitamine: A = 4,57 mg (16,0 µmol), B_1 = 1,10 mg (3,26 µmol), B_2 = 1,83 mg (4,86 µmol), C = 163 mg (0,926 mmol), D = 101 IE. Cholesterin = 210 mg (0,543 mmol), Polyenfettsäuren = 2,57 g.

Reduktionskost zu 1500 kcal (= 6280 kJ) Vollkost

1. Frühstück

Kaffee oder Tee, 10 g Kondensmilch (7,5% F.), 60 g Brot (vorzugsweise Vollkornbrotsorten), 10 g Butter, 20 g Diabetikerkonfitüre, 100 g Magerquark.

2. Frühstück

150 g Joghurt, 100 g Brombeeren.

Mittagessen

Rinderfilet: 100 g Rinderfilet, 2 g Öl, Salz, Pfeffer, Curry. – Fleisch vorbereiten, salzen, würzen und im Grillgerät oder in der Pfanne garen.

Wirsinggemüse: 200 g Wirsingkohl, 10 g gehackte Zwiebeln, 5 g Margarine, Salz, Pfeffer, Kümmelpulver, gehackte Petersilie. – Wirsing in feine Streifen schneiden. Gehackte Zwiebeln in Fett andünsten, den Kohl dazugeben, salzen, würzen und etwas Wasser angießen, garen lassen. Mit Petersilie bestreut anrichten.

Salzkartoffeln: 125 g geschälte Kartoffeln in Salzwasser garen.

Chinakohlsalat: 50 g in Streifen geschnittene Salatblätter, Salatsoße: 2 g Öl, Essig oder Zitronensaft, Salz, Gewürze und Kräuter.

Obstsalat: 150 g frisches Obst (außer Weintrauben und Bananen), etwas Zitronensaft, 10 g Weizenkeime. – Obst zerkleinern und mit den restlichen Zutaten vermengen, abschmecken und mit Weizenkeimen bestreuen.

Nachmittag

Kaffee oder Tee, 10 g Kondensmilch (7,5% F.), 10 g Roggenflachbrot.

Abendessen

Käseplatte mit Radieschen: Je 25 g Edamer (30% F. i. Tr.), Harzer Käse, Camembert (30% F. i. Tr.), 150 g Radieschen. – Käse mit Radieschen auf Salatblättern anrichten.

Brot: 60 g (vorzugsweise Vollkornbrotsorten).

Butter: 5 g.

Getränk: ungesüßter Tee oder Mineralwasser.

Spätmahlzeit

200 g Orangensaft.

Tageszufuhren: Eiweiß = 88 g, Fett = 42 g, Kohlenhydrate = 179 g, Kalorien = 1500 kcal, Joule = 6280 kJ, Na = 68 mval (mmol), Cl = 61 mval (mmol), K = 95 mval (mmol), Mg = 27 mval (13,5 mmol), Ca = 69 mval (34,5 mmol), P = 1,52 g (49,1 mmol), Fe = 15,9 mg (0,285 mmol), Mn = 40,9 mg (744,4 μmol), Co = 101,5 μg (1,72 μmol), Cu = 2,4 mg (37,8 μmol), Zn = 14,6 mg (223,3 μmol), F = 0,88 mg (46,3 μmol), J = 74,0 μg (0,583 μmol). Vitamine: A = 1,20 mg (4,19 μmol), B_1 = 1,25 mg (3,71 μmol), B_2 = 1,58 mg (4,20 μmol), C = 355 mg (2,02 mmol), D = 33 IE. Cholesterin = 130 mg (0,336 mmol), Polyenfettsäuren = 4,64 g.

Reduktionskost zu 1500 kcal (= 6280 kJ) Vollkost

1. Frühstück

Kaffee oder Tee, 10 g Kondensmilch (7,5% F.), 60 g Brot (vorzugsweise Vollkornbrotsorten), 10 g Butter, 20 g Diabetikerkonfitüre, 1 Ei.

2. Frühstück

Müsli: 15 g Haferflocken, 55 g Apfel, 45 g Orange, 30 g Joghurt, Zitronensaft. – Obst zerkleinern und mit den restlichen Zutaten vermischen. Sofort servieren.

Mittagessen

Kalbsfrikassee: 125 g Kalbfleisch mittelfett in Würfel geschnitten, 100 g gekochter Spargel, 50 g Champignons, 5 g Margarine, Zitronensaft, Salz, etwas Estragon. – Fleisch in Fett anbraten, Champignons dazugeben, salzen, würzen und mit Spargelwasser ablöschen und garen. Kurz vor Ende der Garzeit die Spargel untermischen, mit Petersilie bestreut anrichten.

Reis: 30 g Reis mit der entsprechenden Menge Wasser aufsetzen und garen.

Kopfsalat: 50 g Salatblätter, Salatsoße: 2 g Öl, Essig oder Zitronensaft, Salz, Gewürze und Kräuter.

Pflaumenkompott: 150 g entsteinte Pflaumen, Zimt, Nelken. – Pflaumen mit den Gewürzen in wenig Wasser garen.

Nachmittag

Kaffee oder Tee, 10 g Magermilchpulver, 5 g Zwieback.

Abendessen

Pellkartoffeln: 150 g Kartoffeln mit der Schale garen. Mit 5 g Butter anrichten.

Quarksoße: 175 g Magerquark, 5 g Magermilchpulver, 75 g Vollmilch, 10 g gehackte Zwiebeln, Salz, Gewürze und Küchenkräuter. – Quark mit den Zutaten gut verrühren und abschmecken.

Gemischter Salat: 30 g Feldsalat, 100 g in Scheiben geschnittene Chicoréestauden, 50 g in Scheiben geschnittene Tomaten. Salatsoße: 4 g Öl, Essig oder Zitronensaft, Salz, Gewürze und Kräuter. – Gemüse auf einem Salatteller anrichten und mit der Salatsoße begießen.

Getränk: ungesüßter Tee oder Mineralwasser.

Spätmahlzeit

150 g Karottensaft mit etwas Wasser verdünnt anrichten.

Tageszufuhren: Eiweiß = 89 g, Fett = 42 g, Kohlenhydrate = 180 g, Kalorien = 1500 kcal, Joule = 6280 kJ, Na = 33 mval (mmol), Cl = 38 mval (mmol), K = 104 mval (mmol), Mg = 24 mval (12,0 mmol), Ca = 41 mval (20,5 mmol), P = 1,57 g (50,7 mmol), Fe = 15,1 mg (0,270 mmol), Mn = 4,8 mg (87,4 µmol), Co = 54,1 µg (0,92 µmol), Cu = 2,1 mg (33,0 µmol), Zn = 12,1 mg (185,1 µmol), F = 0,70 mg (36,8 µmol), J = 62,3 µg (0,49 µmol). Vitamine: A = 4,40 mg (15,36 µmol), B_1 = 1,28 mg (3,80 µmol), B_2 = 2,24 mg (5,95 µmol), C = 152 mg (0,86 mmol), D = 347 IE. Cholesterin = 370 mg (0,96 mmol), Polyenfettsäuren = 7,47 g.

Reduktionskost zu 1500 kcal (= 6280 kJ) Vollkost

1. Frühstück

Kaffee oder Tee, 10 g Kondensmilch (7,5% F.), 60 g Brot (vorzugsweise Vollkornbrotsorten), 10 g Butter, 20 g Diabetikerkonfitüre, 30 g Edamer (30% F. i. Tr.).

2. Frühstück

150 g ungesüßtes Birnenkompott mit 10 g Weizenkeimen bestreut anrichten.

Mittagessen

Gebackenes Huhn: 150 g Huhn (Gewicht ohne Knochen), 3 g Öl, Salz, Pfeffer, Oregano. – Huhn vorbereiten, salzen und würzen, mit Fett einreiben und im Backofen oder im Grillgerät garen.

Möhren-Kohlrabi-Gemüse: 100 g Möhren, 100 g Kohlrabi, Salz, gehackte Petersilie. – Gemüse in Scheiben oder Stifte schneiden, mit wenig Wasser aufsetzen, salzen, würzen und garen lassen. Mit Petersilie bestreut anrichten.

Salzkartoffeln: 125 g geschälte Kartoffeln in Salzwasser garen.

Feldsalat: 50 g Feldsalat, Salatsoße: 2 g Öl, Essig oder Zitronensaft, Salz, Gewürze und Kräuter.

Bratapfel: 150 g Apfel (Gewicht ohne Kerngehäuse), etwas Zitronensaft, 10 g Diabetikerkonfitüre. – Apfel kreuzweise einritzen, mit Zitronensaft beträufeln und mit Konfitüre füllen. Im Backofen garen.

Nachmittag

Kaffee oder Tee, 10 g Kondensmilch (7,5% F.), 10 g Hartkekse.

Abendessen

Risi-Pisi: 30 g Reis, 50 g gekochte grüne Erbsen aus der Dose oder tiefgekühlt, 5 g Butter, Salz, Pfeffer, gehackter Dill. – Reis in der Butter kurz andünsten, entsprechende Menge Wasser dazugeben und salzen, garen lassen. Die gekochten Erbsen unter den Reis heben, mit Dill bestreut anrichten.

Lachsschinken: 75 g in dünne Scheiben aufgeschnitten.

Endiviensalat: 50 g Salatblätter, Salatsoße: 2 g Öl, Essig oder Zitronensaft, Salz, Gewürze und Kräuter.

Getränk: ungesüßter Tee oder Mineralwasser.

Spätmahlzeit

150 g Joghurt (1,5% F.), 10 g Magermilchpulver.

Tageszufuhren: Eiweiß = 91 g, Fett = 42 g, Kohlenhydrate = 176 g, Kalorien = 1500 kcal, Joule = 6280 kJ, Na = 92 mval (mmol), Cl = 84 mval (mmol), K = 99 mval (mmol), Mg = 33 mval (16,5 mmol), Ca = 44 mval (22,0 mmol), P = 1,50 g = 48,4 mmol), Fe = 15,7 mg (0,281 mmol), Mn = 3,5 mg (63,7 μmol), Co = 101,3 μg (1,72 μmol), Cu = 1,8 mg (28,3 μmol), Zn = 13,5 mg (206,5 μmol), F = 0,59 mg (31,1 μmol), J = 60,4 μg (0,476 μmol). Vitamine: A = 7,88 mg (27,5 μmol), B_1 = 1,75 mg (5,19 μmol), B_2 = 1,67 mg (4,44 μmol), C = 159 mg (0,90 mmol), D = 25 IE. Cholesterin = 200 mg (0,52 mmol), Polyenfettsäuren = 6,55 g.

Reduktionskost zu 1500 kcal (= 6280 kJ) Vollkost

1. Frühstück

Kaffee oder Tee, 10 g Kondensmilch (7,5% F), 60 g Brot (vorzugsweise Vollkornbrotsorten), 10 g Butter, 20 g Diabetikerkonfitüre, 30 g Schnittkäse (20% F. i. Tr.).

2. Frühstück

200 g Magermilch.

Mittagessen

Roastbeef: 100 g Roastbeef, 2 g Öl, Salz, Pfeffer. – Fleisch wie üblich zubereiten und Bratenfond abschmecken.

Tomaten gedünstet: 200 g Tomaten, 20 g gehackte Zwiebeln, 2 g Öl, Salz, provenzalische Gewürzmischung, evtl. etwas Knoblauch, gehackte Petersilie. – Tomaten zubereiten, kreuzweise einschneiden und in eine Auflaufform setzen. Zwiebeln in Öl andünsten, salzen, würzen und über die Tomaten verteilen, zugedeckt im Backofen garen.

Teigwaren: 30 g Teigwaren in Salzwasser garen.

Endiviensalat: 50 g Endiviensalat, Salatsoße: 2 g Öl, Essig oder Zitronensaft, Salz, Gewürze und Kräuter.

Bananensalat: 100 g Bananenfleisch, etwas Zitronensaft und Süßstoff. – Bananen in Scheiben schneiden und mit Zitronensaft und Süßstoff abschmecken.

Nachmittag

Kaffee oder Tee, 10 g Magermilchpulver, 10 g Knäckebrot.

Abendessen

Ei mit Artischocken und Krabben: 1 hartgekochtes Ei in Scheiben geschnitten, 1 großes Artischockenherz oder zwei kleine (frisch gekocht oder aus der Dose), 100 g Spargel gekocht, 75 g Krabbenfleisch speisefertig, Zitronensaft, gehackte Petersilie oder Dill, Tomatenachtel. Salatsoße: 2 g Öl, Essig oder Zitronensaft, Salz, Pfeffer. – Krabbenfleisch mit der Salatsoße und feingehackten Kräutern anmachen und gut durchziehen lassen. Mit den anderen Zutaten auf Salatblättern anrichten und mit Tomatenachteln dekorieren.

Brot: 60 g (vorzugsweise Vollkornbrotsorten).

Quark: 50 g Magerquark.

Getränk: ungesüßter Tee oder Mineralwasser.

Spätmahlzeit

150 g ungesüßtes Pfirsichkompott.

Tageszufuhren: Eiweiß = 92 g, Fett = 42 g, Kohlenhydrate = 178 g, Kalorien = 1510 kcal, Joule = 6322 kJ, Na = 81 mval (mmol), Cl = 81 mval (mmol), K = 90 mval (mmol), Mg = 30 mval (15,0 mmol), Ca = 55 mval (27,5 mmol), P = 1,65 g (53,3 mmol), Fe = 16,6 mg (0,297 mmol), Mn = 3,1 mg (56,4 µmol), Co = 57,9 µg (0,983 µmol), Cu = 2,3 mg (36,2 µmol), Zn = 10,2 mg (156,0 µmol), F = 0,54 mg (28,4 µmol), J = 139,5 µg (1,10 µmol). Vitamine: A = 2,31 mg (8,06 µmol), B_1 = 1,00 mg (2,97 µmol), B_2 = 1,69 mg (4,49 µmol), C = 115 mg (0,653 mmol), D = 196 IE. Cholesterin = 440 mg (1,14 mmol), Polyenfettsäuren = 6,57 g.

Reduktionskost zu 1500 kcal (= 6280 kJ) Vollkost

1. Frühstück

Kaffee oder Tee, 10 g Kondensmilch (7,5% F.), 60 g Brot (vorzugsweise Vollkornbrotsorten), 10 g Butter, 20 g Diabetikerkonfitüre, 30 g Schmelzkäse (20% F. i. Tr.).

2. Frühstück

150 g Himbeeren mit etwas Süßstoff und Zitronensaft abschmecken.

Mittagessen

Heilbutt gegrillt: 150 g Heilbuttschnitten, 3 g Öl, Pfeffer, Salz, Thymian, etwas gehackter Dill. – Fisch wie üblich vorbereiten, würzen, einfetten und im Grillgerät von beiden Seiten garen. Mit Dill bestreut anrichten.

Fenchelgemüse: 200 g Fenchel, 5 g Butter, Salz, gehacktes Fenchelkraut. – Fenchel je nach Größe halbieren oder vierteln und in kochendem Salzwasser kurz abwellen, abtropfen lassen und in ausgefettete Auflaufform schichten. Mit Fett einpinseln und etwas nachsalzen. Im Backofen garen und mit gehacktem Fenchelkraut bestreut anrichten.

Salzkartoffeln: 125 g geschälte Kartoffeln in Salzwasser garen.

Chicoréesalat: 50 g Chicorée in Scheiben geschnitten, Salatsoße: 2 g Öl, Essig oder Zitronensaft, Gewürze und Kräuter.

Orange: 210 g Orange (Gewicht mit Schale).

Nachmittag

Kaffee oder Tee, 10 g Kondensmilch (7,5% F.), 5 g Zwieback.

Abendessen

Gemüsesuppe mit Hühnerfleisch: 75 g Hühnerfleisch, 50 g geschälte Kartoffeln, 150 g Suppengemüse, gehackte Petersilie, Salz, Pfeffer, etwas Majoran und Paprika. – Gemüse und Kartoffeln zerkleinern und mit ausreichend Wasser und dem Hühnerfleisch zusammen aufsetzen, salzen, würzen und im geschlossenen Topf garen lassen. Mit Petersilie bestreut anrichten.

Brot: 60 g (vorzugsweise Vollkornbrotsorten).

Butter: 5 g.

Käse: 30 g Limburger (20% F. i. Tr.).

Getränk: ungesüßter Tee oder Mineralwasser.

Spätmahlzeit

150 g Joghurt (1,5% F.).

Tageszufuhren: Eiweiß = 91 g, Fett = 42 g, Kohlenhydrate = 176 g, Kalorien = 1500 kcal, Joule = 6280 kJ, Na = 80 mval (mmol), Cl = 58 mval (mmol), K = 117 mval (mmol), Mg = 26 mval (13,0 mmol), Ca = 53 mval (26,5 mmol), P = 1,55 g (50,0 mmol), Fe = 18,3 mg (0,328 mmol), Mn = 3,7 mg (67,3 μmol), Co = 95,0 μg (1,61 μmol), Cu = 2,3 mg (36,2 μmol), Zn = 6,7 mg (102,5 μmol), F = 0,76 mg (40,0 μmol), J = 120,0 μg (0,946 μmol). Vitamine: A = 6,06 mg (21,2 μmol), B_1 = 1,37 mg (4,06 μmol), B_2 = 1,50 mg (3,99 μmol), C = 384 mg (2,18 mmol), D = 337 IE. Cholesterin = 180 mg (0,466 mmol), Polyenfettsäuren = 7,22 g.

Reduktionskost zu 1500 kcal (= 6280 kJ) Vollkost

1. Frühstück

Kaffee oder Tee, 10 g Kondensmilch (7,5% F.), 60 g Brot (vorzugsweise Vollkornbrotsorten), 10 g Butter, 20 g Diabetikerkonfitüre, 100 g Magerquark.

2. Frühstück

150 g Weintrauben.

Mittagessen

Hammelkeule: 100 g Hammelkeule, 2 g Öl, Salz, Pfeffer, evtl. Knoblauch. – Fleisch wie üblich zubereiten.

Grüne Bohnen: 200 g grüne Bohnen, Salz, Bohnenkraut. – Bohnen in wenig Wasser aufsetzen, salzen, würzen und garen.

Pellkartoffeln: 125 g Kartoffeln mit der Schale garen.

Tomatensalat: 100 g Tomaten in Scheiben geschnitten, Salatsoße: 2 g Öl, Essig oder Zitronensaft, Gewürze und Kräuter.

Brombeerjoghurt: 100 g Joghurt (1,5% F.), 5 g Magermilchpulver, 100 g Brombeeren, etwas Zitronensaft und Süßstoff. – Joghurt mit Zitronensaft, Magermilchpulver und Süßstoff verrühren, Brombeeren dazugeben.

Nachmittag

Kaffee oder Tee, 10 g Magermilchpulver, 10 g Roggenflachbrot.

Abendessen

Ratatouille: Je 50 g Zucchetti und Paprikafrüchte, 100 g Tomaten, 20 g gehackte Zwiebeln, 2 g Öl, gehackte Petersilie, Salz, Pfeffer, Majoran, Thymian, etwas Lorbeerblatt. – Tomaten abziehen und mit dem restlichen Gemüse in Würfel schneiden. Zwiebel andünsten, das Gemüse dazugeben, salzen, würzen und garen. Pikant abschmecken und mit Petersilie bestreut anrichten.

Reis: 30 g Reis mit entsprechender Wassermenge garen.

Lachsschinken: 75 g in dünne Scheiben aufgeschnitten.

Getränk: ungesüßter Tee oder Mineralwasser.

Spätmahlzeit

200 g Buttermilch.

Tageszufuhren: Eiweiß = 89 g, Fett = 44 g, Kohlenhydrate = 176 g, Kalorien = 1500 kcal, Joule = 6280 kJ, Na = 73 mval (mmol), Cl = 70 mval (mmol), K = 112 mval (mmol), Mg = 30 mval (15,0 mmol), Ca = 67 mval (33,5 mmol), P = 1,49 g (48,1 mmol), Fe = 15,1 mg (0,270 mmol), Mn = 3,6 mg (65,5 µmol), Co = 77,1 µg (1,31 µmol), Cu = 2,0 mg (31,5 µmol), Zn = 8,8 mg (134,6 µmol), F = 0,47 mg (24,7 µmol), J = 58,2 µg (0,46 µmol). Vitamine: A = 2,23 mg (7,78 µmol), B_1 = 1,81 mg (5,37 µmol), B_2 = 2,19 mg (5,82 µmol), C = 239 mg (1,36 mmol), D = 7 IE. Cholesterin = 160 mg (0,414 mmol), Polyenfettsäuren = 5,07 g.

Reduktionskost zu 1500 kcal (= 6280 kJ) Vollkost

1. Frühstück

Kaffee oder Tee, 10 g Kondensmilch (7,5% F.), 60 g Brot (vorzugsweise Vollkornbrotsorten), 10 g Butter, 20 g Diabetikerkonfitüre, 30 g Limburger (20% F. i. Tr.).

2. Frühstück

175 g Magermilch, 5 g Knäckebrot.

Mittagessen

Kalbsleber gedünstet: 120 g Kalbsleber, 50 g gehackte Zwiebeln, 50 g Champignons, 2 g Öl, gehackte Petersilie, Salz, Pfeffer, Thymian. – Leber vorbereiten und grob zerschneiden. Zwiebeln halbieren oder vierteln und mit den Champignons zusammen dünsten, salzen und würzen, Leber dazugeben und alles zusammen kurz schmoren lassen, abschmecken und mit Petersilie bestreut anrichten.

Teigwaren: 30 g Teigwaren in Salzwasser garen.

Gemischter Salat: 30 g Feldsalat, 100 g Gurkenscheiben, Salatsoße: 4 g Öl, Essig oder Zitronensaft, Gewürze und Kräuter, Salz.

Obstsalat: 150 g frisches Obst (außer Bananen und Weintrauben), etwas Zitronensaft. – Obst zerkleinern und mit Zitronensaft abschmecken, durchziehen lassen.

Nachmittag

Kaffee oder Tee, 10 g Magermilchpulver, 5 g Biskuitplätzchen.

Abendessen

Tatar: 100 g Tatar, 1 Eigelb, 10 g gehackte Zwiebeln. – Tatar wie üblich zubereiten und auf Salatblättern anrichten.

Kopfsalat: 50 g Kopfsalat, Salatsoße: 2 g Öl, Essig oder Zitronensaft, Salz, Gewürze und Kräuter.

Brot: 60 g Brot (vorzugsweise Vollkornbrotsorten).

Käse: 30 g Schmelzkäse (20% F. i. Tr.).

Getränk: ungesüßter Tee oder Mineralwasser.

Spätmahlzeit

200 g schwarzer Johannisbeersaft mit etwas Wasser verdünnt.

Tageszufuhren: Eiweiß = 91 g, Fett = 44 g, Kohlenhydrate = 174 g, Kalorien = 1510 kcal, Joule = 6322 kJ, Na = 73 mval (mmol), Cl = 55 mval (mmol), K = 80 mval (mmol), Mg = 25 mval (12,3 mmol), Ca = 47 mval (23,5 mmol), P = 1,85 g (59,7 mmol), Fe = 24,9 mg (0,446 mmol), Mn = 3,3 mg (60,1 µmol), Co = 110,9 µg (1,88 µmol), Cu = 8,4 mg (132,2 µmol), Zn = 21,3 mg (325,8 µmol), F = 0,67 mg (35,3 µmol), J = 61,8 µg (0,49 µmol). Vitamine: A = 7,12 mg (24,9 µmol), B_1 = 1,09 mg (3,23 µmol), B_2 = 4,66 mg (12,4 µmol), C = 196 mg (1,11 mmol), D = 172 IE. Cholesterin = 900 mg (2,33 mmol), Polyenfettsäuren = 7,89 g.

Reduktionskost zu 1500 kcal (= 6280 kJ) Vollkost

1. Frühstück

Kaffee oder Tee, 10 g Kondensmilch (7,5% F.), 60 g Brot (vorzugsweise Vollkornbrotsorten), 10 g Butter, 20 g Diabetikerkonfitüre, 30 g Harzer Käse.

2. Frühstück

200 g Orangensaft.

Mittagessen

Rinderbraten: 100 g Rindfleisch mager, 2 g Öl, Pfeffer, Salz. – Fleisch wie üblich zubereiten, Bratenfond abschmecken.

Rosenkohl: 200 g Rosenkohlröschen, 10 g gehackte Zwiebeln, 2 g Öl, Muskat, Salz. – Rosenkohl in kochendem Salzwasser abwellen. Zwiebeln andünsten, den abgetropften Kohl dazugeben, etwas Wasser angießen, salzen, würzen und im geschlossenen Topf garen.

Salzkartoffeln: 125 g geschälte Kartoffeln in Salzwasser garen.

Endiviensalat: 50 g Salatblätter, Salatsoße: 2 g Öl, Essig oder Zitronensaft, Salz, Gewürze und Kräuter.

Birnenkompott: 150 g geschälte Birnenachtel in wenig Wasser mit Zimt und Nelken garen.

Nachmittag

Kaffee oder Tee, 10 g Kondensmilch (7,5% F.), 5 g Zwieback.

Abendessen

Kalter Braten: 100 g kalter Kalsbraten in dünne Scheiben aufgeschnitten auf Salatblättern anrichten.

Gemischter Salat: Je 50 g Tomaten, Chicorée und Feldsalat, Salatsoße: 2 g Öl, Essig oder Zitronensaft, Salz, Gewürze und Kräuter. – Tomaten und Chicorée in Scheiben schneiden, mit der Salatsoße anmachen und auf dem Feldsalat anrichten.

Brot: 60 g (vorzugsweise Vollkornbrotsorten).

Butter: 5 g.

Getränk: ungesüßter Tee oder Mineralwasser.

Spätmahlzeit

Erdbeerquark: 50 g Magerquark mit 10 g Magermilchpulver und 125 g Erdbeeren verrühren und mit Zitronensaft und etwas Süßstoff abschmecken.

Tageszufuhren: Eiweiß = 88 g, Fett = 44 g, Kohlenhydrate = 177 g, Kalorien = 1510 kcal, Joule = 6322 kJ, Na = 58 mval (mmol), Cl = 53 mval (mmol), K = 105 mval (mmol), Mg = 23 mval (11,5 mmol), Ca = 28 mval (14,0 mmol), P = 1,30 g (42,0 mmol), Fe = 16,7 mg (0,299 mmol), Mn = 4,1 mg (74,6 µmol), Co = 87,3 µg (1,48 µmol), Cu = 1,9 mg (29,9 µmol), Zn = 13,6 mg (208,0 µmol), F = 0,68 mg (35,8 µmol), J = 51,0 µg (0,40 µmol). Vitamine: A = 2,48 mg (8,66 µmol), B_1 = 1,22 mg (3,62 µmol), B_2 = 1,75 mg (4,65 µmol), C = 491 mg (2,79 mmol), D = 161 IE. Cholesterin = 240 mg (0,62 mmol), Polyenfettsäuren = 5,72 g.

Durchschnittliche Nahrungsmittelmenge pro Tag bei einer Vollkost von 1800 kcal (≈ 7540 kJ)

Nahrungsmittel	Menge g	Eiweiß g	Fett g	Kohlenhydrate g	Kilokalorien kcal	Kilojoule kJ
Vollmilch oder Joghurt	100	3,3	3,5	4,7	66	276
Magermilch, Buttermilch oder Magermilchjoghurt	100	3,5	0,5	4,0	36	151
Kondensmilch	10	0,7	0,8	1,0	14	59
Magermilchpulver	15	5,3	0,1	7,8	55	230
Magerquark	125	16,9	0,4	5,1	96	402
Käse 30–45% F. i. Tr.	40	10,0	8,4	0,6	125	523
Ei	10	1,3	1,1	–	17	71
Butter	15	–	12,5	–	116	486
Margarine (hochwertig)	5	–	4,2	–	39	163
Speiseöl (hochwertig)	5	–	5,0	–	47	197
Fleisch mager	125	23,5	17,1	–	266	1114
Brotaufstrich mager	30	4,5	6,2	–	79	331
Vollkornbrot	150	12,6	1,5	72,3	375	1570
Zwieback oder trockene Kekse	10	1,0	0,4	7,6	40	167
Diabetikerkonfitüre	20	–	–	6,8	28	117
Frischobst oder reine Säfte	350	2,8	–	40,3	182	762
Kartoffeln	150	3,2	–	27,8	121	507
Gemüse frisch	300	5,2	–	18,9	102	427
Salat	150	2,7	–	3,9	30	126
Gesamtzufuhr	1710	96,5 22%	61,7 32%	200,8 46%	1834	7679

Durchschnittswerte der Stoffzufuhr pro Woche bei einer Vollkost von 1800 kcal (≈ 7540 kJ)

	Eiweiß g	Fett g	Kohlen-hydrate g	Kilo-kalorien kcal	Kilojoule kJ
1. Woche	96 22%	62 32%	200 46%	1810	7578
2. Woche	97 22%	61 32%	201 46%	1810	7578

	Natrium Na mval (mmol)	Chlor Cl mval (mmol)	Kalium K mval (mmol)	Ma-gnesium Mg mval (mmol)	Kalzium Ca mval (mmol)	Phosphor P g (mmol)	Eisen Fe mg (mmol)
1. Woche	79	65	99	30 (15,0)	53 (26,5)	1,71 (55,2)	16,67 (0,299)
2. Woche	79	63	108	29 (14,5)	53 (26,5)	1,69 (54,6)	22,88 (0,410)

	Mangan Mn mg (μmol)	Kobalt Co μg (μmol)	Kupfer Cu mg (μmol)	Zink Zn mg (μmol)	Fluor F mg (μmol)	Jod J mg (μmol)
1. Woche	10,07 (183,3)	79,30 (1,35)	2,37 (37,3)	12,57 (192,3)	0,71 (37,4)	0,09 (0,71)
2. Woche	4,21 (76,6)	123,33 (2,09)	3,88 (61,1)	11,26 (172,3)	0,72 (37,9)	0,14 (1,10)

	Vitamin A mg (μmol)	Vitamin B_1 mg (μmol)	Vitamin B_2 mg (μmol)	Vitamin C mg (mmol)	Vitamin D IE
1. Woche	2,90 (10,1)	1,47 (4,36)	1,87 (4,97)	215 (1,22)	203
2. Woche	5,55 (19,4)	1,40 (4,15)	2,56 (6,80)	270 (1,53)	123

	Cholesterin mg (mmol)	Polyenfettsäuren g
1. Woche	378 (0,98)	8,75
2. Woche	367 (0,95)	7,69

Reduktionskost zu 1800 kcal (= 7540 kJ) Vollkost

1. Frühstück

Kaffee oder Tee, 10 g Kondensmilch (7,5% F.), 80 g Brot (vorzugsweise Vollkornbrotsorten), 10 g Butter, 20 g Diabetikerkonfitüre, 1 Ei.

2. Frühstück

150 g Orangensaft, 10 g Knäckebrot, 25 g Magerquark.

Mittagessen

Kalbsbraten: 125 g Kalbfleisch zum Braten, 3 g Öl, Salz, Pfeffer, etwas Suppengrün und Majoran. – Fleisch im Grillgerät oder Bräter zubereiten. Bratenfond abgießen, abschmecken und als Soße zum Fleisch anrichten.

Tomaten gedünstet: 200 g Tomaten, 5 g Margarine, Salz, gehackte Petersilie oder Dill. – Tomaten kreuzweise einritzen, in eine Form setzen, salzen und mit Fett bestreichen. Im vorgeheizten Backofen garen. Mit Petersilie oder Dill bestreut anrichten.

Salzkartoffeln: 150 g geschälte Kartoffeln in Salzwasser garen.

Kopfsalat: 50 g Salatblätter, Salatsoße: 2 g Öl, Essig oder Zitronensaft, Gewürze und Kräuter.

Aprikosenkompott: 150 g entsteinte Aprikosen in wenig Wasser mit etwas Zitronensaft und Süßstoff gar dünsten. Mit 10 g Weizenkeimen bestreuen.

Nachmittag

Kaffee oder Tee, 50 g Vollmilch, 10 g Zwieback.

Abendessen

Geflügelsalat: 80 g kaltes Hühnerfleisch (ohne Knochen), 30 g Joghurt, 5 g Magermilchpulver, 50 g Ananas (aus der Dose ungesüßt), 3 g Öl, Zitronensaft, Salz, etwas Meerrettich, Pfeffer, gehackte Kräuter. – Fleisch und Ananas in Würfel schneiden und mit den restlichen Zutaten vermengen, durchziehen lassen und abschmecken. Auf Salatblättern anrichten.

Brot: 60 g (vorzugsweise Vollkornbrotsorten).

Butter: 5 g.

Käse: 30 g Emmentaler (45% F. i. Tr.).

Getränk: ungesüßter Tee oder Mineralwasser.

Spätmahlzeit

150 g Joghurt (3,5% F.), 10 g Cornflakes.

Tageszufuhren: Eiweiß = 97 g, Fett = 62 g, Kohlenhydrate = 200 g, Kalorien = 1810 kcal, Joule = 7578 kJ, Na = 57 mval (mmol), Cl = 36 mval (mmol), K = 105 mval (mmol), Mg = 34 mval (17,0 mmol), Ca = 49 mval (24,5 mmol), P = 1,79 g (57,8 μmol), Fe = 16,6 mg (0,297 mmol), Mn = 4,9 mg (89,2 μmol), Co = 96,8 μg (1,64 μmol), Cu = 2,5 mg (39,3 μmol), Zn = 14,4 mg (220,3 μmol), F = 0,80 mg (42,1 μmol), J = 40,0 μg (0,315 μmol). Vitamine: A = 2,10 mg (7,33 μmol), B_1 = 1,51 mg (4,48 μmol), B_2 = 1,86 mg (4,94 μmol), C = 199 mg (1,13 mmol), D = 329 IE. Cholesterin = 480 mg (1,24 mmol), Polyenfettsäuren = 9,36 g.

Reduktionskost zu 1800 kcal (≈ 7540 kJ) Vollkost

1. Frühstück

Kaffee oder Tee, 10 g Kondensmilch (7,5% F.), 80 g Brot (vorzugsweise Vollkornbrotsorten), 10 g Butter, 10 g Konfitüre, 30 g Edamer (40% F. i. Tr.).

2. Frühstück

200 g Magermilch mit 50 g Banane und etwas Zitronensaft im Mixer verschlagen, sofort servieren.

Mittagessen

Rindergulasch: 125 mageres Rindfleisch, je 50 g Tomaten und Paprikaschoten, 25 g gehackte Zwiebeln, 3 g Öl, Salz, Pfeffer, Paprikapulver, Lorbeerblatt. – Fleisch, Tomaten und Paprikaschoten in gleichgroße Würfel schneiden, scharf anbraten, die restlichen Zutaten hinzufügen, etwas Wasser angießen und abschmecken. Im geschlossenen Topf gar schmoren.

Teigwaren: 35 g Teigwaren in Salzwasser garen.

Gemischter Salat: Je 50 g gekochte Möhren und Sellerie in Würfel oder Stifte schneiden, 50 g Blattsalat, Salatsoße: 4 g Öl, Essig oder Zitronensaft, Salz, Gewürze und Kräuter.

Bratapfel: 150 g Apfel (Gewicht ohne Kernhaus), 10 g Diabetikerkonfitüre, Zitronensaft. – Den ausgestochenen Apfel kreuzweise einritzen, mit Konfitüre füllen und mit Zitronensaft beträufeln, in eine Auflaufform oder in Alufolie setzen und im vorgeheizten Backofen garen.

Nachmittag

Kaffee oder Tee, 10 g Magermilchpulver, 10 g Hartkekse.

Abendessen

Fisch Vinaigrette: 125 g Rotbarschfilet in gut gewürztem Fischsud garen und abtropfen lassen. Salatsoße: 4 g Öl, Essig oder Zitronensaft, Salz, 20 g feingeschnittenes Suppengrün, Salz, Pfeffer, Meerrettich. – Fisch grob zerpflücken und mit der Salatsoße vermengen, durchziehen lassen, abschmecken und auf Salatblättern anrichten.

Brot: 60 g (vorzugsweise Vollkornbrotsorten).

Butter: 5 g.

Käse: 30 g Harzer Käse.

Getränk: ungesüßter Tee oder Mineralwasser.

Spätmahlzeit

150 g Birne.

Tageszufuhren: Eiweiß = 97 g, Fett = 61 g, Kohlenhydrate = 201 g, Kalorien = 1810 kcal, Joule = 7578 kJ, Na = 81 mval (mmol), Cl = 69 mval (mmol), K = 86 mval (mmol), Mg = 24 mval (12,0 mmol), Ca = 45 mval (22,5 mmol), P = 1,48 g (47,8 mmol), Fe = 14,1 mg (0,253 mmol), Mn = 4,1 mg (74,6 μmol), Co = 76,7 μg (1,30 μmol), Cu = 1,7 mg (26,8 μmol), Zn = 11,9 mg (182,0 μmol), F = 0,66 mg (34,7 μmol), J = 142,0 μg (1,12 μmol). Vitamine: A = 4,88 mg (17,0 μmol), B_1 = 0,94 mg (2,79 μmol), B_2 = 1,49 mg (3,96 μmol), C = 159 mg (0,90 mmol), D = 127 IE. Cholesterin = 310 mg (0,80 mmol), Polyenfettsäuren = 9,63 g.

Reduktionskost zu 1800 kcal (≈ 7540 kJ) Vollkost

1. Frühstück

Kaffee oder Tee, 10 g Kondensmilch (7,5% F.), 80 g Brot (vorzugsweise Vollkornbrotsorten), 10 g Butter, 10 g Honig, 100 g Magerquark.

2. Frühstück

150 g Joghurt (3,5% F.), 10 g Magermilchpulver, 10 g Zwieback.

Mittagessen

Gurke gefüllt: 150–200 g grüne Gurke, 125 g Hackmasse (50 g Rindfleisch, 30 g Schweinefleisch, 20 g Brötchen, 5 g gehackte Zwiebeln, 20 g Ei), Muskat, Salz, Pfeffer, 3 g Öl. – Die geschälte Gurke von Kernen befreien und leicht salzen. Hackfleisch gut vermengen, pikant abschmecken und in die Gurkenhälften füllen. Gurken in eine gefettete Auflaufform setzen, wenig Wasser angießen und im Backofen garen.

Reis: 35 g Reis mit 50 g kleingeschnittenen Paprikaschoten in 5 g Margarine andünsten, salzen und die entsprechende Menge Wasser dazugeben, im geschlossenen Topf garen lassen.

Kopfsalat: 50 g Salatblätter, Salatsoße: 2 g Öl, Essig oder Zitronensaft, Salz, Gewürze und Kräuter. Zum Verzieren 50 g Radieschen, Kirschen: 175 g frische Kirschen (Gewicht mit Stein) oder 150 g ungesüßte Kirschen aus der Dose.

Nachmittag

Kaffee oder Tee, 50 g Vollmilch, 10 g Knäckebrot.

Abendessen

Fleischplatte: Je 40 g Kalbsbraten und sehr magerer Schinken in feine Scheiben aufgeschnitten, auf Salatblättern anrichten.

Tomatensalat: 150 g Tomaten in Scheiben schneiden, Salatsoße: 2 g Öl, Essig oder Zitronensaft, Salz, Pfeffer, Dill oder Schnittlauch.

Brot: 60 g (vorzugsweise Vollkornbrotsorten).

Butter: 5 g.

Käse: Schmelzkäse (30% F. i. Tr.).

Getränk: ungesüßter Tee oder Mineralwasser.

Spätmahlzeit

150 g Orangensaft.

Tageszufuhren: Eiweiß = 95 g, Fett = 62 g, Kohlenhydrate = 202 g, Kalorien = 1810 kcal, Joule = 7578 kJ, Na = 90 mval (mmol), Cl = 64 mval (mmol), K = 90 mval (mmol), Mg = 30 mval (15,0 mmol), Ca = 45 mval (22,5 mmol), P = 1,77 g (57,2 mmol), Fe = 16,0 mg (0,287 mmol), Mn = 4,3 mg (78,3 µmol), Co = 76,8 µg (1,30 µmol), Cu = 2,1 mg (33,0 µmol), Zn = 11,7 mg (179,0 µmol), F = 0,73 mg (38,4 µmol), J = 44,1 µg (0,348 µmol). Vitamine: A = 1,69 mg (5,90 µmol), B_1 = 1,68 mg (4,98 µmol), B_2 = 1,87 mg (4,97 µmol), C = 241 mg (1,37 mmol), D = 132 IE. Cholesterin = 260 mg (0,67 mmol), Polyenfettsäuren = 8,05 g.

Reduktionskost zu 1800 kcal (≈ 7540 kJ) Vollkost

1. Frühstück

Kaffee oder Tee, 10 g Kondensmilch (7,5% F.), 80 g Brot (vorzugsw. Vollkornbrotsorten), 10 g Butter, 20 g Diabetikerkonfitüre, 30 g Camembert (30% F. i. Tr.).

2. Frühstück

Obstsalat: 150 g Obstsalat aus frischen Früchten (keine Bananen und Weintrauben). Mit 10 g Weizenkeimen bestreut anrichten.

Mittagessen

Schweinefilet: 125 g Schweinefilet, 3 g Öl, Salz, Pfeffer, Senf, Oregano. – Fleisch vorbereiten und in Öl von allen Seiten scharf anbraten, salzen, würzen und etwas Wasser angießen. Bei geschlossenem Topf gar schmoren.

Wirsinggemüse: 200 g Wirsing, 20 g gehackte Zwiebeln, 3 g Margarine, Salz, etwas Kümmelpulver, gehackte Petersilie. – Wirsing in kochendem Wasser kurz überwellen, abtropfen lassen und in Streifen schneiden. Zwiebeln in Fett andünsten, den Wirsing dazugeben, etwas Wasser angießen, salzen und würzen und garen lassen. Mit Petersilie bestreut anrichten.

Kartoffelbrei: 150 g geschälte Kartoffeln, 50 g Vollmilch, Salz, Muskat. – Die gekochten Kartoffeln noch heiß durch ein Sieb drücken und mit heißer Milch verrühren, abschmecken.

Endiviensalat: 50 g Endiviensalat, Salatsoße: 2 g Öl, Essig oder Zitronensaft, Salz, Gewürze und Kräuter.

Erdbeeren: 200 g.

Nachmittag

Kaffee oder Tee, 10 g Magermilchpulver, 10 g Biskuitplätzchen.

Abendessen

Omelett mit Champignons: 2 Eier, 10 g Magermilchpulver, 3 g Öl, gehackter Schnittlauch, 100 g Champignons, Salz, Pfeffer, Muskat. – Champignons in Fett dünsten, abschmecken. Eier mit Milchpulver, Salz und etwas Wasser verschlagen, Omelett wie üblich zubereiten und mit Champignons füllen. Mit Schnittlauch bestreut anrichten.

Kopfsalat: 50 g Salatblätter, Salatsoße: 2 g Öl, Essig oder Zitronensaft, Salz, Gewürze und Kräuter.

Brot: 60 g (vorzugsweise Vollkornbrotsorten).

Butter: 5 g.

Quark: 25 g Magerquark.

Getränk: ungesüßter Tee oder Mineralwasser.

Spätmahlzeit

200 g Buttermilch, 10 g Zwieback.

Tageszufuhren: Eiweiß = 96 g, Fett = 63 g, Kohlenhydrate = 199 g, Kalorien = 1810 kcal, Joule = 7578 kJ, Na = 65 mval (mmol), Cl = 63 mval (mmol), K = 116 mval (mmol), Mg = 34 mval (17,0 mmol), Ca = 56 mval (28,0 mmol), P = 1,92 g (62,0 mmol), Fe = 19,4 mg (0,344 mmol), Mn = 41,8 mg (760,8 µmol), Co = 97,9 µg (1,66 µmol), Cu = 2,8 mg (44,1 µmol), Zn = 14,1 mg (215,7 µmol), F = 0,64 mg (33,7 µmol), J = 69,3 µg (0,546 µmol). Vitamine: A = 1,58 mg (5,52 µmol), B_1 = 2,63 mg (7,80 µmol), B_2 = 2,70 mg (7,17 µmol), C = 322 mg (1,83 mmol), D = 297 IE. Cholesterin = 610 mg (1,58 mmol), Polyenfettsäuren = 10,81 g.

Reduktionskost zu 1800 kcal (≈ 7540 kJ) Vollkost

1. Frühstück

Kaffee oder Tee, 10 g Kondensmilch (7,5% F.), 80 g Brot (vorzugsweise Vollkornbrotsorten), 10 g Butter, 10 g Konfitüre, 30 g Gouda (45% F. i. Tr.).

2. Frühstück

100 g Vollmilch, 10 g Magermilchpulver, 20 g Cornflakes.

Mittagessen

Heilbutt gegrillt: 150 g Heilbutt (Gewicht ohne Abfall), Salz, Zitronensaft, Pfeffer, provenzalische Gewürzmischung, 3 g Öl. – Fisch vorbereiten, mit Öl einpinseln, würzen und im vorgeheizten Grill oder Backofen garen.

Chicorée überbacken: 200 g Chicorée, 3 g Margarine oder Butter, Salz, Zitronensaft, Muskat, gehackte Petersilie. – Chicoréestauden in kochendem Wasser abwellen, abtropfen lassen und in eine Auflaufform schichten, würzen, mit Fett bepinseln und im Ofen garen. Mit Petersilie bestreut anrichten.

Pellkartoffeln: 150 g Kartoffeln mit der Schale garen.

Feldsalat: 50 g Feldsalat, Salatsoße: 2 g Öl, Essig oder Zitronensaft, Salz, Gewürze und Kräuter.

Apfelmus: 150 g Apfelstücke in wenig Wasser mit Zimt und Nelken gar dünsten. Mit 5 g Weizenkeimen bestreuen.

Nachmittag

Kaffee oder Tee, 50 g Vollmilch, 30 g Weißbrot als Toastbrot zubereitet, 5 g Butter.

Abendessen

Tatar: 80 g Tatar, 1 Teelöffel gehackte Zwiebeln, 1 Eigelb, Salz, Pfeffer. – Tatar mit den restlichen Zutaten gut vermischen und abschmecken. Auf Salatblättern anrichten.

Spargelsalat: 200 g frisch gekochter Spargel oder Spargel aus Dosen, Salatsoße: 2 g Öl, Essig oder Zitronensaft, Salz, Gewürze und Kräuter.

Brot: 60 g (vorzugsweise Vollkornbrotsorten).

Butter: 5 g.

Getränk: ungesüßter Tee oder Mineralwasser.

Spätmahlzeit

150 g Tomatensaft mit etwas Wasser verdünnt, 5 g Knäckebrot.

Tageszufuhren: Eiweiß = 97 g, Fett = 62 g, Kohlenhydrate = 201 g, Kalorien = 1810 kcal, Joule = 7578 kJ, Na = 97 mval (mmol), Cl = 78 mval (mmol), K = 104 mval (mmol), Mg = 26 mval (13,0 mmol), Ca = 44 mval (22,0 mmol), P = 1,59 g (51,3 mmol), Fe = 17,1 mg (0,306 mmol), Mn = 4,4 mg (80,1 μmol), Co = 81,2 μg (1,38 μmol), Cu = 3,8 mg (59,8 μmol), Zn = 8,90 mg (136,1 μmol), F = 0,82 mg (43,2 μmol), J = 125,6 μg (0,99 μmol). Vitamine: A = 4,06 mg (14,2 μmol), B_1 = 1,25 mg (3,71 μmol), B_2 = 1,44 mg (3,83 μmol), C = 143 mg (0,81 mmol), D = 402 IE. Cholesterin = 480 mg (1,24 mmol), Polyenfettsäuren = 10,53 g.

Reduktionskost zu 1800 kcal (≈ 7540 kJ) Vollkost

1. Frühstück

Kaffee oder Tee, 10 g Kondensmilch (7,5% F.), 80 g Brot (vorzugsweise Vollkornbrotsorten), 10 g Butter, 20 g Diabetikerkonfitüre, 100 g Magerquark.

2. Frühstück

100 g Joghurt (3,5% F.), 50 g Heidelbeeren.

Mittagessen

Gemüseeintopf mit Rindfleisch: 100 g mageres Rindfleisch, 150 g gewürfelte Kartoffeln, je 50 g gewürfelte Möhren, weiße Rüben und Rosenkohl, je 25 g gehackter Lauch und Zwiebeln, Salz, Pfeffer, Muskat, 3 g Öl, gehackte Kräuter. – Fleisch in Würfel schneiden und in Salzwasser mit Zwiebeln und Lauch aufsetzen. Gemüse in Fett andünsten und in der zweiten Garhälfte dazugeben, garen lassen, abschmecken und mit Kräutern bestreut anrichten.

Endiviensalat: 50 g Endiviensalat, Salatsoße: 2 g Öl, Essig oder Zitronensaft, Salz, Gewürze und Kräuter.

Buttermilchspeise: 75 g Buttermilch, 75 g frische Himbeeren, 5 g Vanillezucker, 2 g Gelatine, Zitronensaft. – Buttermilch mit Himbeeren, Zucker und Zitronensaft im Mixer verschlagen und abschmecken, die aufgelöste Gelatine unter die Speise rühren und erstarren lassen.

Nachmittag

Kaffee oder Tee, 10 g Magermilchpulver, 10 g Zwieback.

Abendessen

Käseplatte: je 25 g Emmentaler (45% F. i. Tr.), Tilsiter (45% F. i. Tr.), Limburger (20% F. i. Tr.), Camembert (45% F. i. Tr.). – Käse auf Salatblättern anrichten und mit 150 g Radieschen garnieren.

Brot: 60 g (vorzugsweise Vollkornbrotsorten).

Butter: 5 g.

Getränk: ungesüßter Tee oder Mineralwasser.

Spätmahlzeit

150 g Ananasscheiben frisch (oder ungesüßt aus der Dose).

Tageszufuhren: Eiweiß = 95 g, Fett = 63 g, Kohlenhydrate = 201 g, Kalorien = 1810 kcal, Joule = 7578 kJ, Na = 87 mval (mmol), Cl = 76 mval (mmol), K = 94 mval (mmol), Mg = 31 mval (15,5 mmol), Ca = 73 mval (36,5 mmol), P = 1,67 g (53,9 mmol), Fe = 16,8 mg (0,301 mmol), Mn = 6,9 mg (125,6 μmol), Co = 62,8 μg (1,07 μmol), Cu = 2,1 mg (33,0 μmol), Zn = 12,2 mg (186,6 μmol), F = 0,57 mg (30,0 μmol), J = 71,9 μg (0,567 μmol). Vitamine: A = 4,32 mg (15,1 μmol), B_1 = 1,01 mg (3,00 μmol), B_2 = 1,95 mg (5,18 μmol), C = 222 mg (1,26 mmol), D = 45 IE. Cholesterin = 210 mg (0,543 mmol), Polyenfettsäuren = 4,24 g.

Reduktionskost zu 1800 kcal (≈ 7540 kJ) Vollkost

1. Frühstück

Kaffee oder Tee, 10 g Kondensmilch (7,5% F.), 80 g Brot (vorzugsweise Vollkornbrotsorten), 10 g Butter, 10 g Konfitüre, 30 g Edamer (40% F. i. Tr.).

2. Frühstück

Müsli: 15 g Haferflocken, 100 g frisches Obst, 30 g Joghurt (3,5% F.), 5 g Zitronensaft. Müsli zubereiten und mit 5 g Weizenkeimen bestreuen. Sofort anrichten.

Mittagessen

Rindersteak: 125 g mageres Rindfleisch zum Grillen, Salz, Pfeffer, Senf, 3 g Öl. – Fleisch vorbereiten, einfetten und würzen und im vorgeheizten Grill von beiden Seiten garen.

Zucchini-Tomaten-Gemüse: 100 g Zucchini, 100 g Tomaten, 10 g gehackte Zwiebeln, 3 g Öl, Salz, Petersilie, provenzalische Gewürzmischung. – Gemüse in Scheiben schneiden und abwechselnd in eine ausgefettete Auflaufform schichten, würzen und zugedeckt im Ofen garen. Mit Petersilie bestreut anrichten.

Kartoffelbrei: 150 g Kartoffeln, 50 g Vollmilch, Salz, Muskat. – Die gekochten Kartoffeln noch heiß durch ein Sieb pressen und mit heißer Milch verrühren, abschmecken.

Kopfsalat: 50 g Salatblätter, Salatsoße: 2 g Öl, Essig oder Zitronensaft, Salz, Gewürze und Kräuter.

Orangensalat: 150 g Orangenfleisch in dünne Scheiben oder Würfel schneiden und mit Zitronensaft und etwas Süßstoff abschmecken.

Nachmittag

Kaffee oder Tee, 50 g Vollmilch, 30 g Weißbrot als Toast zubereitet, 10 g Diabetikerkonfitüre.

Abendessen

Krabbensalat: 75 g speisefertiges Krabbenfleisch, 50 g gewürfelte Tomaten, gehackte Zwiebeln und Schnittlauch, 4 g Öl, Essig oder Zitronensaft, 1 Teelöffel gehackte Salzgurken, gehackter Dill, Pfeffer, Salz. – Krabben mit den übrigen Zutaten vermengen und durchziehen lassen, abschmecken und auf Salatblättern anrichten.

Brot: 60 g (vorzugsweise Vollkornbrotsorten).

Butter: 5 g.

Käse: 30 g Harzer Käse.

Getränk: ungesüßter Tee oder Mineralwasser.

Spätmahlzeit

150 g Buttermilch mit 10 g Magermilchpulver verquirlen.

Tageszufuhren: Eiweiß = 96 g, Fett = 61 g, Kohlenhydrate = 201 g, Kalorien = 1800 kcal, Joule = 7536 kJ, Na = 79 mval (mmol), Cl = 71 mval (mmol), K = 103 mval (mmol), Mg = 37 mval (18,5 mmol), Ca = 59 mval (29,5 mmol), P = 1,76 g (56,8 mmol), Fe = 16,7 mg (0,299 mmol), Mn = 4,1 mg (74,6 µmol), Co = 63,0 µg (1,07 µmol), Cu = 1,7 mg (26,8 µmol), Zn = 14,7 mg (224,9 µmol), F = 0,76 mg (40,0 µmol), J = 140,6 µg (1,11 µmol). Vitamine: A = 1,74 mg (6,07 µmol), B_1 = 1,30 mg (3,85 µmol), B_2 = 1,79 mg (4,76 µmol), C = 223 mg (1,27 mmol), D = 94 IE. Cholesterin = 300 mg (0,776 mmol), Polyenfettsäuren = 8,63 g.

Reduktionskost zu 1800 kcal (≈ 7540 kJ) Vollkost

1. Frühstück

Kaffee oder Tee, 10 g Kondensmilch (7,5% F.), 80 g Brot (vorzugsweise Vollkornbrotsorten), 10 g Butter, 10 g Honig, 1 Ei.

2. Frühstück

50 g Aprikosen aus der Dose zerdrücken und mit 100 g Magerquark und 5 g Magermilchpulver verrühren.

Mittagessen

Schweineleber gegrillt: 150 g Schweineleber, 2 g Öl, Salz, Pfeffer, Thymian. – Leber einfetten und würzen und im vorgeheizten Grillgerät von beiden Seiten garen. Erst kurz vor dem Anrichten salzen.

Möhren-Lauch-Gemüse: 100 g Möhren, 100 g Lauch, 3 g Margarine, Salz, Muskat. Gemüse in Scheiben schneiden und in Fett andünsten, salzen, würzen und etwas Wasser angießen. Im geschlossenen Topf garen.

Reis: 35 g Reis in entsprechender Wassermenge garen.

Kopfsalat: 50 g Salatblätter, Salatsoße: 2 g Öl, Essig oder Zitronensaft, Salz, Gewürze und Kräuter.

Pudding mit Orangensaft: 100 g schwach gesüßten speisefertigen Vanillepudding mit 50 g Orangensaft anrichten.

Nachmittag

Kaffee oder Tee, 10 g Magermilchpulver, 10 g Knäckebrot.

Abendessen

Wiener Würstchen: 100 g Wiener in heißem Wasser erhitzen.

Kartoffelbrei: 150 g Kartoffeln, 50 g Vollmilch, 5 g Magermilchpulver, Salz, Muskat. – Die gekochten Kartoffeln noch heiß durch ein Sieb drücken und mit Milch und Milchpulver verrühren und abschmecken.

Kressesalat: 30 g Kresse, 50 g Gurkenscheiben. Salatsoße: 2 g Öl, Essig oder Zitronensaft, Salz, Gewürze und Kräuter.

Getränk: ungesüßter Tee oder Mineralwasser.

Spätmahlzeit

150 g ungesüßtes Pfirsichkompott.

Tageszufuhren: Eiweiß = 98 g, Fett = 62 g, Kohlenhydrate = 201 g, Kalorien = 1820 kcal, Joule = 7620 kJ, Na = 85 mval (mmol), Cl = 46 mval (mmol), K = 96 mval (mmol), Mg = 25 mval (12,5 mmol), Ca = 44 mval (22,0 mmol), P = 1,87 g (60,4 mmol), Fe = 47,9 mg (0,858 mmol), Mn = 3,1 mg (56,4 µmol), Co = 107,4 µg (1,82 µmol), Cu = 9,8 mg (154,2 µmol) Zn = 15,9 mg (243,2 µmol), F = 0,57 mg (30,0 µmol), J = 93,9 µg (0,74 µmol). Vitamine: A = 13,17 mg (46,0 µmol), B_1 = 1,54 mg (4,57 µmol), B_2 = 6,51 mg (17,3 µmol), C = 170 mg (0,965 mmol), D = 159 IE. Cholesterin = 760 mg (1,97 mmol), Polyenfettsäuren = 8,07 g.

Reduktionskost zu 1800 kcal (≈ 7540 kJ) Vollkost

1. Frühstück

Kaffee oder Tee, 10 g Kondensmilch (7,5% F.), 80 g Brot (vorzugsweise Vollkornbrotsorten), 10 g Butter, 20 g Diabetikerkonfitüre, 30 g Schmelzkäse (45% F. i. Tr.).

2. Frühstück

150 g Weintrauben.

Mittagessen

Roastbeef: 125 g Roastbeef, 3 g Öl, Salz, Pfeffer. – Fleisch wie gewohnt zubereiten, Bratenfond entfetten und abschmecken.

Grüne Bohnen: 200 g grüne Bohnen, Salz, Pfeffer, gehackte Petersilie. – Grüne Bohnen mit Salz und Gewürzen in wenig Wasser garen. Mit Petersilie bestreut anrichten.

Pellkartoffeln: 150 g Kartoffeln mit der Schale garen.

Chicoréesalat: 50 g Chicoréeblätter, Salatsoße: 2 g Öl, Essig oder Zitronensaft, Salz, Gewürze und Kräuter.

Joghurt mit Pfirsichen: 100 g Joghurt (3,5% F.), 50 g Pfirsiche aus der Dose, etwas Zitronensaft. – Joghurt in Portionsschälchen füllen und eine Pfirsichhälfte in die Mitte setzen.

Nachmittag

Kaffee oder Tee, 50 g Vollmilch, 10 g Hartkekse.

Abendessen

Kaltes Hühnerfleisch: 100 g Hühnerfleisch (Gewicht ohne Knochen) auf Salatblättern anrichten.

Rohkostplatte: 50 g rote Rüben, 50 g Apfel, 2 g Öl, Zitronensaft, 50 g Chinakohl, 100 g Rettich. Salatsoße: 2 g Öl, Essig oder Zitronensaft, Salz, Gewürze und Kräuter. – Rote Rüben und Apfel reiben und mit Öl und Zitronensaft vermengen. Chinakohl in Streifen schneiden und mit der Salatsoße anmachen. Rettich in Scheiben schneiden und leicht salzen. Alles auf einem Salatteller anrichten.

Brot: 40 g (vorzugsweise Vollkornbrotsorten), 15 g Knäckebrot.

Butter: 5 g.

Käse: 30 g Limburger (20% F. i. Tr.).

Getränk: ungesüßter Tee oder Mineralwasser.

Spätmahlzeit

150 g Magermilch, 10 g Magermilchpulver, 5 g Zwieback.

Tageszufuhren: Eiweiß = 100 g, Fett = 61 g, Kohlenhydrate = 202 g, Kalorien = 1820 kcal, Joule = 7620 kJ, Na = 84 mval (mmol), Cl = 64 mval (mmol), K = 110 mval (mmol), Mg = 29 mval (14,5 mmol), Ca = 60 mval (30,0 mmol), P = 1,76 g (56,8 mmol), Fe = 17,7 mg (0,317 mmol), Mn = 4,6 mg (83,7 μmol), Co = 432,8 μg (7,34 μmol), Cu = 2,5 mg (39,3 μmol), Zn = 11,0 mg (168,3 μmol), F = 0,82 mg (43,2 μmol), J = 59,6 μg (0,47 μmol). Vitamine: A = 1,27 mg (4,43 μmol), B_1 = 1,07 mg (3,17 μmol), B_2 = 2,00 mg (5,31 μmol), C = 152 mg (0,86 mmol), D = 62 IE. Cholesterin = 230 mg (0,595 mmol), Polyenfettsäuren = 7,52 g.

Reduktionskost zu 1800 kcal (≈ 7540 kJ) Vollkost

1. Frühstück

Kaffee oder Tee, 10 g Kondensmilch (7,5% F.), 80 g Brot (vorzugsweise Vollkornbortsorten), 10 g Butter, 10 g Konfitüre, 30 g Tilsiter (45% F. i. Tr.).

2. Frühstück

150 g Buttermilch.

Mittagessen

Forelle blau: 1 große Forelle (oder 2 kleine Exemplare), 5 g Butter, Zitronensaft, Salz, gut gewürzter Fischsud. – Forelle vorbereiten und im Fischsud garen, abtropfen lassen und mit zerlassener Butter und Zitronensaft anrichten.

Fenchelgemüse: 200 g Fenchel, 5 g Margarine, Salz, Muskat, gehacktes Fenchelkraut. – Fenchel je nach Größe halbieren oder vierteln und in kochendem Salzwasser abwellen, abtropfen lassen, in eine ausgefettete Auflaufform schichten, würzen und im Backofen backen. Mit Fenchelkraut anrichten.

Salzkartoffeln: 150 g geschälte Kartoffeln in Salzwasser garen.

Kopfsalat: 50 g Salatblätter, Salatsoße: 2 g Öl, Essig oder Zitronensaft, Salz, Gewürze und Kräuter.

Bananensalat: 100 g Bananenfleisch, etwas Zitronensaft, evtl. etwas Süßstoff. – Bananen in Scheiben schneiden und mit Zitronensaft und Süßstoff abschmecken.

Nachmittag

Kaffee oder Tee, 10 g Magermilchpulver, 10 g Zwieback, 5 g Butter.

Abendessen

Waldorfsalat: 50 g Knollensellerie, 50 g Apfel, 20 g Magerquark, 50 g Ananas, 25 g süße Sahne, 5 g Walnüsse gehackt, etwas Zitronensaft. – Sellerie, Apfel und Ananas (ungezuckert aus der Dose oder frisch) in feine Stifte schneiden und mit der Quarkcreme vermengen, durchziehen lassen und auf Salat anrichten.

Bündner Fleisch: 30 g in sehr feine Scheiben geschnitten.

Brot: 60 g (vorzugsweise Vollkornbrotsorten).

Butter: 5 g.

Getränk: ungesüßter Tee oder Mineralwasser.

Spätmahlzeit

150 g Brombeeren.

Tageszufuhren: Eiweiß = 98 g, Fett = 62 g, Kohlenhydrate = 201 g, Kalorien = 1820 kcal, Joule = 7620 kJ, Na = 83 mval (mmol), Cl = 78 mval (mmol), K = 122 mval (mmol), Mg = 30 mval (15,0 mmol), Ca = 55 mval (27,5 mmol), P = 1,75 g (56,2 mmol), Fe = 19,7 mg (0,353 mmol), Mn = 6,0 mg (109,2 µmol), Co = 36,8 µg (0,625 µmol), Cu = 2,0 mg (31,5 µmol), Zn = 5,7 mg (87,2 µmol), F = 0,62 mg (32,6 µmol), J = 64,9 µg (0,51 µmol). Vitamine: A = 5,65 mg (19,7 µmol), B_1 = 1,38 mg (4,09 µmol), B_2 = 1,69 mg (4,49 µmol), C = 282 mg (1,60 mmol), D = 45 IE. Cholesterin = 280 mg (0,72 mmol), Polyenfettsäuren = 6,01 g.

Reduktionskost zu 1800 kcal (≈ 7540 kJ) Vollkost

1. Frühstück

Kaffee oder Tee, 10 g Kondensmilch (7,5% F.), 80 g Brot (vorzugsweise Vollkornbrotsorten), 10 g Butter, 20 g Diabetikerkonfitüre, 30 g Gouda (45% F. i. Tr.).

2. Frühstück

1 Grapefruit halbieren und die Hälften mit 5 g Zucker bestreuen, mit 10 g Knäckebrot anrichten.

Mittagessen

Kalbsschnitzel gedünstet: 125 g Kalbsschnitzel, 3 g Öl, Salz, etwas Estragon, Pfeffer. – Schnitzel in Öl scharf anbraten, würzen und salzen, etwas Wasser angießen und bei geschlossenem Topf garen.

Broccoligemüse: 200 g Broccoliröschen, Salz, Muskat, 5 g Butter. – Broccoli in Salzwasser garen, abtropfen lassen und mit zerlassener Butter anrichten.

Salzkartoffeln: 150 g geschälte Kartoffeln in Salzwasser garen.

Feldsalat: 50 g Feldsalat, Salatsoße: 2 g Öl, Essig oder Zitronensaft, Salz, Gewürze und Kräuter.

Kirschgelee: 150 g Sauerkirschen (aus der Dose ungesüßt oder frisch gekocht), 10 g Zucker, etwas Zitronensaft, 2 g Gelatine. – Sauerkirschen mit Zucker und Zitronensaft abschmecken, die aufgelöste Gelatine unterziehen und erstarren lassen. Mit 10 g Kondensmilch übergießen und anrichten.

Nachmittag

Kaffee oder Tee, 50 g Vollmilch, 10 g Biskuitplätzchen.

Abendessen

Roastbeefröllchen gefüllt: 80 g Roastbeef in feine Scheiben geschnitten, 50 g Magerquark, Salz, Pfeffer, Schnittlauch. – Roastbeefscheiben aufrollen und den angemachten Quark in die Öffnungen spritzen. Auf Salatblättern anrichten.

Gemischter Salat: 100 g Chinakohl, 100 g Tomate, Salatsoße: 4 g Öl, Essig oder Zitronensaft, Salz, Gewürze und Kräuter. – Chinakohl und Tomaten in Streifen bzw. Scheiben schneiden und mit der Salatsoße anmachen.

Brot: 60 g (vorzugsweise Vollkornbrotsorten).

Butter: 5 g.

Getränk: ungesüßter Tee oder Mineralwasser.

Spätmahlzeit

150 g Joghurt (3,5% F.), 5 g Weizenkeime.

Tageszufuhren: Eiweiß = 96 g, Fett = 61 g, Kohlenhydrate = 201 g, Kalorien = 1800 kcal, Joule = 7536 kJ, Na = 58 mval (mmol), Cl = 50 mval (mmol), Kl = 110 mval (mmol), Mg = 27 mval (13,5 mmol), Ca = 53 mval (26,5 mmol), P = 1,55 g (50,0 mmol), Fe = 17,9 mg (0,321 mmol), Mn = 3,3 mg (60,1 µmol), Co = 44,5 µg (0,755 µmol), Cu = 5,6 mg (88,1 µmol), Zn = 13,4 mg (205,0 µmol), F = 0,78 mg (41,1 µmol), J = 61,8 µg (0,487 µmol). Vitamine: A = 3,69 mg (12,9 µmol), B_1 = 1,29 mg (3,82 µmol), B_2 = 1,93 mg (5,13 µmol), C = 405 mg (2,30 mmol), D = 223 IE. Cholesterin = 260 mg (0,673 mmol), Polyenfettsäuren = 6,69 g.

Reduktionskost zu 1800 kcal (≈ 7540 kJ) Vollkost

1. Frühstück

Kaffee oder Tee, 10 g Kondensmilch (7,5% F.), 80 g Brot (vorzugsweise Vollkornbrotsorten), 10 g Butter, 10 g Konfitüre, 100 g Magerquark.

2. Frühstück

Müsli: 15 g Haferflocken, 55 g Apfel, 45 g Orange, 30 g Joghurt, 5 g Zitronensaft. Obst zerkleinern und mit den restlichen Zutaten vermengen. Sofort servieren.

Mittagessen

Hackbraten: 125 g Hackmasse (50 g Rindfleisch, 30 g Schweinefleisch, 20 g Brötchen, 5 g Zwiebeln, 20 g Ei), Salz, Muskat, Pfeffer, 3 g Öl. – Hackfleischmasse gut vermengen und abschmecken, ein flaches Steak formen und in Öl braten.

Spinat: 200 g Spinat, 5 g Butter, Salz, Pfeffer. – Spinat als Blattspinat in Butter dünsten oder als gehackten Spinat zubereiten, abschmecken.

Petersilienkartoffeln: 150 g geschälte Kartoffeln in Salzwasser garen und mit Petersilie bestreut servieren.

Chicoréesalat: 50 g Chicoréeblätter, Salatsoße: 2 g Öl, Essig oder Zitronensaft, Salz, Gewürze und Kräuter.

Buttermilchspeise: 150 g Buttermilch, 10 g Zitronensaft, 5 g Zucker, 2 g Gelatine, 10 g Schlagsahne, evtl. etwas Süßstoff. – Buttermilch und Zitronensaft und Süßstoff abschmecken, die aufgelöste Gelatine unterrühren und die Speise erstarren lassen. Sahne unter die halberstarrte Creme ziehen.

Nachmittag

Kaffee oder Tee, 10 g Magermilchpulver, 10 g Knäckebrot, 5 g Butter.

Abendessen

Reisfleisch: 30 g Reis, 100 g gewürfeltes Kalbfleisch, 20 g gehackte Zwiebeln, je 50 g Tomaten und Paprikaschoten in Streifen geschnitten, 3 g Öl, Salz, Pfeffer, Paprika, Piment, etwas Lorbeerblatt, gehackte Petersilie. – Kalbfleisch und Zwiebeln in Fett scharf anbraten, das restliche Gemüse dazugeben, salzen und würzen, den Reis einstreuen, Wasser angießen und im geschlossenen Topf garen.

Kopfsalat: 50 g Salatblätter, Salatsoße: 2 g Öl, Essig oder Zitronensaft, Salz, Gewürze und Kräuter.

Brot: 10 g Knäckebrot.

Käse: 20 g Schmelzkäse (30% F. i. Tr.).

Getränk: ungesüßter Tee oder Mineralwasser.

Spätmahlzeit

150 g Orangensaft.

Tageszufuhren: Eiweiß = 98 g, Fett = 62 g, Kohlenhydrate = 201 g, Kalorien = 1810 kcal, Joule = 7578 kJ, Na = 58 mval (mmol), Cl = 38 mval (mmol), K = 118 mval (mmol), Mg = 36 mval (18,0 mmol), Ca = 52 mval (26,0 mmol), P = 1,76 g (56,8 mmol), Fe = 23,7 mg (0,424 mmol), Mn = 5,9 mg (107,4 μmol), Co = 58,9 μg (1,00 μmol), Cu = 2,4 mg (37,8 μmol), Zn = 14,6 mg (223,3 μmol), F = 0,83 mg (43,7 μmol), J = 84,5 μg (0,666 μmol). Vitamine: A = 5,60 μmol), B_1 = 1,64 mg (4,86 μmol), B_2 = 2,24 mg (5,95 μmol), C = 351 mg (1,99 mmol), D = 213 IE. Cholesterin = 300 mg (0,776 mmol), Polyenfettsäuren = 8,87 g.

Reduktionskost zu 1800 kcal (≈ 7540 kJ) Vollkost

1. Frühstück

Kaffee oder Tee, 10 g Kondensmilch (7,5% F.), 80 g Brot (vorzugsweise Vollkornbrotsorten), 10 g Butter, 20 g Diabetikerkonfitüre, 30 g Emmentaler (45% F. i. Tr.).

2. Frühstück

150 g Vollmilch, 10 g Zwieback, 25 g Magerquark.

Mittagessen

Gemüseeintopf mit Teigwaren: Je 50 g Schweinefleisch und Rindfleisch, 3 g Öl, je 75 g Möhren und Porree, 50 g Knollensellerie, gehackte Petersilie, 35 g Teigwaren, Salz, Pfeffer, Wacholderbeeren, Muskat. – Fleisch und Gemüse in Würfel schneiden, das Fleisch in Öl scharf anbraten, mit Wasser und Gemüsebrühe ablöschen, die übrigen Zutaten dazugeben, würzen und salzen und garen. Mit Petersilie bestreut servieren.

Sauerkrautsalat: 100 g Sauerkraut ungekocht, 50 g Apfel, 3 g Öl. – Sauerkraut und Apfel kleinschneiden und mit Öl anmachen, durchziehen lassen und auf Salatblättern anrichten.

Obstsalat: 150 g frische Früchte (außer Bananen und Weintrauben) kleinschneiden und mit Zitronensaft und etwas Süßstoff abschmecken.

Nachmittag

Kaffee oder Tee, 50 g Vollmilch, 10 g Hartkekse.

Abendessen

Fisch in Gelee: 125 g gekochter Schellfisch, 20 g kleingeschnittenes und gekochtes Suppengrün, 2 g Gelatine. – Schellfisch in eine Form zum Gelieren setzen, Suppengrün darauf verteilen. Gelatine in 125 g gut abgeschmeckten Fischsud auflösen, über den Fisch gießen und erstarren lassen, stürzen.

Kopfsalat: 50 g Salatblätter, Salatsoße: 2 g Öl, Essig oder Zitronensaft, Salz, Gewürze und Kräuter.

Brot: 60 g (vorzugsweise Vollkornbrotsorten).

Butter: 5 g.

Käse: 30 g Camembert (45% i. Tr.).

Getränk: ungesüßter Tee oder Mineralwasser.

Spätmahlzeit

160 g Pflaumen frisch (oder 150 g ungesüßtes Kompott).

Tageszufuhren: Eiweiß = 97 g, Fett = 61 g, Kohlenhydrate = 200 g, Kalorien = 1800 kcal, Joule = 7536 kJ, Na = 85 mval (mmol), Cl = 71 mval (mmol), K = 89 mval (mmol), Mg = 29 mval (14,5 mmol), Ca = 55 mval (27,5 mmol), P = 1,56 g (50,4 mmol), Fe = 15,0 mg (0,269 mmol), Mn = 2,5 mg (45,5 µmol), Co = 62,3 µg (1,06 µmol), Cu = 2,4 mg (37,8 µmol), Zn = 10,5 mg (160,6 µmol), F = 0,95 mg (50,0 µmol), J = 572,0 µg (4,51 µmol). Vitamine: A = 6,48 mg (22,6 µmol), B_1 = 1,28 mg (3,80 µmol), B_2 = 1,62 mg (4,30 µmol), C = 153 mg (0,87 mmol), D = 29 IE. Cholesterin = 290 mg (0,75 mmol), Polyenfettsäuren = 7,43 g.

Reduktionskost zu 1800 kcal (≈ 7540 kJ) Vollkost

1. Frühstück

Kaffee oder Tee, 10 g Kondensmilch (7,5% F.), 80 g Brot (vorzugsweise Vollkornbrotsorten), 10 g Butter, 20 g Diabetikerkonfitüre, 1 Ei.

2. Frühstück

150 g Joghurt (3,5% F.).

Mittagessen

Huhn gebacken: 125 g Huhn (Gewicht ohne Knochen), 3 g Öl, provenzalisches Gewürz, Salz, Pfeffer. – Huhn vorbereiten, salzen und würzen, mit Öl einreiben und im Grillgerät oder im Backofen garen.

Blumenkohlgemüse: 200 g Blumenkohl, 5 g Butter, Salz, Muskat, Petersilie. – Blumenkohl in kochendem Wasser abwellen, abtropfen lassen und in eine ausgefettete Auflaufform setzen, mit Butter bepinseln und im Backofen garen. Mit Petersilie bestreut anrichten.

Kartoffelbrei: 150 g geschälte Kartoffeln, 50 g Vollmilch, Salz, Muskat. – Kartoffeln in Salzwasser garen und noch heiß durch ein Sieb drücken, mit heißer Milch verrühren und abschmecken.

Gemischter Salat: 50 g Tomatenscheiben, 30 g Salatblätter, Salatsoße: 2 g Öl, Essig oder Zitronensaft, Salz, Gewürze und Kräuter.

Bratapfel: 150 g Apfel (Gewicht ohne Kerngehäuse), 10 g Konfitüre, etwas Zitronensaft. – Apfel kreuzweise einritzen, mit Zitronensaft beträufeln und mit Konfitüre füllen. In eine Auflaufform setzen und im Backofen garen.

Nachmittag

Kaffee oder Tee, 10 g Magermilchpulver, 30 g Weißbrot als Toast zubereitet, 5 g Butter.

Abendessen

Lachsschinken: 60 g Lachsschinken in dünne Scheiben aufgeschnitten.

Bohnensalat: 150 g gekochte grüne Bohnen, 20 g Kresse, Salatsoße: 4 g Öl, Essig oder Zitronensaft, Salz, Gewürze und Kräuter. – Bohnen mit der Salatsoße vermengen und gut durchziehen lassen, auf Kresseblättern anrichten.

Brot: 60 g (vorzugsweise Vollkornbrotsorten).

Butter: 5 g.

Käse: 30 g Schnittkäse (20% F. i. Tr.).

Getränk: ungesüßter Tee oder Mineralwasser.

Spätmahlzeit

200 g Erdbeeren.

Tageszufuhren: Eiweiß = 98 g, Fett = 62 g, Kohlenhydrate = 202 g, Kalorien = 1820 kcal, Joule = 7620 kJ, Na = 104 mal (mmol), Cl = 94 mval (mmol), K = 113 mval (mmol), Mg = 30 mval (15,0 mmol), Ca = 54 mval (27,0 mmol), P = 1,60 g (51,7 mmol), Fe = 18,3 mg (0,328 mmol), Mn = 4,1 mg (74,6 µmol), Co = 120,5 µg (2,04 µmol), Cu = 2,5 mg (39,3 µmol), Zn = 7,8 mg (119,3 µmol), F = 0,50 mg (26,3 µmol), J = 51,5 µg (0,406 µmol). Vitamine: A = 1,55 mg (5,41 µ), B_1 = 1,63 mg (4,83 µmol), B_2 = 1,98 mg (5,26 µmol), C = 379 mg (2,15 mmol), D = 131 IE. Cholesterin = 450 mg (1,16 mmol), Polyenfettsäuren = 9,28 g.

Schlemmerkarten zu 1000 kcal (≈ 4190 kJ) Vollkost

1. Frühstück

Früchtejoghurt: 150 g Joghurt, 50 g Orange (mit Schale), 50 g Banane (mit Schale), 50 g Erdbeeren (frisch oder ungezuckert aus der Dose), Zitronensaft, evtl. Süßstoff. – Joghurt mit Zitronensaft verschlagen. Das Obst in kleine Würfel schneiden und untermischen. Nach Wunsch mit Süßstoff abschmecken. Getränk: Kaffee oder Tee (ohne Zucker).

2. Frühstück

Milch: 150 ml (1,5% F.).
Cornflakes: 10 g.

Mittagessen

Gegrilltes Filetsteak: 150 g Rinderfilet, 5 g Öl, Pfeffer, etwas Knoblauchsalz. – Das vorbereitete Fleisch mit den Gewürzen einreiben und mit Öl bepinseln. Im vorgeheizten Grillgerät von beiden Seiten grillen.
Auberginen gratiniert: 200 g Auberginen, Salz, Oregano, Pfeffer, 15 g geriebener Käse. – Die vorbereiteten Auberginen halbieren, mit Gewürzen bestreuen, Reibekäse darübergeben und in einer feuerfesten Form im vorgeheizten Backofen garen.

Abendessen

Kalbsgulasch: 200 g Kalbfleisch, 5 g Öl, Estragon, Paprika, Salz. – Fleisch in kleine Würfel schneiden, im heißen Öl anbräunen, mit den Gewürzen bestreuen, etwas Flüssigkeit angießen und gar dünsten.
Blumenkohl: 200 g Blumenkohl, 5 g Butter oder Margarine, 5 g Paniermehl, Salz, Muskat, Petersilie. – Den vorbereiteten Blumenkohl in Salzwasser kochen. Das Paniermehl in der heißen Butter oder Margarine leicht rösten und über den abgetropften Blumenkohl geben, mit Petersilie bestreut anrichten.
Getränk: Tee ungesüßt oder Mineralwasser.

Tageszufuhren: Eiweiß = 94 g, Fett = 39 g, Kohlenhydrate = 57 g, Kalorien = 1000 kcal, Joule = 4187 kJ, Na = 30 mval (mmol), Cl = 27 mval (mmol), K = 80 mval (mmol), Mg = 16 mval (8,0 mmol), Ca = 30 mval (15,0 mmol), P = 1,20 g (38,7 mmol), Fe = 11,9 mg (0,213 mmol), Mn = 1,1 mg (20,0 μmol), Co = 44,8 μg (0,76 μmol), Cu = 1,5 mg (23,6 μmol), Zn = 16,4 mg (250,9 μmol), F = 0,53 mg (27,9 μmol), J = 33,6 μg (0,265 μmol). Vitamine: A = 0,81 mg (2,83 μmol), B_1 = 0,90 mg (2,67 μmol), B_2 = 1,61 mg (4,28 μmol), C = 201 mg (1,14 mmol), D = 319 IE. Cholesterin = 310 mg (0,80 mmol), Polyenfettsäuren = 6,62 g.

Schlemmerkarten zu 1000 kcal (≈ 4190 kJ) Vollkost

1. Frühstück

Orangensaft: 150 ml frisch oder ungesüßt aus Dosen. Ei: 1 Stück (50 g).

Knäckebrot: 1 Scheibe.

Getränk: Kaffee oder Tee (ohne Zucker).

2. Frühstück

Erdbeermixgetränk: 150 ml Buttermilch, 50 g Erdbeeren, 10 g Zucker. – Alle Zutaten im Mixer verschlagen oder zerdrückte Erdbeeren mit Zucker und Buttermilch gut verrühren.

Mittagessen

Kalbsschnitzel mit Champignons: 200 g Kalbsschnitzel, 5 g Öl, Salz, Salbei, Pfeffer, 150 g Champignons (frisch oder aus der Dose), 5 g Butter, Petersilie. – Champignons in Scheiben schneiden, in Butter dünsten, mit Salz und Petersilie abschmecken. Vorbereitetes Schnitzel mit den Gewürzen bestreuen und im heißen Öl von beiden Seiten braten. Die Champignons über das Schnitzel geben, mit Tomatenecken garniert anrichten.

Abendessen

Schinken gekocht mager: 50 g.

Pikanter Quark: 100 g Quark (20% F. i. Tr.), Schnittlauch, Paprika, geriebener Meerettich, Salz. – Quark verschlagen und mit Gewürzen abschmecken.

Kopfsalat: 50 g Kopfsalat, Salatsoße: 3 g Öl, Salz, Essig oder Zitronensaft, Kräuter.

Vollkornbrot: 30 g.

Butter: 5 g.

Getränk: Tee ungesüßt oder Mineralwasser.

Tageszufuhren: Eiweiß = 86 g, Fett = 39 g, Kohlenhydrate = 67 g, Kalorien = 1005 kcal, Joule = 4208, Na = 45 mval (mmol), Cl = 46 mval (mmol), K = 63 mval (mmol), Mg = 12 mval (6,0 mmol), Ca = 20 mval (10,0 mmol), P = 1,23 g (39,7 mmol), Fe = 14,1 mg (0,253 mmol), Mn = 1,4 mg (25,5 μmol), Co = 51,5 μg (0,874 μmol), Cu = 1,6 mg (25,2 μmol), Zn = 12,8 mg (195,8 μmol), F = 0,29 mg (15,3 μmol), J = 57,9 μg (0,456 μmol). Vitamine: A = 0,81 mg (2,83 μmol), B_1 = 1,20 mg (3,56 μmol), B_2 = 2,17 mg (5,77 μmol), C = 137 mg (0,778 mmol), D = 225 IE. Cholesterin = 510 mg (1,32 mmol), Polyenfettsäuren = 7,50 g.

Schlemmerkarten zu 1000 kcal (≈ 4190 kJ) Vollkost

1. Frühstück

Kalter Braten: 100 g (in Scheiben dünn aufgeschnitten).
Knäckebrot: 1 Scheibe.
Butter: 5 g.
Tomatensaft: 200 ml.
Getränk: Kaffee oder Tee (ohne Zucker).

2. Frühstück

Obst: 150 g, der Jahreszeit entsprechend (außer Bananen und Weintrauben).

Mittagessen

Roastbeef: 150 g Roastbeef, Salz, Pfeffer, 3 g Öl. – Fleisch wie üblich zubereiten, Bratenfond abschmecken.

Zucchini-Karotten-Gemüse: 100 g Zucchini, 100 g Karotten, 5 g Butter oder Margarine, Salz, Thymian, Petersilie. – Geputzte Karotten in Scheiben schneiden, in Butter oder Margarine andünsten, mit Flüssigkeit aufgießen, würzen. Kurz vor Beendigung der Garzeit die ebenfalls in Scheiben geschnittenen Zucchini dazugeben und zusammen weich dünsten.

Abendessen

Kabeljaufilet gedünstet: 200 g Kabeljaufilet, 5 g Öl, Salz, Zitronensaft, Pfeffer, Senf, 1–2 Teelöffel Mehl, 1 Eßlöffel Joghurt. – Gesäubertes Fischfilet säuern, salzen, mit etwas Pfeffer einreiben und mit Senf bestreichen, zuletzt in Mehl wenden. Den Fisch in dem heißen Öl von beiden Seiten anbraten, mit etwas Flüssigkeit ablöschen und kurz dünsten. Die Soße mit Joghurt abschmecken.

Feldsalat mit Radieschen: 50 g Feldsalat, 50 g Radieschen, Salatsoße: 5 g Öl, Essig, Salz, Schnittlauch, Prise Zucker.

Getränk: Tee ungesüßt oder Mineralwasser.

Tageszufuhren: Eiweiß = 94 g, Fett = 41 g, Kohlenhydrate = 52 g, Kalorien = 1000 kcal, Joule = 4187 kJ, Na = 22 mval (mmol), Cl = 17 mval (mmol), K = 81 mval (mmol), Mg = 14 mval (7,0 mmol), Ca = 13 mval (6,5 mmol), P = 1,01 g (32,6 mmol), Fe = 12,9 mg (0,231 mmol), Mn = 0,6 mg (10,9 µmol), Co = 43,8 µg (0,743 µmol), Cu = 1,4 mg (22,0 µmol), Zn = 10,3 mg (157,6 µmol), F = 0,77 mg (40,5 µmol), J = 295,3 µg (2,33 µmol). Vitamine: A = 7,78 mg (27,2 µmol), B_1 = 0,79 mg (2,34 µmol), B_2 = 0,96 mg (2,55 µmol), C = 114 mg (0,647 mmol), D = 109 IE. Cholesterin = 290 mg (0,75 mmol), Polyenfettsäuren = 9,59 g.

Schlemmerkarten zu 1000 kcal (≈ 4190 kJ) Vollkost

1. Frühstück

Orangenjoghurt: 150 g Joghurt, 150 g Orange (mit Schale), Zitronensaft, evtl. Süßstoff. – Joghurt mit Zitronensaft verschlagen und die in Würfel geschnittene Orange dazugeben.

Grapefruitsaft: 100 ml Grapefruitsaft frisch oder ungesüßt aus Dosen.

Getränk: Kaffee oder Tee (ohne Zucker).

2. Frühstück

Käsesandwich: 1 Scheibe Knäckebrot, 5 g Butter, 30 g Camembert (30% F. i. Tr.), einige Paprikastreifen. – Knäckebrot mit Butter bestreichen und mit Camembert belegen. Mit Paprika garnieren.

Mittagessen

Rumpsteak: 150 g Rumpsteak, 5 g Öl, Salz, Pfeffer, Paprika. – Das vorbereitete Fleisch mit Paprika und Pfeffer bestreuen, mit Öl bestreichen und im vorgeheizten Grill von beiden Seiten braten. Vor dem Anrichten mit etwas Salz bestreuen.

Grilltomaten: 200 g Tomaten, 3 g Öl, Tabascosoße, Zwiebelsalz, Petersilie. – Gewaschene Tomaten kreuzweise einschneiden. Öl mit Tabascosoße und Zwiebelsalz mischen. Mit einem Pinsel auf die Schnittfläche streichen. Tomaten in den Grill geben und ca. 5 Minuten grillen. Mit Petersilie garniert servieren.

Abendessen

Pariser Schnitzel: 150 g Kalbsschnitzel, 3 g Mehl, 20 g Ei, 5 g Öl, Salz, Paprika. – Vorbereitetes Schnitzel würzen, im Mehl wenden und danach in dem verquirlten Ei. Im heißen Öl von beiden Seiten braten.

Kressesalat: 75 g Kresse, Salatsoße: 3 g Öl, Salz, Essig, etwas Senf, Prise Zucker.

Getränk: Tee ungesüßt oder Mineralwasser.

Tageszufuhren: Eiweiß = 83 g, Fett = 48 g, Kohlenhydrate = 47 g, Kalorien = 1000 kcal, Joule = 4187 kJ, Na = 31 mval (mmol), Cl = 32 mval (mmol), K = 64 mval (mmol), Mg = 14 mval (7,0 mmol), Ca = 29 mval (14,5 mmol), P = 1,00 g (32,3 mmol), Fe = 13,5 mg (0,242 mmol), Mn = 0,9 mg (16,4 µmol), Co = 25,1 µg (0,426 µmol), Cu = 0,9 mg (14,2 µmol), Zn = 13,7 mg (209,6 µmol), F = 0,44 mg (23,2 µmol), J = 67,4 µg (0,53 µmol). Vitamine: A = 2,32 mg (8,10 µmol), B_1 = 0,82 mg (2,43 µmol), B_2 = 1,29 mg (3,43 µmol), C = 186 mg (1,06 mmol), D = 49 IE. Cholesterin = 320 mg (0,83 mmol), Polyenfettsäuren = 10,79 g.

Schlemmerkarten zu 1000 kcal (≈ 4190 kJ) Vollkost

1. Frühstück

Paprikaquark: 100 g Quark (20% F. i. Tr.), Salz, Paprika, gehackte Petersilie. – Quark mit den Gewürzen gut verschlagen.

Knäckebrot: 1 Scheibe.

Karottensaft: 150 ml.

Getränk: Kaffee oder Tee (ohne Zucker).

2. Frühstück

Müsli: 15 g Haferflocken, 75 g Joghurt (1,5% F.), 125 g Apfel, 1–2 Eßlöffel Zitronensaft, evtl. Süßstoff. – Joghurt mit Zitronensaft verrühren, Haferflocken und geraffelten Apfel hinzufügen, mit Süßstoff abschmecken.

Mittagessen

Kalbsgeschnetzeltes: 150 g Kalbfleisch, 5 g Öl, 30 g Cocktailfrüchte, 1 Eßlöffel Weißwein, Salz, Pfeffer, Curry, 20 g Joghurt oder Sahne. – Fleisch in feine Scheiben schneiden, im heißen Öl anbraten, etwas Brühe oder Wasser unter ständigem Rühren angießen, nicht kochen lassen, salzen, pfeffern und mit Curry bestreuen. Sahne oder Joghurt unterrühren, mit Weißwein abschmecken, Cocktailfrüchte dazugeben.

Radicchio mit Kopfsalat: 100 g Kopfsalat, 50 g Radicchio, Salatsoße: 3 g Öl, Salz, Essig, etwas geriebenen Meerrettich, Pfeffer.

Abendessen

Kaltes Roastbeef: 125 g dünn aufgeschnittenes Roastbeef mit Tomatenscheiben, Gurkenscheiben und Petersiliensträußchen garnieren.

Serbischer Salat: 100 g Tomaten, 50 g Paprika, 50 g Zwiebeln, 3 g Öl, Salz, Prise Zucker, Essig, Senf. – Tomaten halbieren und in Scheiben schneiden, Paprika in feine Streifen schneiden, Zwiebeln ebenfalls halbieren und in feine Ringe schneiden. Aus den übrigen Zutaten eine Marinade bereiten und das Salatgemüse darin einige Zeit durchziehen lassen.

Knäckebrot: 1 Scheibe.

Getränk: Tee ungesüßt oder Mineralwasser.

Tageszufuhren: Eiweiß = 83 g, Fett = 36 g, Kohlenhydrate = 78 g, Kalorien = 1010 kcal, Joule = 4229 kJ, Na = 23 mval (mmol), Cl = 22 mval (mmol), K = 371 mval (mmol), Mg = 13 mval (6,5 mmol), Ca = 20 mval (10,0 mmol), P = 1,10 g (35,5 mmol), Fe = 13,7 mg (0,245 mmol), Mn = 1,7 mg (30,9 μmol), Co = 51,5 μg (0,874 μmol), Cu = 1,0 mg (15,7 μmol), Zn = 12,9 mg (197,3 μmol), F = 0,40 mg (21,1 μmol), J = 34,7 μg (0,273 μmol). Vitamine: A = 3,45 mg (12,0 μmol), B_1 = 0,80 mg (2,37 μmol), B_2 = 1,35 mg (3,59 μmol), C = 149 mg (0,846 mmol), D = 4 IE. Cholesterin = 260 mg (0,673 mmol), Polyenfettsäuren = 7,97 g.

Schlemmerkarten zu 1000 kcal (≈ 4190 kJ) Vollkost

1. Frühstück

Bananenjoghurt: 150 g Joghurt, 100 g Banane (mit Schale), Zitronensaft, evtl. Süßstoff. – Joghurt mit Zitronensaft verschlagen und die in feine Scheiben geschnittene Banane dazugeben.

Ei: 1 Stück.

Toast: 20 g.

Getränk: Kaffee oder Tee (ohne Zucker).

2. Frühstück

Gemüsecocktail: 100 ml Tomatensaft, 100 ml Karottensaft, 1 Teelöffel Zitronensaft, ca. 1 Teelöffel Weinbrand. – Alle Zutaten gut verrühren.

Mittagessen

Seezunge mit Kräuterbutter: 1 Seezunge (ca. 200 g), Zitronensaft, Worcestersoße, Pfeffer, Salz, 5 g Kräuterbutter. – Seezunge säuern, salzen, mit Pfeffer und Worcestersoße einreiben, etwas durchziehen lassen. Danach den Fisch mit zerlassener Kräuterbutter bestreichen. In den vorgeheizten Grill geben und beide Seiten leicht bräunen. Mit Zitronenscheiben anrichten.

Endiviensalat: 100 g Endiviensalat, Salatsoße: 5 g Öl, Essig, Salz, fein gehackte Zwiebeln.

Kartoffeln: 100 g.

Abendessen

Herzscheiben geschmort: 150 g Kalbsherz, 5 g Öl, 25 g Zwiebeln, 25 g Senfgurke, 1 Teelöffel Kapern, 1 Teelöffel Zitronensaft, Pfeffer, Salz, ½ Teelöffel Schnittlauch. – Vorbereitetes Herz in dünne Scheiben schneiden, fein gehackte Zwiebeln in heißem Öl andünsten, Herzscheiben dazugeben und kurz mitschmoren. Mit etwas Wasser oder Würfelbrühe angießen und garen. Dann die feingewürfelten Gurken und Kapern hinzufügen. Mit Zitronensaft, Pfeffer und Salz abschmecken und mit Schnittlauch garniert anrichten.

Bleichsellerie: 200 g Bleichsellerie, 5 g Butter oder Margarine, Salz, Muskat. – Vorbereitetes Gemüse in Butter oder Margarine andünsten, mit Flüssigkeit aufgießen, garen. Mit Salz und Muskat abschmecken.

Getränk: Tee ungesüßt oder Mineralwasser.

Tageszufuhren: Eiweiß = 77 g, Fett = 41 g, Kohlenhydrate = 73 g, Kalorien = 1010 kcal, Joule = 4229 kJ, Na = 41 mval (mmol), Cl = 39 mval (mmol), K = 91 mval (mmol), Mg = 24 mval (12,0 mmol), Ca = 29 mval (14,5 mmol), P = 1,20 g (38,7 mmol), Fe = 13,1 mg (0,235 mmol), Mn = 1,3 mg (23,7 µmol), Co = 31,8 µg (0,54 µmol), Cu = 1,7 mg (26,8 µmol), Zn = 3,6 mg (55,1 µmol), F = 0,60 mg (31,6 µmol), J = 66,6 µg (0,525 µmol). Vitamine: A = 2,80 mg (9,77 µmol), B_1 = 1,38 mg (4,09 µmol), B_2 = 2,49 mg (6,62 µmol), C = 97 mg (0,55 mmol), D = 115 IE. Cholesterin = 580 mg (1,50 mmol), Polyenfettsäuren = 9,52 g.

Schlemmerkarten zu 1000 kcal (≈ 4190 kJ) Vollkost

1. Frühstück

Pfirsichquark: 100 g Quark (20% F. i. Tr.), 100 g Pfirsich (Fruchtfleisch), Zitronensaft, evtl. Süßstoff. – Quark mit Zitronensaft verschlagen und das in kleine Würfel geschnittene Pfirsichfruchtfleisch untermischen.

Roggenflachbrot: 10 g.

Getränk: Kaffee oder Tee (ohne Zucker).

2. Frühstück

Krabben in Joghurtsoße: 50 g Krabben, 30 g Joghurt, Zitronensaft, 1 Teelöffel Weinbrand, 30 g Mandarinen aus der Dose, Salz, Prise Zucker, Chinagewürz. – Abgetropfte Krabben mit Zitronensaft marinieren und durchziehen lassen. Aus den übrigen Zutaten eine Soße bereiten und über die Krabben geben.

Mittagessen

Sherrysteak: 200 g Kalbssteak, 5 g Öl, 1 Eßlöffel Sherry, Salz, ¼ Teelöffel grüner Pfeffer, Ingwerpulver. – Salz, Ingwerpulver, zerstoßenen Pfeffer und Sherry mischen. Vorbereitetes Steak mit dieser Mischung einreiben und im heißen Öl von beiden Seiten braten.

Artischocken gefüllt: 1 Artischocke (ca. 250 g), Salz, Zitronensaft, Leipziger Allerlei (50 g Karotten, 25 g Erbsen, 25 g Champignons, Petersilie), 5 g Butter oder Margarine. – Äußere Blätter der Artischocke entfernen. Die anderen Blätter stutzen und einen Deckel abschneiden. Heu abtrennen und die gewaschene Artischoke in leicht gesalzenem Zitronenwasser kochen. Leipziger Allerlei abgießen, (frisch oder aus der Dose) mit 5 g Butter oder Margarine zusammen erhitzen, durchschwenken, mit Salz und Petersilie abschmecken. In die fertige, abgetropfte Artischocke füllen und zusammen mit dem Sherrysteak anrichten.

Abendessen

Gekochte Zunge mit Sahnemeerrettich: 100 g gekochte Kalbszunge, 1 Teelöffel (ca. 5 g) Meerrettich, 10 g süße Sahne (geschlagen), 15 g Magerquark. – Quark, Meerrettich und Schlagsahne leicht vermischen, dünn aufgeschnittene Zungenscheiben damit bestreichen und übereinander klappen oder zusammenrollen.

Spargelsalat: 200 g Spargel (frisch oder aus der Dose), 5 g Öl, Salz, Prise Zucker, Essig, gehackte Kräuter. Aus den Gewürzen eine Sauce Vinaigrette zubereiten und die gekochten Spargel darin einlegen.

Knäckebrot: 1 Scheibe.

Getränk: Tee ungesüßt oder Mineralwasser.

Tageszufuhren: Eiweiß = 96 g, Fett = 34 g, Kohlenhydrate = 66 g, Kalorien = 1010 kcal, Joule = 4229 kJ, Na = 23 mval (mmol), Cl = 24 mval (mmol), K = 66 mval (mmol), Mg = 15 mval (7,5 mmol), Ca = 37 mval (18,5 mmol), P = 1,27 g (41,0 mmol), Fe = 17,0 mg (0,304 mmol), Mn = 1,5 mg (27,3 µmol), Co = 23,0 µg (0,39 µmol), Cu = 1,4 mg (22,0 µmol), Zn = 1,2 mg (18,4 µmol), F = 0,37 mg (19,5 µmol), J = 102,9 µg (0,81 µmol). Vitamine: A = 3,85 mg (13,4 µmol), B_1 = 1,12 mg (3,32 µmol), B_2 = 1,65 mg (4,38 µmol), C = 97 mg (0,55 mmol), D = 62 IE. Cholesterin = 440 mg (1,14 mmol), Polyenfettsäuren = 6,99 g.

Schlemmerkarten zu 1500 kcal (= 6280 kJ) Vollkost

1. Frühstück

Erdbeerquark: 200 g Quark (20% F. i. Tr.), 50 ml Vollmilch, 100 g Erdbeeren, evtl. etwas Süßstoff. – Quark mit der Milch verschlagen. Erdbeeren zerdrücken und unter den Quark mischen.

Orangensaft: 150 ml Orangensaft, frisch oder ungesüßt aus Dosen.

Getränk: Kaffee oder Tee (ohne Zucker).

2. Frühstück

Tatar: 200 g Tatar, 1 Eigelb, Salz, Pfeffer, Paprika, Zwiebeln, Kapern. – Das Fleisch mit dem Eigelb vermischen, mit den genannten Gewürzen, Zwiebeln und Kapern abschmecken.

Knäckebrot: 1 Scheibe (10 g).

Mittagessen

Lendensteak: 200 g Rinderlende, 5 g Öl (ca. 2 Teelöffel), Salz, Paprika, Pfeffer aus der Mühle. – Das vorbereitete Fleisch würzen und im heißen Öl von beiden Seiten braten.

Champignons: 200 g Champignons, Salz, Petersilie. – Champignons in Scheiben schneiden (frisch oder aus der Dose), in wenig Wasser dünsten. Mit Salz und evtl. etwas gekörnter Brühe abschmecken. Mit Petersilie bestreuen und über das Steak geben.

Abendessen

Kalbsgulasch: 200 g Kalbfleisch, 5 g Öl, Salz, Curry, etwas Salbei. – Das in Würfel geschnittene Kalbfleisch in heißem Öl anbraten, würzen, Wasser zugeben und gar dünsten.

Zucchinigemüse: 200 g Zucchini, 10 g Butter oder Margarine, Salz, Thymian, Basilikum, Petersilie. Zucchini waschen und in Scheiben schneiden. Butter oder Margarine in einem Topf erhitzen, Zucchini dazugeben, mit den Gewürzen (außer Petersilie) bestreuen und auf kleiner Flamme oder in der Bratröhre garen, evtl. etwas Wasser zugießen. Vor dem Anrichten mit Petersilie bestreuen.

Getränk: Tee ungesüßt oder Mineralwasser.

Tageszufuhren: Eiweiß = 158 g, Fett = 62 g, Kohlenhydrate = 58 g, Kalorien = 1500 kcal, Joule = 6280 kJ, Na = 24 mval (mmol), Cl = 25 mval (mmol), K = 104 mval (mmol), Mg = 20 mval (10,0 mmol), Ca = 22 mval (11,0 mmol), P = 1,06 g (34,2 mmol), Fe = 0,86 mg (15,4 µmol), Mn = 1,1 mg (20,0 µmol), Co = 70,4 µg (1,20 µmol), Cu = 2,7 mg (42,5 µmol), Zn = 24,9 mg (380,9 µmol), F = 0,86 mg (45,3 µmol), J = 92,9 µg (0,73 µmol). Vitamine: A = 2,33 mg (8,13 µmol), B_1 = 1,35 mg (4,00 µmol), B_2 = 2,92 mg (7,76 µmol), C = 209 mg (1,19 mmol), D = 542 IE. Cholesterin = 920 mg (2,38 mmol), Polyenfettsäuren = 8,46 g.

Schlemmerkarten zu 1500 kcal (= 6280 kJ) Vollkost

1. Frühstück

Orangenjoghurt mit Weizenkeimen: 150 g Joghurt, 10 g Zucker, 100 g Orangenfruchtfleisch, Zitronensaft, knapp 2 Teelöffel Weizenkeime. – Joghurt mit dem Zucker verschlagen und die in kleine Würfel geschnittene Orange untermischen. Mit Zitronensaft abschmecken. Mit Weizenkeimen bestreuen.

Ei: 1 Stück (50 g).

Getränk: Kaffee oder Tee (ohne Zucker).

2. Frühstück

Buttermilch: 200 ml.

Mittagessen

Kalbskotelett: 200 g Kalbskotelett, 5 g Öl, Salz, Pfeffer, Paprika, Prise Ingwerpulver. – Das vorbereitete Kotelett würzen und im heißen Öl braten.

Erbsen: 200 g Erbsen, 10 g Butter oder Margarine, Petersilie, Salz. – Frische Erbsen oder tiefgefrorene in wenig Wasser mit etwas Salz gar dünsten. Butter oder Margarine dazugeben und mit Petersilie bestreuen.

Banane: 200 g (Gewicht mit Schale).

Abendessen

Rumpsteak: 200 g Rinderlende, 5 g Öl, Salz, Pfeffer, Paprika, Zwiebelringe. – Das vorbereitete Fleisch würzen und in heißem Öl mit Zwiebelringen braten.

Grüne Bohnen: 200 g grüne Bohnen, 10 g Butter oder Margarine, Salz, Bohnenkraut, Thymian, Petersilie. – Vorbereitete Bohnen in heißer Butter oder Margarine andünsten, würzen und mit wenig Wasser garen.

Getränk: Tee ungesüßt oder Mineralwasser.

Tageszufuhren: Eiweiß = 122 g, Fett = 56 g, Kohlenhydrate = 108 g, Kalorien = 1500 kcal, Joule = 6280 kJ, Na = 24 mval (mmol), Cl = 27 mval (mmol), K = 101 mval (mmol), Mg = 27 mval (13,5 mmol), Ca = 35 mval (17,5 mmol), P = 1,60 g (51,7 mmol), Fe = 18,3 mg (0,328 mmol), Mn = 3,7 mg (67,3 µmol), Co = 50,2 µg (0,85 µmol), Cu = 2,4 mg (37,8 µmol), Zn = 21,2 mg (324,3 µmol), F = 0,63 mg (33,2 µmol), J = 64,8 µg (0,51 µmol). Vitamine: A = 2,15 mg (7,51 µmol), B_1 = 1,64 mg (4,86 µmol), B_2 = 2,22 mg (5,90 µmol), C = 177 mg (1,00 mmol), D = 420 IE. Cholesterin = 600 mg (1,55 mmol), Polyenfettsäuren = 8,65 g.

Schlemmerkarten zu 1500 kcal (=6280 kJ) Vollkost

1. Frühstück

Ananasquark: 200 g Quark (20% F. i. Tr.), 50 ml Vollmilch, 100 g Ananas (frisch oder ungesüßt aus der Dose), Zitronensaft, evtl. etwas Süßstoff. – Quark, Milch und Zitronensaft verschlagen, Ananasstückchen untermischen, evtl. mit Süßstoff abschmecken.

Getränk: Kaffee oder Tee (ohne Zucker).

2. Frühstück

Joghurt: 150 g.

Cornflakes: 10 g.

Mittagessen

Rindergulasch: 250 g Rindfleisch (mager), 5 g Öl, Salz, Paprika, Kümmel gemahlen, 1 Knoblauchzehe, 1 kleine Zwiebel. – Das in Würfel geschnittene Fleisch in dem heißen Öl anbraten, in Ringe geschnittene Zwiebel zugeben, bräunen und zuletzt würzen. Mit Flüssigkeit aufgießen und garen lassen.

Paprika-Tomaten-Gemüse: 150 g Tomaten, 150 g Paprika, 10 g Butter oder Margarine, Salz, etwas Oregano. Paprikaschote in Streifen schneiden und in Butter oder Margarine andünsten, enthäutete und geviertelte Tomaten zugeben, würzen, mit Flüssigkeit aufgießen und garen.

Apfel: 150 g.

Abendessen

Kalbsschnitzel: 250 g Schnitzelfleisch, 5 g Öl, Salz, Chinagewürz, Paprika, Zitronenschnitz, Petersilie. – Vorbereitetes Schnitzel würzen und im heißen Öl braten. Mit Zitrone und Petersilie anrichten.

Spargel: 200 g Spargel, 10 g Butter oder Margarine, Salz, etwas Zucker, Petersilie. – Vorbereiteten Spargel in Salzwasser mit einer Prise Zucker kochen. Vor dem Anrichten mit zerlassener Butter oder Margarine übergießen, mit Petersilie bestreuen.

Getränk: Tee ungesüßt oder Mineralwasser.

Tageszufuhren: Eiweiß = 141 g, Fett = 62 g, Kohlenhydrate = 83 g, Kalorien = 1520 kcal, Joule = 6364 kJ, Na = 27 mval (mmol), Cl = 27 mval (mmol), K = 99 mval (mmol), Mg = 20 mval (10,0 mmol), Ca = 29 mval (14,5 mmol), P = 1,67 g (53,9 mmol), Fe = 20,5 mg (0,367 mmol), Mn = 2,8 mg (51,0 µmol), Co = 59,4 µg (1,01 µmol), Cu = 2,0 mg (31,5 µmol), Zn = 23,4 mg (358,0 µmol), F = 0,79 mg (41,6 µmol), J = 67,6 µg (0,533 µmol). Vitamine: A = 2,38 mg (8,31 µmol), B_1 = 1,39 mg (4,12 µmol), B_2 = 2,40 mg (6,38 µmol), C = 337 mg (1,91 mmol), D = 22 IE. Cholesterin = 550 mg (1,42 mmol), Polyenfettsäuren = 8,00 g.

Schlemmerkarten zu 1500 kcal (= 6280 kJ) Vollkost

1. Frühstück

Aprikosenjoghurt: 150 g Joghurt, 10 g Zucker, 100 g Aprikosenfruchtfleisch, Zitronensaft. – Joghurt mit Zucker und Zitronensaft verschlagen. Aprikosen zerkleinern und untermischen.

Getränk: Kaffee oder Tee (ohne Zucker).

2. Frühstück

Appetithappen: 40 g Roggenvollkornbrot, 10 g Butter, 50 g magerer Schweinebraten, ½ gekochtes Ei, Dillspitzen. – Vollkornbrot mit Butter bestreichen und mit Schweinebraten belegen. Das Brot vierteln. Mit Eischeiben und Dillspitzen garnieren.

Mittagessen

Rumpsteak: 200 g Rinderlende, 5 g Öl, Salz, Pfeffer, Piment gemahlen. – Vorbereitetes Fleisch würzen und im heißen Öl kurz braten.

Lauchgemüse: 200 g Lauch, 10 g Butter oder Margarine, Salz, Muskat. – Gewaschenes Gemüse in Streifen schneiden, in zerlassener Butter oder Margarine andünsten, mit etwas Flüssigkeit aufgießen, garen. Mit Salz und Muskat abschmecken.

Obstsalat: 150 g frisches Obst (außer Bananen und Weintrauben) zerkleinern, mit Zitronensaft und Süßstoff abschmecken. Bei Bedarf 1–2 Eßlöffel Orangensaft verwenden.

Abendessen

Forelle gegrillt: 200 g Forelle (ein großes Exemplar), 3 g Öl, Salz, Essig oder Zitronensaft, provenzalisches Gewürz, Petersilie. – Vorbereitete Forelle mit Salz, Essig oder Zitronensaft und dem Gewürz innen und außen gut einreiben, mit Öl bepinseln. In den vorgeheizten Grill oder Backofen geben und von beiden Seiten grillen. Mit Petersilie und Zitronenspalte anrichten.

Blattspinat: 250 g Spinat, 10 g Butter oder Margarine, Salz, Oregano, Pfeffer. – Den vorbereiteten Spinat blanchieren, in heißer Butter oder Margarine kurz dünsten und abschmecken.

Kartoffeln: 100 g oder

Mischbrot: 30 g.

Getränk: Tee ungesüßt oder Mineralwasser.

Tageszufuhren: Eiweiß = 110 g, Fett = 65 g, Kohlenhydrate = 103 g, Kalorien = 1500 kcal, Joule = 6280 kJ, Na = 29 mval (mmol), Cl = 25 mval (mmol), K = 131 mval (mmol), Mg = 31 mval (15,5 mmol), Ca = 41 mval (20,5 mmol), P = 1,57 g (50,7 mmol), Fe = 24,9 mg (0,446 mmol), Mn = 3,8 mg (69,2 µmol), Co = 63,4 µg (1,08 µmol), Cu = 2,7 mg (42,5 µmol), Zn = 13,3 mg (203,5 µmol), F = 0,92 mg (48,4 µmol), J = 115,5 µg (0,91 µmol). Vitamine: A = 8,06 mg (28,1 µmol), B_1 = 1,52 mg (4,51 µmol), B_2 = 1,70 mg (4,52 µmol), C = 152 mg (0,863 mmol), D = 70 IE. Cholesterin = 450 mg (1,16 mmol), Polyenfettsäuren = 8,51 g.

Schlemmerkarten zu 1500 kcal (= 6280 kJ) Vollkost

1. Frühstück

Pfirsichquark: 200 g Quark (20% F. i. Tr.), 50 ml Vollmilch, 100 g Pfirsiche, Zitronensaft. – Quark mit der Milch verschlagen und die in Scheiben geschnittenen Pfirsiche darunter mischen. Mit Zitronensaft und evtl. etwas Süßstoff abschmecken.

Roggenflachbrot: 10 g.

Grapefruitsaft: 150 ml.

Getränk: Kaffee oder Tee (ohne Zucker).

2. Frühstück

Zitronenmilch: 150 ml Magermilch (1,5% F.), 1–2 Eßlöffel Zitronensaft, 1 Teelöffel Zucker oder Süßstoff. – Alle Zutaten in einen Schüttelbecher geben oder mit einem Schneebesen gut verschlagen.

Mittagessen

Fenchelsteak: 1 Filetsteak (200 g), 5 g Öl, Salz, 1 Scheibe Toastbrot oder Vollkornbrot, 200 g Fenchel, 3 Eßlöffel Weißwein, ½ Tasse Wasser, Pfeffer, Salbei, 1 Teelöffel Zitronensaft, etwas Kresse und 1 kleine Tomate zur Garnierung. – Vorbereitete Fenchelknollen halbieren, Weißwein und Wasser aufkochen, die Gewürze dazugeben, Fenchel darin garen. Inzwischen Filetsteak leicht mit Pfeffer und Salz bestreuen und in heißem Öl braten. Getoastetes Brot auf vorgewärmten Teller legen, darauf das Steak und die abgetropften Fenchelhälften. Mit Tomate und Kresse garnieren.

Abendessen

Leber mit Birnen: 200 g Leber, 5 g Öl, Salz, Pfeffer, Ingwerpulver, 2 kleine Birnenhälften oder 1 große (aus der Dose), 1 Stengel Petersilie. – Vorbereitete Leber in heißem Öl von beiden Seiten braten, mit Pfeffer und Ingwerpulver würzen. Auf vorgewärmtem Teller anrichten, leicht salzen. Birnenspalten mit Birnensaft erwärmen, Leber mit den Birnen und Petersiliensträußchen garnieren.

Gedämpfte Tomaten: 250 g Tomaten, 10 g Butter oder Margarine, Salz, provenzalisches Gewürz, Petersilie. – Enthäutete Tomaten in zerlassener Butter oder Margarine leicht andünsten, mit Gewürz und Salz bestreuen, etwas Flüssigkeit angießen und garen lassen. Vor dem Anrichten mit Petersilie bestreuen.

Kartoffeln: 100 g oder

Mischbrot: 30 g.

Getränk: Tee ungesüßt oder Mineralwasser.

Tageszufuhren: Eiweiß = 123 g, Fett = 52 g, Kohlenhydrate = 121 g, Kalorien = 1520 kcal, Joule = 6364 kJ, Na = 31 mval (mmol), Cl = 30 mval (mmol), K = 116 mval (mmol), Mg = 20 mval (10,0 mmol), Ca = 55 mval (27,5 mmol), P = 1,75 g (56,5 mmol), Fe = 31,8 mg (0,569 mmol), Mn = 1,5 mg (27,3 µmol), Co = 0,10 mg (1,70 µmol), C = 12,1 mg (190,4 µmol), Zn = 26,4 mg (404,0 µmol), F = 0,51 mg (26,8 µmol), J = 74,3 µg (0,586 µmol). Vitamine: A = 14,76 mg (51,5 µmol), B_1 = 1,77 mg (5,25 µmol), B_2 = 6,90 mg (183,3 µmol), C = 434 mg (2,46 mmol), D = 40 IE. Cholesterin = 1005 mg (2,60 mmol), Polyenfettsäuren = 8,13 g.

Schlemmerkarten zu 1500 kcal (= 6280 kJ) Vollkost

1. Frühstück

Joghurt mit Kirschen: 150 g Joghurt, 10 g Zucker, 100 g Kirschen (entsteint). – Joghurt mit Zucker verschlagen, Kirschen unterheben.

Tomatensaft: 200 ml.

Vollkornkekse: 10 g.

Ei: 1 Stück.

Getränk: Kaffee oder Tee (ohne Zucker).

2. Frühstück

Toast überbacken: 20 g Toastbrot, 30 g magerer, gekochter Schinken, 50 g Tomate, 25 g Schnittkäse (40% F. i. Tr.). – Getoastetes Brot mit Schinken, Tomate und Käse belegen. In einen vorgeheizten Grill oder Backofen geben.

Mittagessen

Heilbuttschnitte gebraten: 250 g Heilbuttfilet, 5 g Öl, Salz, Zitronensaft, Majoran, Pfeffer. – Das vorbereitete Fischfilet säuern, würzen und in dem heißen Öl braten.

Erbsen-Karotten-Gemüse: 150 g Karotten, 100 g Erbsen, 10 g Butter oder Margarine, Salz, Muskat, Petersilie. – Das vorbereitete Gemüse mit etwas Flüssigkeit gar dünsten. Vor dem Anrichten Butter oder Margarine hinzufügen, mit Salz und Muskat abschmecken und mit Petersilie bestreuen.

Abendessen

Lachsschinken: 100 g dünn aufgeschnitten.

Quark pikant: 100 g Quark (20% F. i. Tr.), Paprika, Kümmel, Schnittlauch, geriebener Meerrettich, Salz. – Quark verschlagen und mit den Gewürzen abschmecken.

Kopfsalat: 50 g Kopfsalat, Salatsoße: 3 g (1½ Teelöffel) Öl, Salz, Essig oder Zitronensaft, Kräuter.

Radieschen: 50 g.

Knäckebrot: 2 Scheiben.

Getränk: Tee ungesüßt oder Mineralwasser.

Tageszufuhren: Eiweiß = 130 g, Fett = 56 g, Kohlenhydrate = 106 g, Kalorien = 1510 kcal, Joule = 6322 kJ, Na = 111 mval (mmol), Cl = 63 mval (mmol), K = 105 mval (mmol), Mg = 22 mval (11,0 mmol), Ca = 38 mval (19,0 mmol), P = 1,56 g (50,4 mmol), Fe = 13,1 mg (0,235 mmol), Mn = 1,6 mg (29,1 µmol), Co = 51,5 µg (0,874 µmol), Cu = 2,5 mg (39,3 µmol), Zn = 8,5 mg (130,0 µmol), F = 0,67 mg (35,3 µmol), J = 184,5 µg (1,45 µmol). Vitamine: A = 10,88 mg (38,0 µmol), B_1 = 2,09 mg (6,20 µmol), B_2 = 1,76 mg (4,68 µmol), C = 124 mg (0,704 mmol), D = 615 IE. Cholesterin = 580 mg (1,50 mmol), Polyenfettsäuren = 12,45 g.

Schlemmerkarten zu 1500 kcal (= 6280 kJ) Vollkost

1. Frühstück

Früchtequark: 200 g Quark (20% F. i. Tr.), 100 g Fruchtcocktail (aus der Dose), 50 ml Vollmilch, 1 Teelöffel Zitronensaft. – Quark mit der Milch verschlagen, Früchte und Zitronensaft untermischen.

Knäckebrot: 1 Scheibe.

Getränk: Kaffee oder Tee (ohne Zucker).

2. Frühstück

Käsewürfel mit Trauben: 50 g Emmentaler Käse in kleine Würfel schneiden, darauf jeweils eine Traube mit Holzspießchen befestigen (50 g Trauben).

Mittagessen

Rehmedaillon mit Pfifferlingen: 150 g Rehmedaillon, weißer Pfeffer, Salz, 5 g Öl, 50 g Pfifferlinge, 1 Eßlöffel Rotwein, 1–2 Eßlöffel Joghurt, 1 Teelöffel Johannisbeergelee, 5 g Butter oder Margarine. – Medaillons pfeffern, in heißem Öl auf jeder Seite braten, warm stellen. Butter oder Margarine in einer Pfanne erhitzen, Pfifferlinge und Rotwein zugeben, kurz durchkochen, danach Joghurt einrühren. Mit Pfeffer und Johannisbeergelee würzen. Medaillons mit Pfifferlingen zusammen anrichten.

Eissalat: 100 g Eissalat, Salatsoße: 3 g Öl, Essig, Salatkräuter, Prise Zucker.

Melone: 200 g (Fruchtfleisch).

Abendessen

Puterschnitzel: 200 g Puterschnitzel, 5 g Öl, Salz, Curry. – Vorbereitetes Puterschnitzel mit Salz und Curry einreiben, im heißen Öl goldbraun braten.

Broccoli: 200 g Broccoli, 10 g Butter oder Margarine, Salz, Muskat. – Den vorbereiteten Broccoli in Butter oder Margarine andünsten, mit etwas Wasser oder Brühe aufgießen, weichkochen, mit Muskat abschmecken.

Kartoffeln: 100 g oder

Mischbrot: 30 g.

Getränk: Tee ungesüßt oder Mineralwasser.

Tageszufuhren: Eiweiß = 137 g, Fett = 59 g, Kohlenhydrate = 90 g, Kalorien = 1500 kcal, Joule = 6280 kJ, Na = 33 mval (mmol), Cl = 27 mval (mmol), K = 96 mval (mmol), Mg = 22 mval (11,0 mmol), Ca = 55 mval (27,5 mmol), P = 1,45 g (46,8 mmol), Fe = 18,2 mg (0,326 mmol), Mn = 1,1 mg (20,0 µmol), Co = 52,1 µg (0,884 µmol), Cu = 4,1 mg (64,5 µmol), Zn = 8,8 mg (134,6 µmol), F = 0,19 mg (10,0 µmol), J = 26,1 µg (0,206 µmol). Vitamine: A = 3,33 mg (11,6 µmol), B_1 = 1,25 mg (3,71 µmol), B_2 = 2,21 mg (5,87 µmol), C = 268 mg (1,52 mmol), D = 208 IE. Cholesterin = 510 mg (1,32 mmol), Polyenfettsäuren = 10,59 g.

Sachverzeichnis

Allgemeiner Teil

D

E

F

J

K

L

M

N

O

P

Nahrungsmitteltabellen und Rezepte